"十三五"高等职业教育核心课程规划教材·汽车类

U0719649

汽车电学知识与传感技术

主　编　马明金　宋晨媛

副主编　徐静航　于海涛　刘晓兵

李　虹　王贵荣

西安交通大学出版社

XI'AN JIAOTONG UNIVERSITY PRESS

内容简介

本书针对汽车专业初学者的学习需求,将电工学、电子学、电磁学、汽车电路识图、汽车维修工具与设备、车载网络、传感与检测技术等学习汽车电气所必须掌握的多学科知识,进行了充分整合,选取最基础、最主要的知识点,运用通俗易懂的语言,简明扼要的方法,图文并茂的形式,做了深入浅出的叙述与讲解。

全书共分六个章节,分别为汽车电学基础、汽车维修常用工具与设备、车载网络技术、汽车电路识图方法、汽车传感器与检测技术以及汽车典型传感器的结构原理等内容。

本书适合作为高职高专汽车类专业教材,也可供汽车维修人员和工程技术人员学习参考使用。

图书在版编目(CIP)数据

汽车电学知识与传感技术/马明金,宋晨媛主编.—西安:西安交通大学出版社,2016.6(2024.8重印)
ISBN 978-7-5605-8661-8

Ⅰ.①汽… Ⅱ.①马…②宋… Ⅲ.①汽车—电气设备—高等职业教育—教材②汽车—传感器—高等职业教育—教材
Ⅳ.①U463.6

中国版本图书馆 CIP 数据核字(2016)第 147712 号

书　　名	汽车电学知识与传感技术
主　　编	马明金　宋晨媛
责任编辑	雷萧屹　季苏平
出版发行	西安交通大学出版社
	(西安市兴庆南路 1 号　邮政编码 710048)
网　　址	http://www.xjtupress.com
电　　话	(029)82668357　82667874(市场营销中心)
	(029)82668315(总编办)
传　　真	(029)82668280
印　　刷	西安日报社印务中心
开　　本	787mm×1092mm　1/16　印张 17.5　字数 427 千字
版次印次	2017 年 1 月第 1 版　2024 年 8 月第 7 次印刷
书　　号	ISBN 978-7-5605-8661-8
定　　价	50.00 元

如发现印装质量问题,请与本社市场营销中心联系。
订购热线:(029)82665248　(029)82667874
投稿热线:(029)82668818　QQ:8377981
电子信箱:lg_book@163.com

前　言

随着我国汽车工业的发展,汽车保有量越来越多,作为汽车维护后市场的规模也越来越大,汽车维护的参与者也越来越广,同时伴随着汽车技术的不断提升,尤其是智能电子控制技术在汽车上的大量应用,学习好汽车电气也就变得越来越重要。学习汽车电子控制技术涉及到多学科领域,这就给汽车技术的初学者带来了严峻的挑战。

本书针对汽车专业初学者的学习需求,将电工学、电子学、电磁学、汽车电路识图、汽车维修工具与设备、车载网络、传感与检测技术等学习汽车电气所必须掌握的多学科知识,进行了充分整合,选取最基础、最主要的知识点,运用通俗易懂的语言,简明扼要的方法,图文并茂的形式,做了深入浅出的叙述与讲解。

全书共分六个章节,分别为汽车电学基础、汽车维修常用工具与设备、车载网络技术、汽车电路识图方法、汽车传感器与检测技术以及汽车典型传感器的结构原理等内容。对汽车电气学习所应该掌握的电工电子电磁学的基本概念、基本公式、基础定律做了有针对性、总结性的归类,对于初学者不好弄懂的车载网络做出了概述性归纳,对汽车维护常用设备的使用方法和注意事项,汽车电路识图基本方法和准则,以及在汽车上担负着重要使命的传感器获取信息的原理、故障检测方法和它们在汽车上的典型应用等做了详细的阐述。

本书特点是实用性强、内容适中、对象具体、图文并茂,适合作为高职高专汽车类专业教材,也可供从事汽车维修人员和工程技术人员学习参考使用。

本书在编写时,参阅了许多同类教材和资料,得到了很多收益和启发,在此向文献作者致以诚挚的感谢。

参加本书编写的主要人员有马明金、宋晨嫒、徐静航、李虹、于海涛、刘晓兵、王贵荣老师等,另外,张凌雪、王强、韩伟、杜林钰、曲晓红等老师也参与收集资料、修改图片和校准文稿等工作。

由于编者水平有限,书中难免出现错误和不当之处,殷切希望广大读者给予批评指正。

编　者
2016 年 5 月

目 录

1

绪　论

1. 电的起源

　　电的起源有两种说法:一种说法是大概在公元前 600 年,希腊哲学家泰利斯(Thales)发现了琥珀与毛皮摩擦后可以吸引像羽毛那样较轻的物体,现在我们都知道,这是静电的作用。还有另一种说法是在同一个年代,土耳其的一个牧羊人发现一块天然的石头可以吸附在他的拐杖端部的铁上,现在我们也都懂得这是天然磁铁石的作用。但是那个年代人们仅仅是发现了一种现象,根本不知道原因。直到 1672 年,德国人奥托·冯·格里克(Otto Von Guerick)总结前人的经验,他将一个硫磺球装在一根转动的轴上,然后用手握住硫磺球对其进行静电充电,发明了第一个电气装置。

　　事实上,奥托·冯·格里克的实验比英国物理学家威廉·沃森(Willian Watson)、美国科学家本杰明·富兰克林(Benjiamin Franklin)在 18 世纪 40 年代所提出的这一理论早了几十年。该理论认为,电存在于所有物质中,可以通过摩擦转移电荷。

　　本杰明·富兰克林为了证明闪电也是电的一种形式,冒着很大的风险,在暴雨中放了一个风筝,并且成功观察到拴在风筝线上的钥匙产生了火花,为其日后发明避雷针奠定了基础,也为电在后来的应用提供了知识的积累。

　　继意大利贵族亚历山大·沃尔塔(Alessandro Volta)发现在一组盛有盐水的容器中插入金属锌片和铜片,连接两个金属片即可发生电击现象后,1859 年法国物理学家加斯顿·普兰士(Gaston Planche)发明了蓄电池。加斯顿·普兰士所发明的就是现在汽车上所使用的铅酸蓄电池,蓄电池中的化学反应能够产生与外电路相反方向流动的电流。

　　19 世纪 20 年代,英国人威廉·斯特金(William Sturgeon)又造出了第一台直流电动机。

　　1831 年,马克尔·法拉第(Michael Faraday)和他的助手发明了第一台发电机。这台在磁极中间转动的大铜盘,通过铜条可以不断地对外提供电流,解决了蓄电池不能连续供电的问题。

　　但是,真正在工业领域应用发电机的应该是德国人厄恩斯特·沃纳·冯·西门子(Ernst Werner Von Siemens),他于 1867 年制造出被称为 dymamo 的发电机,也就是今天所说的直流发电机,而能够发出交流电的发电机被称为 alternator。

　　大约 1866 年,包括两位英国人克伦威尔·华莱(Cromwell Varley)和亨利·威尔德(Henry Wile)在内的几位发明家制造出了永久磁铁。在此之后,又出现了交流驱动的电动机、变压器、感应线圈、断电器、磁电机……

　　人类进入 20 世纪后,半导体技术又掀起了新的技术革命。1947 年晶体管问世。1958 年第一个集成电路被制造成功。从此,计算机及其相关技术与我们变得越来越紧密。现在智能技术已经深入到了人类生产、生活的方方面面,当然,汽车技术领域更是首当其冲。

2. 汽车电气的发展史

　　100 多年前,汽车诞生之初,汽车电气还构不成系统,根本谈不到汽车电子控制技术,但是随着汽车结构的不断改进,以及人们对汽车性能的无限追求,尤其是电子工业的发展,电子技术在汽车上的应用越来越广,车用电子装置、各种新产品不断涌现。特别是最近被炒得火热的智能汽车更是占据了未来工业智能发展版面,给人以无限的想象空间。下面我们就以审视的态度探求一下汽车电气的发展历程。

一般来说,汽车电气设备的发展可以划分为四个历史阶段:初始阶段、性能改善阶段、飞速发展阶段和高技术融合阶段。

1)初始阶段

汽车电气的初始阶段一般是指 1965 年以前。在这个阶段伴随着一个个发明创造,不断有新的电气产品被应用于汽车。例如:

1800 年亚历山大·沃尔塔(Alessandro Volta)发明的蓄电池。

1830 年汉弗莱·大卫(Humphery Davy)发现的断路点火器。

1851 年伦科夫(Ruhmkorff)制造的电磁感应线圈。

1860 年勒诺(Lenoir)制作了第一个火花塞。

1886 年戴姆勒(Daimler)利用四轮马车制造的第一台四轮汽车。

1888 年艾尔顿(Ayrton)制造的第一台试验电动汽车。

1895 年埃米尔·莫尔斯(Emile Mors)制造出由传动机构驱动直流发动机为蓄电池充电的装置。

1897 年博世(Bosch)和西莫斯(Simm)发明用磁电机为发动机点火。

1902 年博世(Bosch)制造出了高压磁电机。

1905 年米勒·里斯(Miller Reese)发明电喇叭。

1908 年汽车照明被首次应用。

1921 年首次在汽车上安装收音机。

1930 年蓄电池点火取代磁电机点火。

1931 年史密斯(Smiths)发明了电磁燃油表。

1939 年首次安装了自动点火提前装置。

1939 年汽车电路首次开始采用熔断器盒。

1951 年博世(Bosch)开发了燃油喷射系统。

1955 年钥匙起动成为汽车起动标准模式。

1958 年第一个集成电路问世。

1960 年开始交流发电机取代直流发电机。

1963 年电子闪光器问世。

1965 年开始开发汽车制动防抱死装置(ABS)。

1965 年开始重新采用负搭铁系统。

这段时间的汽车电气设备主要是为了完善各个系统、装置的基本功能,还构不成体系,多数还属于汽车附属功能。主导汽车性能的还主要是发动机、变速器的机械装置,除发电机、点火系统外,其它还属于补充功能。

2)性能改善阶段

这段时间一般是指 1965—1975 年,汽车电器产品逐渐影响整个汽车的各项性能指标,但汽车的电气产品还多属于分立元件和部分小规模集成 IC。

1967 年博世(Bosch)公司开始正式生产燃油喷射系统发动机。

1967 年诞生电子车速表。

1970 年交流发电机开始批量取代直流发电机。

1974 年第一套无触点电子点火装置诞生使用。

这是电子工业发展初期的结果,大量的还不算怎么成熟的电子过渡产品被汽车所采用,使汽车各个装置的性能不断完善。

3) 飞速发展阶段

这一阶段一般指 1975—1985 年。伴随着电子技术的发展和计算机在汽车上的广泛应用,这一阶段出现了多个专业独立系统,功能非常先进,性能极为可靠,技术也更为成熟,如电子控制燃油喷射、电子控制点火系统、防抱死自动装置等。

1976 年氧传感器问世。

1980 年首批四轮驱动汽车进入市场。

1981 年宝马(BMW)开始采用车载计算机技术。

1981 年 ABS 技术被普通车辆普遍采用。

随着大量石油被开发,几十年和平的世界环境及经济的高速发展,汽车已经不是发达国家或富人独享的产品,开始逐渐走进普通国家的千家万户。

4) 高技术融合阶段

这个阶段主要开发完成了各种功能的综合系统,通过车辆整体的智能微机控制系统,实现发动机点火时刻、空燃比、怠速转速、废气再循环、自动变速器、制动防抱死、自动巡航、自动防碰撞、变道警示、自动泊车、无人驾驶、故障自动报警、多功能显示仪表以及各种安全提示等功能。这些都极大地提高了汽车动力性、经济性、安全性,并且对汽车的舒适性、操纵稳定性、通过性、平顺性有质的提升,同时使废气排放污染也大大降低。

目前,汽车电气设备自动化和智能化程度的高低已经成为衡量一个国家制造业的重要指标。

3. 汽车传感与检测技术

汽车传感器担负着信息的采集和传输任务,因此,要想完成对发动机点火时刻、空燃比、自动防碰撞等诸多尖端技术的控制,不仅需要电子控制单元快速处理信息数据的能力,而且及时、高效地获取正确信息也显得极为重要。

20 世纪 60 年代半导体微缩化技术的发展,使得小小的传感器有着巨大的感知能力。

20 世纪 80 年代热敏、光敏、压敏、磁致伸缩等新一代高速、灵敏半导体传感器不断发明、发现,薄膜技术、厚膜技术、陶瓷技术等这些特殊用途的新材料、新技术广泛应用,批量生产、功能改进和高可靠性让这些新产品不仅性能先进,而且价格低廉,使我们检测温度、压力、位置、转速变得更加简单、快捷。

现在,传感器在许多方面表现突出,它们小小的尺寸开创了力学、光学、电磁学等检测技术的新领域。可以相信,传感和检测技术的提升对汽车进一步智能化发展会提供了积极的因素。

4. 汽车的未来

未来的汽车应该是什么样子?

多数的制造商还在对当前的技术不断改进,智能电子控制技术将会被应用到汽车的更多领域,电气系统将会有更多的变化。为了进一步发展远程信息处理,使汽车能够采用更多的信控系统,已经沿用了100多年的全车12 V电压工作体系将部分被42 V工作电压所取代;在没有完全实现自动驾驶之前,通过数码摄像机监视驾驶员的眼睛,防止开车打瞌睡会很快被利用;全集成、高速率的卫星宽带通信系统将满足我们长途旅行兼顾办公和娱乐的需要;磁致空气悬架也将不是高级大型客车的专利,会应用于普通的家庭汽车;电动汽车的蓄电池一次充电可以行使几百千米,甚至更远;汽车从零加速到96 km/h的时间会低于6 s;坐上汽车后,智能座椅调节系统会认出其主人,自动调节好供其使用;温度调节、按摩等设施会在适当的时间自动进行;开车迷路将是不可能的事情,只要发出指令,汽车会在10 min之内原路返回;最终无人驾驶的汽车会带着人类徜徉在这缤纷绚丽的世界……

项目1　汽车电学基础

学习目标

掌握电学主要基本物理量、定义、定律的名称及其含义。

掌握汽车主要基本电气元件及其电路图标的识别、检查方法。

掌握基本电路的结构、规律、工作原理。

了解汽车电路的识别规则。

随着越来越多先进的电子技术、计算机技术和信息技术应用于汽车领域,汽车的整体技术含量迅速提高,可以说现代的汽车已经进入了智能控制时代。

因此,要想成为汽车后市场人,必须学好汽车电气知识,而要想掌握汽车电气的工作原理与检测,学习好汽车电学是非常必要的。

本章主要讲解学习汽车电器所必要的一些基础知识。

1.1　电工、电子学

学习汽车电器时经常会用到电压、电流、功率等物理量,它们一般是时间的函数。本节介绍在汽车电器中常见的一些物理量以及和它们有关的概念。

1.1.1　电路的基本物理量

1. 电路的组成

电路是电流的通路,为了实现某种功能,各种电气设备、器件按照一定的规律,相互连接结构成了电路。

整体完整的电路由电源、负载和中间环节三部分组成。其中,中间环节最为复杂,它不仅包括导线、开关、熔断丝,还包括为实现负载的需求所设置的其它电气元件。

2. 电流

带电粒子在导体内的定向移动就形成了电流。用电流强度来表示电流的强弱,电流强度简称电流,定义为单位时间内通过导体截面的电荷量,用 i 表示。

根据定义有

$$i = \mathrm{d}q/\mathrm{d}t \tag{1-1}$$

式中,$\mathrm{d}q$ 为在 $\mathrm{d}t$ 时间内通过导体截面的电量。单位是安培,用 A 表示。

通常规定正电荷的移动方向为电流方向。

当电流的大小和方向不随时间而变化时,称为直流电流,用 DC 表示。而随时间变化的电流称为交流,用 AC 表示。式(1-1)在直流时,应写为

$$I = Q/t \qquad\qquad (1-2)$$

各种用电设备都有一个额定值,例如额定电流,还有下面要学到的电压、功率等。一般将其标在铭牌上或写在说明书中。

额定值是制造厂为了使产品能在给定的工作条件下正常运行而规定的允许值。在使用时应该特别注意,一般不应超过这些额定值,以免损坏设备或元器件。

额定电流是指允许长时间通过电气设备的最大工作电流。

3. 电压

电荷在电场力的作用下在电路中运动,电场力对电荷做了功。我们把电场力移动正电荷所做的功称为电压。如果电场力将电荷由 A 点移动到 B 点,那么两点的电压可表示为 u_{AB},即

$$u_{AB} = \mathrm{d}w_{AB}/\mathrm{d}q \qquad\qquad (1-3)$$

式中,$\mathrm{d}w_{AB}$ 表示电场力将电荷 $\mathrm{d}q$ 的正电荷移动时所做的功。电压的单位为伏特,用 V 来表示。式(1-3)在直流时,应写为

$$U_{AB} = W_{AB}/Q \qquad\qquad (1-4)$$

额定电压是指为了限制设备绝缘材料所承受的电压和限制其电流,对施加在电气设备上的电压规定的限定值。

4. 电位

在电路中任选某一点作为参考点,则该电路中另外一点相对于这个参考点之间的电压就称为这一点的电位。例如,电路中 A 点的电位就用 u_A 来表示,单位伏特,与电压相同,也用 V 表示。参考点一般用 O 表示,因电路参考点一般选电位为零的点,故参考点也称零电位点,根据定义则有

$$u_A = u_{AO} \qquad\qquad (1-5)$$

5. 电平

电平是指电路中两点或几点在相同阻抗下电量的相对比值,即电量水平,这里的电量是指电功率、电压、电流。

电平常常应用于逻辑电路,要了解逻辑电平的内容,首先要知道以下几个概念的含义:

(1)输入高电压(V_{ih}):保证逻辑门的输入为高电平时所允许的最小输入高电平,当输入电平高于 V_{ih} 时,则认为输入电平为高电平。

(2)输入低电压(V_{il}):保证逻辑门的输入为低电平时所允许的最大输入低电平,当输入电平低于 Vil 时,则认为输入电平为低电平。

(3)输出高电压(V_{oh}):保证逻辑门的输出为高电平时的输出电平的最小值,逻辑门的输出为高电平时的电平值都必须大于此 V_{oh}。

(4)输出低电压(V_{ol}):保证逻辑门的输出为低电平时的输出电平的最大值,逻辑门的输出为低电平时的电平值都必须小于此 V_{ol}。

(5)阈值电平电压(V_t):数字电路芯片都存在一个阈值电压,就是电路刚刚勉强能翻转动作时的电平。它是一个介于输入高电压和输入低电压之间的电压值,对于 CMOS 电路的阈值电平电压,基本上是二分之一的电源电压值,但要保证稳定的输出,则必须要求输出高电压>输入高电压,输出低电压<输入低电压。如果输入电压在阈值上下,也就是 $V_{il} \sim V_{ih}$ 这个区

域,电路的输出会处于不稳定状态。

6. 电动势

我们知道,正电荷在电场力的作用下,通过导体从高电位向低电位移动,如图 1-1 所示。这样,电极 a 因正电荷的减少电位逐渐下降,电极 b 因正电荷的增多而电位逐渐增高,其结果是 a、b 两电极之间的电位差逐渐减小到零。与此同时,连接导体中的电流也相应地减小到零。

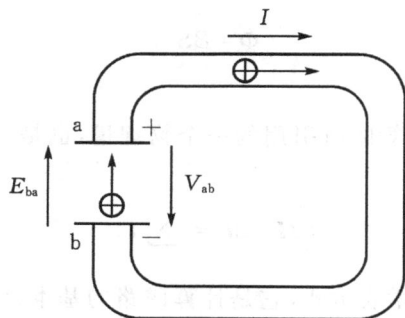

图 1-1 电荷回路

为了维护电流不断地在导体中流通,并保持恒定,则必须使 a、b 之间的电压保持恒定,也就是要使电极 b 上所增加的正电荷回到电极 a。但是,由于电场力的作用,电极 b 上的正电荷不能逆电场而上,因此必须要有另一种力能克服电场力而使电极 b 上的正电荷流向电极 a。电源就能产生这种力,我们称它为电源力。我们用电动势这个物理量来衡量电源力对电荷所做的功。

电动势在数值上等于电源力把单位正电荷从电源的低电位端 b 经电源内部移到高电位端 a 所做的功。

7. 功率及功率因数

大家都知道,直流电路的功率等于电流与电压的乘积,即 $P=VI$,但在交流电路则不然。在计算交流电路的平均功率时,还要考虑电压与电流之间的相位差 φ。即

$$P=VI\cos\varphi \tag{1-6}$$

式中的 $\cos\varphi$ 称为功率因数。因此,当电压和电流之间有相位差时,功率因数会小于 1,电路中会发生能量互换,出现了无功功率 $Q=VI\sin\varphi$。

额定功率等于额定电压和额定电流的乘积。

1.1.2 磁路的基本物理量

1. 磁感应强度

磁感应强度也叫磁通密度,常用 **B** 来表示,是表示磁场内某点的磁场强弱和方向的物理量,它是一个矢量。它与产生磁场的电流之间的方向关系可用右手螺旋定则来确定,其大小可用下面公式来计算。

$$B=\frac{F}{LI} \tag{1-7}$$

如果磁场内各点的磁感应强度的大小相等,方向相同,这样的磁场则称为均匀磁场。

2. 磁通量

磁通量又称磁通或磁通密度,是表示通过某一截面磁力线数量多少的物理量,用 Φ 来表示。其物理意义是:磁感应强度 B(如果不是均匀磁场,则取 B 的平均值)与垂直于磁场方向的面积 S 的乘积即为通过该面积的磁通量。磁通的单位是伏·秒,通常称为韦伯(Wb),简称韦。

$$\Phi = BS \qquad (1-8)$$

3. 磁场强度

磁场强度 H 是在作磁场计算时所引用的一个物理量,也是一个矢量,通过它来确定磁场与电流之间的关系。即

$$\oint \boldsymbol{H} \cdot \mathrm{d}\boldsymbol{l} = \sum I \qquad (1-9)$$

式(1-9)是安培环路定律的数学表示式,它是计算磁路的基本公式。式中的 $\oint \boldsymbol{H} \cdot \mathrm{d}\boldsymbol{l}$ 是磁场矢量 $\boldsymbol{H}$ 沿任意闭合回线 l 的线积分,$\sum I$ 是穿过该闭合回线所围面积的电流的代数和。其电流的正负是这样规定的:任意选定一个闭合回线的围绕方向,凡是电流的方向与闭合回线围绕方向之间符合右手螺旋定则的电流为正,反之为负。

4. 磁导率

磁导率 μ 是一个用来表示磁场媒质磁性的物理量,也就是衡量物质导磁能力的物理量。它与磁场强度的乘积就等于磁感应强度,即

$$B = \mu H \qquad (1-10)$$

1.1.3 电工、电子学的基本定律

1.1.3.1 欧姆定律

电阻元件电流和电压的方向总是一致的,它的电流和电压的大小成代数关系。

电流和电压的大小成正比的电阻元件叫线性电阻元件。元件的电流与电压的关系曲线叫做元件的伏安特性曲线。

线性电阻元件的伏安特性为通过坐标原点的直线,这个关系称为欧姆定律。

在电流和电压的关联参考方向下,线性电阻元件的伏安特性如图 1-2 所示,欧姆定律的表达式为

$$U = IR \qquad (1-11)$$

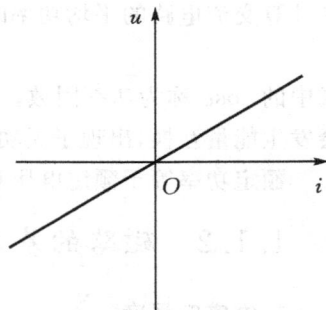

图 1-2 伏安特性曲线

1.1.3.2 基尔霍夫定律

基尔霍夫定律包括电流定律和电压定律,它是阐明集总电路中流入和流出节点的各电流间以及沿回路的各段电压间的约束关系的定律。

1. 基尔霍夫电流定律(KCL)

在集总电路中,任何时刻,对任一节点,所有流出(流入)节点的支路电流代数和恒等于零。就参考方向而言,流出节点的电流在式中取正号,流入节点的电流取负号。即对任一节点,有

$$\sum i = 0$$

KCL 也可以表述为:流出节点的支路电流等于流入该节点的支路电流,即

$$\sum i_{出} = \sum i_{入}$$

基尔霍夫电流定律不仅适用于电路中任意节点,而且还可以推广应用于电路中任何一个假定的闭合面——广义节点,它是电流连续性和电荷守恒定律在电路中的体现。

2. 基尔霍夫电压定律(KVL)

在集总电路中,任何时刻,沿着任一回路,所有支路电压的代数和恒等于零。就参考方向而言,电压的参考方向与回路的绕行方向相同时,该电压在式中取正号,否则取负号。即对任一闭合回路,有

$$\sum u = 0$$

基尔霍夫电压定律不仅适用于电路中任一闭合的回路,而且还可以推广应用于任何一个假想闭合的一段电路,它是电位单值性和能量守恒定律在电路中的体现。

1.1.3.3　磁路的欧姆定律

考虑到磁路和电路在分析思路上基本一致,所以在分析磁路时,可以将全电流定律应用到磁路中来。

在磁路中,通过磁路的磁通与磁动势成正比,而与磁路的磁阻成反比。即磁路中的磁通 Φ 等于作用在该磁路上的磁动势 F 与磁路的磁阻 R_m 的比值,这就是磁路的欧姆定律。这个定义可以表示为

$$\Phi = F/R_m \qquad\qquad (1-12)$$

其中:Φ——磁通量,单位为韦伯;

　　　F——磁动势,单位为安培匝;

　　　R_m——磁阻,单位为安培匝每韦伯,或匝数每亨利。

磁通量总是形成一个闭合回路,但路径与周围物质的磁阻有关,它总是集中于磁阻最小的路径。空气和真空的磁阻较大,而容易磁化的物质,例如软铁,则磁阻较低。

因为铁磁物质的磁阻 R_m 不是常数,它会随励磁电流 I 的改变而改变,因而通常不能用磁路的欧姆定律直接计算,但可以用于定性分析很多磁路问题。

1.1.3.4　楞次定律

楞次定律表述为:感应电流的磁场总是要阻碍引起感应电流的磁场的磁通量的变化。其中,感应电流的方向可以用安培定则(右手螺旋定则)来判断。

1.1.3.5　安培定则(右手螺旋定则)

安培定则表述为:伸开右手让姆指跟其余四指垂直,并且都跟手掌在同一平面内,让磁感

线垂直从手心进入,拇指指向导体运动方向,其余四指的方向就是感应电流的方向。

1.1.4 电路的基本元件

1.1.4.1 电阻

1. 电阻的概念

电阻是能耗元件,从电源获取的电能全部转化为热能。电阻通常用 R 来表示,单位是欧姆,简称欧,用 Ω 来表示,电阻使用级别是以功率来区分的。

若电阻与电流、电压是线性关系,称为线性电阻,如通常使用的电阻器。若电阻和电压、电流不是线性关系,则称为非线性电阻,如电子电路中常用的二极管就是一个非线性电阻。

2. 固定电阻的分类

如图 1-3 所示,常用固定电阻按材料可分为十几种,一般主要可分为碳膜电阻,电路符号为 T;金属氧化膜电阻,电路符号为 J;绕线电阻,电路符号为 X;压敏电阻,电路符号为 M;光敏电阻,电路符号为 C;热敏电阻,电路符号为 R。

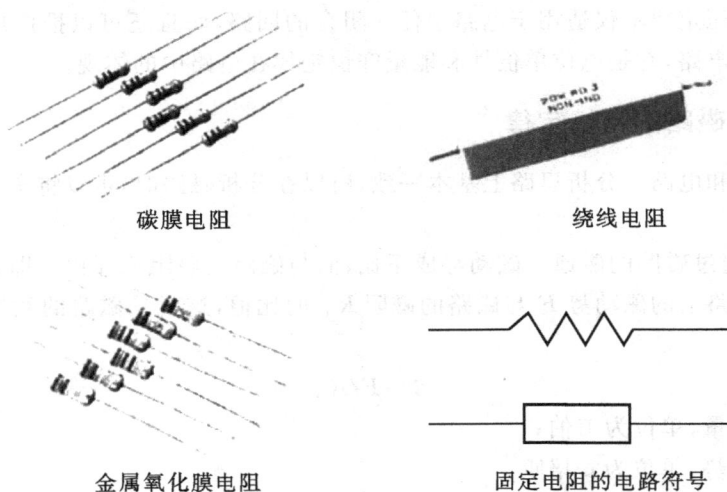

碳膜电阻　　　　　　　　　　　绕线电阻

金属氧化膜电阻　　　　　　固定电阻的电路符号

图 1-3　各种电阻及符号

碳膜电阻是最常见的固定电阻,它利用碳的导电性制成,电阻内部的碳越少,阻值就越大,所以经常被用作限流电阻。通常碳膜固定电阻电路级别为 0.125～2.0 W 之间。

金属氧化膜电阻有较好的热稳定性,电路级别为 2.0 W 或更高。

绕线电阻可以在更高的电路级别上使用。

压敏电阻、光敏电阻和热敏电阻是伴随半导体的出现而研制的新型电阻,非常适用于制作各类传感器。

3. 固定电阻阻值的识别

如图 1-4 所示,固定电阻阻值可以通过其外表面的色带识读。根据色带的不同颜色,第一、二条色带表示数值,第三条色带表示倍乘数,第四条色带(一般第四条色带与前面的色带的间隔较远)表示误差允许值。例如,第一条色带为绿色代表"5",第二条色带为红色代表"2",第三条色带为灰色代表"倍乘数为"8",第四条色带(间隔带)为银色代表误差为"10%",则该电阻的阻值为 $52 \times 10^8 \Omega \pm 10\%$。色带颜色所表示的内容如表 1-1 所示。

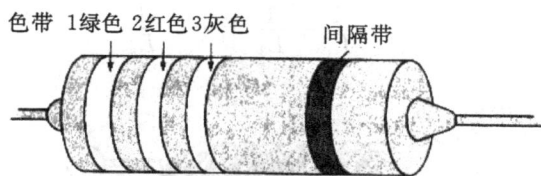

色带　1绿色 2红色 3灰色　　间隔带

图 1-4　色环电阻的识别

表 1-1　色带颜色所表示的内容

色名	第一条色带数字	第二条色带数字	第三条色带倍乘数	第四条色带允许误差值
黑色	0	0	10^0	—
棕色	1	1	10^1	$\pm 1\%$
红色	2	2	10^2	$\pm 2\%$
橙色	3	3	10^3	—
黄色	4	4	10^4	—
绿色	5	5	10^5	0.5%
青色	6	6	10^6	—
紫色	7	7	10^7	—
灰色	8	8	10^8	—
白色	9	9	10^9	—
金色	—	—	10^{-1}	$\pm 5\%$
银色	—	—	10^{-2}	$\pm 10\%$
—				$\pm 20\%$

1.1.4.2　电感

我们把用导线绕制的线圈称为电感线圈或电感器。

电感线圈能把电能转化为磁场能,这个磁场能的物理量叫做电感,用 L 来表示,单位为亨利,简称为亨,用 H 来表示。

为了增大电感量,有的线圈中装有铁芯,称为铁芯线圈。铁芯线圈是非线性的,且有铁芯损耗,如图 1-5 所示。

电感器的主要物理量是额定电流和电感量。当电感线圈中有电流通过时,将在其周围产生电磁场,电磁场的大小与经过线圈的电流、线圈的尺寸、线圈的匝数和线圈的导磁性有关。

电感线圈是一个储能元件。当增加通过电感线圈的电流时,电感线圈将电能转化为磁场能储存起来;当减小通过电感线圈的电流时,电感线圈将磁场能转变成电能送回到电路中去。

如果使用中单个电感线圈不能满足要求,可将几个电感线圈串联或并联使用。电感串联

时的等效电感为

$$L = L_1 + L_2 + \cdots + L_n$$

电感并联时的等效电感为

$$\frac{1}{L} = \frac{1}{L_1} + \frac{1}{L_2} + \cdots + \frac{1}{L_n}$$

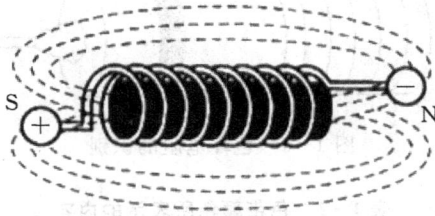

图 1-5　有铁芯的电感线圈

1.1.4.3　电容

我们把两个相对的金属片称为电容元件,简称为电容器。电容器能把能量以电场能的形式储存起来,电容器储存电能的能力叫电容量,也简称为电容,用 C 来表示。如图 1-6 所示为一些常见电容器。

图 1-6　常用电容器外观图

电容器是储能元件。当加在电容器两端的电压恒定时,通过电容元件的电流为零,电容器存储的能量即电荷量不变,因此,对于直流电路来说电容器相当于断路;当加在电容器两端的电压发生变化时,就产生了电容器电流,即充、放电电流,电容器所储存的电荷量也就随之发生变化。这也就是所谓的电容通交流的缘故。

电容器极板上储存的电荷量 q 与其极板上的电压 u 成正比。

$$q = uC \tag{1-13}$$

式中,C 为电容器的电容量,是一个与电荷量和电压无关的常数,单位为法拉,用 F 来表示。由于法拉这个单位太大,因而常用微法 μF 或皮法 pF 来表示。

　　根据电容的性质,在直流电路中,电容器的充、放电,只是在开关接通或断开时才能实现,且其充、放电的快慢不仅与其电容量有关,而且还与电路中的电阻有关。我们把这一现象叫做电容的充、放电的时间常数,用 μ 来表示,即

$$\mu = RC \tag{1-14}$$

　　在实际电路中,如果仅用单个电容不能满足要求,可以将几个电容串联或并联使用。电容串联时的等效电容为

$$\frac{1}{C} = \frac{1}{C_1} + \frac{1}{C_n} + \cdots + \frac{1}{C_n}$$

电容并联时的等效电容为

$$C = C_1 + C_2 + \cdots + C_n$$

1.1.4.4　二极管

半导体二极管是用外壳封装起来的 PN 结。

1. 符号

如图 1-7 所示,其中三角形底侧表示二极管正极,竖直线侧表示二极管负极。

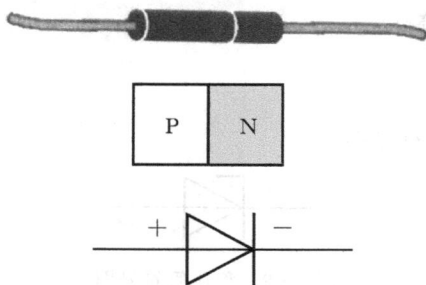

图 1-7　二极管外形及符号示意图

2. 特性

如图 1-8 所示为二极管伏安特性曲线。

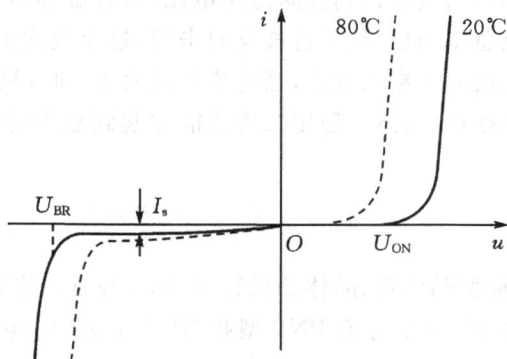

图 1-8　二极管的伏安特性曲线

13

图中：U_{ON}——开启电压；U_{BR}——反向击穿电压；I_S——反向饱和电流。

二极管最重要的特性就是单向导电性。也就是说，在电路中，电流只能从二极管的正极流入，负极流出。

1）正向特性

在电子电路中，将二极管的正极接在高电位端，负极接在低电位端，二极管就会导通，这种连接方式，称为正向偏置。必须说明，当加在二极管两端的正向电压很小时，二极管仍然不能导通，流过二极管的正向电流十分微弱。只有当正向电压达到某一数值（这一数值称为开启电压，也叫做门槛电压，用 U_{ON} 表示，锗管约为 0.2 V，硅管约为 0.6 V）以后，二极管才能真正导通。导通后二极管两端的电压基本上保持不变（锗管约为 0.3 V，硅管约为 0.7 V），称为二极管的正向压降。

2）反向特性

在电子电路中，二极管的正极接在低电位端，负极接在高电位端，此时二极管中几乎没有电流流过，二极管处于截止状态，这种连接方式称为反向偏置。二极管处于反向偏置时，仍然会有微弱的反向电流流过二极管，称为漏电流。当二极管两端的反向电压增大到某一数值（这一数值称为反向击穿电压，用 U_{BR} 表示）时，反向电流急剧增大，二极管失去单向导电特性，这种状态称为二极管的击穿。普通二极管击穿时会在瞬间因过热而使该二极管烧毁。

1.1.4.5　稳压二极管

1. 符号

如图 1-9 所示为稳压管符号图。

图 1-9　稳压管符号图

2. 特性

稳压二极管是利用 PN 结的反向击穿特性来实现稳压作用的半导体元器件。稳压管虽然也是一种晶体二极管，因其制造工艺与普通二极管不同，不会击穿后损坏。它直到临界反向击穿电压前都具有很高的电阻，当电压达到反向击穿电压时，在临界击穿点上，反向电阻降低到一个很小的数值，反向电流急剧增加，稳压管被反向击穿，这个反向击穿电压即是稳压管的稳定电压。此时，在这个低阻反向击穿区域中，当电流有很大变化时，只会引起很小的电压变化，即电压基本不变。因此，根据这种特性，稳压二极管能够起到稳压的作用，它主要被作为稳压器或电压基准元件使用。

1.1.4.6　三极管

半导体三极管也称双极型晶体管、晶体三极管，简称三极管。它是一种用电流控制电流的半导体器件。它由两个 PN 结组成，分为 PNP 型和 NPN 型两种。它有 3 个引脚，分别为集电极（c）、基极（b）、发射极（e）。它可以对电流起放大作用，把微弱信号放大成辐值较大的电信号，同时，在汽车电路中，它常被用作无触点开关。

1. 结构与符号

如图 1-10 所示为晶体三极管的结构和符号图。其中,图(a)是 NPN 型晶体三极管;图(b)表示 PNP 型晶体三极管。

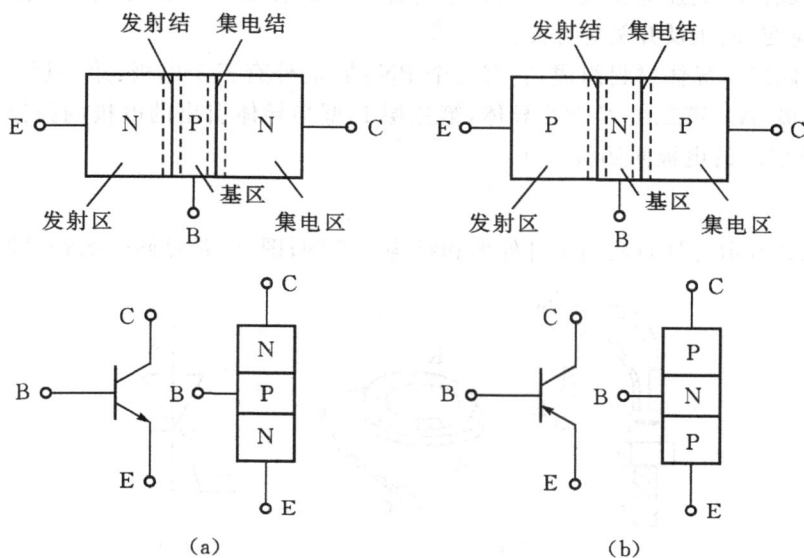

图 1-10　三极管结构和符号图
(a)NPN 型;(b)PNP 型

2. 作用

1) 开关作用

晶体三极管是三层半导体,作用如同高速开关。

例如,当 NPN 型晶体管基极加正偏电压大于 0.7 V 时,基极→发射极导通,然后,集电极→发射极也导通,此时,对于这个晶体管的集电极和发射极如同合上开关;当基极加正偏电压小于 0.7 V 时,基极→发射极截止,集电极→发射极也截止,对于集电极和发射极如同打开开关。PNP 型同理,三极管也正是利用这个原理在汽车电路中起到开关作用的。

2) 放大作用

利用晶体三极管的输出、输入的特性关系所构成的电路即三极管放大电路。如图 1-11 所示,输入到晶体管基极的小信号电压波形通过晶体管放大器后输出电压被放大,输出电流增大,输出波形相位反了 180°。

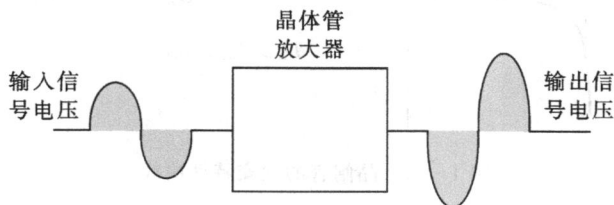

图 1-11　三极管放大作用示意图

15

1.1.4.7 可控硅

可控硅即晶闸管,它是在晶体管的基础上发展起来的一种大功率半导体器件,它使半导体器件由弱电领域扩展到强电领域。晶闸管也具有单向导电性,但它的导通时间是可控的,它主要用于整流、逆变、调压及开关等方面。

晶闸管由四层半导体材料组成,它有三个 PN 结,对外有三个电极:第一层 P 型半导体引出的电极叫阳极(A),第二层 N 型半导体,第三层 P 型半导体引出的电极叫控制极(G),第四层 N 型半导体引出的电极叫阴极(K)。

1. 符号

如图 1-12 所示,图(a)是晶闸管外形和结构示意图;图(b)是晶闸管的符号图。

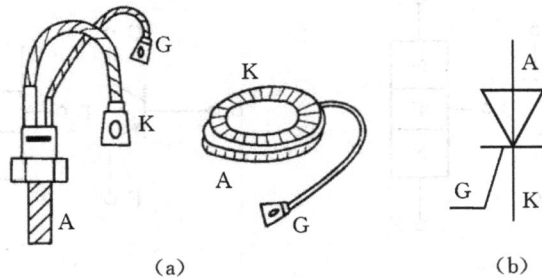

(a)　　　　　　　　　　(b)

图 1-12　可控硅实物示意图和符号图

从晶闸管的电路符号可以看到,它和二极管一样是一种单方向导电的器件,关键是多了一个控制极 G,这就使它具有与二极管完全不同的工作特性。

2. 特性

1)晶闸管的伏安特性

如图 1-13 所示,晶闸管的伏安特性是晶闸管阳极与阴极间电压 U_{AK} 和晶闸管阳极电流 I_A 之间的关系特性。

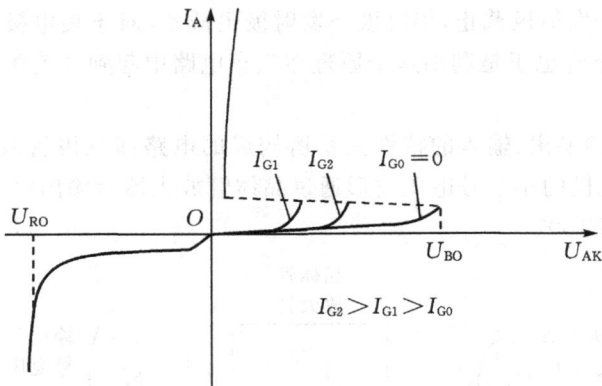

图 1-13　晶闸管的伏安特性曲线

2）晶闸管的门极伏安特性

由于实际产品的门极伏安特性分散性很大,常以一条典型的极限高阻门极伏安特性和一条极限低阻门极伏安特性之间的区域来代表所有器件的伏安特性,如图 1-14 所示。

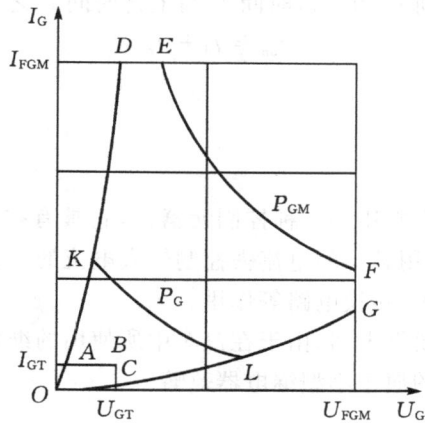

图 1-14　晶闸管的门极伏安特性曲线

其中,由门极正向峰值电流 I_{FGM}、允许的瞬时最大功率 P_{GM} 和正向峰值电压 U_{FGM} 划定的区域称为门极伏安特性区域。P_G 为门极允许的最大平均功率。$OABCO$ 为不可靠触发区,$ADEFGCBA$ 为可靠触发区。

3）晶闸管的开关特性

如图 1-15 所示,晶闸管的开关特性表现为:

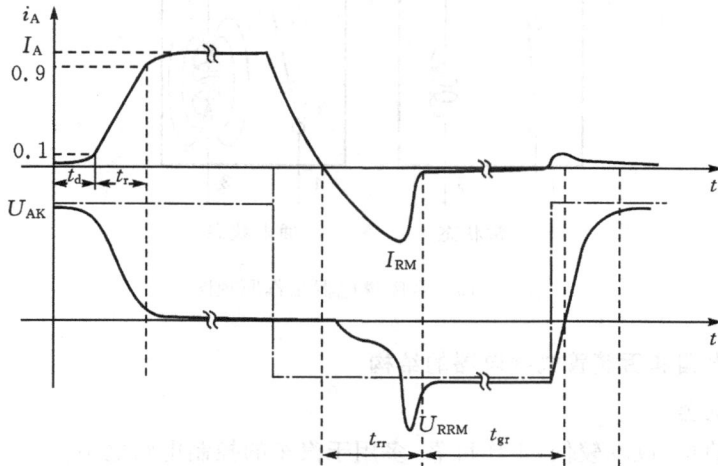

图 1-15　晶闸管的开关特性曲线

第一段延迟时间 t_d,阳极电流上升到 10% 所需时间,也对应着从 $(\alpha_1+\alpha_2)<1$ 到等于 1 的过程,此时 J_2 结仍为反偏,晶闸管的电流不大。

第二段上升时间 t_r,阳极电流由 0.1 上升到 0.9 所需时间,这时靠近门极的局部区域已经导通,相应的 J_2 结已由反偏转为正偏,电流迅速增加。

电源电压反向后,从正向电流降为零起到能重新施加正向电压为止定义为器件的电路换向关断时间 t_{off}。反向阻断恢复时间 t_{rr} 与正向阻断恢复时间 t_{gr} 之和,即

$$t_{off} = t_{rr} + t_{gr}$$

通常定义器件的开通时间 t_{on} 为延迟时间 t_d 与上升时间 t_r 之和,即

$$t_{on} = t_d + t_r$$

1.1.4.8 继电器

1.继电器的概念

继电器是自动控制电路中常用的一种控制元器件,它具有控制系统(输入回路)和被控制系统(输出回路),它实际上是用较小的电流去控制较大电流的一种"自动开关",在电路中起着自动调节、自动操作、安全保护、转换电路等作用。

在汽车中许多装置都需要继电器,由于在汽车中所使用的继电器触点控制的电流较小,且体积也较小,因此,这里讨论的属于小型继电器范畴。

2.继电器的种类

汽车上的电磁继电器有多种,常见的有以下几种:

(1)按电磁继电器触点的状态,分为常开继电器、常闭继电器和常开、常闭混合型继电器。其中常闭继电器的工作原理如图1-16所示。

(2)按继电器的工作原理,分为电磁式继电器、舌簧管式继电器、双金属片式继电器、时间继电器、温度继电器、电子继电器等。其中电磁继电器是汽车上最常用的一种。

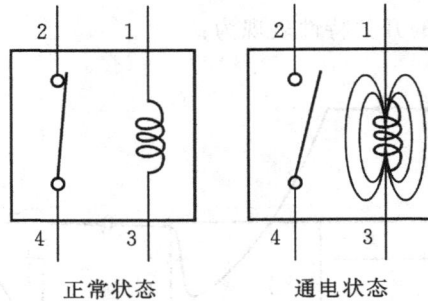

图1-16 常闭继电器工作原理图

3.电磁式继电器和舌簧管式继电器的结构

1)电磁式继电器

继电器结构简单,成本较低,工作可靠,多用于汽车的控制电路之中。

如图1-17所示,电磁式继电器的主体结构是电磁系统,当继电器线圈通过电流时,在铁芯、磁轭、衔铁、活动触点臂和触点工作气隙中形成磁通回路,产生电磁力,使一组或几组触点闭合或断开,从而使得与触点和触点臂相连的另一个电路改变工作状态。

2)舌簧管式继电器

舌簧管式继电器,根据其反应灵敏的特点,多用于信号采集,属于传感器范畴。

如图1-18所示,舌簧管式继电器又称为干簧管式继电器,它与电磁式继电器的主要区别

是,舌簧管式继电器的触点是一个或几个舌簧管。

当继电器的线圈通电时,在线圈中心工作气隙中形成磁通回路,产生电磁力,使舌簧管的一对触点吸合,从而改变与舌簧管相连的电路工作状态。

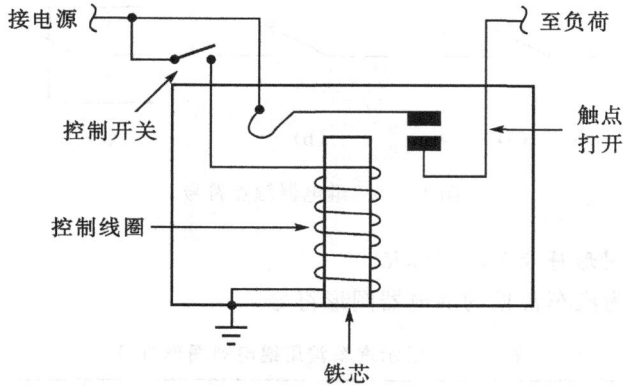

图 1-17　继电器结构示意图

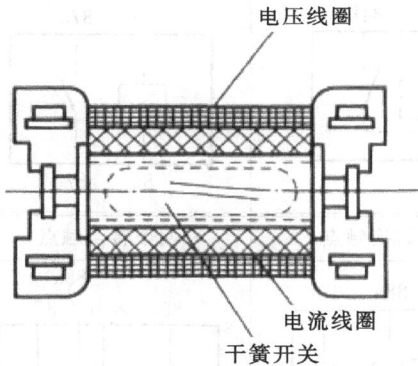

图 1-18　舌簧管继电器结构示意图

4.继电器的符号

1)继电器的一般符号

在电路中,表示继电器时只要画出它的线圈和其控制电路有关接点即可。

继电器线圈一般用方框符号来表示,方框多数为横向长方形,也有时为竖向长方形。继电器的文字符号为 K,可以标注在方框内或方框旁。在汽车电路图中,也有时在方框内画一条斜线表示继电器线圈,如图 1-19 所示。

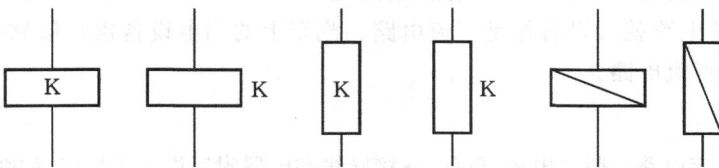

图 1-19　继电器符号

如图 1-20 所示,继电器触点分为动合触点、动断触点和切换触点三种。其中,动合触点又称为常开触点,其符号如图 1-20(a)所示;动断触点又称为常闭触点,其符号如图 1-20(b)所示;切换触点又称为转换触点,其符号如图 1-20(c)所示。

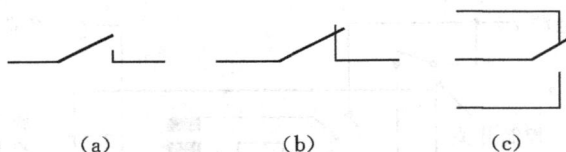

(a)　　　　　(b)　　　　　(c)

图 1-20　继电器触点符号

2)汽车继电器的图形符号与接线标记

如表 1-2 所示,为汽车常见的继电器图形符号。

表 1-2　所示汽车常见继电器图形符号

汽车继电器的特点	绕组和触点共用一个输入端	一个动断触点	一个动合触点
继电器图形符号			
汽车继电器的特点	一个转换触点	两个转换触点	三个动合触点
继电器图形符号			

1.1.5　电工、电子学的基本电路

1.1.5.1　直流电路

直流电路就是电流的方向不变的电路,当然电流大小可以改变的。一般来说,把干电池,蓄电池当作电源的电路就可以看作是直流电路。汽车上的用电设备也是依靠蓄电池和发电机进行供电的,也是直流电路。

1. 电路的组成

一个完整的直流电路一般由电源、负载、连接导线和电器附属设备等组成,如图 1-21 所示。电源是能提供电能的装置,例如汽车上所用的发电机和蓄电池。

负载是消耗电能的装置,例如汽车上的照明灯、起动机等,它们分别将电能转换成光能和机械能。

电器辅助设备包括开关、熔断器等。

连接导线是连接电源和负载的部分,起到传输、控制和分配电能的作用。

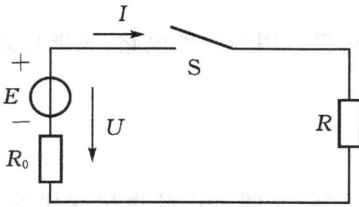

图 1-21 电路组成示意图

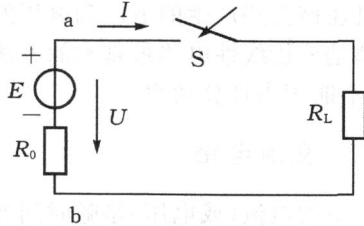

图 1-22 电路的通路状态

2. 直流电路的状态

1）通路状态

如图 1-22 所示,开关 S 闭合,电路中电流由电源正极经过电器设备流回电源负极,电流构成回路,这种状态叫做电路通路状态。

在通路状态,电源的端电压 U 低于电源电动势 E,电路中的电流为

$$I = E/(R_L + R_0)$$

2）开路状态

如图 1-23 所示,将电路中的开关 S 断开或电路发生断线,电路中就没有电流通过,这种状态叫开路(也叫断路)。

开路时,电源两端的电压等于电源的电动势。

3）短路

如图 1-24 所示,若电流不经过电气设备,而是经由电源一端直接流回电源另一端,致使电路中电流很大,这种状态叫做短路。

电源短路时电流非常大,将会损坏电源,极易引起火灾,必须防止电路短路的现象发生。

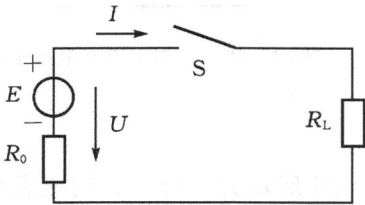

图 1-23 电路开路状态

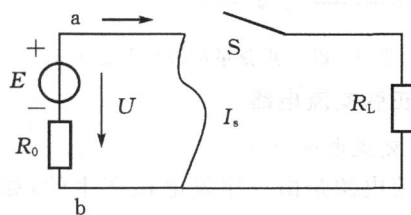

图 1-24 电路短路状态

3. 直流电路运算的基本规则——支路电流法

支路电流法解题的一般步骤:

(1) 确定支路数,选择各支路电流的参考方向。

(2) 确定节点数,列出独立的节点电流方程式。n 个节点只能列出 $n-1$ 个独立的节点方程式。

（3）确定余下所需的方程式数,列出独立的回路电压方程式。

（4）解联立方程式,求出各支路电流的数值。

4. 叠加定理

在含有多个有源元件的线性电路中,任一支路的电流和电压等于电路中各个有源元件分别单独作用时在该支路产生的电流和电压的代数和。

叠加定理是分析线性电路最基本的方法之一,它只适用于线性电路,只能用来分析和计算电流和电压,不能用来计算功率。

1.1.5.2 交流电路

交流电路中的电流(或电压)是随时间变化的。而随时间按正弦规律变化的交变电流(或电压)是工程技术中应用最广泛的一种,也是交变信号中最基本的信号。

1. 单相正弦交流电

交流电的概念如图 1-25 所示,按照正弦规律变化的交流电叫做正弦交流电。正弦交流电路中的电压、电流及电动势,其大小和方向均随时间变化,其数学表达式为

$$e = E_{\mathrm{m}}\sin(\omega t + \psi_e)$$
$$v = V_{\mathrm{m}}\sin(\omega t + \psi_v)$$
$$i = I_{\mathrm{m}}\sin(\omega t + \psi_i)$$

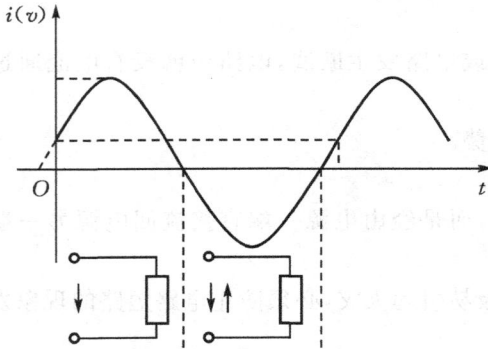

图 1-25 正弦量的波形与正方向   图 1-26 三相交流发电机示意图

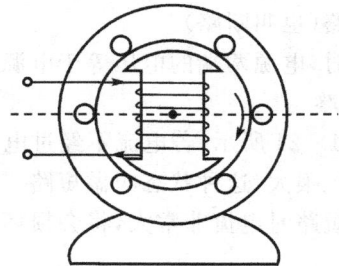

2. 三相正弦交流电路

1) 三相交流电的产生

三相交流电源是由三相发电机产生的,如图 1-26 所示为一台三相交流发电机结构示意图。

令三相绕组 A-X、B-Y、C-Z(首-末)对称分布在定子凹槽内,转子通入直流电励磁,图示磁极形状是为产生正弦磁场而设计的。

当转子由原动机带动,以角速度 ω 旋转时,三个绕组依次切割旋转磁极的磁力线而产生幅值相等、频率相同(以同一角速度切割)、只在相位(时间)上相差 120°的三相交变感应电动势。

若以图 1-26 中 A 相(位于磁场为零的中性面上)为参考,规定其正方向为末端指向首端,则

$$e_A = E_m \sin\omega t$$
$$e_B = E_m \sin(\omega t - 120°)$$
$$e_C = E_m \sin(\omega t - 240°) = E_m \sin(\omega t + 120°)$$

其波形如图 1-27 所示。

不难证明

$$e_A + e_B + e_C = 0$$

这样的三相电源称为三相对称电源。其某一参考值出现的先后顺序为 A→B→C→A，叫做三相电源的相序。(在图 1-27 中，若转子磁极逆时针旋转，则其相序为 A→C→B)。

若以有效值相量表示，则为

$$\dot{E}_A = E\angle 0° = E$$

$$\dot{E}_B = E\angle -120° = E(-\frac{1}{2} - j\frac{\sqrt{3}}{2})$$

$$\dot{E}_C = E\angle +120° = E(-\frac{1}{2} + j\frac{\sqrt{3}}{2})$$

更易看出

$$\dot{E}_A + \dot{E}_B + \dot{E}_C = 0$$

其相量图如图 1-28 所示。

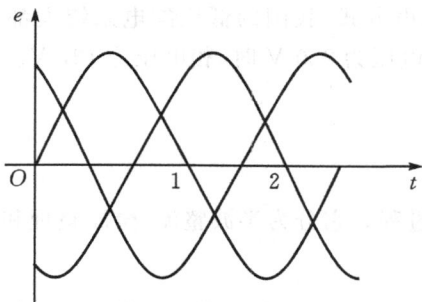

图 1-27 三相对称电源的波形

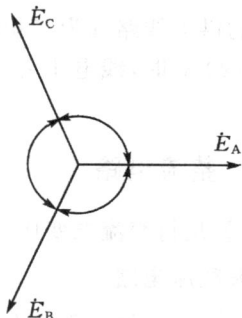

图 1-28 三相对称电动势

2) 三相(发电机)绕组的方式

三相交流发电机绕组的方式有两种：星形或三角形。一般常作星形，即三个末端 X、Y、Z 连在一起，三个首端 A、B、C 连同末端连接点 N 引出，如图 1-29 所示。这样的优点是：可以提供两种电压；各相绕组承压低；空载时发电机无内耗。

图中由星形点引出的导线称为中线，即为俗称的零线，A、B、C 端引出的导线称为相线，俗称火线。所谓两种电压，即每相绕组的端电压 $\dot{V}_A$、$\dot{V}_B$、$\dot{V}_C$ 称为相电压，其有效值记作 V_p；任意两条相线间电压 $\dot{V}_{AB}$、$\dot{V}_{BC}$、$\dot{V}_{CA}$ 称为线电压，其有效值记作 V_l。各电压的参考方向也如图 1-30 中所示，则由图可得

$$\dot{V}_{AB} = \dot{V}_A - \dot{V}_B$$
$$\dot{V}_{BC} = \dot{V}_B - \dot{V}_C$$

$$\dot{V}_{CA} = \dot{V}_C - \dot{V}_A$$

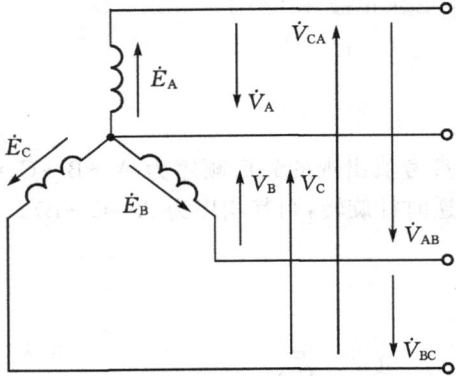

图 1-29　三相电源的星形接法　　　　图 1-30　相、线电压间关系

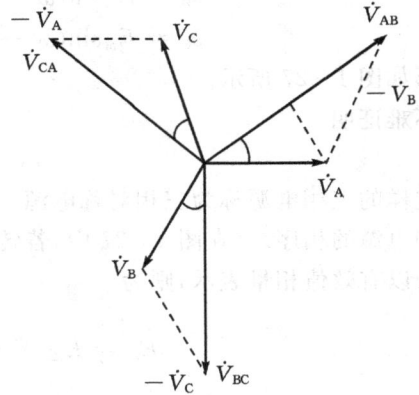

发电机内阻抗上压降与输出电压相比,可以忽略不计,则相电压基本上等于电源的电动势。

显见,三相电源的线电压也是对称的,其在相位上领先于相应的相电压 30°。由其几何关系可得

$$V_1 = \sqrt{3}V_p$$

上述电源的供电线路称为三相四线制供电方式,我国的低压配电系统大都采用三相四线制。相电压为 220 V 时,线电压为 380 V;线电压为 220 V 时,相电压为 127 V。这是常用的两种电压模式。

1.1.5.3　整流电路

所谓整流,就是将交流电变成直流电的过程。它分为半波整流、全波整理和桥式整流等。

1. 单相半波整流电路

如图 1-31 所示,图(a)所示为单相半波整流电路示意图,图(b)所示为单相半波整流工作原理曲线图。

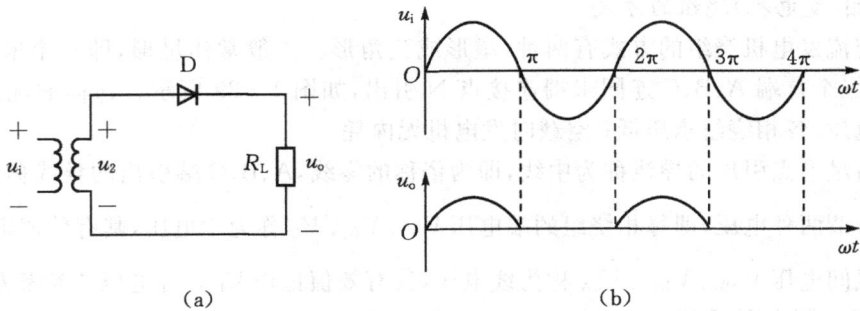

（a）　　　　　　　　　　　　　　　（b）

图 1-31　单相半波整流电路及工作原理曲线示意图

交流输入电压

$$u_{\mathrm{i}} = \sqrt{2}U\sin\omega t$$

输出电压瞬时值

$$u_{\mathrm{o}} = \begin{cases} \sqrt{2}U\sin\omega t, & 0 \leqslant \omega t \leqslant \pi \\ 0, & \pi \leqslant \omega t \leqslant 2\pi \end{cases}$$

输出电压平均值

$$U_{\mathrm{o(AV)}} = \frac{1}{2}\int_0^\pi \sqrt{2}U_2\sin\omega t\ \mathrm{d}(\omega t) = 0.45U_2$$

2. 单相全波整流电路

如图 1-32 所示为单相全波整流电路示意图。

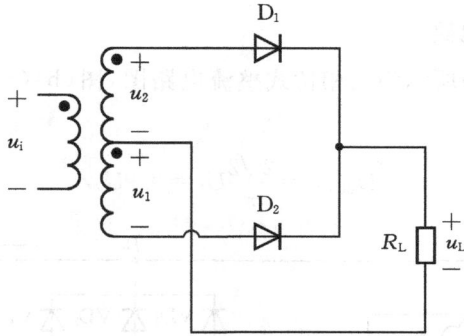

图 1-32　单相全波整流电路及工作原理曲线示意图

如图 1-33 所示为单相全波整流工作原理曲线图。

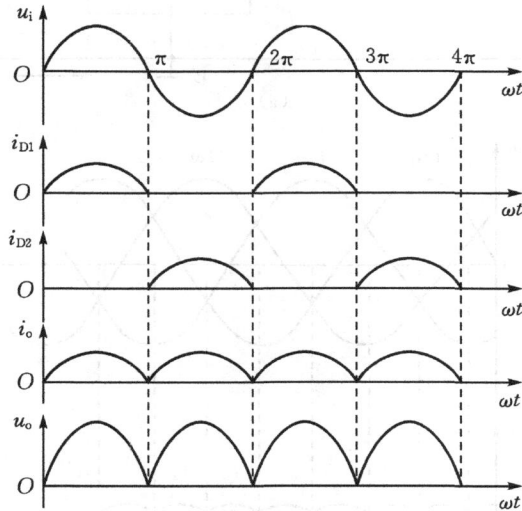

图 1-33　单相全波整流电路及工作原理曲线示意图

3. 单相桥式整流电路

单相桥式整流电路使用的二极管比单相全波整流多一倍,但每个二极管所承受的反向电压比较小,如图 1-34 所示。

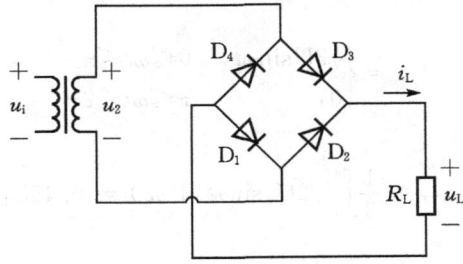

图 1-34　单相桥式整流电路

4.三相桥式全波整流电路

如图 1-35 所示,图(a)所示为三相桥式整流电路图,图(b)(c)所示为三相桥式整流工作原理曲线图。

$$U_{o(AV)}=\frac{2\sqrt{2}}{\pi}U_2=0.9U_2$$

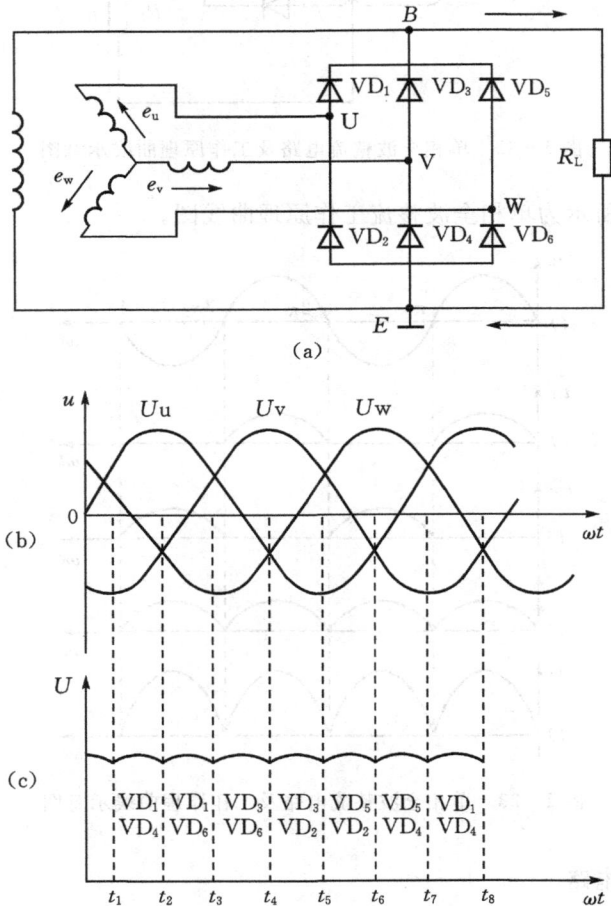

图 1-35　三相桥式整流电路及工作原理曲线图

1.1.5.4　稳压电路

如图 1-36 所示,稳压电路是一种保护电路。虽然它根据所应用的元器件不同可分为多种形式,但基本上都是利用稳压管所起的电流调节作用,通过调节限流电阻上的电流及电压变化,达到使输出电压基本保持稳定的目的。

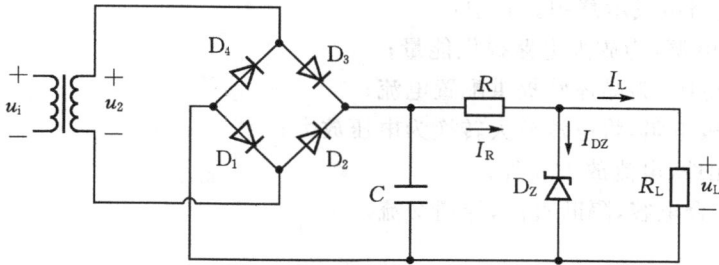

图 1-36　稳压电路示意图

1. 串联稳压电路

如图 1-37 所示为利用串联在三极管基极上的稳压管起稳压作用的稳压电路。它的原理是当外加电压高到某一值时,稳压管被击穿,三极管因基极电压下降而截止,保护负载 R_L 不被损坏。

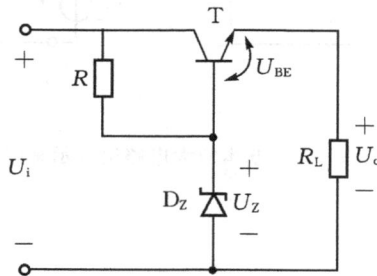

图 1-37　串联稳压电路

2. 集成稳压电路

如图 1-38 所示,这是更高一个级别的稳压电路,它是利用集成块 W7800 的稳压作用来实现稳定负载 R_L 两侧电压的。

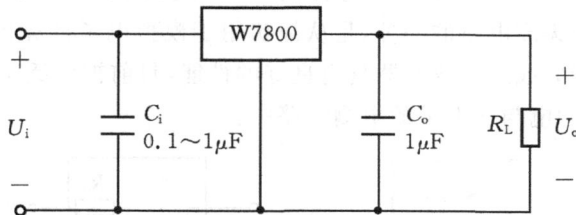

图 1-38　集成稳压电路示意图

1.1.5.5　放大电路

在实际应用过程中,往往要求把微弱的信号进行放大才能有作用,例如常见的收音机和电视机中,是将天线收到的微弱的信号放大到足以推动扬声器和显像管,我们才能听到声音、看到图像,手机、雷达的原理也是如此。因此,信号放大电路的应用是非常广泛也是极其重要。放大电路主要是利用晶体管的放大作用来实现的,一般它由电压放大和功率放大两部分组成,电压放大电路通常工作在小信号情况下,功率放大一般工作在大信号情况下。由于信号放大过程是一个复杂的电子、电路知识,这里只是对其基本放大电路做一些简单的介绍。如图 1-39 所示,为基本放大电路组成示意图。其中:

U_{cc}——工作电源,为放大电路提供能量;

R_B——偏置电阻,为晶体管提供配置电流;

R_C——集电极电阻,将电流放大转换为电压放大;

T——放大元件,电流放大元件;

C_1、C_2——耦合电容,隔断直流,导通交流。

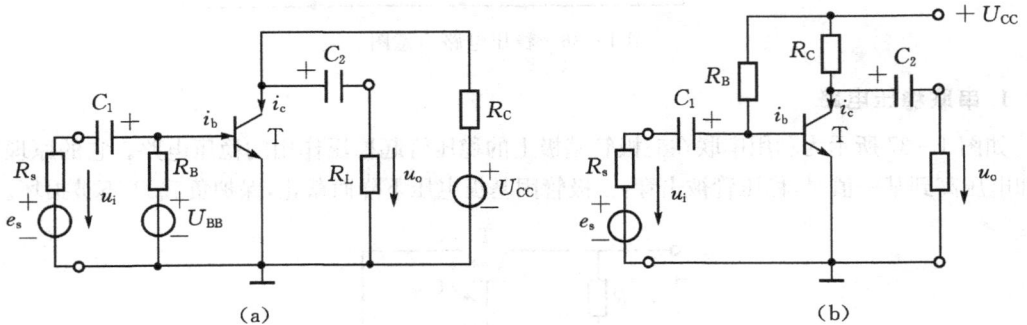

图 1-39　基本放大电路组成示意图

1.1.5.6　集成电路

集成电路是 20 世纪 60 年代发展起来的一种新型电子器件。它是在半导体硅片上通过一系列工艺制出晶体三极管、电阻、电容及相互间的连线,构成一个完整的有一定功能的电路,如图 1-40 所示。

集成电路与单个三极管、电阻、电容等元件焊接连成的电路(分立元件电路)相比,具有体积小、重量轻、焊点少等优点,大大提高了电路的可靠性,并促进了设备的小型化。

运算放大器是线性集成电路的一种,是从最初用于模拟电子计算机作为直流电压运算部件而发展起来的。由于集成运算放大器具有良好的性能,目前被广泛应用于计算机技术、自动控制、无线电技术和各种电与非电量的电测线路中。

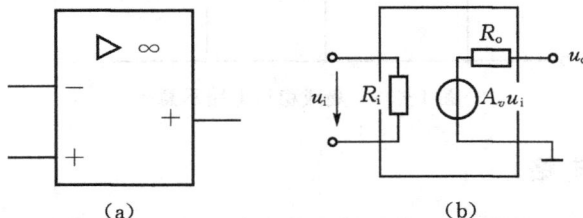

图 1-40　运算放大器的符号极其简化电路

1.1.6 发电机与电动机

1.1.6.1 发电机

发电机是将机械能转化为电能的电气设备。

1. 分类

发电机按所产生的电流不同,可分为直流发电机和交流发电机。与直流发电机相比,交流发电机具有体积小、重量轻、比能大、对外供电的最低转速低、电子干扰要少、噪声小、少维护或免维护、寿命长、故障率低等优点,在汽车上,已经完全取代了直流发电机。

交流发电机按结构可分为普通交流发电机、整体式交流发电机、带泵发电机、无刷发电机。交流发电机按整流二极管数量可分为六管发电机、八管发电机、九管发电机和十一管发电机,在汽车上,目前以应用十一管发电机的车型较多。

2. 结构

交流发电机主要由定子和转子两大部分组成。

定子:产生电磁感应电动势。

转子:产生旋转磁场。

3. 发电原理

我们都知道,当线圈在磁场中运动,线圈的工作边不断切割磁力线时就会在线圈中产生电流。那如果是线圈不动,磁场在其附近运动结果会怎么样呢?事实上,只要在一段导体圈定的范围之内有磁通量的变化,那么,这段导体就会产生感应电动势而发电。

如图 1-41 所示,事实上,无论是线圈在磁场中运动,还是磁场在线圈附近运动,以及磁场和线圈作共同运动,只要有 $d\Phi/dt$ 就会在线圈中产生感应电动势而发电。

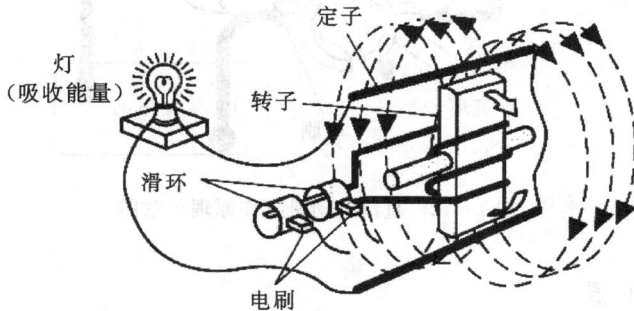

图 1-41 发电原理示意图

1.1.6.2 电动机

电动机是将电能转化为机械能,并可再使机械能产生动能,用来驱动其它装置的电气设备。

1. 分类

电动机按使用电源不同,分为直流电动机和交流电动机。

电力系统中的电动机大部分是交流电机,分为同步电动机和是异步电动机两种。而直流电动机按照励磁方式的不同,又可分为他励、并励、串励和复励四种。

2. 结构

电动机主要由定子与转子两大部分组成。

定子:产生磁场。

转子:产生电磁转矩。

3. 原理

电动机工作原理是通电导线在磁场中要受到力的作用,使电动机转动。受力的方向可以利用左手定则判断。

如图 1-42 所示,以直流电动机为例,蓄电池电流通过电刷、导流环进入电枢绕组,再经过换向器、电刷流出后进入磁场线圈回到蓄电池负极形成回路,在电枢绕组、磁场绕组形成磁场,两个磁场相互作用,使电枢转子绕其轴转动。

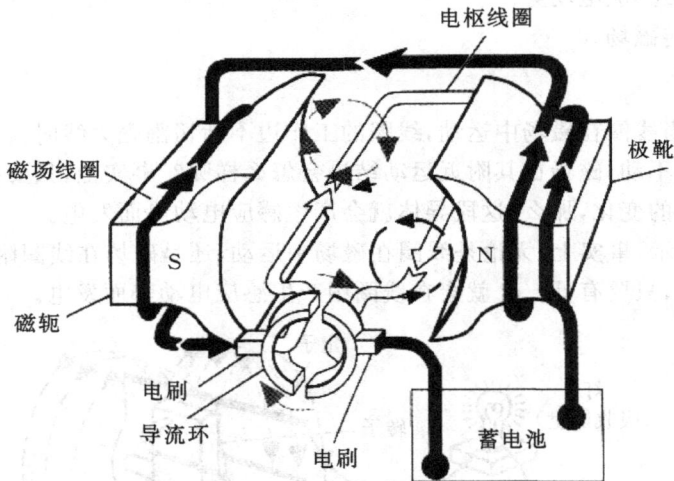

图 1-42 直流电动机工作原理示意图

1.1.7 变压器

变压器是利用电磁感应的原理来改变交流电压的装置,它将一种电压的交流电能转换成同频率的另一种电压的电能。在电器设备和无线电路中,变压器常用作升降电压、匹配阻抗、安全隔离等。

1.1.7.1 分类

1. 按相数分

(1)单相变压器:用于单相负荷和三相变压器组。

（2）三相变压器：用于三相系统的升、降电压。

2．按冷却方式分

（1）干式变压器：依靠空气对流进行冷却，一般用于局部照明、电子线路等小容量变压器。

（2）油浸式变压器：依靠油作冷却介质，如油浸自冷、油浸风冷、油浸水冷、强迫油循环等。

3．按用途分

（1）电力变压器：用于输配电系统的升、降电压。

（2）仪用变压器：如电压互感器、电流互感器，用于测量仪表和继电保护装置。

（3）试验变压器：能产生高压，对电气设备进行高压试验。

（4）特种变压器：如电炉变压器、整流变压器、调整变压器等。

4．按绕组形式分

（1）双绕组变压器：用于连接电力系统中的两个电压等级。

（2）三绕组变压器：一般用于电力系统区域变电站中，连接三个电压等级。

（3）自耦变电器：用于连接不同电压的电力系统。也可作为普通的升压或降压变压器用。

5．按铁芯形式分

（1）芯式变压器：用于高压的电力变压器。

（2）非晶合金变压器：非晶合金铁芯变压器使用新型导磁材料，空载电流下降约 80%，是目前节能效果较理想的配电变压器，特别适用于农村电网和发展中地区等负载率较低的地方。

（3）壳式变压器：用于大电流的特殊变压器，如电炉变压器、电焊变压器；或用于电子仪器及电视、收音机等的电源变压器。

1.1.7.2　结构

变压器的主要构件是一次绕组（初级绕组）、二次绕组（次极绕组）和铁芯（磁芯）。其中，与电源相连的线圈，接收交流电能，称为一次绕组；与负载相连的线圈，送出交流电能，称为二次绕组。

最简单的变压器是由一个闭合的铁芯和绕在铁芯上的两个匝数不等的绕组组成，如图 1-43所示。

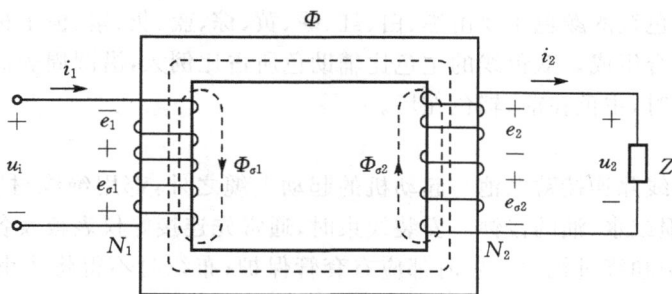

图 1-43　变压器的原理图

1.1.7.3　原理

变压器的基本原理是电磁感应原理。

变压器的匝数比(电压比),一般可作为变压器升压或降压的参考指标。

$$U_1/U_2 = N_1/N_2$$

其中:U_1——一次绕组的相电压;

U_2——二次绕组的相电压;

N_1——一次绕组匝数;

N_2——二次绕组匝数。

1.2　汽车电路基础

在现在汽车中应用了越来越多的电子设备,要使这些电器工作,需要用导线、车体把电源、过载保护器、控制器件以及用电设备等装置有机地连接在一起,构成能使电流流通的路径,我们把这种路径称为汽车电路。

1.2.1　汽车电路的基本元件

1.2.1.1　导线

汽车电系的导线有高压导线和低压导线两种,多采用铜制多芯软线,外层用 QVR(聚氯乙烯)、QFR(聚氯乙烯－丁腈复合)或 PVC(聚丙烯)等绝缘材料包裹。

1. 低压导线

1) 导线截面积

导线截面积主要根据其工作电流选择。但是,对于工作电流较小的电器,为了保证具有一定的力学强度,汽车电器中导线截面积一般不能小于 0.5 mm²。

2) 导线颜色

汽车用低压导线的颜色在不同的国家、不同的汽车制造企业有不同的行业规定。比如我国国家标准规定单色线的颜色主要由黑、白、红、绿、黄、棕、蓝、灰、紫、橙十种颜色组成,双色线也由规定的主色配合组成。双色线的主色比辅助色所占比例大,沿圆周表面的比例为1∶3至1∶5。标注双色线时,主色在前,辅色在后。

3) 线束

汽车用低压导线除连接蓄电池与起动机的起动电缆之外,都用绝缘材料(如薄聚氯乙烯)包裹成束,避免磨损或水、油的侵蚀。安装线束时,通常先连接好仪表板及各种开关,再往汽车上安装;在穿过孔洞和绕过锐角位置时都应有套管保护;布线时不得将线束拉得过紧;线束位置布置好后,应该用卡簧或绊钉固定,以免松动。

2. 高压导线

汽车用高压导线简称高压线,在汽油车的点火线圈至火花塞之间的电路上使用。目前广泛使用高压阻尼点火线,可有效衰减火花塞产生的电磁干扰,有几种不同的制造方法和结构。

常用的有金属阻丝线芯式、金属阻丝线绕电阻式和塑料芯导线式。金属阻丝线芯式是由金属电阻丝绕在绝缘线束上,外包绝缘体制成阻尼线;金属阻丝线绕电阻式是由电阻丝绕在耐高温的绝缘体上制成电阻,与不同形式的绝缘套构成;塑料芯导线式是由塑料和橡胶制成直径为 2 mm 的电阻线芯,在其外面紧紧地编织着玻璃纤维,外面再包裹高压 PVC 塑料或橡胶等绝缘体,电阻值一般在 6～25 kΩ/m,这种结构成本低而且可制成高阻值线芯,生产易于自动化,目前国内外都已大量生产使用。

1.2.1.2　熔断器

如图 1-44 所示,熔断器又称易熔线、保险丝,串联在电路中起保护作用。当电路中流过的电流值超出规定值时,熔断器自身发热熔断,及时切断电路,保护连接导线和用电设备,把故障限制在最小范围内。通常将车上所有的熔断器组合安装在一个盒内,或根据车辆不同位置的熔断器安装在不同的盒内,再组装到一定的易检修的位置上,并在盒盖上标明各熔断器的位置、名称、额定容量。不同额定容量的熔断器在外部通常用不同的颜色加以区分。

在一般温度环境下,当流过熔断器的电流为额定电流的 1.1 倍时,熔断器不会熔断;当达到 1.35 倍时,熔断器会在 60 s 内熔断;当达到 1.5 倍时,20 A 以内的熔断器会在 15 s 内熔断,30 A 以内的熔断器会在 30 s 内熔断。

熔断器使用原则如下所述:

(1)熔断器熔断后,必须找到故障真正的原因彻底排除,否则更换后故障会重复发生。

(2)更换新的熔断器时,其规格必须与原规格相同。

(3)安装时要保证熔断器与熔断器支架接触良好,避免接触不良产生电压降和发热的现象。

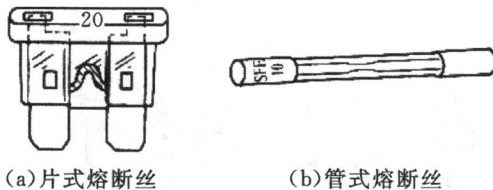

(a)片式熔断丝　　　　　　(b)管式熔断丝

图 1-44　汽车用熔断丝

1.2.1.3　连接器

连接器又叫线路插接器,由连接插头和插座组成,用于线束与线束或线束与导线之间的相互连接。连接器具有接线方便迅速、结构简单紧凑、避免接线错误等优点。

1. 连接器的符号及识别方法

不同的国家、不同的汽车公司在其汽车电路图上连接器的图形符号表示的方法各不相同,如图 1-45 所示为日式汽车连接器的图形法符号。在图形中涂黑表示插头,不涂黑表示插座。

另外,根据用途不同,连接器的端子数目、几何尺寸和形状也各不相同,如图 1-46 所示,表示几种不同连接器的结构。

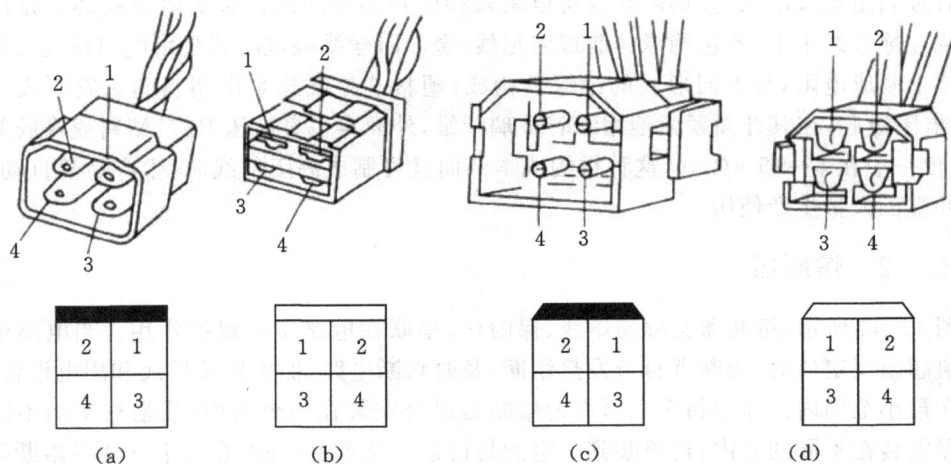

图1-45　日式汽车连接器符号

(a)片状插脚插头；(b)片状插脚插座；(c)柱状插脚插头；(d)柱状插脚插座

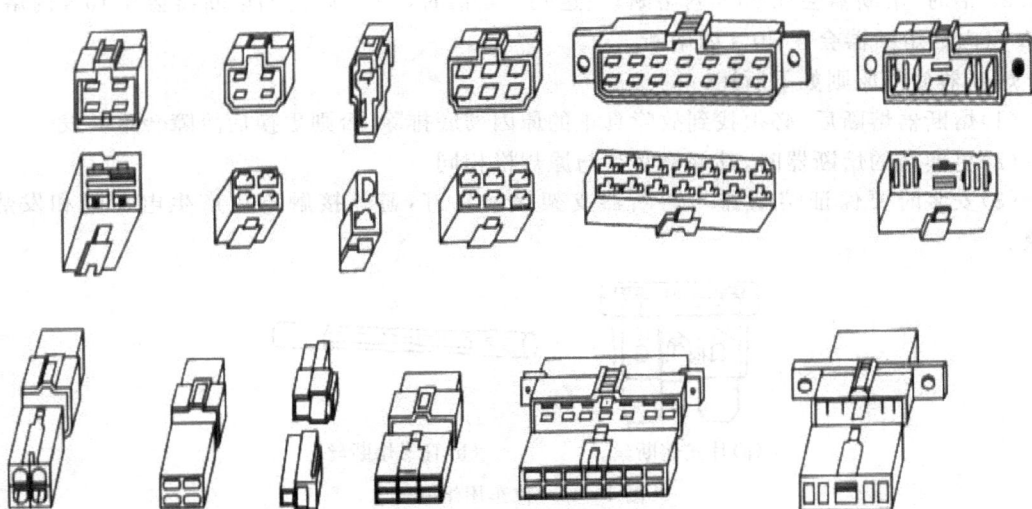

图1-46　各种连接器结构图

2. 连接器使用的注意事项

（1）连接器结合时，应把连接器的导向槽重叠在一起，使插头和插孔对准，然后平行插入，即可十分牢固地连接在一起。

（2）为了防止连接器脱开，连接器都采用闭锁装置。拆开连接器时，首先要解除闭锁，然后把连接器拉开，未打开闭锁前不允许用力拉导线，以防止损坏连接导线和闭锁装置。

1.2.1.4　开关

1. 点火开关

点火开关是通过钥匙接通或关闭电源，控制起动、点火和负载电路的控制开关。下面以常见的捷达轿车点火开关来说明点火开关的结构及工作原理。

如图 1-47 所示,为捷达车点火开关的位置图,其共有三个工作位置点。

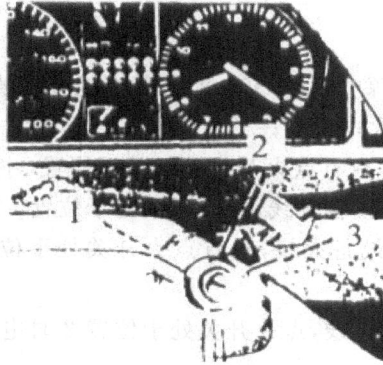

图 1-47　捷达车点火开关位置图

如图 1-48 所示,为捷达点火开关每个工作位置的旋转角度及工作原理。

1)点火开关处于位置 1

此时点火开关处于关闭状态,方向盘被锁死,具有防盗功能;此时 30 端与 P 端触点接通,驻车灯可以工作。

2)点火开关处于位置 2

点火开关由停车位置 1 转到点火工作位置 2 时,其 30 端与 P 端触点断开,30 端与 X 端、15 端、SU 端触点接通。

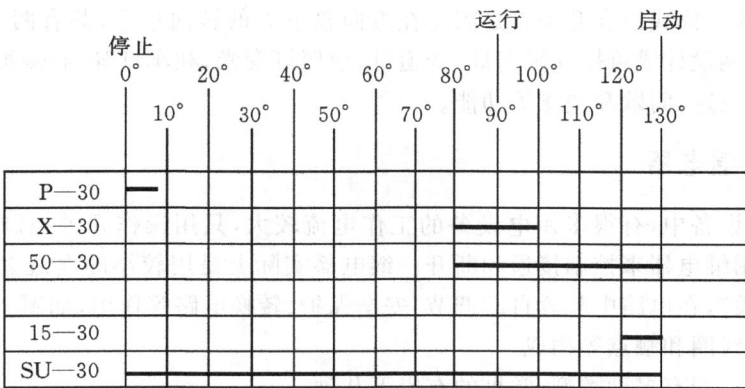

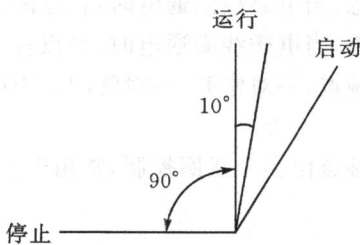

图 1-48　捷达车点火开关工作原理图

3）点火开关处于位置 3

电源 30 端与 P 端触点仍断开,30 端与 X 端触点切断,30 端与 15 端触点继续接通,30 端与 50 端触点此时接通。

上述各端点含义:

（1）30 端——常火线（电源电压 12 V）,即与蓄电池正极直接连接的电源线,不受点火开关控制,不论停车或发动机熄火均有电;

（2）P 端——驻车灯火线,只有点火开关处于关闭位置,才与电源 30 端连接;

（3）15 端——小功率用电设备火线,点火开关处于位置 1 或位置 2 时与电源 30 端连接;

（4）X 端——大功率用电设备火线,只有点火开关处于位置 2 时接通 X 触点（卸荷继电器）,才能与电源 30 连接;

（5）50 端——起动机电源火线,点火开关处于位置 2 时电源 30 端与其连接,接通起动电路,起动机开始工作;

（6）SU 端——收音机火线,点火开关处于位置 2 时与电源 30 端接通。

如果一次起动没有成功,再次起动时必须先将钥匙拧回到位置 1,然后再重新拧回到位置 3 实现再次起动,即在点火开关内部装有防止重复起动的装置。在正常行驶过程中,如果误将钥匙从位置 2 转向位置 3,转过一个小小的角度就会被卡住,从而使 30 端与 50 端触点不会再次接通,防止发动机正常工作时接通起动机。

2. 组合开关

为了使操作方便,现在的汽车上广泛使用的是组合开关。组合开关就是将前照灯的远光、近光,转向灯的左右变光、双闪,雨刷器的点动、慢速、快速、间歇、洗涤等控制组合为一体结构。例如,捷达轿车的一体式组合开关就是固定在方向盘下方的转向柱上,共有两个操纵手柄,左右对称。左侧手柄设计成可操纵转向灯、变道灯、前照灯变光、驻车灯等;右侧被设计为控制雨刷器点动、慢速、快速、间歇和洗涤等功能。

1.2.1.5 继电器

在汽车用电设备中,有很多用电设备的工作电流较大,只用操作开关控制是不可能实现的,因此通常采用继电器来控制接通和断开。继电器实际上是用较小的电流去控制较大电流的一种"自动开关",在电路中起着自动调节、安全保护、转换电路等作用,如图 1-49 所示。继电器主要由电磁线圈和触点等构成。

汽车上的继电器有多种类型,常见的有以下几种:

常开式继电器:触点平时处于常开状态,当电磁线圈通电时,触点闭合。

常闭式继电器:触点平时处于常闭状态,当电磁线圈通电时,触点打开。

切换式继电器:同一继电器内有两对触点,一对常开,一对常闭。当电磁线圈通电时,常开触点闭合,常闭触点打开。

多线圈继电器:一个继电器中的一个触点由多个线圈控制,常用于多个控制器控制同一个用电器。

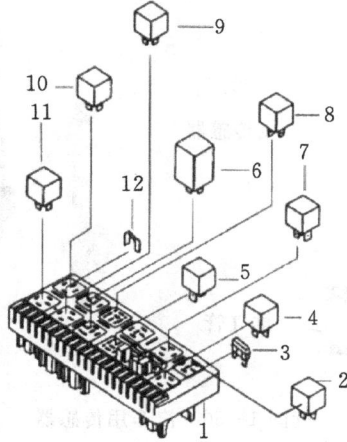

图 1-49　中央配电盒主体分解图

1—中央配电盒；2—压缩机用空调继电器；3—熔断线；4—空调电机继电器；
5—进气预热继电器或电动油泵继电器；6—刮水器继电器；7—卸荷继电器；8—水箱风扇电机继电器(高速)；
9—水箱风扇电机继电器(低速)；10—雾灯继电器；11—喇叭继电器；12—短路片

1.2.1.6　传感器

传感器是一种将非电量变换成电量的装置，是一种获得信息的手段，它在控制系统中占有重要的地位。

在汽车的各个控制单元中，依靠传感器检测到物理量、电量和化学量等信息，并把它转换成 ECU(汽车电子控制单元)能接收的电信号，直接输入汽车的电子控制单元，给电子控制单元的正常工作提供直接的保证。

汽车用传感器根据汽车不同，其数量差异很大，一般说来，汽车级别越高级，其传感器的数量也就越多。

如图 1-50 所示，在普通汽车上用传感器主要有空气流量传感器、曲轴位置传感器、氧传感器、水温传感器等十几个，在高级汽车上传感器数量能达到几十个。

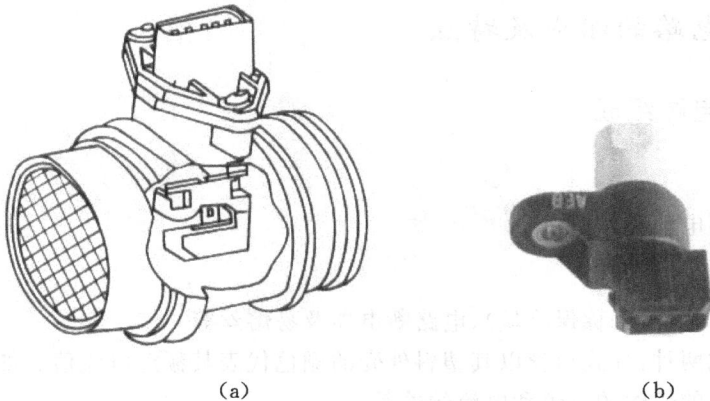

(a)　　　　　　　　　　　　　(b)

图 1-50　汽车用传感器

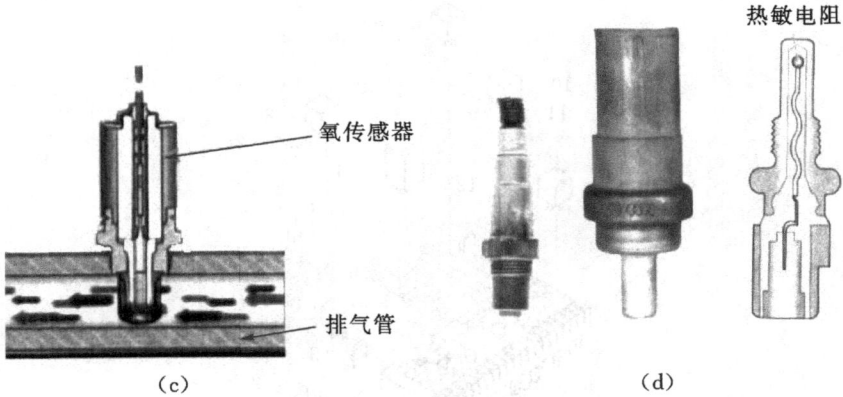

续图 1-50　汽车用传感器
(a)空气流量传感器;(b)曲轴位置传感器;(c)氧传感器;(d)水温传感器

1.2.1.7　电子控制单元

如图 1-51 所示,电子控制单元就是我们常说的车载电脑,它是微处理器为核心的的电子控制装置,具有丰富的逻辑判断功能和计算功能,是汽车电子控制系统的指挥中心。它根据传感器提供的信息,经过判断、计算和处理后,向执行机构发出控制信号。

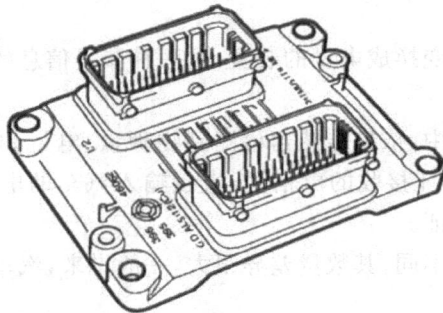

图 1-51　汽车电子控制单元

1.2.2　汽车电路的组成及特点

1.2.2.1　汽车电路组成

1. 电源

汽车上的电源为蓄电池和发电机。

2. 过载保护器件

过载保护器主要有熔丝(俗称保险丝)、电路断电器及易熔丝等。

熔丝有管式和片式两种,片式熔丝以其塑料外壳的颜色代表其额定电流值。如表 1-3 所示为美国汽车行业规定的熔丝的颜色和电流的关系。

表 1-3 美国汽车熔丝颜色与电流强度的对应关系

电流/A	颜色	电流/A	颜色
1	深绿色	9	橙色
2	灰色	10	红色
2.5	紫色	14	黑色
3	紫罗兰色	15	蓝色
4	粉红色	20	黄色
5	茶褐色	25	白色
6	金色	30	绿色
7.5	棕色		

汽车电路断电器利用金属(双金属片)热膨胀系数不同,断开电路。当过大的电流经过时,双金属片受热膨胀使触点断开。而当电路冷却后,触点可自行或手动闭合。它一般应用于前照灯、电动座椅、电动门锁及电动车窗等电路中。

易熔丝是由标准铜导线绞合而成,其外部是特殊的不易燃烧的绝缘层。其截面尺寸比要保护的电路中的导线小一个线规标号,但其外部加厚的绝缘层使其看起来比同一条电路上的导线要粗。如果通过电流过大,导线发热使得绝缘层外部开始冒烟,5 s 后绝缘层内部导线熔断。在汽车电路中,除起动电源线外,其它电源一般都通过易熔丝到达用电器。

3.控制元件

在现代汽车的电路中,除使用传统的手动开关、压力开关和温控开关外,还大量使用了电子控制模块(如电子式电压调节器)和微电脑形式的电子控制单元(如自动变速器控制单元)。它和传统的开关控制的主要区别是电子控制元件需要单独的工作电源和各种形式的传感器。

4.用电器

汽车电路系统的用电器包括电动机、电磁阀、灯泡、仪表、各种电子控制元件和部分传感器等。

5.导线

导线是构成电路的基础,除普通的各种线径的导线外,在汽车上通常车体也作为导线的一部分,代替从用电器返回电源的普通导线。电流经过用电器后再通过导线与车体相连到达蓄电池负极构成回路,我们把用电器后的导线与车体相连的过程称为接地或"搭铁"。

1.2.2.2 汽车电路特点

汽车电路具有其它电路的一般特性。如汽车电路的基本连接方式为串联和并联;汽车电路的基本状态是通路、短路和断路。

汽车电路又有不同于其它一般电路的特点:

1.低压

汽车电路一般采用 12 V 或 24 V 低压电源系统,使用 12 V 电源系统居多。

2. 直流

汽车中所有的用电器均为直流用电器。

3. 单线

在汽车上利用车身作为导线的一部分。电源的负极直接与车身相连,用电器的一个接线端子只是和从电源的正极引入的一条导线相连,负极则直接与车身相连即可。

4. 负搭铁

前面讲过,电源与用电器和车体连接的部位叫接地,又叫搭铁。由于采用电源负极接地的方式不容易使接点氧化,因此,在汽车上均采用负搭铁的连接方式。

另外,在汽车上各个用电器之间均为并联的连接关系,有自己的控制器件和过载保护系统,从而保证了各个用电器的独立工作,互不干扰。电路中的元器件在电路图中用专门的符号或图框加文字标注表达。

1.3 汽车电路识读原则

1.3.1 汽车电路设计的一般原则

1. 汽车线路为单线制

单线连接是汽车线路的特殊性,它是指汽车上所有电器设备的正极均采用导线连接,而所有的负极则分别与车架或车身金属部分相连,即搭铁。任何一个电路中的电流都是从电源的正极出发,经导线流入用电设备后,由电器设备自身或负极导线搭铁,通过车架或车身流回电源负极而形成回路。

2. 各用电设备均为并联

汽车上的两个电源——发电机和蓄电池,以及所有用电设备之间都是并联连接,即正极接正极,负极接负极。

3. 汽车线路为负极搭铁

目前,国内外汽车工业都采用负极搭铁,因为负极搭铁对于车架或车身的化学腐蚀较轻,而且对无线电的干扰也小。

4. 汽车线路有颜色和编号特征

为了便于区别各线路的连接,汽车线路中所有低压导线都必须采用不同的单色或双色线,并且由生产厂家统一编订编号。

5. 电路导线制成线束

汽车上有许多条线束,这样既方便安装,又可以保护线束绝缘外层,而且还避免了全车电线凌乱的现象。

1.3.2 汽车电路的分类

汽车电路按其控制的方式,可分为直接控制电路和间接控制电路、电子控制电路和非电子控制电路几种类型。

1.3.2.1　直接控制电路与间接控制电路

直接控制电路和间接控制电路是按照电路中有无使用继电器划分的。

1. 直接控制电路

在电路中不使用继电器,各控制元件直接控制用电器的电路称为直接控制电路。它是指最简单、最基本的电路。在这样的电路中,控制元件与用电器串联,直接控制用电器。

识读这种电路的关键是掌握回路原则,即任何用电器只有与电源的正、负极构成回路才能工作。常规的直接控制电路为:电源正极→过载保护元件→控制元件→用电器→搭铁→电源负极。

2. 间接控制电路

在控制元件和用电器之间使用继电器的电路称为间接控制电路。

控制元件和继电器内的电磁线圈的电路称为控制电路;用电器和继电器触点构成的电路称为主电路。

继电器对受其控制的用电器来讲是控制元件,但对于整个电路来讲,它又受到各种开关、控制单元等的约束,从这个意义上来说它又是执行元件,因而继电器又具有双重性。

和电子控制器组装成一体的继电器,要注意区分继电气的各个接线端,哪些是属于电子控制器的,哪些是属于继电器线圈的,哪些是属于继电器触点的。

1.3.2.2　非电子控制电路与电子控制电路

1. 非电子控制电路

非电子控制电路指的是由手动开关、压力开关、温控开关和滑线变阻器等传统控制器件组成的对用电器控制的电路。

在汽车上常用的手动开关主要有点火开关、照明灯开关、信号灯开关以及控制面板与驾驶座附近的按键式、拨杆式、组合式开关等。

压力开关主要用于气压制动系统、空调系统以及发动机润滑系统等气压和液压系统的场合。

温控开关主要用于发动机燃料供给系统、冷却系统、空调系统、自动变速器等有温度变化的场所。

滑线变阻器常用于电动机调速及灯光亮度调节等场合。

2. 电子控制电路

目前,电子控制取代其它控制模式成为现代汽车控制的主要方式,例如,发动机机械燃油供给系统被电控燃油喷射系统所取代,自动变速器、ABS 由液压控制系统转变为电子控制系统等。

电子控制电路是指增加了信号输入元件和电子控制元件,由电子控制器件对用电器进行自动控制的一种电路,此时的用电器一般称为执行器。

电子控制器件包括简单的电子模块和微电脑形式的电子控制单元,它们通过接收输入元件的信号,根据其内部固定线路或程序对信号进行处理,然后直接或间接控制各执行器的工作。

电子控制电路以电控单元为中心，一般将其电路分为电控单元的电源电路、信号输入电路及执行器的工作电路。

1.3.3　汽车电路读图的基本方法

由于各国汽车电路图的绘制方法、符号、标记以及文字、技术标准等不同，因此，汽车电路图有着很大的差异，甚至同一国家不同公司的汽车电路图也存在着较大差异，这就给读者读图带来了很多麻烦。要想完全读懂一种车型的整体电路图，特别是较复杂的进口轿车的电路图，并非是一件轻松的事，因此这里归纳了汽车电路读图的基本方法。

1. 区分个体整体、重点分析

现在多数汽车电路原理图都是按整车电路系统的各功能及工作原理把整车电器系统划分成若干个独立的子系统，这样可以化整体为部分，有重点地分析阅读。

2. 牢记图形符号、缩语标注

汽车电路图是由导线、图形、符号、缩略语、标注等组成的，并且这些图形、符号、缩略语和标注等可能因不同的汽车公司而有很大的差别，因此，在读图前必须弄懂其各种图形、符号、缩略语句和标注的意义。

3. 掌握元件功用、技术参数

在分析某个电路系统前，一定要清楚电路中所包括各部件的功能、作用及技术参数。例如，各种控制开关闭合和断开的条件，继电器属于常开型还是常闭型，电子开关（主要包括晶体管及晶闸管）的状态等。

4. 遵守电学规则、按部就班

电路中工作电流由电源正极流出，经过用电设备后又流回电源负极，在阅读电路图时，这个回路原则一定要掌握。

5. 熟悉制图法则、思路清晰

电路图中所有的操作开关按标准画法都处于零位，即开关处于断开状态。含有线圈和触点的继电器，可以看成是线圈工作的控制电路和有触点工作的主电路两部分，在电路图中，线圈和继电器都画成断电状态。

6. 了解国别习惯、因地制宜

电路原理图中通常没有交叉点，遇到交叉的情况通常采用接线标志，因此要正确判断接点的标记、线型和色码标志。标记颜色的字母因习惯的不同而不同，中国、美国和日本采用英文字母，德国采用德语字母。

掌握了以上读图的基本方法，只是为读图建立了一定的基础，想要准确地读图，还需要不断学习和实践。

复习与思考

（1）叙述电流、电压、电位、电平、电动势的物理意义，比较电压、电位、电平、电动势的区别。

(2)叙述磁感应强度、磁通量的物理意义。

(3)叙述欧姆定律、安培定则、楞次定律的物理意义。

(4)叙述电阻、电容、电感的概念,解释其物理意义。

(5)叙述二极管、稳压管、三极管的特性,解释其物理意义。

(6)叙述继电器的作用,解释继电器触点的几种状态的物理意义。

(7)叙述发电机的结构和工作原理。

(8)叙述电动机的结构和工作原理。

(9)叙述汽车电路的基本组成及其作用。

(10)叙述汽车电路图视图的基本方法。

项目 2　常用工具仪表设备

学习目标

　汽车维修时能够合理正确地使用相应的工具。
　掌握万用表、解码器正确使用场合和正确的使用方法
　掌握快速充电机等常用设备的正确使用方法。
　了解前照灯测光仪等专用设备应用场合。

　　在汽车电器系统的检测与维修过程中,需要对电器元件的电流、电压以及电控单元中的数据进行检测,因此,需要很多工具、仪表和设备。

2.1　工　具

2.1.1　常用工具

1. 扳手

　　汽车电器系统维修时采用的扳手往往尺寸较小。常用的扳手有开口扳手、梅花扳手、两用扳手、活扳手、内六角扳手和扭力扳手等。为方便拆卸,最好使用成套工具。

2. 螺丝刀

　　螺丝刀又称改锥或起子,是一种固定或拆卸螺钉的工具,根据头部形状可分为平口和十字两种。在汽车电器维修时用的螺丝刀头部最好带有少量磁性,以方便操作。

3. 钢丝钳

　　钢丝钳俗称钳子或夹剪,是钳夹和剪切的工具,由钳头和钳柄两部分组成。钢丝钳的功能有钳口的弯绞或钳夹导线接头,齿口用来夹紧或起松螺母,但一般不推荐使用,这样操作很容易将螺母外六角形状破坏。刀口用来剪切导线或剖切导线绝缘层,铡口用来铡切电路线芯和钢丝、铝丝等较硬金属。

图 2-1　剥线钳

另外,根据各种不同用途,钢丝钳又派生出尖嘴钳、鱼嘴钳、剥线钳(见图 2-1)、斜口钳、压线钳等,这些不同种类的钳子在汽车电器检测、维修中都经常使用。

4. 跨接线

跨接线实际上是一根导线,如图 2-2 所示。它可以做成不同形态,以满足不同部件测试的需要。一般常见的跨接线端部有两种:一种是鱼嘴夹式,另一种是测试针式。跨接线主要用于开关、导线、插接器等部件的断路或接触不良的判断。

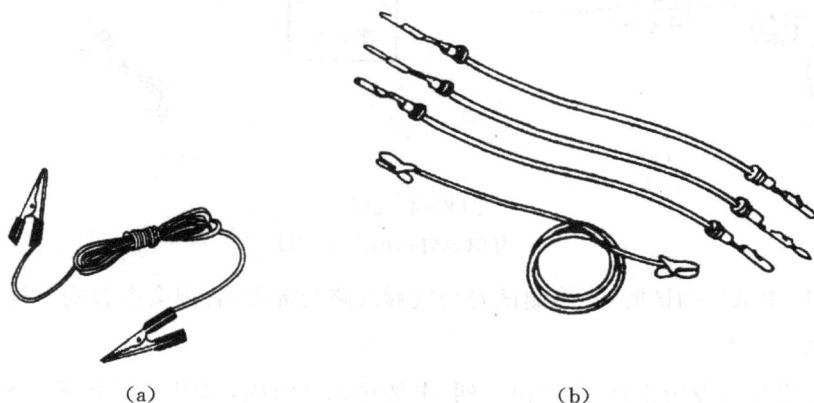

(a)   (b)

图 2-2 跨接线

当跨接线将某个元件短路后,看用电设备故障现象是否有明显的变化,来判断该部件是否工作正常。如图 2-3 所示,使用时要注意跨接两端电压是否一致,绝对禁止将电源与搭铁跨接,也要注意跨接后跨接线导通电流是否过大,引起导线升温或燃烧。

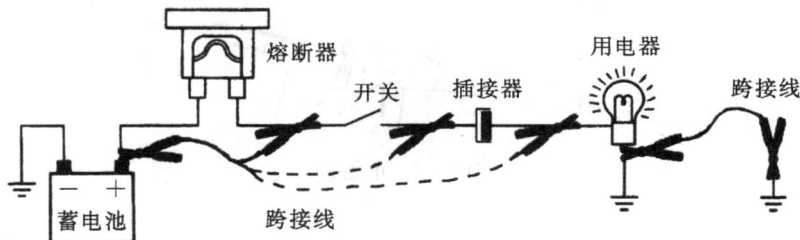

图 2-3 用跨接线检查线路

5. 试灯

试灯又叫试电笔,是一种简单直观的测试工具。检测人员通过灯点亮与否或亮度来判断线路的通断状态或接触节点的通电情况。试灯中一般安装一个与车辆电压级别一致的小灯泡或采用发光二级管作为光源,如图 2-4 所示。

试灯有有源试灯和无源试灯两种。无源试灯用于检测电压,将试灯一端与搭铁相连,另一端可检测各点电压,具体电压值虽然不能明确显示,但可以通过灯泡的发光强度大致判断电压高低,或利用比较法判断测试点电压与电源电压之间的差异。

有源试灯也称导通检测器,是用来检查电路是否导通。在电路或部件与电源断开时,将电路或部件两端与有源试灯两端连接,如果试灯亮,说明电路导通,试灯不亮说明电路不通。

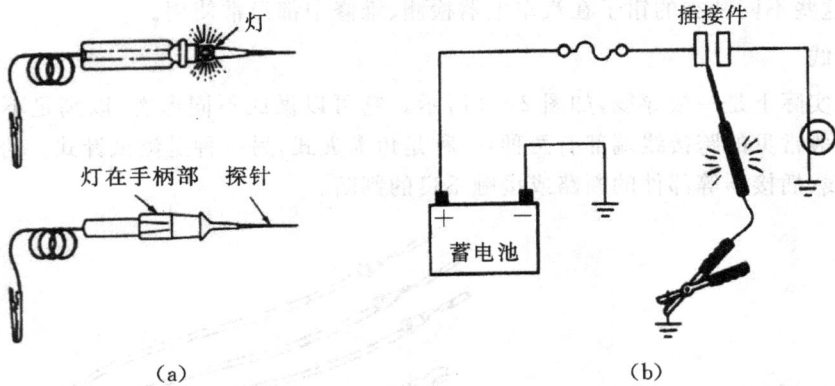

（a） （b）

图 2 - 4 试灯

(a)有源试灯；(b)无源试灯

注意:在使用试灯测试时,不能测试安全气囊线路与部件,否则会引起安全气囊误爆。

6. 电烙铁

电烙铁是锡焊的专用工具,主要由手柄、电加热元件组成,如图 2 - 5 所示。根据烙铁头部加热方式的不同,可分为内热式与外热式两种,其规格按烙铁的功率大小分类,通常在 20～300 W 之间。

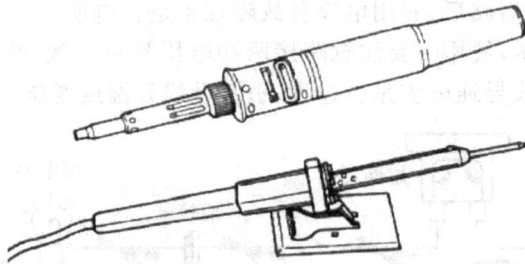

图 2 - 5 电烙铁

2.1.2 专用工具

专用工具是用来维修检测特定系统或部件的工具。

1. 玻璃管

玻璃管主要用于蓄电池液面高度的测量,它是一个通管,如图 2 - 6 所示。使用时,通过蓄电池上的加液孔将玻璃管垂直插入,待玻璃管与极板接触后,用大拇指堵住玻璃管上端后拿出,玻璃管下端所带出电解液的高度值即为所测量的数值。

2. 比重计

比重计是为了测量蓄电池中电解液密度,以确定蓄电池的工作状态;或测量防冻液比重的工具。

如图 2 - 7 所示,汽车修理行业一般使用吸管式比重计或显示器式比重计。吸管式比重计是直接将液体吸入管内,根据管内浮子的飘浮程度检测比重的;显示器比重计可以通过视镜直接看被检测液体的比重刻度。

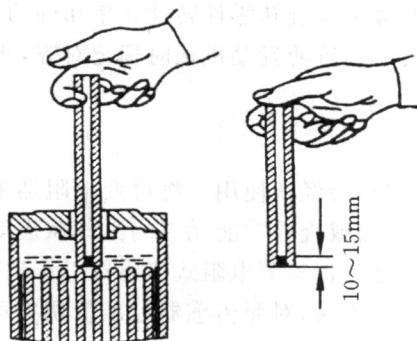

图 2-6　测量电解液液面高度

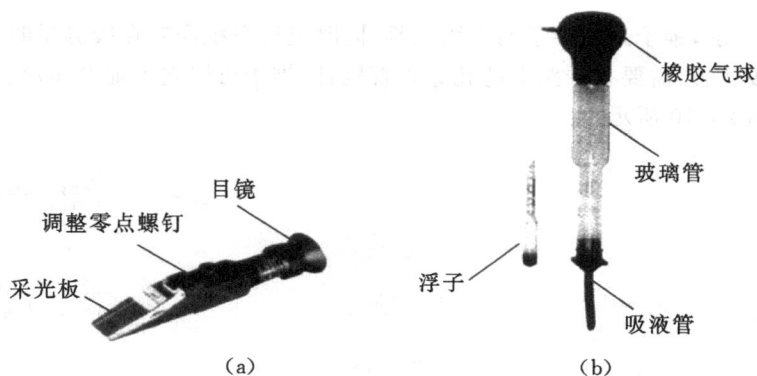

（a）　　　　　　　　（b）

图 2-7　比重计
(a)显式器式比重计;(b)吸管式比重计

3.点火正时枪

点火正时枪又称点火正时仪,是频闪法检测点火提前角的工具,如图 2-8 所示。

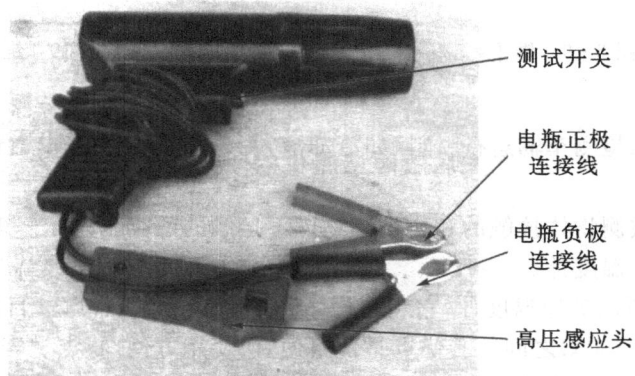

图 2-8　点火正时枪

该仪器由闪光灯、传感器、整形装置、延时触发装置和显示装置构成,利用闪光时刻与一缸点火同步的原理,测出发动机的点火提前角。其基本工作原理是:点火脉冲传感器检测点火时刻,同时闪光灯照射一束短暂且频率与旋转零件转动频率相同的光脉冲,由于人们视力的生理惯性,似乎觉得零件静止。由延时装置使发动机正时标记对齐,通过读取电位计旋钮旋转的角度可以测量点火提前角。

4. 可变电阻器

可变电阻器在汽车电器检修中会经常使用。将可变电阻器串联在某个电路中,在改变电路的阻值的同时,测量其电压、电流或查看功能元件的工作状态等来判断电路、元件或某个系统的工作状况。例如,利用可变电阻器检测电阻式传感器工作是否良好,将传感器与线束连接器断开,将可变电阻与线束连接器连接,对照传感器标准值调整可变电阻阻值,看车辆状态是否随电阻值的变化而变化。

5. 锥子

如图 2-9 所示,锥子是拔端子的专用工具,同时电气系统需要在线测量时,由于连接插头和插座处于连接状态,需要在线路上扎孔穿入直别针,锥子可以起到辅助作用。利用锥子拔出端子的方法如图 2-10 所示。

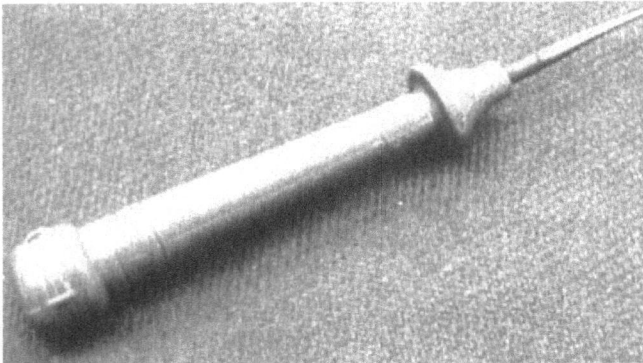

图 2-9　锥子

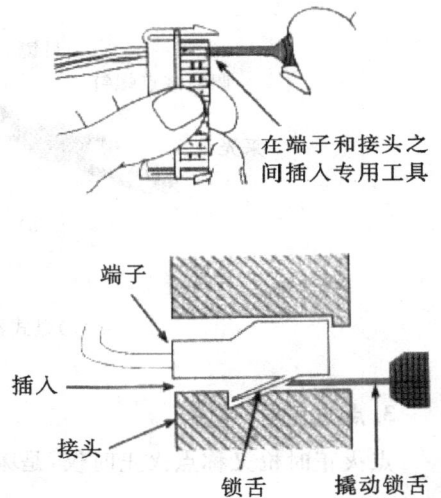

在端子和接头之间插入专用工具

端子

插入

接头

锁舌　　撬动锁舌

图 2-10　锥子拔端子原理图

6. 温度计

温度计主要用来检测车辆运行材料(如冷却液)工作温度以及汽车空调冷凝器、蒸发器和各出风口出风温度。

温度计分为与被测物体接触的和与被测物体不接触的两类。汽车修理一般使用直接接触式玻璃温度计和电气温度计。

如图 2-11(a)所示玻璃温度计,它利用物体受热膨胀的原理,通过目视读取温度数值,监测温度范围在 $-35 \sim 360 ℃$ 之间。其优点是价格便宜、使用方便,缺点是容易损坏。

如图 2-11(b)所示电气温度计中的热电偶温度计,它是利用镍或合金材料等构成的热电偶产生的热电势来测量温度的,可测量 1000℃ 附近的温度;另外,电气温度计中的热电阻温度

计是利用半导体的热敏电阻的阻值随温度变化的原理来测量温度的,它可测量的温度范围为
-50~300℃。电气温度计的优点是可测量的温度范围大、结果准确,缺点是价格较贵。

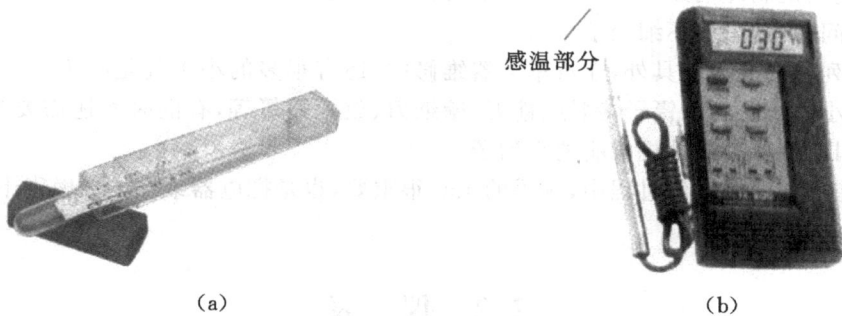

感温部分

(a)　　　　　　　　　　　　　　　　(b)

图 2-11　温度计
(a)玻璃温度计;(b)热电偶温度计

7. 铜管割刀

在汽车维修,尤其是在空调系统维修时,有时会需要切割细铜管。如果不用专用工具,会
使管端口处很毛糙,不利于焊接和翻口。如图 2-12 所示为可切割 3~25 mm 直径铜管的专
用小割刀。切割时,将管子放在两个滚轮中间,旋转手柄使刀刃压到管壁,一手握住管子,另一
手使割刀绕管子转一周,每转一周后顺时针旋紧手柄,再旋转,直至管子被割断。

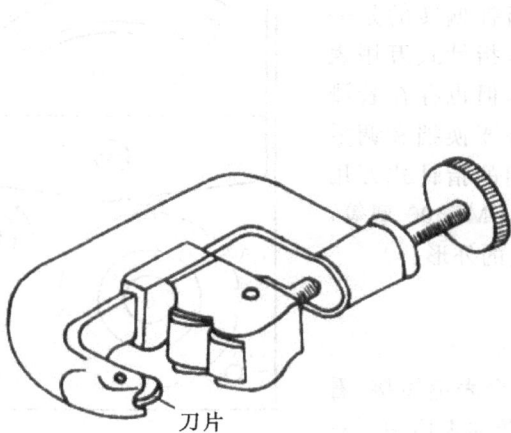

刀片

图 2-12　割刀

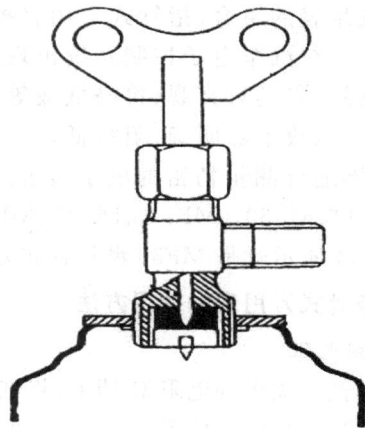

图 2-13　制冷剂注入阀

8. 制冷剂注入阀

由于目前汽车使用的制冷剂大部分是用小型金属罐装的,因此,在汽车加注制冷剂时必须
使用专用工具才能实现,同时也避免加错制冷剂。制冷剂注入阀结构如图 2-13 所示。

制冷剂注入阀的使用方法:

(1)选择不同规格的制冷剂注入阀。不同种类的制冷剂的罐口尺寸不同,因此,在注入制
冷剂时,只有选择正确的制冷剂,制冷剂注入阀才能和汽车空调管路对接。

(2)将手柄逆时针转动,直到针阀完全缩回为止后,使它与罐顶上的螺纹相连接。

（3）将注入阀的管接头通过歧管压力表与空调系统相连接。

（4）顺时针转动手柄，再逆时针转动手柄，制冷剂就会被注入空调系统。

当然，这只是制冷剂注入阀使用的环节，具体汽车空调系统注入制冷剂时，操作还应该注意许多细节问题，这里就不细谈了。

除上述列举的几种工具外，在汽车电器维修中，还有很多的小工具是必不可少的，例如老虎钳、电钻、小砧子、磁铁、镊子、钢锯、锉刀、壁纸刀、放大镜等等，有的时候还需要自己制作一些特殊的工具，例如拆起动机电刷的小勾子。

总之，在汽车电器维修过程中，顺手的工具很重要，也是把电器维修工作做得干净、漂亮的前提之一。

2.2 仪 表

2.2.1 万用表

万用表是诊断汽车电器系统最常用的仪表，是一种多功能、多量程的电工测量仪表。通常万用表可用来测量电压、电流和电阻等，分为指针式万用表和数字式万用表两种。

2.2.1.1 指针式万用表

指针式万用表可测量直流电压、交流电压、电阻及电流，也可以模拟检测二极管，是直流电压表、交流电压表、欧姆表和安培表的组合，指针式万用表控制指针偏转的是一个毫安表。在汽车电子控制系统出现以前，指针式万用表被广泛使用，它具有直观、价格低廉等特点，但也存在着测量精度低，示数不够明确，阻抗低，使用时需要换挡和调零等操作，不适合测量精密的电子装置。常用的指针式万用表有 MF14、MF30、MF14 、MF47、MF64 和 MF500 型等，如图 2-14 所示就是 MF30 型指针式万用表的外形。

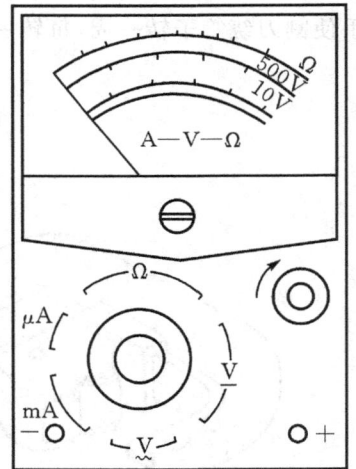

图 2-14 MF30 型指针式万用表

1. 指针式万用表的使用方法

1）测电阻

将转换开关拨到电阻 Ω 挡上，将红黑两个表笔短接，看指针是否指在 0 Ω 的位置。若不是，可通过转动表体中间右侧的电阻调零旋钮使指针转到 0 Ω 处。若指针不能指到零位，则说明表内电池电量不足，应予以更换。表盘上刻有 R×1、R×10 等符号，表示倍率，用测量时表头的读数和倍率相乘即表示被测电阻的阻值。

2）测直流电压

将转换开关拨到直流电压挡，如预先不知道电压的高低，应由高到低调电压的挡位，直到指针停留在刻度盘的中间部位即可读出电压值。

3）测交流电压

将转换开关拨到交流电压挡，如预先不知道电压的高低，应由高到低调电压的挡位，直到指针停留在刻度盘的中间部位即可读出电压值。

4）测直流电流

将转换开关拨到直流电流挡 mA，将红黑表笔串联在电路中即可读出电流值。

2. 使用指针式万用表注意事项

（1）使用万用表之前应先检测指针是否在零位。

（2）测量前一定要先调挡位，看量程是否正确。

（3）测电阻时，每挡转换量程都要调零。

（4）换电池时应注意准确，因万用表中有两种不同的电池用于测量不同量程的电阻。

（5）测量电路中的电阻时必须先断掉电源。

（6）测量电路中带有电解电容器时，应先给电容放电。

（7）测量电压、电流时，如对被测的数值没有预见，应选用最大量程。

（8）测量直流电压、电流时，应注意表笔的极性。

（9）尽力训练单手测量。

（10）每次测量完毕，应将转换开关拨到交流电压最大量程的位置。

2.2.1.2　数字式万用表

数字式万用表是检测汽车电路最基本、最常用的电工仪表，与指针式万用表相比，它具有测量准确、输入阻抗高、功能齐全、可靠性好、显示直观、过载能力强、携带和使用方便等优点。尤其是汽车专用多功能数字万用表，它不仅能测量电压、电阻、电流，还能测量电容、频率、占空比、脉冲宽量、温度等，其外型如图 2-15 所示。

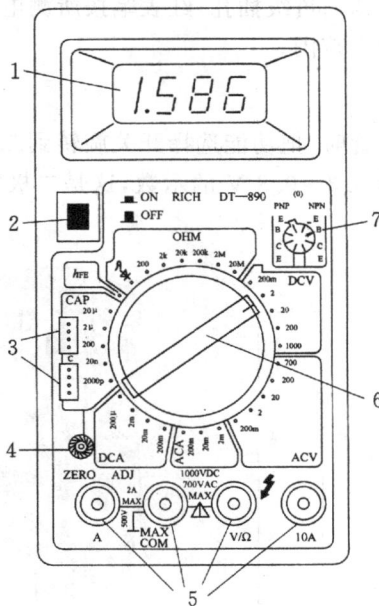

图 2-15　数字万用表

1—显示屏；2—电源开关；3—检测电容；4—调零指示灯；5—检测笔插孔；6—换挡手柄；7—检测晶体管

1. 电压测量

如图 2-16 所示,测量直流电压时将功能选择开关调至直流电压挡,测量交流电压时将功能选择开关调至交流电压挡进行测量。测量时不需要事先了解电压极性,如示数为负,则说明红表笔端电压低。

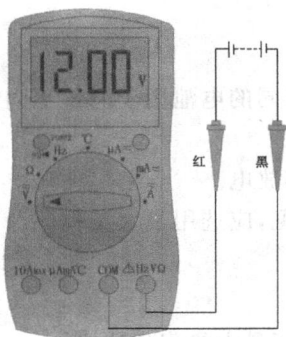

图 2-16 电压测量   图 2-17 电阻测量

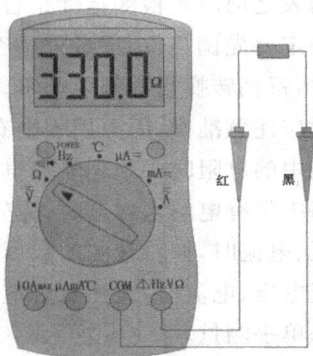

2. 电阻测量

如图 2-17 所示,将黑表笔插入负极插孔内,红表笔插入正极插孔内,将表笔跨接在实测电阻上进行测量。如检测线路中的电阻,则必须确认被测电路处于断电状态。

3. 电流测量

如图 2-18 所示,将黑表笔插入负级插孔,红表笔按所测电流范围插入对应插孔。如不知被测电流范围,应将表笔插入最大范围。

4. 二极管测量

如图 2-19 所示,测量二极管时,把功能选择开关旋转到二极管测量挡(即 Ω 挡),用二个表笔接二极管两端,屏上应显示 0.3~0.8 V 的示数,这是二极管导通时的压降。如不在这个范围内,说明二极管损坏。

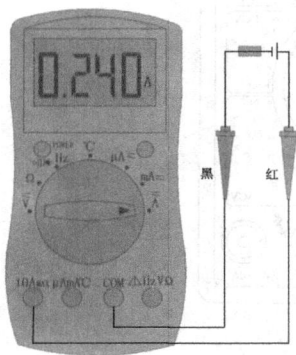

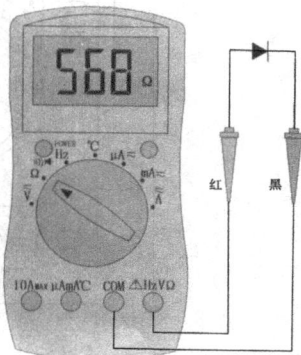

图 2-18 电流测量   图 2-19 二极管测量

5. 温度测量

如图 2-20 所示,将功能选择开关置于温度挡(℃或℉),红表笔接测试信号端,黑表笔搭铁,屏上示数为所测温度,注意示数单位有摄氏温度和华氏温度。

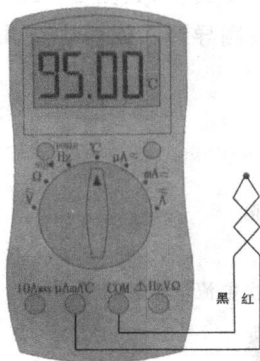

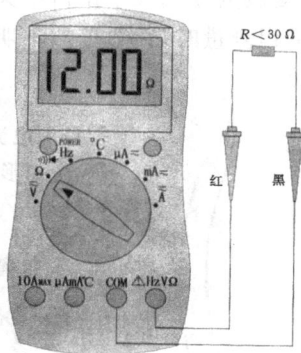

图 2-20 温度测量　　　　　　图 2-21 音响通断测量

6. 音响通断测量

如图 2-21 所示,将功能选择开关置于 Ω 挡量程上,红表笔插入 HzVΩ 插孔,黑表插入 COM 插孔,并将表笔跨接在被测电路上。若被测电路导通,电阻值小于 30 Ω 时,则表内蜂鸣器响起。

另外,汽车专用数字式万用表还可以进行电容测量、占空比测量以及频率测量。

2.2.1.3　钳式电流表

钳式电流表是用于测量正在工作的电气线路电流大小的一种仪表,其最大的特点是可在不断电的情况下测量。

1. 结构

如图 2-22 所示,钳式电流表由一个电流互感器、钳形扳手和一只整流式磁电仪表组成。

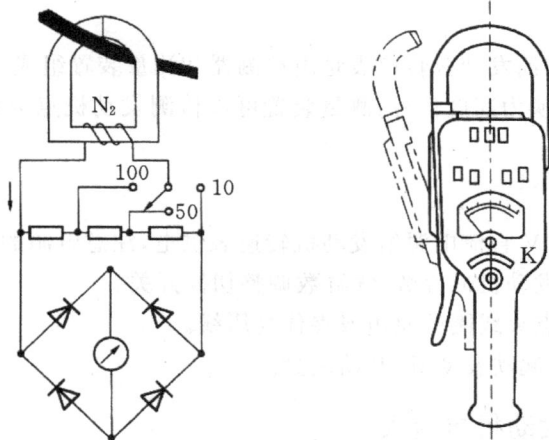

图 2-22 钳式电流表的结构原理图

2. 使用方法

(1)使用前进行调零。

(2)选择合适量程,如果不确定负载,先选定大量程。

(3)测量时,应使被测导线处于钳口中央,钳口闭合要紧密,如图 2-23 所示。

(4)当用最小量程测量时,读数仍然不明显,可将被测导线在钳口中绕几圈测量,被测导线电流＝读数值/圈数。

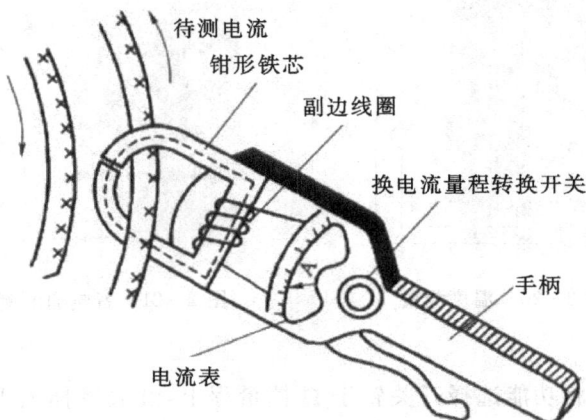

图 2-23　钳式电流表测量方法示意图

2.2.2　发动机转速表

2.2.2.1　汽油发动机转速表

检测汽油发动机的转速,一般是通过检测与发动机曲轴有共同旋转规律的旋转体转速,或检测点火线圈发生的点火脉冲数来实现的。由于车外检测设备,检测与曲轴有共同旋转规律的旋转体实现起来较为复杂,因此,对于汽油机来讲一般都是检测点火线圈的脉冲次数。

1. 构造

如图 2-24 所示,汽油发动机转速表是由检测器和测量装置组成。检测器有运算功能,将来自测量装置的信号转换为速度信号;测量装置可以检测发动机点火系统的点火线圈的原边或副边电流、电压。

2. 使用方法

(1) 使用汽车用 12 V 直流电源给发动机转速表供电,注意电源的极性。

(2) 根据被检测的发动机冲程数、气缸数调整切换开关。

(3) 将检测器夹在点火线圈的原边或夹住高压线。

(4) 打开电源开关,起动发动机,开始测量。

2.2.2.2　柴油发动机转速表

柴油发动机的转速检测有两种形式:一是检测发动机的振动数;二是检测喷油管变形的脉

冲数。汽车修理使用的检测表为后者。

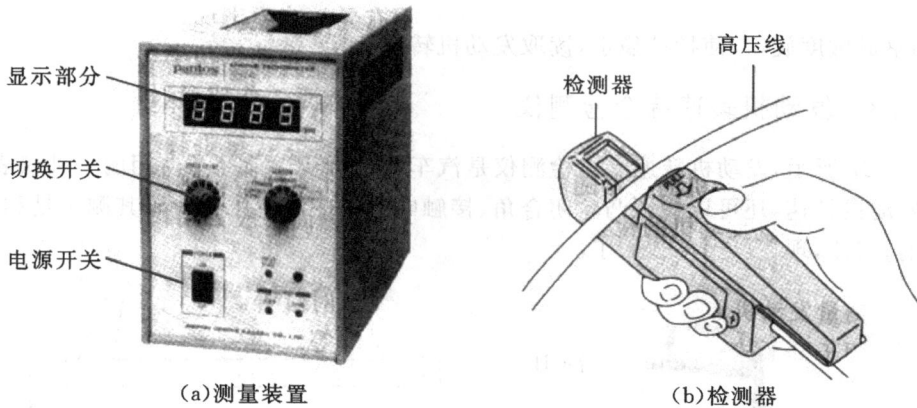

显示部分	高压线
切换开关	检测器
电源开关	

（a）测量装置　　　　　　　　　（b）检测器

图 2 - 24　汽油发动机转速表

1. 结构及原理

如图 2 - 25 所示,柴油发动机的转速表是由带指针的表体和安装在喷油管上的传感器等组成。

测量原理是利用传感器检测压送燃油时喷油管所产生的脉冲次数来换算发动机转速的。由于喷油泵工作时振动的影响,测量时会发生不稳定状态,因此,在测量时要随时调整灵敏度。

2. 使用方法

由于传感器的安装位置对测量的精度有很大影响,因此,必须注意传感器的安装位置和方法,同时还要增加测量次数。

（1）用车载电池给转速表供电,注意电源的极性。

传感器

喷油管

图 2 - 25　柴油机转速表　　　　　图 2 - 26　传感器的安装位置

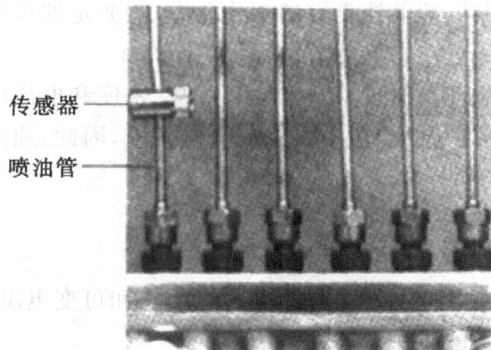

（2）按照图 2 - 26 所示,用连接器将传感器在喷油管上固定。

（3）根据被检测的发动机冲程数、气缸数调整切换开关。

（4）发动机暖机到正常温度。

(5)打开转速表电源开关,根据发动机转速,对应用量程转换开关调至高转速或低转速位置。

(6)调整灵敏度旋钮,使指针稳定,读取发动机转速数据。

2.2.2.3 发动机转速综合检测仪

如图 2-27 所示,发动机转速综合检测仪是汽车修理行业以前经常使用的一种仪表,它不仅能检测发动机转速,还可以检测凸轮闭合角、接触电阻和电池电压。由于其测量是利用分电器来实现的,因此,现在已经不适用了。

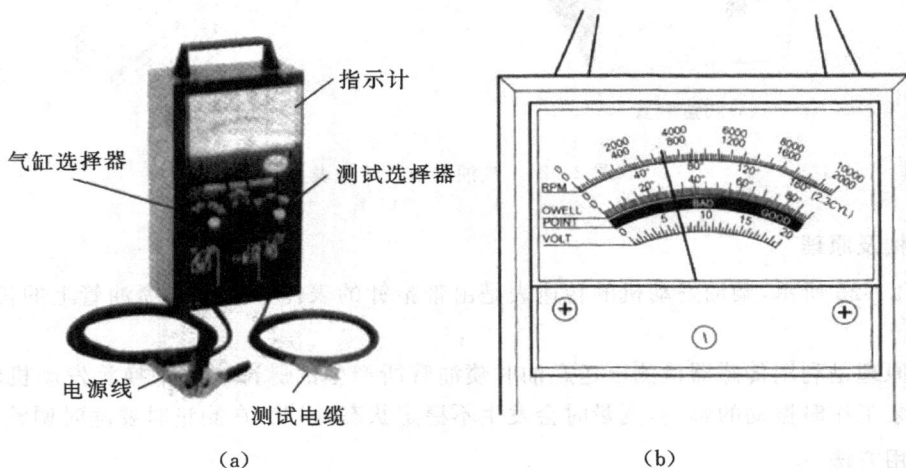

指示计
气缸选择器
测试选择器
电源线
测试电缆
(a)
(b)

图 2-27 发动机转速综合检测仪
(a)检测仪外形图;(b)指示计放大示意图

2.2.3 蓄电池电量检测表

为了保持蓄电池良好的工作状态,需要定期检测。蓄电池检测的内容有电压检测、蓄电池带负载时充电状态检测。

蓄电池可以通过检查电解液数量、密度和电压的方法来检测其工作状态,但现在使用的基本是无需维护电池,根本无法测量电解液,因此,通过检测电压来检测蓄电池的工作状态显得尤为重要。

2.2.3.1 种类

蓄电池电量检测表分为固定电阻式和可变电阻式两种。

1.固定电阻式蓄电池电量检测表

如图 2-28 所示,固定电阻式电量检测表也分为两种:一种是只能检测蓄电池单格电压,又称为高率放电计,是早期使用的仪表,因为它只能检测外接联条的蓄电池,如图 2-28(a)所示;另一种的可以检测多个单格(一般是检测 6 个单格)电压的,如图 2-28(b)所示。

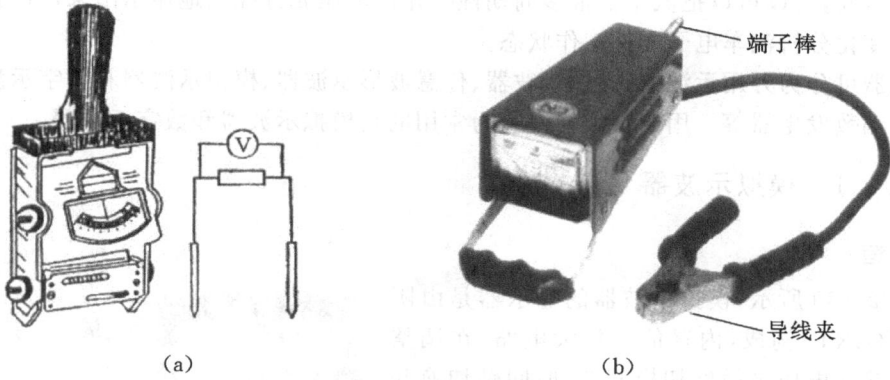

（a）　　　　　　　　　　　　　　　　（b）

图 2-28　固定电阻式蓄电池检测表

(a)蓄电池单格电压检测表；(b)蓄电池多格电压检测表

2. 可变电阻式蓄电池电量检测表

固定电阻式蓄电池电量检测表只能检测电压，而可变电阻式蓄电池检测表不仅能检测蓄电池电压，而且还能检测蓄电池的充电功能，如图 2-29 所示。

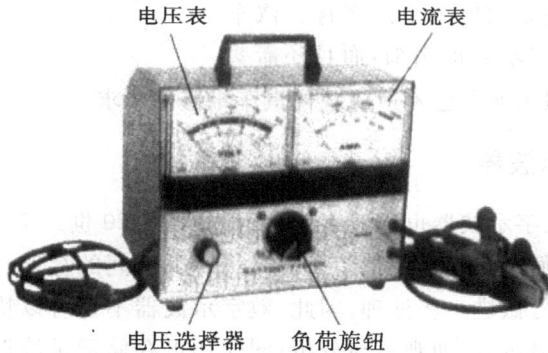

图 2-29　可变电阻式蓄电池检测表

2.2.3.2　使用方法

以图 2-28(b)为例，将仪表的导线夹夹住蓄电池的负极端子，再将检测表的端子棒用力与蓄电池的正极相接触，在最快的时间内(2~3 s)读指示值。刻度盘上一般划分为三个区域——绿区、黄区和红区。指针在绿区表示蓄电池状态良好，蓄电池可以正常使用；指针在黄区表示蓄电池处于浅放电状态，应该准备充电了；指针在红区表示蓄电池已经深度放电，必须马上充电或者更换。

2.2.4　示波器

示波器是在屏幕上显示随时间变化的电压波形测量仪器。就是以时间作为水平轴反应纵轴电压的变化，它可以显示出电压随时间变化的规律。由于水平时间轴的时间间隔可以代表非常短的时间,所以可以把汽车上很多周期性变化的电压充分准确地显示出来,帮助维修人员通过波形变化分析汽车电子元件工作状态。

示波器可分为万用示波器、虚拟示波器、任意波形示波器、模拟示波器和数字示波器、信号发生器和函数发生器等。用于汽车检修最为常用的是模拟示波器和数字示波器。

2.2.4.1 模拟示波器

1. 构造

如图 2-30 所示,模拟示波器的显示器是由阴极射线管(CRT)构成,内置信号放大电路,在调整面板上有输入电压灵敏度切换开关、时间轴切换开关、调整波形显示清晰度旋钮、示波器亮度调整旋钮等。

2. 工作原理

示波器内的电子枪产生电子流,在阴极射线管内垂直和水平两种偏转电极作用下使其偏转,在屏幕上显示出光标,其光迹是实时的电压图像。汽车电器与电控系统的波形要求更加精细,而且还需要进行波形比较,因此模拟示波器已不适应现代汽车维修的要求。

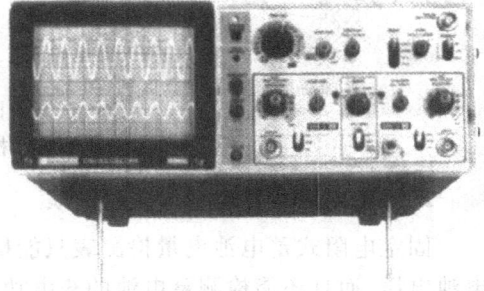

图 2-30 模拟示波器

2.2.4.2 数字示波器

如图 2-31 所示,数字示波器也称数字存储示波器,是 20 世纪 70 年代初发展起来的。这种类型的示波器可以方便地实现对模拟信号波形进行长时间的存储,并且利用示波器内的微处理器系统对存储的信号做进一步处理,因此,数字示波器不仅可以快速采集电路信号,还可以将信号速度放慢进行显示,以便观察与分析;同时还可存储记录波形信号,使前后信号同时出现在显示器上,进行分析与比较。

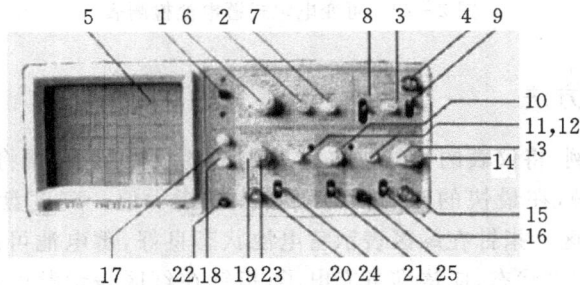

图 2-31 数字示波器

1—电源开关;2—扫描微调;3—触发电平调节;4—外触发输入;5—显示屏;6—扫描频率选择;13—CH2Y 轴增益粗调;14—CH2Y 轴增益细调;15—CH2 输入;16—耦合方式选择;17—辉度控制;18—聚焦控制;19—CH1Y 轴增益粗调;20—CH1 输入;21—内触发选择开关;22—校正 0.5V 端子;23—CH1Y 轴增益细调;24—CH1 耦合方式选择;25—接地端子

数字存储示波器的种类、型号很多,如图 2-32 所示,为便携式液晶显示数字存储示波器。各种示波器的功能也不尽相同,多数都是 20 MHz 或者 40 MHz 的双踪示波器。下面只是从概念上介绍示波器的结构、原理、特点及使用方法。

图 2-32　便携式数字存储示波器

1. 结构及原理

如图 2-33 所示为 RIGOL 数字存储示波器的外观图。早期的数字式示波器的显示屏也是由阴极射线管构成的,后期选用液晶显示器,内置除信号放大电路外,还设置了信息存储、数/模转换等电路,外调整面板增加了很多功能选择键,CH1/CH2/ CH3、TIME、TRIG、HOLD、MENU、EXIT 等。其中,CH1/CH2 是通道选择键,TIME 用于设定时间,TRIG 用于设定触发信号,HOLD 用于锁定波形,MENU 用于进入菜单,EXIT 是退出操作。

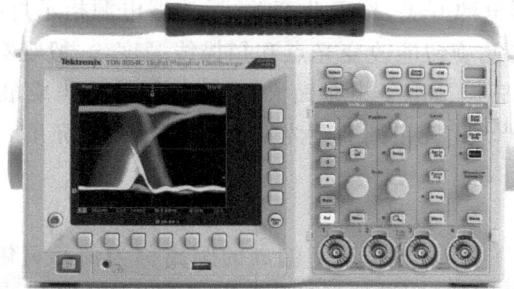

图 2-33　数字示波器的外形图

数字存储示波器的基本原理:在采集到电压信号进入数字到达 CRT 的偏转电路之前,由示波器采样时钟控制,按一定时间间隔对信号电压进行采样;然后经过模/数转换器 ADC 对这些采样瞬时值进行变换,从而生成代表每一采样的二进制字,即采样数字化;转变为数字信号后,按时间的顺序存储在存储器中;根据需要,存储器中存储的数据用来加到 Y 偏转板,在示波器的屏幕上重建信号波形的幅度,存储器的读出地址计数脉冲加到另一个水平通道的十位数/模变换器,得到一个扫描电压,即时基电压,加至水平末级放大器放大后,驱动 CRT 显示器的 X 偏转板,从而在 CRT 的屏幕上以细密的光电包络重现出模拟输入信号波形。

2. 特点

优点：

（1）体积小、重量轻，便于携带，液晶显示器。

（2）可以长期储存波形，并可以对存储的波形进行放大等多种操作和分析。

（3）特别适合测量单次和低频信号，测量低频信号时没有模拟示波器的闪烁现象。

（4）更多的触发方式，除了模拟示波器不具备的预触发，还有逻辑触发、脉冲宽度触发等。

（5）可以通过 GPIB、RS232、USB 接口同计算机、打印机、绘图仪连接，可以打印、存档、分析文件。

（6）有强大的波形处理能力，能自动测量频率、上升时间、脉冲宽度等很多参数。

缺点：

（1）失真比较大。由于数字示波器是通过对波形采样来显示，采样点数越少失真越大，通常在水平方向有 512 个采样点，受到最大采样速率的限制，在最快扫描速度及其附近采样点更少，因此高速时失真更大。

（2）测量复杂信号能力差。由于数字示波器的采样点数有限以及没有亮度的变化，很多波形细节信息无法显示出来，虽然有些可能具有两个或多个亮度层次，但这只是相对意义上的区别，再加上示波器有限的显示分辨率，使它仍然不能重现模拟显示的效果。

（3）可能出现假象和混淆波形。当采样时钟频率低于信号频率时，显示出的波形可能不是实际的频率和幅值。数字示波器的带宽与取样率密切相关，取样率不高时需借助内插计算，容易出现混淆波形。

3. 使用方法

1）基本功能键

电源（Power）：示波器电源开关，按下此开关，示波器电源指示灯亮，表示电路接通。

灰度（Intensity）：旋转此旋钮能改变光点和扫描线亮度，一般观察低频信号时使用。

聚焦（Focus）：聚焦旋钮调节电子束截面大小，将扫描线聚焦成最清晰状态。

标尺亮度（Illuminancc）：此旋钮调节荧光屏后面的照明灯亮度，正常室内光线下，照明灯暗一些好。

2）偏转因数

在单位输入信号作用下，光点在屏幕上偏离的距离称为偏移灵敏度。灵敏度的倒数称为偏转因数。实际上，因习惯用法，测量偏转因数比较方便，有时也把偏转因数当做灵敏度。

偏转因数分为垂直偏转因数和水平偏转因数。

示波器每个通道都有垂直偏转因数选择开关。水平偏转因数的调整在示波器上显示为时基选择，也是通过一个波段开关来实现的。

3）输入通道和耦合选择

输入通道至少有三个，根据测量需要可以选单通道，也可以选双通道。

输入耦合有交流 AC、地 GND、直流 DC 三种方式。当选择 GND 时，扫描线显示出"示波器地"在荧光屏上的位置；直流耦合用于测定信号直流绝对值和低频信号；交流耦合用于观测交流和含有直流成分的交流信号。

4）扫描方式

扫描方式有自动（Auto）、常态（Norm）、单次（Single）三种。

Auto：当触发信号输入，或触发信号频率低于 50 Hz 时，扫描为自激方式。

Norm：当触发信号扫描时，扫描处于准备状态，没有扫描线；扫描信号到来后，触发扫描。

Single：按下单次扫描按钮，准备灯亮，触发信号到来后，产生一次扫描，扫描结束后准备灯熄灭。

另外，示波器除上述基本操作功能外，还有一些更复杂的功能，如延时扫描、触发延时、X－Y工作方式等。

2.2.5　汽车解码器

汽车解码器又称汽车电脑故障诊断仪或汽车故障阅读器，是随着汽车电子技术的应用而诞生的汽车故障诊断仪器。

目前，在汽车上普遍装有燃油喷射系统、电子点火系统、安全气囊、ABS 制动系统、电控自动变速器、全自动空调、巡航系统、主动悬架等诸多电子控制系统。不仅控制参数多，而且，一些控制和执行元件还不可拆卸，这就导致汽车电路分析与诊断很不容易。

当汽车正常行驶时，其电脑即 ECU 的输入、输出电压、电流信号大小、频率都有一定范围，若某一信号超出这个范围，ECU 就将这一信息以代码形式记录。如果这种现象出现后就消失，ECU 记录为偶发故障，表示曾经出现过，但当时故障现象不存在；当信号超出范围并不消失，ECU 将其记录为永久故障，同时将车内故障灯点亮以提醒驾驶员，这就是所说的 ECU 自诊断功能。

2.2.5.1　汽车解码器的功用与接口标准

1. 功用

汽车故障诊断仪不仅可以调取 ECU 中的故障记录，而且还具有如下几项功能：

（1）读取故障码。

（2）清除故障码。

（3）读取发动机动态数据流。

（4）示波功能。

（5）元件动作测试。

（6）匹配、设定和编码等功能。

（7）英汉辞典、计算器及其它辅助功能。

维修人员通过汽车解码器，判断故障的类型及所在的位置，因此，解码器是现在汽车维修中非常重要的工具。

2. 接口标准

现代车辆故障诊断系统普遍采用统一的 OBD－Ⅱ标准，其诊断插座统一为 16 孔，其外型如图 2－34 所示，各端子用途如表 2－1 所示。

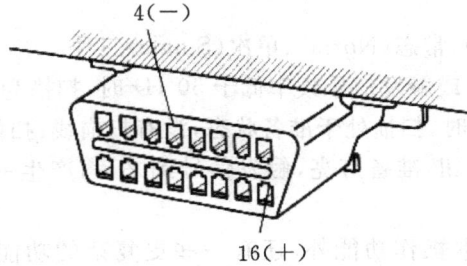

图 2－34　车辆 OBD－Ⅱ标准标准 16 端子诊断接口

表 2－1　OBD－Ⅱ16 孔诊断插座各端子用途

端子代号	用途
1	供制造厂使用
2	SAE—J1850 资料传输＋
3	供制造厂使用
4	车身搭铁
5	信号回路搭铁
6	CAN—H
7	IS—9141 资料传输 K 线
8	供制造厂使用
9	供制造厂使用
10	SAE—J1850 资料传输—
11	供制造厂使用
12	供制造厂使用
13	供制造厂使用
14	CAN—L
15	IS—9141 资料传输 L 线
16	搭电源正极

2.2.5.2　专用解码器

汽车解码器是在具体应用中,根据需求逐渐发展而来的,一般分为专用型和通用型,最近又出现一种电脑版解码器。

1. 专用解码器的种类

专用解码器是汽车生产厂家为检测本厂生产的汽车而专门设计制造的专业测试仪,它可以进行故障码的调取、清除、数据流读取、执行元件检测、电脑数据流读取、数据初始化设定等功能,还可以进行参数修改、数据设计等特殊功能,一般配备在汽车特约维修站,以提供良好的售后服务。如大众公司的 VAG1551/1552、VAS5051/5052 解码器,通用公司 TECH－2 解码器,奔驰公司 HHT 解码器,宝马公司的 MODIC 解码器,克莱斯勒公司 DRB－3 解码器,本田公司 PGM 解码器,丰田公司 OBD 解码器,三菱公司 MUT－3 解码器,日产公司 CONSULT 解码器等。

如图 2－35 所示为通用公司 TECH2 手提式解码器。

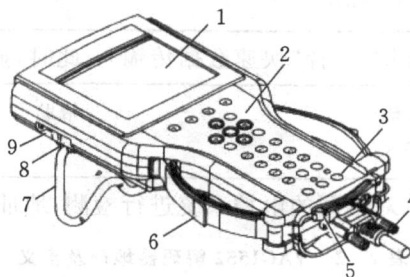

图 2－35　通用公司专用解码器 TECH2

1—显示屏;2—键盘;3—电源键;4—数据插头;5—车辆通讯口;6—拉带;7—支撑;8—RS232 插孔;9—RS485 插孔

如图 2－36 所示为大众公司的专用解码器 VAG1552。

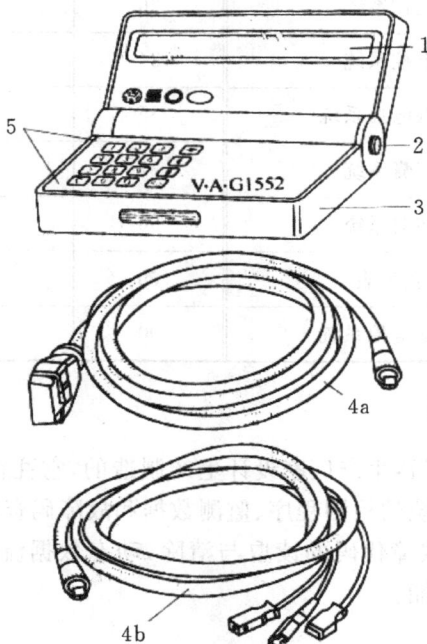

图 2－36　大众专用解码器 VAG1552

1—显示屏;2—测试导线插座;3—程序卡及 RS422 插口盖板;4—测试导线;5—键盘

(其中:测试导线 4a 适用于带 16 端子测试接头的车辆;4b 适用于带 2 端子测试接头车辆)

2. 使用方法

以大众 VAG1552 为例,其使用方法为:

(1)断开点火开关,在车辆上找到 16 孔检测端子诊断座,用诊断线将 VAG1552 与诊断座连接,打开解码器电源开关,此时,显示屏显示

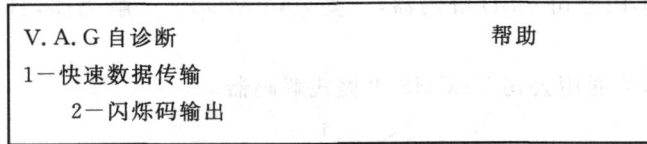

```
V.A.G 自诊断                         帮助
1—快速数据传输
    2—闪烁码输出
```

(2)接通点火开关后,按 1 键,选择"快速数据传输",此时,显示屏显示

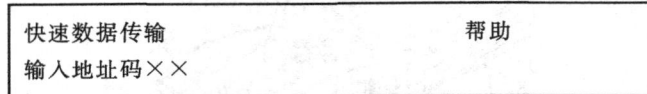

```
快速数据传输                          帮助
输入地址码××
```

(3)输入不同地址码,可以对不同的电控系统进行检测,地址码如表 2-2 所示。

表 2-2 VAG1552 解码器地码及含义

地址码	用途	地址码	用途
01	发动机电控系统	24	驱动防滑控制系统
02	自动变速器系统	25	防盗系统
03	制动电控系统	26	电动天窗系统
08	空调电控系统	34	悬架控制系统
14	车轮减振电控系统	35	中控门锁
15	安全气囊系统	37	巡航控制系统
16	转力转向系统	56	音响
17	组合登记表	65	轮胎气压检测系统
22	四轮驱动电控系统	00	查询故障代码并打印

2.2.5.3 通用解码器

通用解码器是由专业解码器生产厂家设计生产制造的,它往往存储有几十甚至几百种不同厂商、不同车型汽车电控系统的检测程序、监测数据和故障码资料等。这类解码器主要功能有控制电脑 ECU 版本识别,故障代码的读取与清除,动态数据流读取,传感器和执行器功能检测,但无法完成一些特殊功能。

1. 种类

通用解码器的种类很多,常用的有红盒子 SCANNER、MT2500 以及电眼睛 X431、金德系列、金奔、修车王等。

如图 2-37 所示为红盒子 MT2500 型通用解码器。

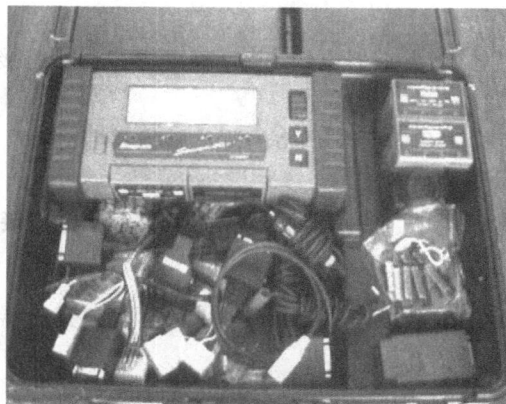

图 2 - 37　通用解码器 MT2500

如图 2 - 38 所示为电眼睛 X431 通用解码器。

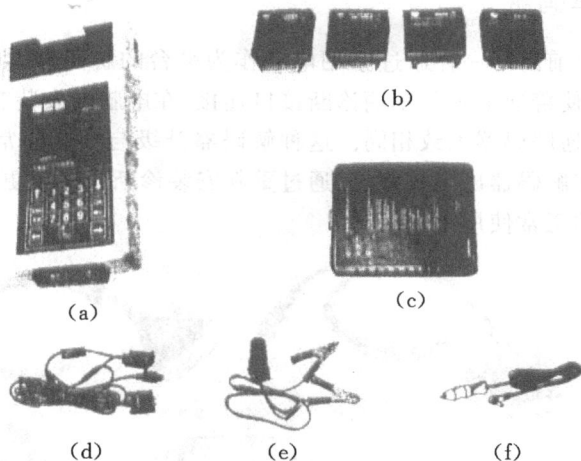

(b)

(a)

(c)

(d)　　　　(e)　　　　(f)

图 2 - 38　通用解码器 X431

(a)主机;(b)测试程序卡;(c)常用选用件;(d)主电缆;(e)蓄电池连接电缆;(f)点烟器连接电缆

2. 结构组成

通用解码器因种类不同其结构也不尽相同,但总体结构相近。下面以电眼睛 X431 为例说明通用解码器的结构,如图 2 - 38 所示。

1)主机

主机由显示屏、键盘组成。其中,显示屏用来显示测试结果;键盘有 0～9 数字键和若干个功能键,供用户操作。

2)测试卡

由于 X431 是通用解码器,因此它配有可测试亚洲、欧洲、美国等各大车系的多块测试卡,用于发动机系统、自动变速器系统、ABS 系统、定速巡航、安全气囊等汽车电子控制系统的测试。

3）测试电缆

X431 型解码器配有主电缆、点烟器电缆、电源双钳线和诊断跨接线各一条。

4）测试接头

X431 配有与其测试卡相配套的所有车型的测试转换接头。

5）备用件

该解码器还配备有热敏打印机、传感器测试模拟套件和 PC 连接软件供选用。

3. 使用

（1）使用解码器之前应先检查汽车蓄电池电量、发动机和变速器温度是否处于正常状态。

（2）关闭所有附属用电设备。

（3）根据车型选用正确的的测试卡和测试接头，并准确安装。

（4）准确连接主电缆。

（5）解码器通电后，应先进行自检，显示屏显示正常，才可以按需要进行测试。

2.2.5.4　电脑解码器

如图 2－39 所示，目前出产一种通过家用电脑作为平台的解码器，如大众 VAG5053。这类解码器由一根诊断线使普通电脑与车辆诊断接口连接，在电脑内安装有车辆故障诊断系统，其操作方法和过程与普通解码器大致相同。这种解码器升级与维修非常方便，升级时只需要和网络连接就能进行，如解码器出现故障，可通过重新安装诊断程序或更换电脑就能实现解码器的修理，保证解码器的正常使用。

图 2－39　VAG5053 电脑解码器

2.2.6　岐管压力表

岐管压力表是检修汽车空调系统所必须使用的仪表。

2.2.6.1　结构与原理

1. 结构

歧管压力表由安装在表座上的两个压力表、两个手动阀、三个软管接头组成。其中:两个
压力表一个是低压表,如图 2-40 左侧压力表所示,它既可以用于显示压力,又可用于显示真
空度,故也称连程表,一般真空度量程在 0~30 kPa,压力量程不小于120 kPa;另一个压力表
是高压表,如图 2-40 右侧压力表所示,它的量程一般应大于 250 kPa。两个手动阀一个是低
压阀,一个是高压阀,分别控制低压表和高压表的通断。三个软管接头一个和低压阀相通,用
于接绿色低压软管;一个和高压阀相通,用于接红色高压软管;另一个介于高低压阀之间,用于
接黄色的工作软管。

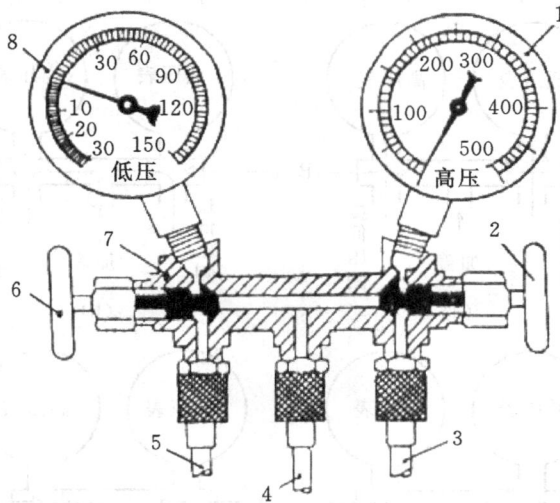

图 2-40　歧管压力表
1—高压表;2—高压手动阀;3—高压侧软管;4—维修用软管;
5—低压侧软管;6—低压侧手动阀;7—表座;8—低压表

2. 原理

压力表就是一般的弹簧管压力表,在高低压阀的控制下,将被测气体接入,显示其压力。

2.2.6.2　功用

如图 2-41 所示,在汽车空调检修过程中,歧管压力表具有如下四种功能。

1. 压力检测

当歧管压力表的高低压手动阀同时关闭时,将高低压软管分别接在汽车空调的高低压检
测口,可以检测汽车空调工作时高低压的压力大小。

2. 抽真空

通过中间的工作软管接口,连接上真空泵,高低压手动阀全部打开,便可对汽车空调系统

进行抽真空。

3. 充注制冷剂

充注制冷剂分为充注液态制冷剂和气态制冷剂两种形式。

1）充注气态制冷剂

高压手动阀关闭,低压手动阀开启,通过中间工作软管,可以从低压侧充注气态制冷剂。

2）充注液态制冷剂

低压手动阀关闭,高压手动阀开启,通过中间工作软管,可以从高压侧充注气态制冷剂。

4. 排空

低压手动阀关闭,高压手动阀开启,通过中间工作软管,可以从高压侧使系统放空。

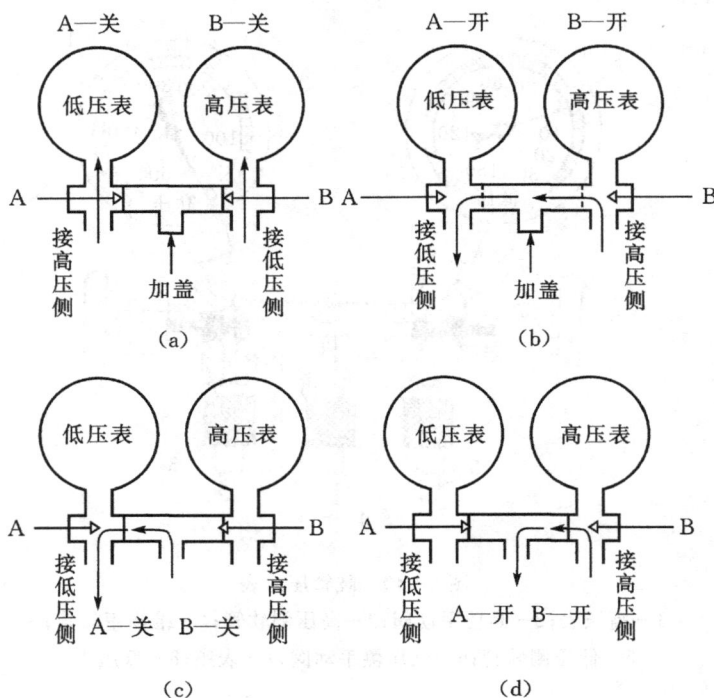

图 2-41 歧管压力表功用示意图

2.2.6.3 使用注意事项

(1)歧管压力表是一种精密仪表,使用时应细心维护。

(2)防止软管中进入水分和脏物。

(3)使用时不要忘记排空软管中的空气。

(4)压力表、软管在装卸过程中,只能用手拧紧,不得使用任何工具。

2.2.7 电子检漏仪

电子检漏仪也是在汽车空调维修过程中经常使用的仪表。

如图 2-42 所示,电子检漏仪经过十几年的发展,其型号和外形有很大的差别,但其结构都是由本机和检测探头两部分构成。本机主要由内部检测信号处理电路板、检测结果显示表(指针式、数字式)、报警蜂鸣器组成;调整功能面板根据各个机型的功用不同有所差异,主要包括电源开关、灵敏度旋钮、调零旋钮等。检测探头一般制成细长棍状,便于使用。

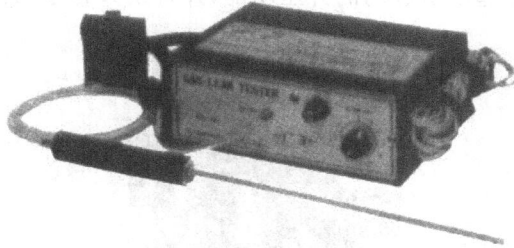

图 2-42 电子检漏仪

电子检漏仪的工作原理如图 2-43 所示,在其探头处有一对电极,阳极用白金制成,当加热器通电时,就有阳离子射向阴极板上,从而形成电流。如果开动吸气扇,被检测到的气体制冷剂就会通过两个极板之间,阳极离子会迅速增加,电流增大,并且电流的大小和制冷剂气体的浓度成正比。这样通过检测两个极板之间的电流的大小,就可以测出制冷剂气体的浓度大小。

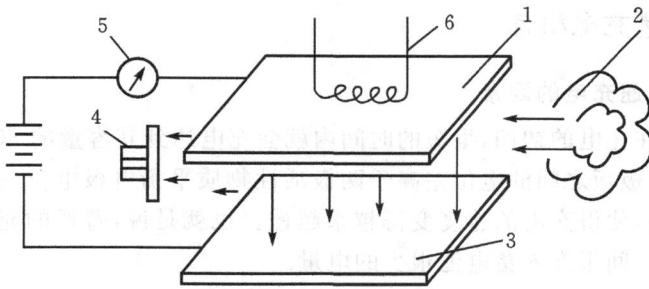

图 2-43 电子检漏仪工作原理示意图
1—阳极;2—气体制冷剂;3—阴极;4—吸气扇;5—微安表;6—加热器

2.3 设 备

2.3.1 快速充电机

汽车用蓄电池由于使用中的放电及自放电,其电量会逐渐减少,因此必须经常充电。

充电就是使直流电源的电流流入电池,恢复电池电量的过程。

电池充电的方法有普通充电和快速充电。普通充电的效果好,并且不损害电池的寿命,但其充电的方法复杂,需定时人工维护,且充电的时间太长,故现在很少使用;在 20 世纪 80 年代末,由于技术上的突破,解决了快速充电不会使电池充满电、损伤电池寿命的问题,因此,快速充电现在已被广泛使用。

充电器从构造上分为硒整流型和硅整流型两种。由于硅整流器耐久性好,因此被广为应用。

由于生产充电器的厂家众多,充电器的结构外形也是五花八门,且功能也不尽相同,如图 2-44 所示,为具有能帮助起动机起动的升压功能,并且是大容量的机种。

图 2-44　快速充电机

2.3.1.1　快速充电机理

1. 影响蓄电池快速充电的因素

事实上,蓄电池在充电的初期,很短的时间内就会充电达到其容量的 80% 左右,但在充电后期由于出现了两个极板之间的电位差高于两极活性物质平衡电极电位的现象,即所谓的蓄电池充电的极化现象,使得充电的速度变得越来越慢。也就是说,普通的充电方法,在蓄电池充电后期,用很多的时间来充入蓄电池很少的电量。

极化现象可分为欧姆极化、浓差极化和电化学极化三种类型,它们在蓄电池充电过程中始终存在,并且越是充电后期,这种极化现象越严重。

2. 快速充电机理

快速充电的机理就是在充电初期,由于极化现象不明显,蓄电池接受大电流充电,在短期内使其电量达到其容量的 80%,然后再采用脉冲快速充电。如图 2-45 所示,前停、后停均可以消除欧姆极化和浓差极化,反向脉冲则可以消除电化学极化。这样不仅遵循了蓄电池固有的充电接受率,同时大大提高了蓄电池的充电效率,也延长了蓄电池的使用寿命。

2.3.1.2　优点

(1)充电时间大为缩短,一般充电不超过 5 h,补充充电不超过 1 h。

(2)可以增加蓄电池的容量。

(3)具有显著的去硫化作用,延长了蓄电池的使用寿命。

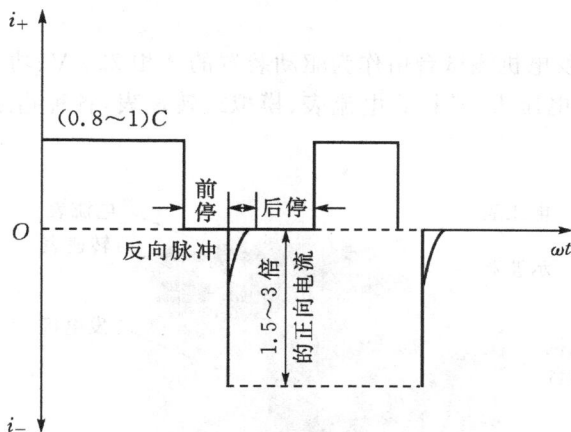

图 2-45 蓄电池脉冲充电电流波形图

2.3.1.3 使用方法

1. 充电前的准备工作

(1)打开蓄电池注液盖,检查电解液数量,不足用蒸馏水补充。

(2)红色线夹夹在蓄电池正极,黑色线夹夹在蓄电池负极。

(3)将充电机的定时开关、电流调整开关归零。

(4)将充电机的电压切换开关调至所要充电的蓄电池的规定值。

2. 充电步骤

(1) 接通充电机电源开关,确认指示灯点亮。

(2) 根据需要,旋转定时开关设定充电时间。如是连续充电场合,开关旋至"保持"位置时,充电电流要低。

(3) 根据规定,调至最合适的充电电流。

(4) 充电完毕后,先关掉电源,再卸下蓄电池线夹。

(5) 测量并确认蓄电池容量。

2.3.2 发电机测试台

发电机测试台可以测试各种容量的车用发电机。

2.3.2.1 功能及构造

1. 功能

不同厂家、型号的发电机测试台功能有所不同,主要有:

(1) 用于发电机的负载试验。

(2) 发电机转子绕组输出性能测试。

(3) 发电机转子绕组短路检测。

(4) 发电机整流输出波形观测。

2. 构造

如图 2-46 所示,发电机测试台由作为驱动装置的 3 相 220 V、功率在 705 kW 以上的逆变器控制电机,数字式电压表、模拟式电流表、模拟式转速表,各种指示灯以及控制电路板等组成。

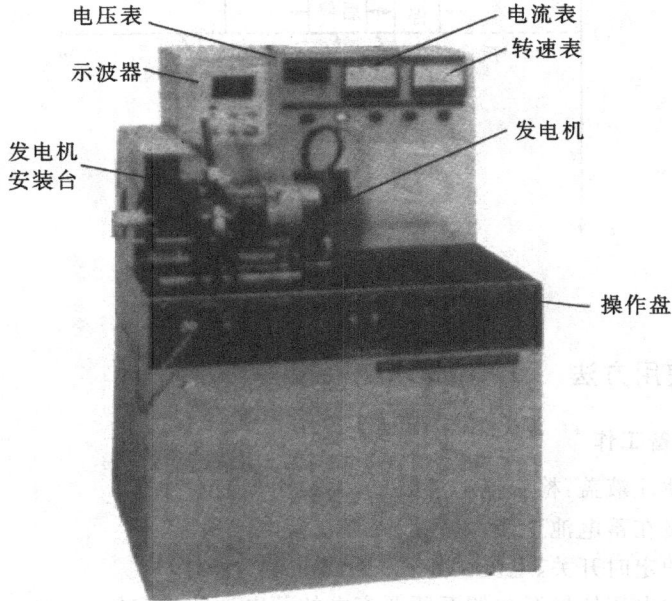

图 2-46　发电机测试台

2.3.2.2　使用方法

1. 合理安装发电机

作试验时,发电机安装一定要牢靠,发电机皮带要调整适当,发电机输出端子与测试台要连接准确。

2. 功能试验

在进行各种功能实验之前一定要注意以下几点事项:

(1) 确认测试台电动机两个旋转方向开关都处于停止位置。

(2) 确认测试台电动机速度旋钮在零位。

(3) 确认发电机安装牢靠、接线正确。

(4) 确认上述事情正确后,再开启测试台电源,进行各种功能实验。

(5) 做发电机超过 4000 r/min 高速实验的时间一定不要太长。

2.3.3　前照灯检测仪

前照灯是汽车夜间行驶为驾驶员提供行车道路照明的重要装置。前照灯的发光亮度、光束照射方向是汽车行车安全的重要保证,因此,前照灯的亮度、光束照射方向也是汽车行车安全检测的必检项目。

2.3.3.1　前照灯检测仪的种类

根据检测的方式不同,前照灯检测仪可分为投影式、聚光式和追踪式三种。

1. 投影式前照灯检测仪

如图 2-47 所示,投影式前照灯检测仪也称屏幕式前照灯检测仪,是最早期使用的一种前照灯检测方法。检测距离为 3 m,通过仪器上的找准器摆正车辆与仪器的相对位置,活动屏幕上装有上下移动的受光器,通过左右移动受光器到合适位置,读出前照灯的发光强度,同时从装在屏幕上的两个光轴刻度上,可读出光轴的偏光量。

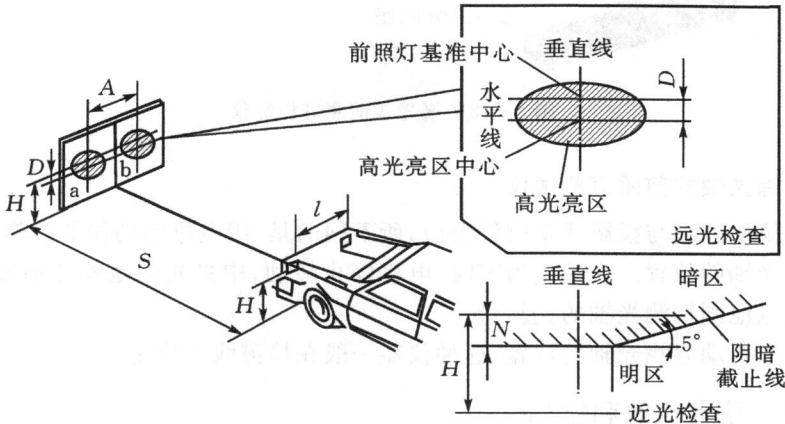

图 2-47　投影式前照灯测光法

2. 聚光式前照灯检测仪

如图 2-48 所示,聚光式前照灯检测仪又称集光式前照灯检测仪,检测距离为 1 m,是通过聚光镜将灯光导引到仪器的光电池的光照面上进行检测的。根据测试的方式不同,分为以下三种类型。

1) **移动反光镜测试法**

汽车前照灯的灯光通过仪器上受光器的聚光透镜、反射镜照射到光电池上。转动光轴刻度盘,可使反光镜发生角度变化,从而使偏斜指示计的偏转量发生变化。当调整指针指到零位时,光轴刻度盘上即指示出了光轴的偏度量,光度计上也同时指示出了前照灯的发光强度。

2) **移动光电池检测法**

通过转动光轴刻度盘,使光电池做上下、左右移动。当上下偏斜指示计和左右偏斜指示计均为零时,即可在光度计和光轴刻度盘上读出前照灯光亮强度和光轴的偏斜量。

3) **移动透镜检测法**

通过调节聚光透镜的方位,使射入到光电池的光线最强。当调整光轴指示杠杆使光轴偏斜指示计为零时,光轴刻度盘指示杠杆的移动量就是光轴偏移量,光度计则显示的就是前照灯光的强度。

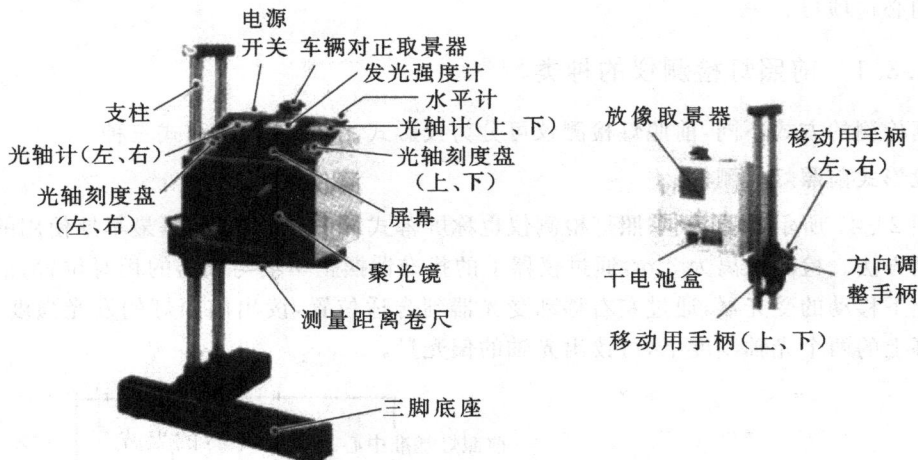

图 2-48　聚光式前照灯检测仪

3. 自动追踪光轴式前照灯测试仪

这种检测仪的原理与投影式检测仪类似,所不同的是,用电机驱动仪器台架的受光器照射光电池来测量光轴的位置。当偏差为零时,电机停止转动,中央光电池检测前照灯光的强度,受光器上的光电池则检测光轴的偏斜量。

由于实现了自动寻找光轴的位置,这种仪器一般在检测线上使用。

2.3.3.2　技术性能和结构

前照灯检测仪的种类很多,现以佛山生产的 FD-2 型前照灯检测仪为例介绍其性能及结构,如图 2-49 所示。

1. 主要技术性能

(1) 使用温度范围:0~40℃。

(2) 相对湿度:20%~80%。

(3) 垂直方向光轴偏移量:上 1°20′~下 2°20′,上 20 cm~下 40 cm/10 m(双重刻度)。

(4) 水平方向光轴偏移量:上 2°20′~下 2°20′,上 40 cm~下 40 cm/10 m(双重刻度)。

(5) 发光强度示值误差:±10%。

(6) 光轴偏移示值误差:±(1/4)°。

(7) 前照灯中心高指示范围:0.5~1.3 m。

(8) 检测距离:1 m。

(9) 轨道长度:4.5 m。

(10) 外形尺寸:1250 mm×710 mm×550 mm。

2. 结构

该检测仪由光接受箱和行走机构两部分组成。光接受箱由两根立柱支撑,采用齿轮、齿条传动方式,使光接受箱沿立柱可上下移动,其左右方向的运动则通过底座上的轮子在轨道上滚动来实现。

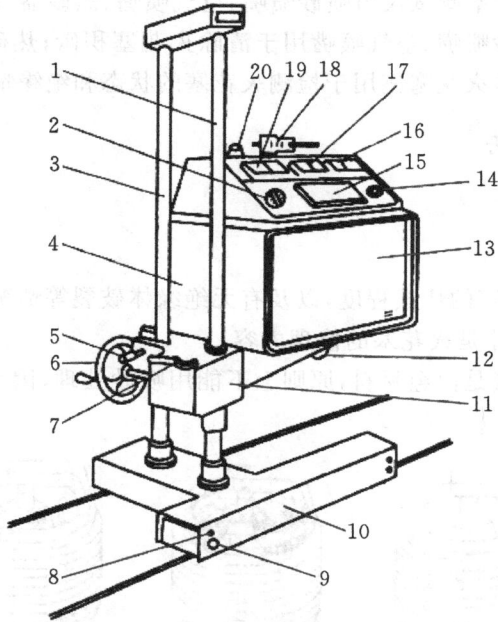

图 2-49　FD-2型前照灯检测仪

1—前立柱；2—左右光轴刻度盘；3—后立柱；4—光接受箱；5—对准旋钮；
6—上下运动手轮；7—左右运动手轮；8—加油孔；9—偏心轴；10—底座；11—传动箱；
12—测距卷尺；13—聚光镜；14—上下光轴刻度盘；15—屏幕；16—上下光轴平衡表；
17—发光强度表；18—瞄准器；19—左右光轴平衡表；20—电源开关

2.3.4　火花塞测试仪

2.3.4.1　功用

(1)检测火花塞状态及绝缘状况。
(2)清除火花塞积碳。

2.3.4.2　结构

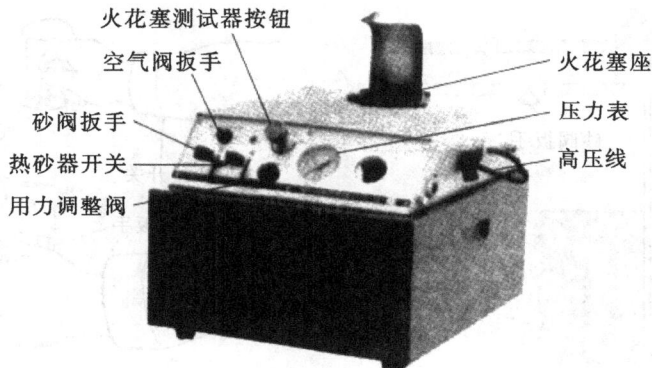

图 2-50　火花塞测试仪

如图 2-50 所示,火花塞测试仪由喷砂喷嘴、空气喷嘴、热砂器、高压电发生器以及加压火花塞座等构成。其中:喷砂喷嘴、空气喷嘴用于清除火花塞积碳;热砂器用于干燥清除积碳用的砂子;高压发生器和加压火花塞座用于检测火花塞的状态和绝缘情况。

2.3.4.3 使用方法

1. 准备工作

1)检查火花塞

作业前应先检查火花塞的烧损程度,以及有无绝缘体破裂等情况。如图 2-51 所示,只有图 2-51(b)所示的情况,才是火花塞的修理内容。

另外,如果火花塞电极是白金材料,原则上不能用喷砂处理,因为喷砂会损伤电极尖端的白金片。

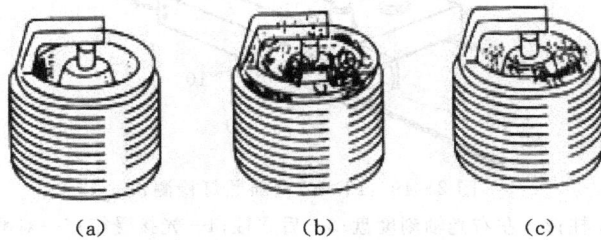

(a)   (b)   (c)

图 2-51　火花塞检查

(a)正常;(b)积碳;(c)烧蚀

2)火花塞测试仪检查

砂子在使用时会有损耗,所以在使用火花塞测试仪之前应先检查里面砂子的数量。同时还必须确认压缩空气压力是否达到规定值。

3)预热

作业前应先接通热砂器开关 10 min 左右,使砂子变得干燥。

2. 清扫火花塞

如图 2-52 所示,将火花塞插入清扫箱。

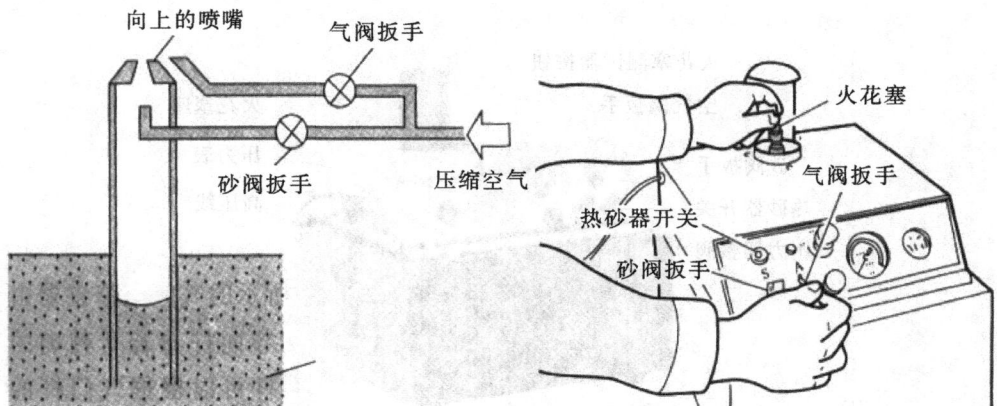

图 2-52　清扫火花塞过程示意图

（1）控制空气阀门，用空气使火花塞干燥，实施时间在 20 s 以上。

（2）按住火花塞，像画圆弧那样转动火花塞，同时控制喷砂手动阀进行火花塞清扫，此时要注意防止箱体与火花塞之间的间隙会有砂子喷出。

（3）关闭喷砂手动阀，打开空气手动阀，吹掉火花塞内部的砂子。

（4）关闭空气手动阀，取出火花塞，用喷气枪清理火花塞螺纹部分后，火花塞清理结束。

3. 火花塞点火测试

如图 2-53 所示，将火花塞安装在火花塞座上，接好高压线。

（1）打开压力调节阀，调至规定压力或 800 kPa。注意：如果超过规定压力，火花塞就不容易打火花，检测结果就不准确。

（2）按下火花塞测试按钮，从检测视窗观察，如果火花塞电极之间连续打火花，则说明火花塞正常。

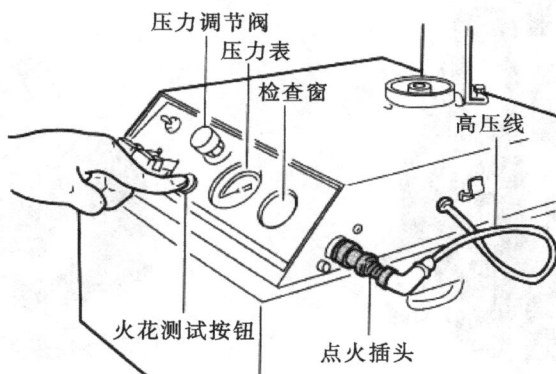

图 2-53　火花塞测试

2.3.5　真空泵

真空泵是维修汽车空调系统不可缺少的设备之一。如图 2-54 所示，真空泵根据其结构和工作原理，有活塞式、柱塞式、叶片式等多种类型。

真空泵的作用就是降低空调压缩循环系统内的压力，在常温下，将水分变成气体，与空气一起排除到系统的外部。

图 2-54　真空泵

2.3.6 其它设备

除上述设备外,在汽车电器维修中还有一些不被经常使用的设备。例如,如图 2-55 所示的制冷剂回收装置,如图 2-56 所示的线圈短路测试仪等;还有一些不仅仅在汽车电器维护领域应用,在汽车其它维护领域也有应用的设备,例如发动机无负荷测试仪,如图 2-57 所示的发动机综合性能测试仪,如图 2-58 所示的红外线废弃分析仪等。由于这些装置不具有普及型,在这里就不一一地加以介绍了。

图 2-55　制冷剂回收装置　　　　　　　图 2-56　线圈短路检测仪

图 2-57　发动机综合性能分析仪

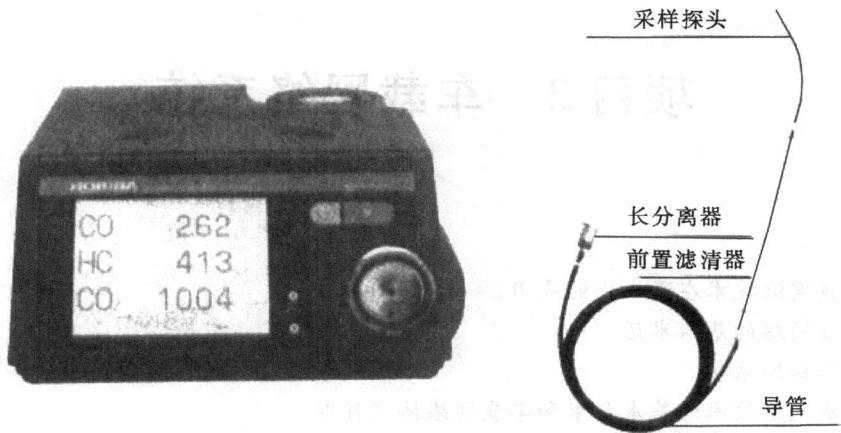

图 2-58　红外线尾气分析仪

　　总之,随着科技的进步,人们的不断探索,还会有大量先进的、方便的、准确的各种仪器、仪表、设备进入汽车维修领域,使汽车的维修、维护变得更加简单、快捷。

复习与思考

(1)叙述使用跨接线的注意事项。

(2)叙述使用试灯的具体步骤,汽车的哪个装置绝对不能使用试灯检测?

(3)叙述使用指针式万用表的具体步骤。

(4)数字式万用表都有哪些功用? 操作使用时应注意哪些问题?

(5)叙述使用数字式万用表的具体步骤。

(6)叙述使用钳式电流表的具体方法。当用最小的量程也测不清楚时,怎么办?

(7)简述汽车解码器的作用,汽车解码器都有哪些种类?

(8)叙述大众公司的专用解码器 VAG1552 的使用方法。

(9)简述示波器的功用与使用方法和注意事项。

(10)叙述你所了解的汽车维修仪器名称、种类和作用。

项目 3 车载网络系统

学习目标

掌握车载网络技术在汽车中的应用。

掌握车载网络的基本术语。

了解多路传输系统。

了解车载网络技术的基本要求和车载网络协议标准。

随着汽车电子技术的不断发展,人们对汽车操控性能、舒适性能、安全性能的不断追求,车辆上电控单元的数量不断增多,例如电子燃油喷射系统、电子点火系统、制动防抱死系统(ABS)、自动变速器、安全气囊、主动悬架系统等。

将这些有着独立控制功能的电控单元整合为集中控制,不仅可以资源共享,简化结构、降低成本,而且使控制功能变得更加强大,极大提升了汽车的动力性、经济性、安全性和舒适性。整合汽车单元控制为集中控制的过程就是车载网络形成的过程,并且随着大规模集成电路的应用及单片机处理器的性能不断提升,汽车车载网络系统功能也越来越强大,越来越复杂。

本章主要从入门级别介绍汽车车载网络系统的基础知识。

3.1 车载网络技术发展与应用

3.1.1 汽车电子技术的应用

20世纪70年代后期,电子技术领域已经发展到了超大规模集成电路,为汽车提供了功能强大、功能快捷、成本低廉的车用电子控制系统。车辆控制单元的数目不断增多,1994年第一代奥迪A8共有15个控制单元,到了2003年,奥迪A8就发展成了有着60多个电控单元。

如图3-1所示,一台AUDI-A6轿车搭载了多达29种之多的电控单元。

(1)辅助加热控制单元J364。

(2)带EDS的ABS控制单元J104。

(3)车距调节控制单元J428。

(4)左前轮轮胎压力监控发射元件G431,在车轮拱形板内。

(5)供电控制单元J519。

(6)司机车门控制单元J386。

(7)使用和起动授权控制单元J518。

(8)组合仪表内控制单元J285。

(9)转向柱电气控制单元J527。

(10)电话控制单元J526、电话发送和接收器R36。

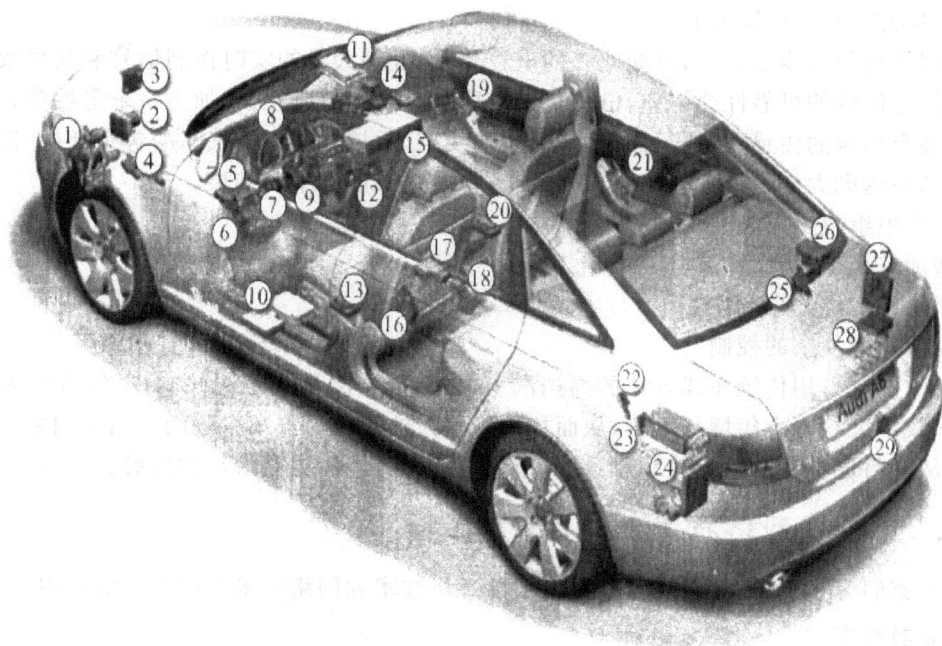

图 3-1   奥迪 A6 电控单元

（11）发动机控制单元 J623。

（12）全自动空调控制单元 J255。

（13）有记忆功能的座椅调节、转向柱调节控制单元 J136。

（14）水平调节控制单元 J197、大灯照程调节控制单元 J431、轮胎压力监控控制单元 J502、供电控制单元 J520、前部信息系统显示和操纵控制单元 J523、数据总线诊断接口 J533、无钥匙式起动授权天线读入单元 J723。

（15）CD 换碟机 R41、CD 播放机 R92。

（16）左后车门控制单元 J388。

（17）安全气囊控制单元 J234。

（18）车身转动速率传感器 G202。

（19）副司机车门控制单元 J387。

（20）副司机带记忆功能的座椅调节控制单元 J521。

（21）右后车门控制单元 J389。

（22）左后轮轮胎压力监控发射元件 G433，在车轮拱形板内。

（23）驻车加热无线电接收器 R64。

（24）带有 CD 播放机的导航控制单元 J401、语音输入控制单元 J507、数字音响包控制单元 J525、收音机 RTV 调谐器 R78、数字收音机 R147。

（25）右后轮轮胎压力监控发射元件 G434，在车轮拱形板内。

（26）停车辅助系统控制单元 J446、挂车识别控制单元 J345。

（27）舒适系统中央控制单元 J393。

（28）电动驻车、手制动器控制单元 J540。

（29）电能管理控制单元 J644。

如果用传统的布线方法,面对如此多的电控单元,处理大量的实时控制信号和共享数据交换就使得信号传输的可靠性会很差,信息传递速度也显现不适应性,再加上每个电控单元还都得配置一整套相应的传感器、执行器,将有大量的线束、插接件密布于汽车的各个部位,汽车的线束变得越来越庞大。不仅汽车的结构复杂,还将会造成如下不良结果:

（1）生产中组装工人装配困难;

（2）增加车身重量;

（3）增加售后维修难度;

（4）无法实现复杂的控制。

据统计,一辆采用传统布线方法的高档汽车中,其导线长度可达 2000 m,电气节点达 1500 个,而且该数字大约每十年增长 1 倍,从而加剧了粗大的线束与汽车有限的可用空间之间的矛盾。无论从材料成本还是工作效率看,传统布线方法都将不能适应汽车的发展。

3.1.2 车载网络技术的诞生

汽车专家们为了解决上面的问题,提出了单片机技术和网络技术在汽车上的应用。

1. 传感器共享

传感器共享这一新理念改变了获取信息的方式。

2. 资源共享

资源共享这一新思路改变了执行器控制系统。

采用上述两个新思路,重新设计和组织电控单元

方法一:汽车单片计算机功能集成化。

如发动机电子控制系统集成了包括喷油、点火、尾气排放和冷却管理等功能。ESP 控制单元更是集合了 ABS、ASR、MSR、CDS 等众多功能。

方法二:利用多路传输技术,把众多电控单元连成网络,其信号通过总线的形式传输,可以达到资源共享的目的,联成网的电控模块能使控制器"协同工作",实现复杂功能,获得最佳工作状态。

如车轮驱动防滑的控制,装有网络与牵引力控制系统的汽车,就可以使用两个控制模块来保持汽车的牵引力。当车速和发动机负荷低于某一值时,ABS 模块对驱动轮进行脉动制动以防止车轮打滑,同时发动机控制模块推迟点火提前角,减小发动机转矩;而当车速和发动机负荷高于该值时,只有发动机控制模块通过减小发动机转矩的方法来防止车轮打滑,故而推迟点火提前角,减小节气门开度以减小发动机的转矩。

随着汽车电子控制单元以及汽车电子装置的不断增多,采用串行总线实现多路传输,组成汽车车载网络系统,是一种既可靠又经济的做法。同时,现代汽车基于安全性和可靠性的要求,正越来越多地考虑使用电控系统代替原有的机械和液压系统。

3.2 多路传输系统

3.2.1 多路传输系统的定义

所谓多路传输,即指在计算机局域网中,将多种信息混合或交叉通过一个通信信道传送的方式。一个具有多路传输功能的网络允许多个计算机同时对它进行访问。如果把这一源于信息网络中的多路传输技术应用于汽车上,可以实现:

(1)布线简化,降低成本。

(2)电控单元之间交流更加简单和快捷。

(3)传感器数目减少,实现信息资源共享。

(4)提高汽车总体运行可靠性。

那么如何具体把这一计算机局域网中的技术应用到汽车上来,就需要考虑以下因素:

(1)更快的信息传输速度。

(2)更挑剔的用电环境。

(3)更复杂的电磁兼容性。

(4)更严格的信息交流安全性。

如图 3-2 所示,为常规线路和多路传输线路的简单比较,从图中可以看到多路传输 ECU 之间所用导线与常规线路相比少得多,但是线路设计比常规线路复杂得多。

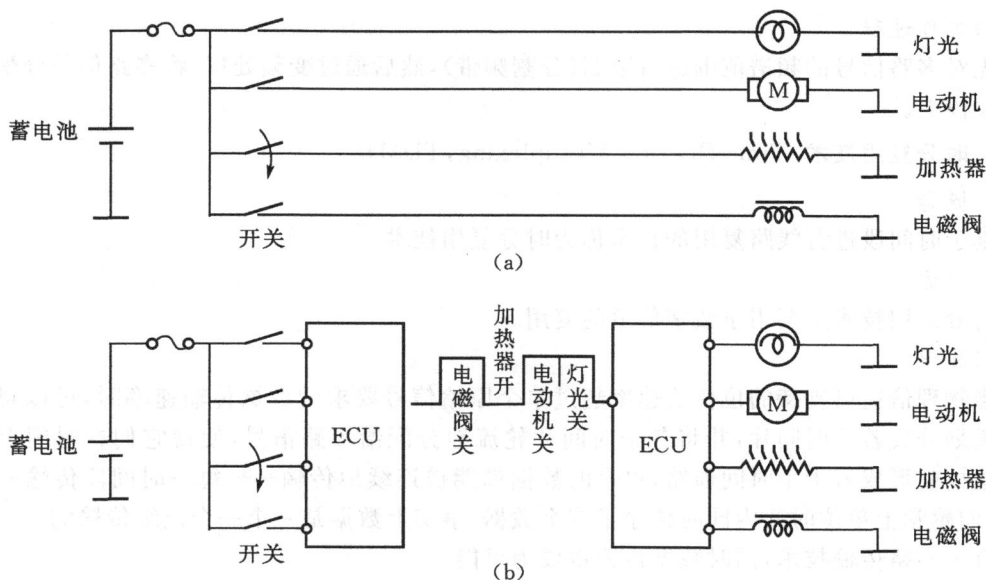

图 3-2 常规线路和多路传输线路的简单对比

(a)常规线路;(b)多路传输线路

汽车要求安全、使用方便、操作不能太复杂、价格较低、性能可靠,汽车又是应用环境最差的设备,所有可能的道路、电磁以及气候环境汽车几乎都可以遇到。根据汽车的这些使用要求

和使用环境,车载网络系统设计还应当考虑以下这样一些因素:

(1)节点与总线连接接头的电气与力学特性以及连接头数量。

(2)网络结构和应用系统的评估与性能检测方法。

(3)容错和故障恢复问题。

(4)实时控制网络的时间特性。

(5)安装与维护中的布线。

(6)网上节点的增加与软硬件更新(可扩展性)。

3.2.2 多路传输的分类和原理

多路传输技术分为频分复用技术和时分复用技术。

1. 频分复用技术(Frequency Division Multiplexing,FDM)

1)概念

基于传输频段进行线路复用的技术称为频分复用技术。

2)用途

频分复用技术主要用于模拟信道的复用。

3)原理

不同的传输媒体具有不同的带宽(信号不失真传输的频率范围),频分多路复用技术对整个物理信道的可用带宽进行分割,并利用载波调制技术,实现原始信号的频谱迁移,使得多路信号在整个物理信道带宽允许的范围内,实现频谱上的不重叠,从而共用一个信道。为了防止多路信号之间的相互干扰,使用隔离频带来隔离每个子信道。

4)工作过程

先对多路信号的频谱范围进行限制(分割频带),然后通过变频处理,将多路信号分配到不同的频段上。

2. 时分复用技术(Time Division Multiplexing,TDM)

1)概念

基于时间段进行线路复用的技术称为时分复用技术。

2)用途

时分复用技术主要用于数字信道的复用。

3)原理

当物理信道可支持的位传输速率超过单个原始信号要求的数据传输速率时,可以将该物理信道划分成若干时间片,并将各个时间片轮流地分配给多路信号,使得它们在时间上不重叠。这样就形成若干个时间通路,单个的数据都能被连续地传输——每一时间段传输一个数据,我们感觉上单位时间内同时传输了多个数据,事实上数据是一个一个连续传输的。

有了多路传输技术,同时数据传输也成为可能。

汽车上所使用的是单线或双线时分多路传输系统。

3.2.3 汽车信息多路传输的法则和发展

1. 法则

为了使多路传输技术适应汽车上特殊的环境,汽车制造公司和零部件公司确定:

(1)信息传输模式。

(2)信息传输介质,即信息总线。

(3)总线信号表示方法。

(4)信息交流协议,即指在网络之间进行数据传输所需要遵循的电子语言通信规则和格式(如编码、传输速度等)。

2. 多路传输的发展

纵观汽车多路传输技术发展历程,可分为三个阶段:

(1)汽车的基本控制、电动门窗及自动门锁等。

(2)发动机和变速器以及仪表系统的控制。

(3)各系统间综合实时控制。

目前的研究课题是提高信号传送速率、容错、抗干扰和降低成本。

网络技术应用于计算机领域已有几十年了,而汽车中使用的网络技术只是计算机网络的"简化版本"。其拓扑技术、传输方式与计算机网络都相似,只是采用了特殊的数据传输协议。

多路传输通信网络是对多模块操作系统的命名,模块由普通双绞线相互连接,并使用数据链接插口作为诊断接口,信息交换以类似于电话线合用的方式进行,模块之间使用信息及专用的企业标准协议进行通信,信息内容涉及控制、状态或诊断信息以及运行参数等。双绞线具有能提供冗余备份的优点,即当一条线路中断时,可由另外一条线路保证系统运行,而且,双绞线降低了外界对多路通信网络的电子干扰,也降低了多路通信网络产生的电子干扰。

自从汽车使用计算机以来,网络的引入,极大地扩展了计算机的作用,这种连接方式,有效地将车辆上的全部电气系统组成一个计算机网,这一技术相应减少了传感器的数量。例如,早先车载电脑必须使用冷却液温度传感器的信息,而散热器风扇开关需要其它传感器、开关的信号控制,这样就出现了冗余情况。

3.3　车载网络基本术语

由于汽车车载网络技术的来源是计算机局域网技术,很多术语涉及计算机专用术语,包括网络、总线、通信协议、网关、节点。

1. 网络

为了实现信息共享而把多条数据总线连在一起,或者把数据总线和模块连接为一个系统称为网络。

计算机网络是在协议控制下由一台或多台计算机、若干台终端设备、数据传输设备以及便于终端和计算机之间或者若干台计算机之间数据流动的通信控制处理机等所组成的系统集合。这个定义,表明计算机网络是在协议控制下通过通信系统来实现计算机之间的连接。

从物理意义上讲,汽车上许多模块和数据总线距离很近,因此被称为 LAN(局域网)。摩托罗拉公司设计的一种智能车身辅助装置网络,被称为 CAN(局域互联网)。

2. 架构

网络有特定的通信协议称为架构。

架构在其输入和输出端规定了什么信息能进和什么信息能出,架构通常包括 1 至 2 条线路。

采用双线时,数据的传输是基于两条线的电压差;当用 1 条线传输数据时,它对地有个参考电压。

3. 模块/节点

模块就是一种电子装置(可以理解为 ECU),简单一点的如温度和压力传感器,复杂的如计算机(微处理器)。

传感器是一个模块装置,根据温度和压力的不同产生不同的电压信号,这些电压信号在计算机(一种数字装置)的输入接口被转变成数字信号,在计算机多路传输系统中一些简单的模块被称为节点。

4. 网关

由于汽车上有很多总线和网络,必须用一种有特殊功能的计算机达到信息共享和不产生协议间的冲突,实现无差错数据传输,这种计算机就叫做网关。

网关实际上就是一种模块,它工作的好坏决定了不同的模块和网络相互间通信的好坏。

1)网关处理的内容

(1)从第一个网络读取所接收的信息;

(2)翻译信息;

(3)向第二个网络发送信息等。

2)网关的主要作用

(1)可以把不同协议的数据转变成可以识别的数据语言。

(2)使低速的网络和高速的网络信息共享。

(3)负责接收和发送信息。

(4)激活和监控网络工作状态。

(5)实现车辆数据的同步。

5. 局域网

局域网(又称区域网)是在一个有限区域内连接的计算机的网络。一般这个区域具有特定的职能,通过这个网络实现这个系统内的资源共享和信息通信,连接到网络上的节点可以是计算机、基于该微处理器的应用系统或智能装置。

局域网的传输介质有双绞线、同轴电缆和光纤三种,其传输媒体的特点如表 3 - 1 所示。

表 3 - 1 传输媒体的特点

媒 体	信号类型	最大数据传输速度/(Mbit/s)	最大传输距离/km	联网设备数
双绞线	数字	1~2	0.04	几十
同轴电缆(50Ω)	数字	10		几百
同轴电缆(75Ω)	数字	50	1	几十
同轴电缆(75Ω)	模拟	20	10	几千
同轴电缆(75Ω)	单信道模拟	50	1	几十
光纤	模拟	100	1	几十

6. 数据总线

数据总线是控制单元之间传递数据的通道。数据总线可以达到在一条数据线上传递的信息能被多个系统(控制单元)共享的目的,从而最大限度地提高系统整体效率,充分利用有限的资源。

如果系统可以发送和接收数据,则该数据总线称为双向数据总线。数据总线可以是单线式或是双线式,双线式的其中一条导线不是用作额外的通道,它的作用是一旦数据通道出了故障,它让数据换向通过或是在两条数据总线中未发生故障的部分通过。为了抗电磁干扰,双线式数据总线的两条线是绞接在一起的。

7. 网络拓扑结构

当组成汽车线束网络时,蓄电池节点(传感器、控制单元、编码器及解码器)与节点相连接的信号传输线路的连接方式称为网络形态。这种局域网络形态称为拓扑结构,即网络中节点(器件)和传输线路的几何排序,对整个网络的设计、功能、经济性、可靠性影响很大。与其它网络不同,汽车线束网络有总线形式(见图 3-3)、环形形式(见图 3-4)和星形形式(见图 3-5)。

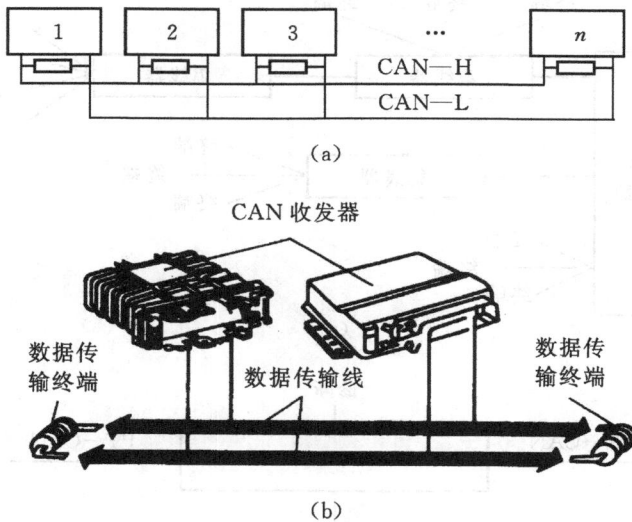

(a)

(b)

图 3-3　总线形式

(a)总线形网络;(b)大众总线形网络示意图

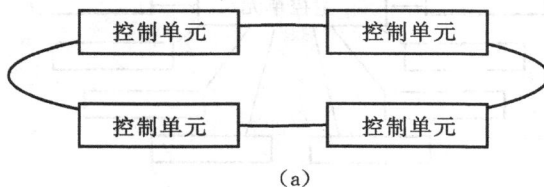

(a)

图 3-4　环形形式

87

(b)

续图 3-4　环形形式

(a)环形网络；(b)宝马 MOST 系统示意图

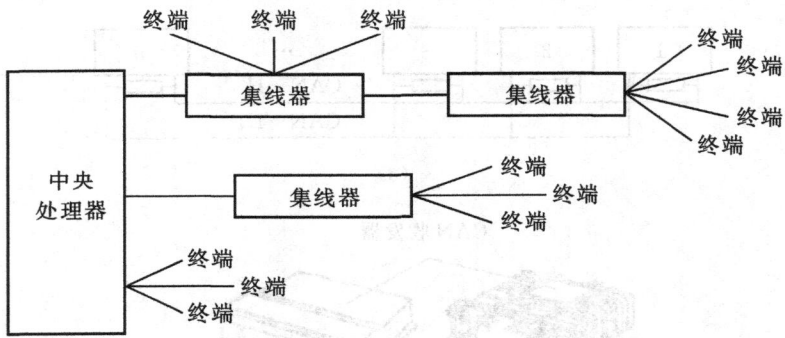

(a)

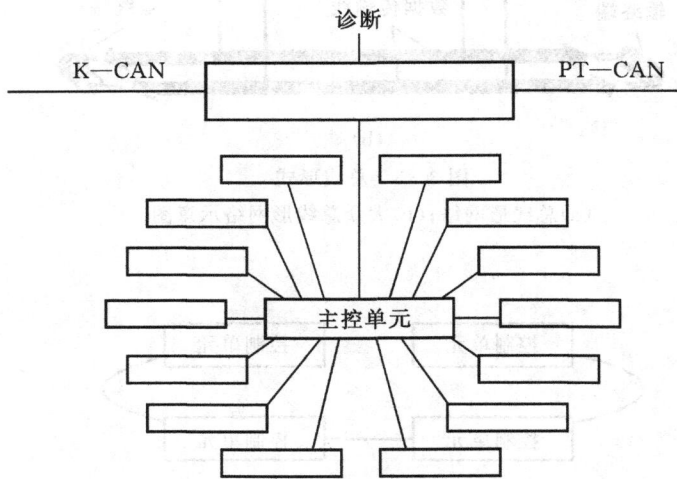

(b)

图 3-5　星形形式

(a)星形网络；(b)宝马 E66 轿车安全系统网络示意图

总线型网络拓扑结构是局域网结构形式之一,它将所有的入网计算机通过分接头接入一条载波线上。

总线型网络的特点是:由于多台计算机共用一条传输线,所以信道利用率较高,而同一时刻只能在两条网络点处互相通信,网络延伸距离有限,网络容纳节点有限。所以,总线型网络拓扑结构适用于传输距离较短、地域有限的组网环境。CAN 总线就是采用这种结构。

8. 报文及帧

1)报文

信息要想在 CAN—BUS 局域网有效、快速地传输,就要把信息转化成适合 CAN—BUS 总线传输的格式。信息即称为报文(Messages),适合 CAN—BUS 总线传输的格式称为报文格式。

总线的信息以不同的固定报文格式发送,但长度受限,当总线空闲时任何连接的单元都可以开始发送新报文。

报文传输由数据帧、远程帧、错误帧和过载帧 4 个不同的帧类型所表示和控制。

2)帧

为了可靠地传输数据,通常将原始数据分割成一定长度的数据单元,这种数据传输的单元,称为帧。

一帧内应包括同步信号(例如帧的开始与终止)、错误控制(各类检错码或纠错码,大多数采用检错重发的控制方式)、流量控制(协调发送方与协调方的速率)、控制信息、数据信息、寻址(在信道共享的情况下,保证每一帧都能正确地到达目的站,收方也能知道信息来自何站)等。

3)帧的格式

帧有两种不同的帧格式:具有 11 位识别符的帧称为标准帧;含有 29 位识别符的帧称为扩展帧。

4)帧的类型

(1) 数据帧:数据帧携带数据,将数据从发送器传输到接收器。

(2) 远程帧:由总线单元发送,用于请求发送具有相同识别符的数帧。

(3) 过载帧:过载帧用以在先行的和后续的数据帧(或远程帧)之间提供一附加的延时。

(4) 错误帧:任何单元检测到总线错误,就发出错误帧。

数据帧或远程帧通过帧间空间(Inter-frame Space)与前述的各帧分开,无论其前面的帧为何类型(数据帧、远程帧、错误帧、过载帧);所不同的是,过载帧与错误帧之间没有帧间空间,多个过载帧之间也不是由帧间空间隔离的。

9. 通信协议

要实现汽车内各控制单元之间的通信,必须制定规则保证通信双方能相互配合,即通信方法、通信时间、通信内容,这是通信双方同样能遵守、可接受的一组规定和规则。这就是通信协议——通信实体双方控制信息交换规则的集合。

数据总线的通信协议关于优先权的处理机制可举例简单说明。当模块 A 检测到发动机已接近过热时,相对于其它不太重要的信息(如模块 B 发送的最新的大气压力变化数据)就具有优先权。

10. 主总线

主总线是指总线（通信线路）中两个终端电路间的线束，这里指的是 CAN 通信系统的主总线。

11. 分总线

分总线是指从主总线分出至 ECU 或传感器的线束。

12. 终端电路

终端电路是指可以将 CAN 通信电流转换成总线电压而设置的电路，它由电阻器和电容器组成。在一条总线上需要两个终端电路。

13. CAN J/C

CAN J/C 是为 CAN 通信设计的连接器，用来存储终端电路。

3.4　车载网络技术要求

3.4.1　汽车网络通信接口

两个系统的设备或部件之间连接服务的数据流穿越的界面称为接口。汽车 ECU 之间的通信接口，由设备（部件）和有关规定说明组成，一般包括物理、电气、逻辑和过程等四个方面。

1. 物理方面

物理方面指连接器的结构形式。

2. 电气方面

电气方面指接口的电路信号电压及变化特征。

3. 逻辑方面

逻辑是指如何将数据位或字符变成字段，说明传输控制字符的功能和使用，换一句话说，通信接口逻辑说明是一种控制和实现穿越接口交换数据流的语言。

4. 过程方面

过程是指规定通信过程控制字符的顺序，各种字段法定内容以及控制数据流穿越接口的命令和应答。如果将逻辑说明看成确定数据流穿越接口的语法，那么过程说明就可以作为语义了。

汽车各种电子控制子系统的 ECU 之间的通信，就是指它们之间能够实现发送或接收信息的行为，包括多个 ECU、传感器、终端和执行器（作功器）组成的汽车电子控制网络系统。

按计算机网络系统范围划分，汽车网络属于局部区域网络，称局域网（Local Area Network，LAN）。汽车网络主要是实现车内各个电控子系统 ECU 之间的通信，又因此网用于车内，国内汽车业常称为车内局域网。

3.4.2　通信协议

要实现车内各 ECU 之间的通信，必须制定规则保证通信双方能相互配合，即通信方法、通信时间、通信内容是通信双方能遵守、可接受的一组规定和规则。协议就是指实体双方控制信息交换规则的集合。

3.4.2.1 通信协议要素

通信协议共有三点要素：

1. 语法

语法是确定通信双方"如何讲"，由逻辑说明构成，规定信息或报文各段格式化，说明报头（标题）字段、命令和应答结构。

2. 语义

语义是确定通信双方"讲什么"，由过程说明构成，要对信息发布请求，执行动作，返回应答给予解释，并确定协调和差错处理的控制信息。

3. 定时规则

定时规则是指时间的顺序，速度匹配和排序，解决"何时讲"的问题。

总之，协议的功能是控制并指导对话过程，对通信过程错误的检出，确定处理的策略。

3.4.2.2 协议分类

协议根据不同需要，分成若干类：

1. 直接型

点对点的链路直接通信，无需经中间信息处理的协议，就是直接型协议。

2. 间接型

如果通过转接式通信网络或由两个以上的网络进行信息交换的通信协议就是间接型协议。通过网关，可以实现不同通信速率的异型网络的连接。

3. 结构化型协议

面临复杂情况，按需要分成不同的层次，较低级别（层次）的功能在较低层次实现，同时它们又向较高层次的实体提供服务。各层次协议的复合，称为结构化协议。

3.4.3 开放系统互连国际标准 ISO7497

所谓"开放"并不是指实现具体互连的技术或手段，而是强调对 ISO 标准的遵从，即开放系统应能与世界上任何地方的、遵守相同标准的任何系统通信。采用开放系统互连参数模式的目的是为协调系统互连、标准的开放提供一个共同的基础，它是反映系统未来发展的产物，它强调的是概念性和功能性结构，而不是互连结构的设施和协议细节的精确定义，故将引导并对数据通信技术和产品的发展起一定指导作用。

开放系统互连（OSI）的 7 层体系结构如图 3-6 所示，第 7 层为最高层，第 1 层为最低层，每个层次都在完成信息交换任务中担当一个相对独立的特定功能，而中继开放系统只有下 3 层，对于每一层 OSI 都至少定有服务定义和协议规范两个标准。对不同的系统，同一个服务可以由不同协议提供，因此可能有多个协议规范。

OSI 中的低层协议是指物理层、数据链路层和网络层的组合，它们实现 OSI 系统面向通信的功能。

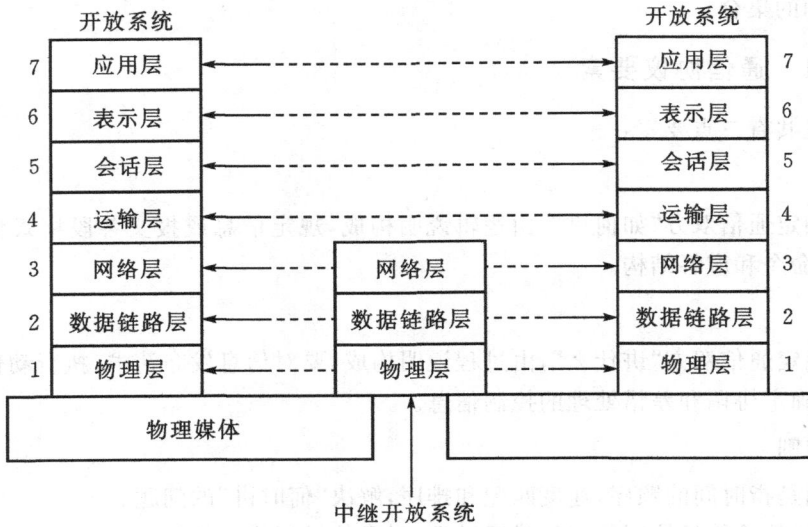

图 3 - 6　OSI 的 7 层体系结构

1. 物理层

物理层定义传输线和接口硬件的机械、电气特征和电信号的功能。

（1）机械特征指包括接口连接尺寸、插针数目（即传输线数目）和每个插针功能分配，插头插座直径，连接器固定/活动一端的分配方法等。

（2）电气特征包括最大允许数据传输速率，最大传输距离，每种信号电平可处状态所代表的意义和连接器可承受的最大电流、电压等。

（3）电信号功能包括每种信号的逻辑意义，各种信号的传输时序、数据采集方式等。

物理层的交互有一套握手协议，主要是发送方告诉接收方何时和如何传送数据，以及接收方收到发送数据怎么认可。握手协议还包括双方状态通知等内容。

2. 数据链路层

数据链路层的目的是使物理层处于各种通信环境条件下，都能保证其向高层提供一条无差错、高可靠性的传输线路，保证数据通信的正确性，为计算机网络正常运行提供其所要求的数据通信质量。

数据链路层的首要任务是管理数据传输，早期选用面向字符协议的信息传输方式，目前基本上是面向比特协议取代。它要有一种差错检测和差错恢复方式，以便在发现数据传输差错时能采取补救措施。数据链路层的另一重要任务是数据传输时的流量控制。

数据链路层的功能包括：数据链路连接的建立和释放、数据链路服务数据单元的交换、数据链路连接的分离、定界和同步、顺序控制、差错恢复、信息流量控制、标识和参数支持、数据电路互连的控制和数据链路层的管理等。

3. 网络层

网络层是通信子网的关键。信息从通信子网的发送端节点机传送到接收端节点机，需由网络层在传送时进行必要的路由选择、差错校验、流量控制和顺序检测,但在局域网则不需要网络层。由于局域网传输距离有限,通信方式是广播式的,即网上的每个节点均可以收到其它节点发送的信息,只要根据终点地址决定是否接收该信息,因此不存在路由选择,一般也就不需要网络层了。

3.5 车载网络的应用

3.5.1 汽车车载网络分类

汽车车载网络大致可以分为4大系统:车身系统、动力传动系统、安全系统、信息娱乐系统,如图3-7所示。

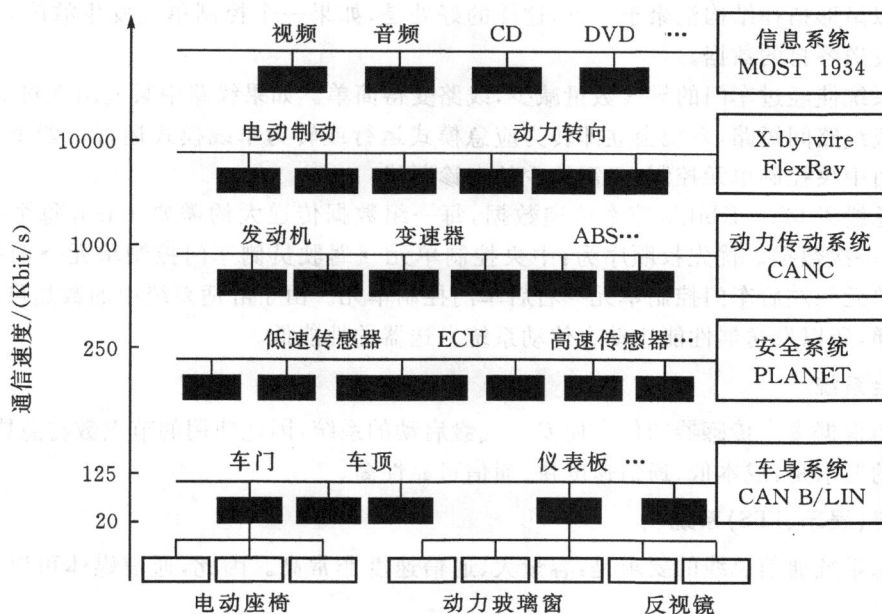

图3-7 车用网络分类

1. 动力传动系统

在动力系统内,使用网络技术将发动机舱内设置的模块连接起来,再将汽车的主要因素运行、停止等功能用网络连接起来,实现高速率数据传输与信息连接。动力系统模块的位置比较集中,固定在一处。从欧洲汽车厂家的示例来看,节点的数量也是有限制的。

动力CAN数据总线连接3块电脑,它们是发动机、ABS、EDL及自动变速器电脑(动力CAN数据总线实际可以连接安全气囊、四轮驱动与组合仪表等电脑)。总线可以同时传递10组数据,发动机电脑5组、ABS、EDL电脑3组和自动变速器电脑2组。数据总线以500 Kbit/s速率传递数据,每一数据组传递大约需要0.25 ms,每一电控单元7~20 ms发送一次数据。优先权顺序为ABS、EDL电控单元→发动机电控单元→自动变速器电控单元。

在动力传动系统中,数据传递应尽可能快速,以便及时利用数据,所以需要一个高性能的发送器。高速发送器会加快点火系统间的数据传递,这样使接收到的数据立即应用到下一个点火脉冲中去。CAN 数据总线连接点通常置于控制单元外部的线束中,在特殊情况下,连接点也可能设在发动机电控单元内部。

2. 车身系统

与动力传动系统相比,汽车上的各处都配置有车身系统的部件,因此线束变长,容易受到干扰的影响。作为防干扰的措施是尽量降低通信速度。节点的数量增加了,所以通信速度没有什么问题。在车身系统中,因为担负着人机接口作用的模块、节点的数量增加,所以,与性能(通信速度)相比,更倾向于注重成本,对此,人们正在摸索更廉价的解决方法,目前常常采用直连总线及辅助总线。

舒适数据总线连接五块控制单元,包括中央控制单元及四个车门的控制单元。舒适总线数据传递有五个功能:中央门锁、电动窗、照明开关、后视镜加热及自诊断功能。控制单元的各条传输线以星形拓扑结构汇聚于一点,这样的好处是,如果一个控制单元发生故障,其它控制单元仍可发送各自的数据。

车身系统使经过车门的导线数量减少,线路变得简单。如果线路中某处出现对地短路,对正极短路或线路间短路,系统会立即转为应急模式运行或转为单线模式运行。四个车门控制单元都是由中央控制单元控制,只需较少的自诊断线。

数据总线以 62.5 Kbit/s 速率传递数据,每一组数据传递大约需要 1 ms,每个电控单元20 ms发送一次数据。优先权顺序为:中央控制单元→驾驶员侧车门控制单元→前排乘客侧车门控制单元→左后车门控制单元→右后车门控制单元。由于舒适系统中的数据可以用较低的速率传递,所以发送器性能比动力传动系统发送器的性能低。

3. 安全系统

这是指根据多个传感器的信息使安全气囊启动的系统,因此使用的节点数将急剧地增加。对此系统的要求是:成本低、通信速度快、通信可靠性高。

4. 信息(娱乐、ITS)系统

对信息系统通信总线的要求是:容量大、通信速度非常高。因此,通信媒体可以采用光纤或是铜线。

除上述所介绍的系统之外,还有面向 21 世纪的控制系统、高速车身系统及主干网络等。这就意味着将会有不同的网络并存,因此就要求网络之间可以互相连接,也可以断开。为了实现即插即用,都将各个局域网与总线相连,根据汽车的平台选择并建立所需要的网络。典型的车用网络如图 3-8 所示。

3.5.2 汽车车载网络常用通信协议

3.5.2.1 常用典型协议的形式

目前,汽车多路信息通信系统中采用的通信协议主要有 8 种形式,如表 3-2 所示。

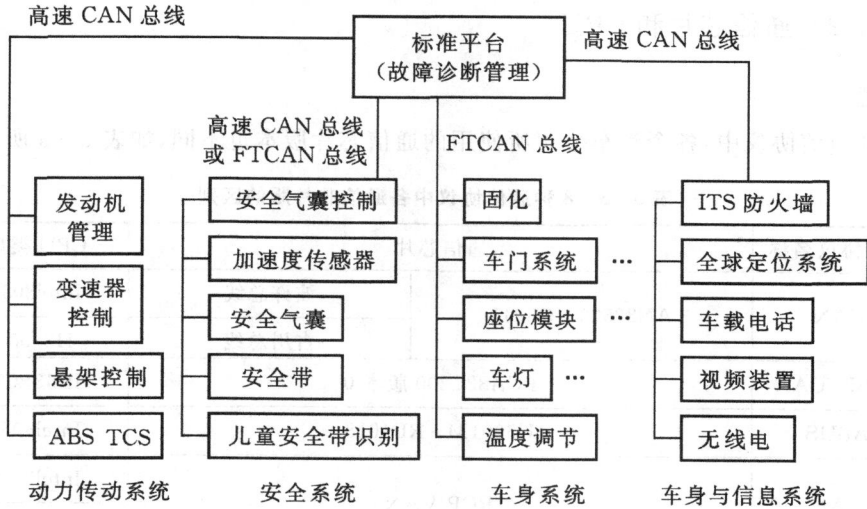

图 3-8 车用网络平台

表 3-2 8 种典型的通信协议

序号	通信协议名称	推荐或实施单位
1	CAN	奔驰、英特尔、波许、JSAE、ISO/TC22/SC3/WG1
2	BASIC CAN	飞利浦、波许
3	ABUS	大众
4	VAN	雷诺、标致、雪铁龙、ISO/TC22/SC3/WG1
5	HBCC	福特、SAE J1850
6	PALMNET	马自达、SAE
7	DLCS	通用
8	CCD	克莱斯勒、SAE

注:SAE—美国汽车工程师学会;ISO—国际标准化组织。

除以上 8 种通信协议之外,还有其它协议。例如:

(1)宝马公司(BMW)1994 年提出的 DAN 集中式网络协议。

(2)阿尔法·罗密欧公司的 DAN 集中式网络协议。

(3)卢卡斯(Lucas)公司的光学分布式星形耦合器系统。

(4)日立公司的集中式光学单纤维双向通信。

(5)飞利浦公司的 DDR 分布式网络协议等。

到目前为止,世界上尚无一个可以兼容各大汽车公司通信协议的通用标准,也就是说,想用某个公司的通信协议取代其它公司的协议,是很难做到的,因此,在汽车上就形成了多种类型的多路通信系统共存的局面。

3.5.2.2 通信芯片和CPU

1. 类型

在 8 种通信协议中,各个汽车公司所使用的通信芯片版本也不同,如表 3-3 所示。

表 3-3 8 种通信协议中各通信芯片版的区别

通信协议名称	通信芯片		CPU 类型
CAN	AN82526-Q8841	波许总线	Intel8051
		古川总线	H8/532
BASIC CAN	PCA82C200 版本 0		HD63B03Y
ABUS	U5001M-RD1018		Intel8051
VAN	RCP VAN		Intel8051
			Phihps87C5 1
HBCC	REVBB	并行接口	HD6301M1
		串行接口	MC68HC11
PALMNET	J002		HD6303Y
DLCS	DLCS03		MC68HC11
CCD	CDP68HC68S1		MC68HC11

例如,雷诺和标致公司的 RCP VAN 通信芯片有双缓冲器;而大众公司的 U5001M PRD1018 通信芯片的集成电路所要求的附加软件和硬件均最少,没有 CRC(循环冗余校验)。

各通信芯片匹配了相应 CPU 类型,除了 BB(HBCC)通信芯片因采用不同的总线和接口而匹配不同的 CPU 外,其它 6 种通信芯片皆各对应一种 CPU。

2. 通信芯片与 CPU 的电路配置

上述 8 种通信系统中,通信芯片 AN82526-Q8841(CAN)匹配两种总线接口,另外,REVBB(HBCC)分为并行和串行两种接口,因此各芯片电路的配置也是各不相同。

3. 典型通信协议的通信格式

对于 125 Kbit/s 以下的数据传输速率,推荐有多种位编码,如 PWM、不归零 NRZ、曼彻斯特(MancheSter)和可变脉宽调制 VPW 等;而对于超过 125 Kbit/s 传输速率的位编码,只有不归零 NRZ。

3.6 车载网络协议标准

国际上众多知名汽车公司早在 20 世纪 80 年代就积极致力于汽车网络技术的研究及应用,迄今为止,已有多种网络标准。目前存在的多种汽车网络标准,其侧重的功能有所不同。

按系统的复杂程度、信息量、必要的动作响应速度、可靠性要求等,将多路传输系统分为低速(A)、中速(B)和高速(C)三类。

1. 低速

A 类是面向传感器/执行器控制的低速网络,数据传输位速率通常小于 10 Kbit/s,主要用于后视镜调整,电动窗、灯光照明等控制。

2. 中速

B 类是面向独立模块间数据共享的中速网络,位速率在 10～125 Kbit/s,主要应用于车身电子舒适性模块、仪表显示等系统。

3. 高速

C 类是面向高速、实时闭环控制的多路传输网,位速率在 125 Kbit/s～1 Mbit/s 之间,主要用于牵引控制、先进发动机控制、ABS 等系统。

在今天的汽车中,作为一种典型应用,车体和舒适性控制模块都连接到 CAN 总线上,并借助于 LIN 总线进行外围设备控制。而汽车高速控制系统通常会使用高速 CAN 总线连接在一起,远程信息处理和多媒体连接需要高速互连,视频传输又需要同步数据流格式,这些都可由 DDB(Domestic Digital Bus)或 MOST(Media Oriented Systems Transport)协议来实现。无线通信则通过蓝牙(Blue tooth)技术加以实现,而在未来的 5～10 年里,TTP(Time Trigger Protocol)和 Flex Ray 将使汽车发展成百分之百的电控系统,完全不需要后备机械系统的支持。

但是,至今仍没有一个通信网络可以完全满足未来汽车的所有成本和性能要求。因此,汽车制造商和 OEM(Original Equipment Manufacture)商仍将继续采用多种协议(包括 LIN、CAN 和 MOST 等),以实现未来汽车上的联网。

3.6.1 A 类总线标准、协议

A 类的网络通信大部分采用 UART(Universal Asynchronous Receiver/Transmitter)标准。UART 使用起来既简单又经济,但随着技术的发展,预计在今后几年中将会逐步在汽车通信系统中被停止使用。而 GM 公司所使用的 E&C(Entertainment and Comfor)、Chrysler 公司所使用 CCD(Chrysler Collision Detection)和 Ford 公司使用的 ACP(Audio Control Protocol),现在已逐步停止使用。Toyota 公司制定的一种通信协议 BEAN(Body Electronics Area Network)目前仍在其多种车型(Clesior、Aristo、Prius 和 Celica)中加以应用。

A 类目前首选的标准是 LIN。LIN 是用于汽车分布式电控系统的一种新型低成本串行通信系统,它是一种基于 UART 的数据格式,主从结构的单线 12V 的总线通信系统,主要用于智能传感器和执行器的串行通信,而这正是 CAN 总线的带宽和功能所不要求的部分。由于目前尚未建立低端多路通信的汽车标准,因此 LIN 正试图发展成为低成本的串行通信的行业标准。

LIN 的标准简化了现有的基于多路解决方案的低端 SCI,同时降低了汽车电子装置的开发、生产和服务费用。LIN 采用低成本的单线连接,传输速度最高可达 20 Kbit/s,对于低端的大多数应用对象来说,这个速度是可以接受的;它的媒体访问采用单主/多从的机制,不需要进行仲裁,在从节点中不需要晶体振荡器而能进行自同步,这极大地减少了硬件平台的成本。

3.6.2　B 类总线标准、协议

B 类中的国际标准是 CAN 总线。CAN 总线是德国 BOSCH 公司从 20 世纪 80 年代初为解决现代汽车中众多的控制与测试仪器之间的数据交换而开发的一种串行数据通信协议。它是一种多主总线,通信介质可以是双绞线、同轴电缆或光导纤维,通信速率可达 1 Mbit/s。

CAN 总线通信接口中集成了 CAN 协议的物理层和数据链路层功能,可完成对通信数据的成帧处理,包括位填充、数据块编码、循环冗余检验、优先级判别等项工作。

CAN 协议的一个最大特点是废除了传统的站地址编码,而代之以对通信数据块进行编码,最多可标识 2048(2.0A)个或 5 亿(2.0B)多个数据块。

CAN 协议的优点可使网络内的节点个数在理论上受限制。数据段长度最多为 8 个字节,不会占用总线时间过长,从而保证了通信的实时性。

CAN 协议采用 CRC 检验并可提供相应的错误处理功能,保证了数据通信的可靠性。

B 类标准采用的是 ISO11898,传输速率在 100 Kbit/s 左右。欧洲的各大汽车公司从 1992 年起,一直采用 ISO11898,所使用的传输速率范围从 47.6～500 Kbit/s 不等。近年来,基于 ISO11519 的容错 CAN 总线标准在欧洲的各种车型中也开始得到广泛的使用,ISO11519 - 2 的容错低速 2 线 CAN 总线接口标准在轿车中正在得到普遍的应用,它的物理层比 ISO11898 要慢一些,同时成本也高一些,但是它的故障检测能力却非常突出,与此同时,以往广泛适用于美国车型的 J1850 正逐步被基于 CAN 总线的标准和协议所取代。

3.6.3　高速总线系统标准、协议

由于高速总线系统主要用于与汽车安全相关,以及实时性要求比较高的地方,如动力系统等,所以其传输速率比较高。根据传统的 SAE 的分类,该部分属于 C 类总线标准,通常在 125 Kbit/s～1 Mbit/s 之间,必须支持实时的周期性的参数传输。目前,随着汽车网络技术的发展,未来将会使用到具有高速实时传输特性的一些总线标准和协议,包括采用时间触发通信的 X-by-Wire 系统总线标准和用于安全气囊控制和通信的总线标准、协议。

3.6.3.1　C 类总线标准、协议

在 C 类标准中,欧洲的汽车制造商基本上采用的都是高速通信的 CAN 总线标准 ISO11898。而 J1939 供货车及其拖车、大客车、建筑设备以及农业设备使用,是用来支持分布在车辆各个不同位置的电控单元之间实现实时闭环控制功能的高速通信标准,其数据传输速率为 250 Kbit/s。在美国,GM 公司已开始在所有的车型上使用其专属的所谓 GMLAN 总线标准,它是一种基于 CAN 的传输速率在 500 Kbit/s 的通信标准。

ISO11898 针对汽车(轿车)电子控制单元(ECU)之间,通信传输速率大于 125 Kbit/s,最高 1 Mbit/s 时,使用控制器局域网络构建数字信息交换的相关特性进行了详细的规定。

J1939 使用了控制器局域网协议,任何 ECU 在总线空闲时都可以发送信息,它利用协议中定义的扩展帧 29 位标识符实现一个完整的网络定义。29 位标识符中的前 3 位被用来在仲裁过程中决定消息的优先级,对每类消息而言,优先级是可编程的,这样原始设备制造商在需要时可以对网络进行调整。J1939 通过将所有 11 位标识符消息定义为专用,允许使用 11 位标识符的 CAN 标准帧的设备在同一个网络中使用,这样,11 位标识符的定义并不是直接属于

J1939 的一个组成部分,但是也被包含进来,这是为了保证其使用者可以在同一网络中并存而不出现冲突。

1. C 级通信与 CAN 协议的关系

C 级汽车通信是将要求施加在网络体系结构的底层,即在 CAN 层上,扩展用于汽车的 CAN 协议通过防撞和全局优先对这些要求寻址。C 级通信由汽车 3 种信息组成——低速的车身电子信息、中速的参量传感器数据、实时控制信号,特别是由动力控制模块 PCM、防抱死制动系统 ABS 和安全气囊系统 SRS/SIR 等驱动的高速控制信号。

对于上述的高性能系统,要求大网络带宽,信道存取快速,信息传送可靠,以及为了保证安全操作能预测响应时间。波许公司为奔驰汽车开发的 CAN 协议,界限分明,可避免系统功能重叠和能满足上述 C 级 3 种信息传送的要求。

2. 供 C 级通信应用的通用工作负荷特性

波许公司开发了供不同等级网络通信用的通用工作负荷特性共有 90 项内容,如表 3 - 4 所示,可扩展作为各种进口汽车使用和维修的参考依据。

表 3 - 4　供 C 级(含 B 级和 A 级)通信应用的通用工作负荷特性

信息标识	电子器件及项目	位	启用频率 Hz	等级	源于何种系统	信号类型	传输速率 bit/s
0	碰撞传感器 1	16	200	C	汽车安全系统	传感型	12800
1	碰撞传感器 2	16	200	C	汽车安全系统	传感型	12800
2	碰撞传感器 3	16	200	C	汽车安全系统	传感型	12800
3	火花塞输出正时信号	16	200	C	动力控制模块	监控型	12800
4	防抱死制动 ABS 的泵速度控制	16	200	C	汽车安全系统	监控型	12800
5	车轮速度传感器 1	16	200	C	汽车安全系统	传感型	12800
6	车轮速度传感器 2	16	200	C	汽车安全系统	传感型	12800
7	车轮速度传感器 3	16	200	C	汽车安全系统	传感型	12800
8	车轮速度传感器 4	16	200	C	汽车安全系统	传感型	12800
9	转向回转速率传感器	16	200	C	空气悬架/电子助力转向	传感型	12800
10	液压转向助力	16	200	C	电控液压助力系统	监控型	12800
11	车速控制信号	16	200	C	巡行控制系统	监控型	12800
12	离合器位置传感器	16	200	C	点火控制模块	传感型	12800
13	曲轴位置传感器	16	200	C	点火控制模块	传感型	12800
14	分布式点火拾波(器)	16	200	C	点火控制模块	监控型	12800
15	制动位置传感器	16	200	C	汽车安全系统	传感型	12800
16	制动压力传感器	16	200	C	牵引力控制系统	传感型	12800

信息标识	电子器件及项目	位	启用频率 Hz	等级	源于何种系统	信号类型	传输速率 bit/s
17	后轮滑转传感器1	16	100	C	汽车安全系统	传感型	6400
18	后轮滑转传感器2	16	100	C	汽车安全系统	传感型	6400
19	线性高度传感器	16	100	C	空气悬架	传感型	6400
20	变速器速度传感器	16	100	C	动力控制模块	传感型	6400
21	车速传感器	16	100	C	动力控制模块	传感型	6400
22	加速踏板位置变化速度传感器	16	100	C	牵引力控制系统	传感型	6400
23	变速器离合器管路压力	16	100	C	牵引力控制系统	传感型	6400
24	点火诊断监测器	16	50	B	点火控制模块	监控型	3200
25	气缸识别传感器	16	50	B	动力控制模块	传感型	3200
26	手动控制杆位置	16	50	B	动力控制模块	传感型	3200
27	压力增量(电子)反馈	16	50	B	动力控制模块	传感型	3200
28	废气加热型氧传感器	16	50	B	动力控制模块	传感型	3200
29	空气流量传感器	16	50	B	动力控制模块	传感型	3200
30	节气门位置传感器	16	50	B	动力控制模块	传感型	3200
31	发动机转速	16	50	B	动力控制模块	传感型	3200
32	手制动位置传感器	16	10	B	仪表板显示系统	传感型	640
33	在行驶和转向过程中的无线电控制	16	10	B	仪表板显示系统	传感型	640
34	蓄电池电流	16	10	B	点火控制模块	传感型	640
35	蓄电池电压	16	10	B	点火控制模块	传感型	640
36	自动变速器选挡(PRNODL)传感器	16	10	B	点火控制模块	传感型	640
37	变速器油液温度	16	10	B	动力控制模块	传感型	640
38	空调压缩机离合器	16	10	B	动力控制模块	传感型	640
39	发动机冷却剂温度	16	10	B	动力控制模块	传感型	640
40	变速器油液压力	16	10	B	动力控制模块	传感型	640
41	进气空气温度	16	5	B	动力控制模块	传感型	320
42	悬架状态	16	1	A	空气悬架	监控型	64
43	车外温度	16	1	A	气候控制系统	传感型	64

信息标识	电子器件及项目	位	启用频率 Hz	等级	源于何种系统	信号类型	传输速率 bit/s
44	期望温度	16	1	A	气候控制系统	传感型	64
45	车内温度	16	1	A	气候控制系统	传感型	64
46	后窗除霜/雾	16	1	A	气候控制系统	传感型	64
47	风扇速度控制	16	1	A	气候控制系统	监控型	64
48	潮湿器（温度）控制	16	1	A	气候控制系统	监控型	64
49	加热/冷却控制	16	1	A	气候控制系统	监控型	64
50	设定伽速/复速	16	1	A	巡行控制系统	传感型	64
51	巡航控制指示灯	16	1	A	巡行控制系统	监控型	64
52	自动前照灯传感器	16	1	A	仪表板显示系统	传感型	64
53	点火开关位置	16	1	A	仪表板显示系统	传感型	64
54	喇叭传感器	16	1	A	仪表板显示系统	传感型	64
55	危险/警告信号传感器	16	1	A	仪表板显示系统	传感型	64
56	左右转向信号	16	1	A	仪表板显示系统	传感型	64
57	音调调控标志	16	1	A	仪表板显示系统	传感型	64
58	发动机润滑油压力	16	1	A	仪表板显示系统	传感型	64
59	燃油油平面高度传感器	16	1	A	点火控制模块	传感型	64
60	交流发电机警告灯	16	1	A	点火控制模块	监控型	64
61	辛烷值调节塞	16	1	A	动力控制模块	传感型	64
62	变速器控制开关（OD）	16	1	A	动力控制模块	传感型	64
63	发动机怠速	16	1	A	动力控制模块	传感型	64
64	发动机状况	16	1	A	动力控制模块	监控型	64
65	燃油流量/消耗量	16	1	A	动力控制模块	监控型	64
66	变速器控制指示灯	16	1	A	动力控制模块	监控型	64
67	废气再循环（EGR）真空调节器	16	1	A	动力控制模块	监控型	64
68	检修发动机指示灯	16	1	A	动力控制模块	监控型	64
69	防抱死制动系统（ABS）油液液面高度传感器	16	1	A	汽车安全系统	传感型	64
70	制动总泵主制动液液面高度传感器	16	1	A	汽车安全系统	传感型	64
71	遥控门锁	16	1	A	汽车安全系统	传感型	64
72	电动座椅	16	1	A	汽车安全系统	传感型	64

信息标识	电子器件及项目	位	启用频率 Hz	等级	源于何种系统	信号类型	传输速率 bit/s
73	电动门窗	16	1	A	汽车安全系统	传感型	64
74	移位禁止信号	16	1	A	汽车安全系统	传感型	64
75	移位连续信号	16	1	A	汽车安全系统	传感型	64
76	座椅安全带传感器	16	1	A	汽车安全系统	传感型	64
77	车门传感器 1	16	1	A	汽车安全系统	传感型	64
78	车门传感器 2	16	1	A	汽车安全系统	传感型	64
79	车门传感器 3	16	1	A	汽车安全系统	传感型	64
80	车门传感器 4	16	1	A	汽车安全系统	传感型	64
81	车门传感器 5	16	1	A	汽车安全系统	传感型	64
82	防盗传感器	16	1	A	汽车安全系统	传感型	64
83	ABS 状态灯	16	1	A	汽车安全系统	监控型	64
84	ABS 制动灯	16	1	A	汽车安全系统	监控型	64
85	气囊指示灯	16	1	A	汽车安全系统	监控型	64
86	座椅安全带灯	16	1	A	汽车安全系统	监控型	64
87	门灯(ON/OFF)	16	1	A	汽车安全系统	监控型	64
88	气囊状况	16	1	A	汽车安全系统	监控型	64
89	洗涤液传感器		1	A	仪表板显示系统	传感型	64

3.CAN 工作负荷的特性在汽车维修中的应用

前述的 90 项内容,可归纳受控于 9 个功能系统,如图 3-9 所示。当然,这只是结构框图,在汽车的实际应用中却并非如此简单。

在图 3-9 中,TCD 是一种专业用于汽车上的微机,它主要有两个功能:一是获得汽车行驶中的一些信息,如油耗量或单位油耗量下的行驶里程等;二是能对汽车的某一系统、部件或程序中的故障进行诊断。

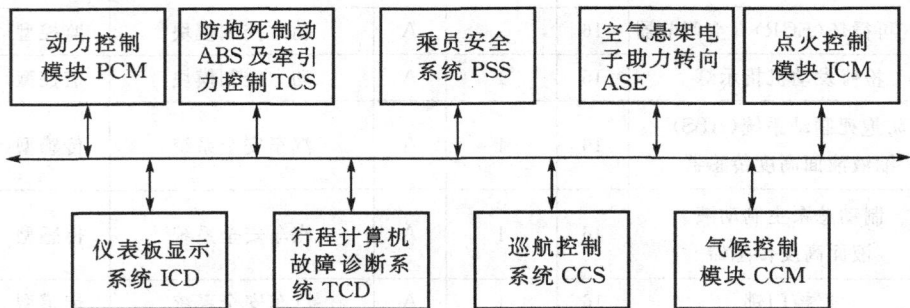

图 3-9 奔驰汽车的 9 个功能系统

　　表 3-4 中的 90 个信息均拥有各自的标识号(优先级),如信息标识"0"、"1"和"2"指气囊系统的碰撞传感器,由于涉及人的生命,传输速率最高(12.8 Kbit/s),属最高优先级。另外,90 个信息所描述的电子元器件、数据位、启用频率、等级、源系统、信号类型以及所要求的带宽等,均符合 J1850 推荐的高优先级信息对应低标识号的标准。

　　表 3-4 中数据经计算得出,C 级通信应用所需要的最小带宽约 298 Kbit/s,其中 C 级信息占带宽 88%(约 262 Kbit/s),B 级占 11%(约 32 Kbit/s),A 级只占 1%(约 3 Kbit/s)左右。网络操作利用率约 30%(约 1 Mbit/s),每条信息 CAN 系统开销为 48 位。

　　利用 90 项 CAN 工作负荷特性可以在汽车维修中对故障部位进行粗分类,并可少走弯路。例如,第 36 号信息标识指自动变速器的选挡(PRNODL)传感器,对于 CAN 协议该项受控于点火控制模块,而自动变速器的 O/D 挡开关(62 号标识)受控于动力控制模块 PCM,这与采用其它协议的车型空挡起动开关的变速器换挡、超速挡与直接挡转换(O/D)开关都受控于 PCM 的结构发生的故障部位是有区别的。

　　另外,通过对比各电子元器件的归属(源于哪个子系统),对技术性改装、对比配件价格和核算维修成本等,均有一定的参考价值。例如,信息标识 39 号的发动机冷却剂温度传感器是汽车上的易损件之一,温度－电阻值关系特性稍不正常就会影响发动机的工作温度及运转特性。从表 3-4 中可看出,该项内容的等级只属 B 级通信,传输速率较低,仅 640 bit/s。在配件市场一时购不到原厂传感器时,可以考虑采用温度－电阻值关系特性相近的其它车型的传感器改装代用。而信息标识 0~2 号的 3 个碰撞传感器,是安装在 ECU 内部的单点式加减速度仪,出了问题不能用其它车型的外装式碰撞传感器改装或代用,也就是说,只能更换气囊ECU,因此维修成本较冷却剂温度传感器高得多。

3.6.3.2　安全总线和标准

　　安全总线主要是用于安全气囊系统,以连接加速度计、安全传感器等装置,为被动安全提供保障。目前已有一些公司研制出了相关的总线和协议,包括 Delphi 公司的 Safety Bus 和 BMW 公司的 Byte flight 等。

　　Byte flight 主要以 BMW 公司为中心制订。数据传输速率为 10 Mbit/s,光纤可长达 43 m。Byte flight 不仅可以用于安全气囊系统的网络通信,还可用于 X-by-Wire 系统的通信和控制。BMW 公司在 2001 年 9 月推出的新款 BMW7 系列车型中,采用了一套名为 ISIS(Intelligent Safety Integrated System)的安全气囊控制系统,它是由 14 个传感器构成的网络,利用 Byte flight 来连接和收集前座保护气囊、后座保护气囊以及膝部保护气囊等安全装置的信号。在紧急情况下,中央电脑能够更快更准确地决定不同位置的安全气囊的施放范围与时机,发挥最佳的保护效果。

3.6.3.3　X-by-Wire 总线标准、协议

　　X-by-Wire 最初是用在飞机控制系统中,称为电传控制,现在已经在飞机控制中得到广泛应用。由于目前对汽车容错能力和通信系统的高可靠性的需求日益增长,X-by-Wire 开始应用于汽车电子控制领域。在未来的 5~10 年里,X－by－Wire 技术将使传统的汽车机械系统(如制动和驾驶系统)变成通过高速容错通信总线与高性能 CPU 相连的电气系统。在一辆装备了综合驾驶辅助系统的汽车上,诸如 Steer by Wire、Brake by wire 和电子阀门控制等特性

将为驾驶员带来全新驾驶体验。为了提供这些系统之间的安全通信,就需要一个高速、容错和时间触发的通信协议。目前,这一类总线标准主要有 TTP、Byte flight 和 Flex Ray。

TTP(时间触发协议)是由维也纳理工大学的 H. Kopetz 教授开发的。时间触发系统和事件触发系统的工作原理大不相同。对时间触发系统来说,控制信号起源于时间进程;而在事件触发系统中,控制信号起源于事件的发生(如一次中断)。这项开发工作后来作为一个被欧洲委员会资助的项目,进一步发展成为一种汽车自动驾驶应用系统。TTP 创立了大量汽车 X-by-Wire 控制系统,如驾驶控制和制动控制。TTP 是一个应用于分布式实时控制系统的完整的通信协议,它能够支持多种的容错策略,提供了容错的时间同步以及广泛的错误检测机制,同时还提供了节点的恢复和再整合功能。其采用光纤传输的工程化样品速度将达到 25 Mbit/s。

如前所述 BMW 公司的 Byte flight 可用于 X-by-Wire 系统的网络通信。Byte flight 的特点是既能满足某些高优先级消息需要时间触发,以保证确定延迟的要求,又能满足某些消息需要事件触发,需要中断处理的要求。但是,其它汽车制造商目前并无意使用 Byte flight,而计划采用另一种规格——Flex ray。这是一种新的特别适合下一代汽车应用的网络通信系统,它采用 FTDMA(Flexible Time Division Multiple Access)的确定性访问方式,具有容错功能和确定的消息传输时间,能够满足汽车控制系统的高速率通信要求。BMW、Daimler-Chrysler、Motorola 和 Philips 联合开发和建立了这个 Hex Ray 标准,GM 公司也加入了 Flex Ray 联盟,成为其核心成员,共同致力于开发汽车分布式控制系统中高速总线系统的标准。该标准不仅提高了一致性、可靠性、竞争力和效率,而且还简化了开发和使用,并降低了成本。

3.6.4　诊断系统总线标准、协议

故障诊断是现代汽车必不可少的一项功能,使用排放诊断的目的主要是为了满足 OBD-Ⅱ(ON Board Diagnose)、OBD-Ⅲ 或 E-OBD(European-On Board Diagnose)标准。目前,许多汽车生产厂商都采用 ISO14230(Keyword Protocol 2000)作为诊断系统的通信标准,它满足 OBD-Ⅱ 和 OBD-Ⅲ 的要求。在欧洲,以往诊断系统中使用的是 ISO9141,它是一种基于 UART 的诊断标准,满足 OBD-Ⅱ 的要求。美国的 GM、Ford、IX 等公司广泛使用 J1850(不含诊断协议)作为满足 OBD-Ⅱ 的诊断系统的通信标准。但是,随着 CAN 总线的广泛应用,2004 年,美国三大汽车公司对乘用车采用基于 CAN 的 J2480 诊断系统通信标准,它满足 OBD-Ⅲ 的通信要求。从 2000 年开始,欧洲汽车厂商已经开始使用一种基于 CAN 总线的诊断系统通信标准。ISO15765,它满足 E-OBD 的系统要求。

目前,汽车的故障诊断主要是通过一种专用的诊断通信系统来形成一套较为独立的诊断网络,ISO9141 和 ISO14230 就是这类技术上较为成熟的诊断标准。而 ISO15765 适用于将车用诊断系统在 CAN 总线上加以实现的场合,从而适应了现代汽车网络总线系统的发展趋势。ISO15765 的网络服务符合基于 CAN 的车用网络系统的要求,是遵照 ISO14230 - 3 及 ISO15031 - 5 中有关诊断服务的内容来制定的,因此,ISO15765 对于 ISO14230 应用层的服务和参数完全兼容,但并不限于只用在这些国际标准所规定的场合,因而有广泛的应用前景。

3.6.5 多媒体系统总线标准、协议

汽车多媒体网络和协议分为三种类型,分别是低速、高速和无线,对应 SAE 的分类相应为 IDB-C(Intelligent Data BUS-CAN)、IDB-M(Multimedia)和 IDB-Wireless,其传输速率为 250 Kbit/s～100 Mbit/s。

低速用于远程通信、诊断及通用信息传送,IDE-C 按 CAN 总线的格式以 250 Kbit/s 的位速率进行消息传送。GM 公司等美国汽车制造商计划使用 POF(Plastic Optical Fiber)在车中安装以 IEEE1394 为基础的 IDE-1394,预计 Toyota 等日本汽车制造商也将跟进采用 POF。由于消费者手中已经有许多 1394 标准下的设备,并与 IDE-1394 相兼容,因此,IDE-1394 将随着 IDE 产品进入车辆的同时而成为普遍的标准。

高速主要用于实时的音频和视频通信,如 MP3、DVD 和 CD 等的播放,所使用的传输介质是光纤,这一类里主要有 D2B、MOST 和 IEEE1394。

D2B 是用于汽车多媒体和通信的分布式网络,通常使用光纤作为传输介质,可连接 CD 播放器、语音控制单元、电话和因特网。D2B 技术已使用于 Mercedes 公司 1999 年款的 S-Class 车型。

Daimler-Chrysler 等公司计划与 BWM 公司一样使用 MOST。MOST 是车辆内 LAN 的接口规格,用于连接车载导航器和无线设备等。数据传输速度为 24 Mbit/s。其规格主要由德国 Oasis Silicon System 公司制订。

在无线通信方面,采用 Blue tooth 规范,它主要是面向下一代汽车应用,如声音系统、信息通信等。目前已有一些公司研制出了基于 Blue tooth 技术的处理器,如美国德州仪器公司(TI)不久前宣布推出一款新型基于 ROM 的蓝牙基带处理器,可用于通信及娱乐或 PC 外设等方面。

随着电子技术和大规模集成电路的迅速发展,网络技术在汽车上的广泛应用,使汽车的动力性、操作稳定性、安全性等都上升到了新的高度,给汽车技术的发展注入了新的活力。

复习与思考

(1)解释多路传输的含义,说明多路传输原理。

(2)解释网络、架构、模块、网关、局域网、数据总线的含义。

(3)叙述报文、帧的含义。

(4)叙述车载网络的技术要求。

(5)简述常用的通信协议有哪些。

(6)说明汽车车载网络的分类。

(7)简述车载网络的协议标准。

项目4 汽车电路识图方法

学习目标

掌握汽车电路图的类型、特点。

熟记汽车电路常用图形符号、文字符号。

掌握电路图形符号、文字符号的使用规则。

了解汽车电路图的法则。

熟练掌握一种车型的电路分析方法。

4.1 汽车电路图基本知识

汽车电路图随着当前汽车工业的迅速发展也在发生变革,简洁化、规范化是当今世界各国汽车电路图表达方法的总趋势。不论哪一种汽车电路图,都是利用图形符号和文字符号来表示电路构成、连接关系和工作原理。

4.1.1 电路图类型

汽车电路图主要用于表达各电器元件之间的相互关系和电器系统的工作原理,同时还可通过电路图上的标示,查找各个电器元件、线束在车上的具体位置。尽管不同车型的电路图迥异,但根据各图的特征、表达方法可分为三种:电气线路图、电路原理图、电路定位图。

4.1.1.1 电气线路图

如图4-1所示,电气线路图又称为布线图,在汽车上使用较早,也是曾经应用较广的一种线路。该类图大体表达了各电器元件在汽车上的安装位置,从中看出导线的走向、接点、分叉等情况。缺点是随着现代汽车电子化程度的不断提高,电器原件的逐渐增多,使得读图变得越来越困难,因此在使用上受限制。

4.1.1.2 电路原理图

1.电路原理图

如图4-2所示,电路原理图是目前汽车维修行业使用最为广泛的电路图,重点表达各电气系统电路的工作原理,既可以是全车电路图,也可以是各系统电路原理图。它不但可以清楚地反映出电器系统各部件的连接关系,而且还可以体现各部件之间的工作原理,能有效地帮助维修人员进行分析判断故障,是汽车维修资料中最重要的技术信息。

2.电路原理图的特点

尽管汽车电路原理图因汽车制造厂商的不同,在制图规则和读图方法上有着一定的区别,

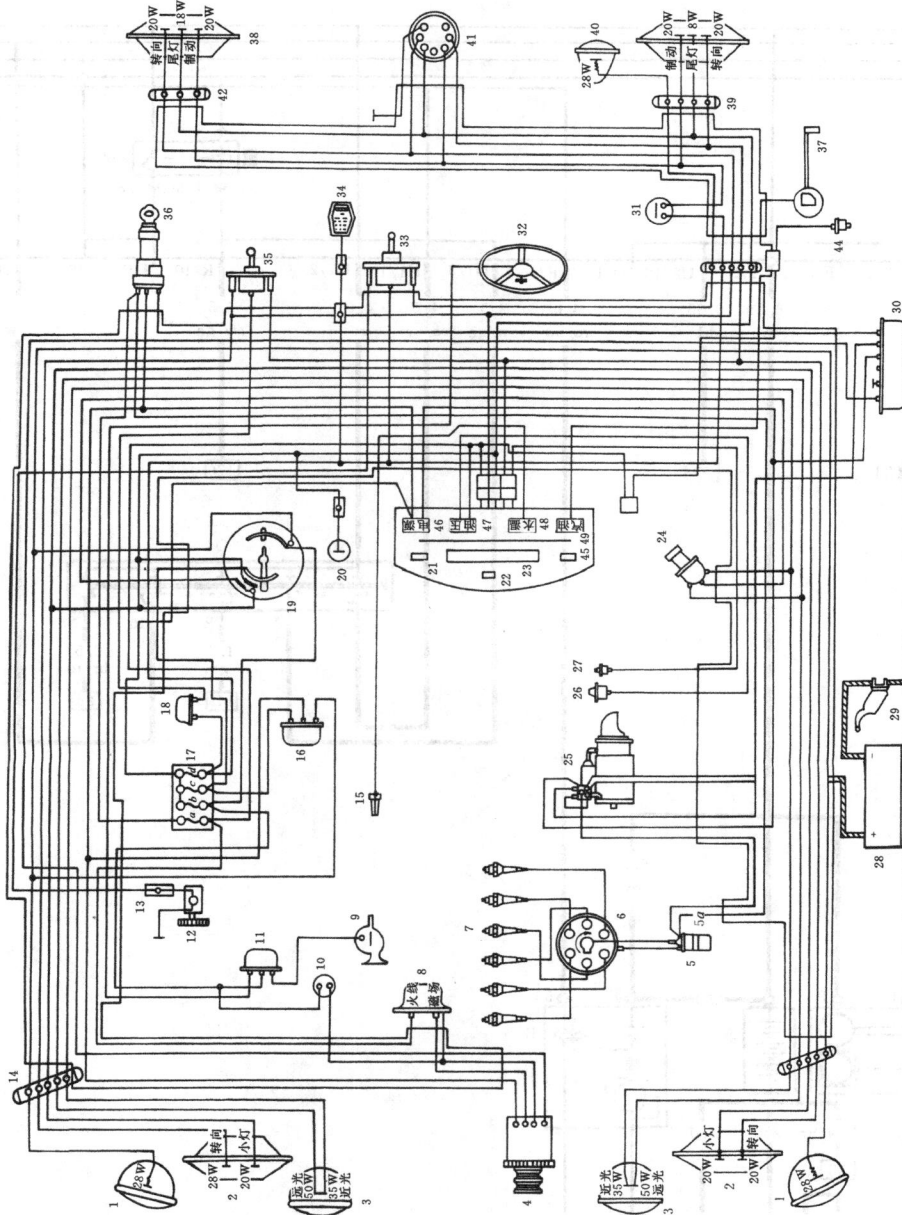

图 4-1　东风 EQ1090 型全车布线图

1—前侧灯；2—组合前灯；3—前照灯；4—交流发电机；5—点火线圈；5a—附加电阻；6—分电器；7—火花塞；
8—交流发电机调节器；9—喇叭；10—工作灯插座；11—喇叭继电器；12—暖风电动机；13—接线管；
14—五线接线板；15—水温传感器；16—灯光继电器；17—熔断丝盒；18—闪光器；19—灯光开关；
20—发动机罩内灯；21—左右转向指示灯；22—低油压警告灯；23—车速里程表；24—变光开关；25—起动机；
26—油压表传感器；27—低油压报警开关；28—蓄电池；29—电源总开关；30—起动复合继电器；
31—制动灯开关；32—喇叭按钮；33—后照灯和暖风电动机开关；34—驾驶室顶灯；35—转向灯开关；36—点火开关；
37—燃油表传感器；38—组合后灯；39—四线接线板；40—后照灯；41—挂车插座；42—三线接线板；
43—低气压蜂鸣器；44—低气压报警开关；45—仪表盘 46—电流表；47—油压表；48—水温表；49—燃油表

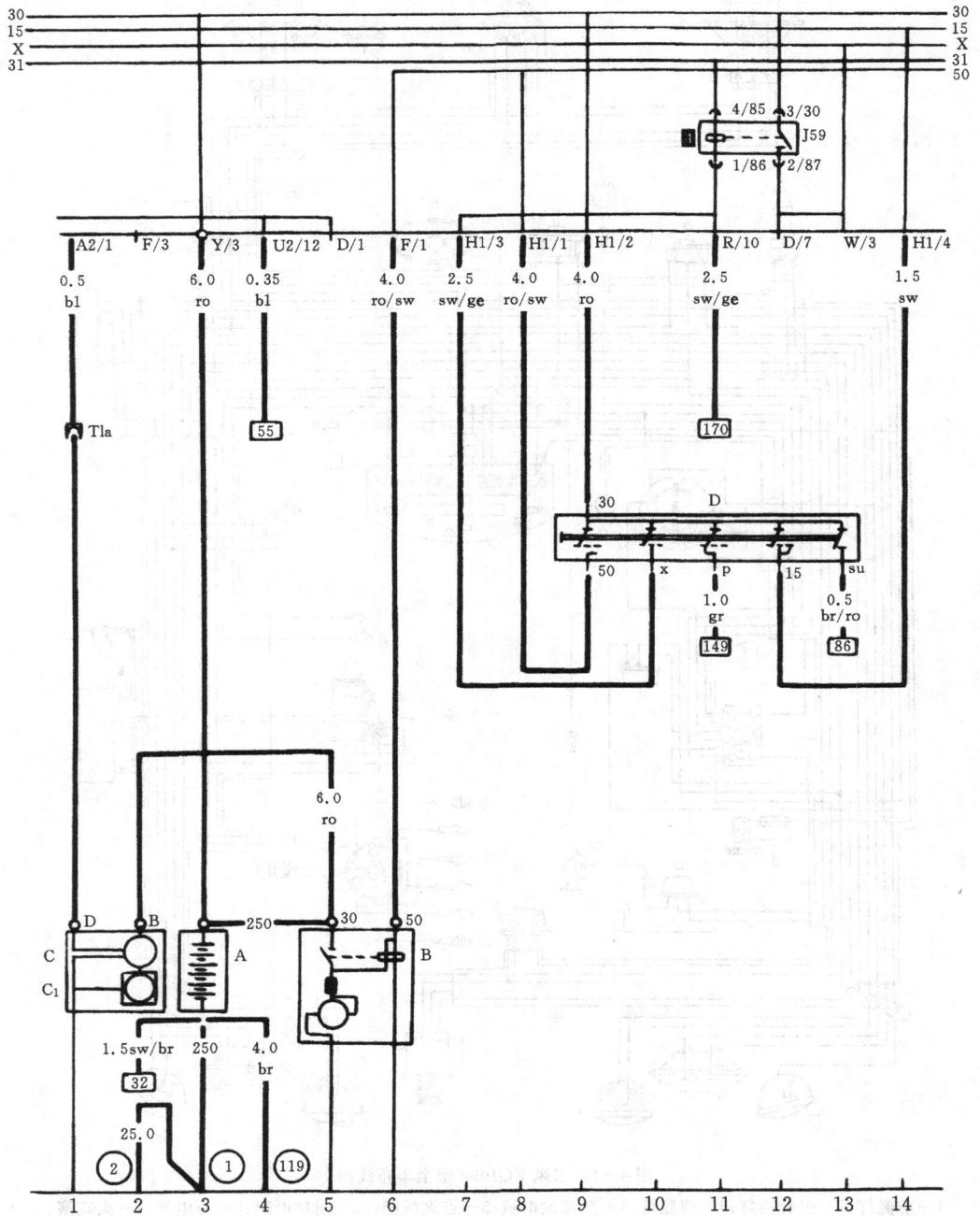

图 4-2 桑塔那轿车电源系统电路原理图

但都具有以下特点：

(1)通过电器元件符号表达各个电器，一般通过这些符号可了解该电器的基本结构和作用。

(2)在大多数图中，电源线在图上方，接地线在图下方，电流方向自上而下。电路较少迂回曲折，电路图中电器元件串、并联关系十分清楚，电路图易于识读。

（3）各电器元件不再按车上的实际安装位置布置，而是根据工作原理，在图中合理布局，各系统处于相对独立部分，从而易于对各用电设备进行单独的电路分析。

（4）各电器旁边通常标注有电器名称或文字符号（如电路保护装置、继电器、用电设备、控制开关等等）。

（5）电路原理图中所有开关及用电设备均处于不工作状态，例如点火开关是断开的，发动机是不工作状态等。

（6）导线一般标注有颜色和规格代码，也有的标有所属电气系统的规格代码，便于对照定位图找到该电器或导线的实际位置。

（7）近年来不断涌现出新型电气系统，电子控制装置也被广泛采用，使独立控制的系统向集成控制的方向发展，比如通用的 PCM 电控单元就是集发动机和自动变速器两个电控单元为一体，称为动力控制单元。

（8）各电气系统在不断发展中相互关联越来越多，很多信息共享和匹配的情况增多了，如发动机和自动变速器电控系统之间等。

3. 电路原理图分类

根据电路图的结构、特征、绘制方法、表达方法等，电路原理图又可分为以下几种。

1）传统控制电路原理图

如图 4-3 所示，汽车传统控制电路原理图又称开关-继电器控制电路原理图，多用于早期汽车电路图中，一般表达一个单独的电器装置。

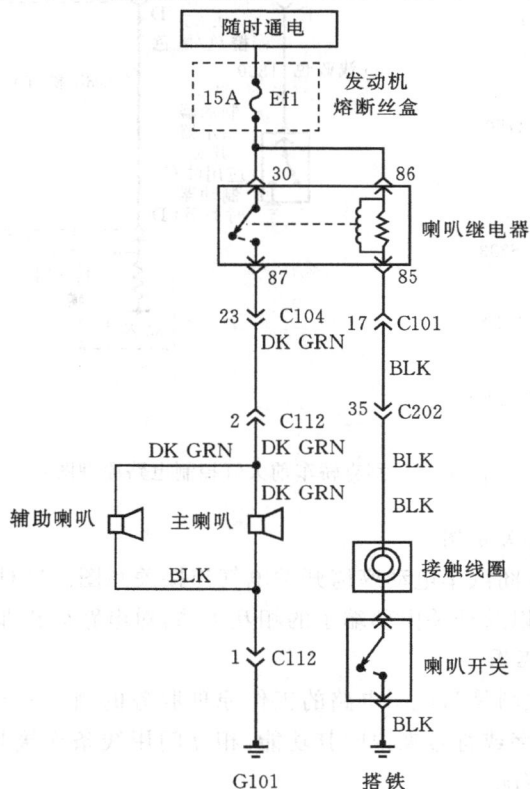

图 4-3 雅阁喇叭控制电路

2）电子控制电路原理图

如图 4-4 所示，为别克轿车大灯控制电路原理图。此类图是以某一控制模块为中心，重点表示这一系统的相互关系。

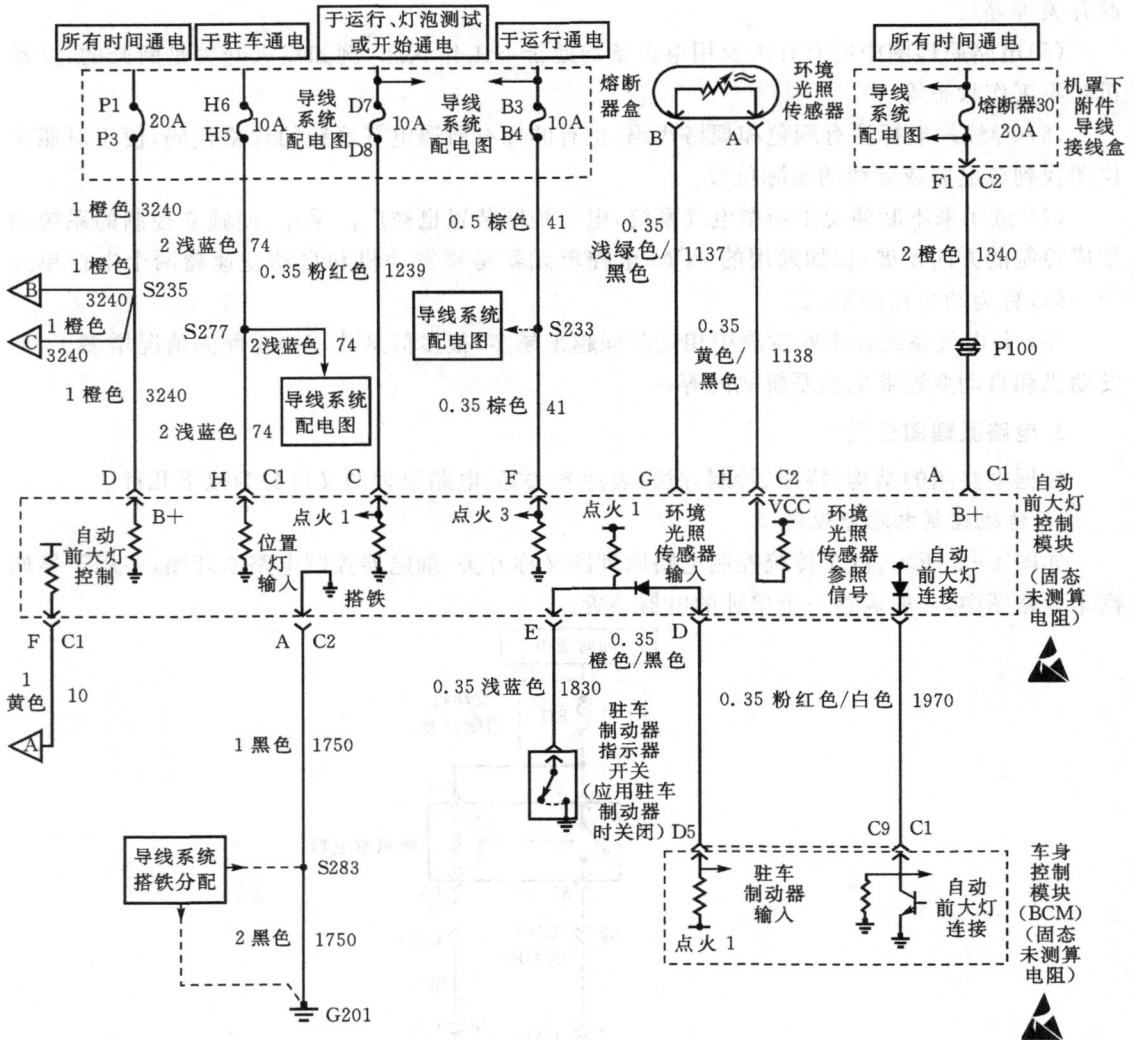

图 4-4　别克轿车前大灯控制电路原理图

3）开关内部位置连接关系图

如图 4-5 所示，为雅阁汽车电动座椅开关电气连接关系图。这种图主要用于一些功能复杂的开关，表示开关位置以及开关内部端子的相互关系，对电路分析非常重要。

4）汽车电路原理方框图

如图 4-6 所示，方框图是为说明电路的工作原理服务的，将一个完整电路用方框来划分为若干部分，各部分用文字或符号来说明其功能，相互间用线条连接起来表明相互关系，不画出元器件间的具体连接情况。

位置	端子	1	2	3	4	5	6	7	8	9	10	11	12
滑动开关	向前							○	○	○	○		
	向后							○	○		○	○	
倾斜开关	向前		○		○	○							○
	向后				○	○							
前上下开关	上			○	○				○	○			
	下			○	○			○	○				
后上下开关	上	○	○		○	○							
	下		○	○	○	○							

图 4-5　雅阁电动座椅开关电气连接关系图

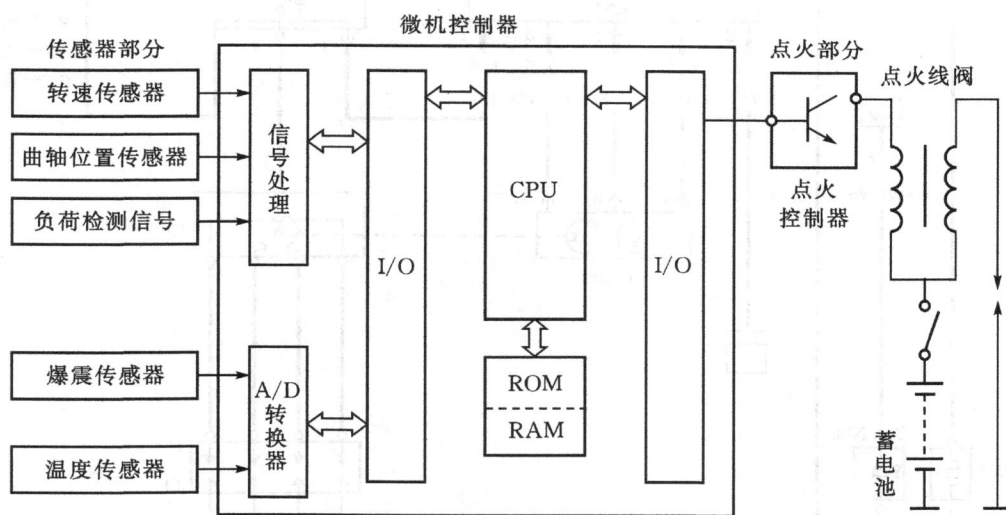

传感器部分　微机控制器　点火部分　点火线阀

转速传感器　曲轴位置传感器　负荷检测信号　爆震传感器　温度传感器

信号处理　A/D转换器　I/O　CPU　ROM　RAM　I/O　点火控制器　蓄电池

图 4-6　汽车电路原理方框图

5）横坐标式电路图

如图 4-7 所示,该模式的电路图在最下端编有坐标标注,表示各线路的位置,各线平行排列,图中一般不允许横向交叉走线,横向走线采用断口标注的方式表示。横坐标式电路图是大众系列车型主要使用的一种电路图。

6）横纵坐标式电路图

如图 4-8 所示,该模式的电路图采用纵横坐标来确定电器元件在电路图中的位置,例如奔驰轿车就是采用的这种电路图,它在图中用数字做横坐标,用英文字母做纵坐标给电路进行定位。

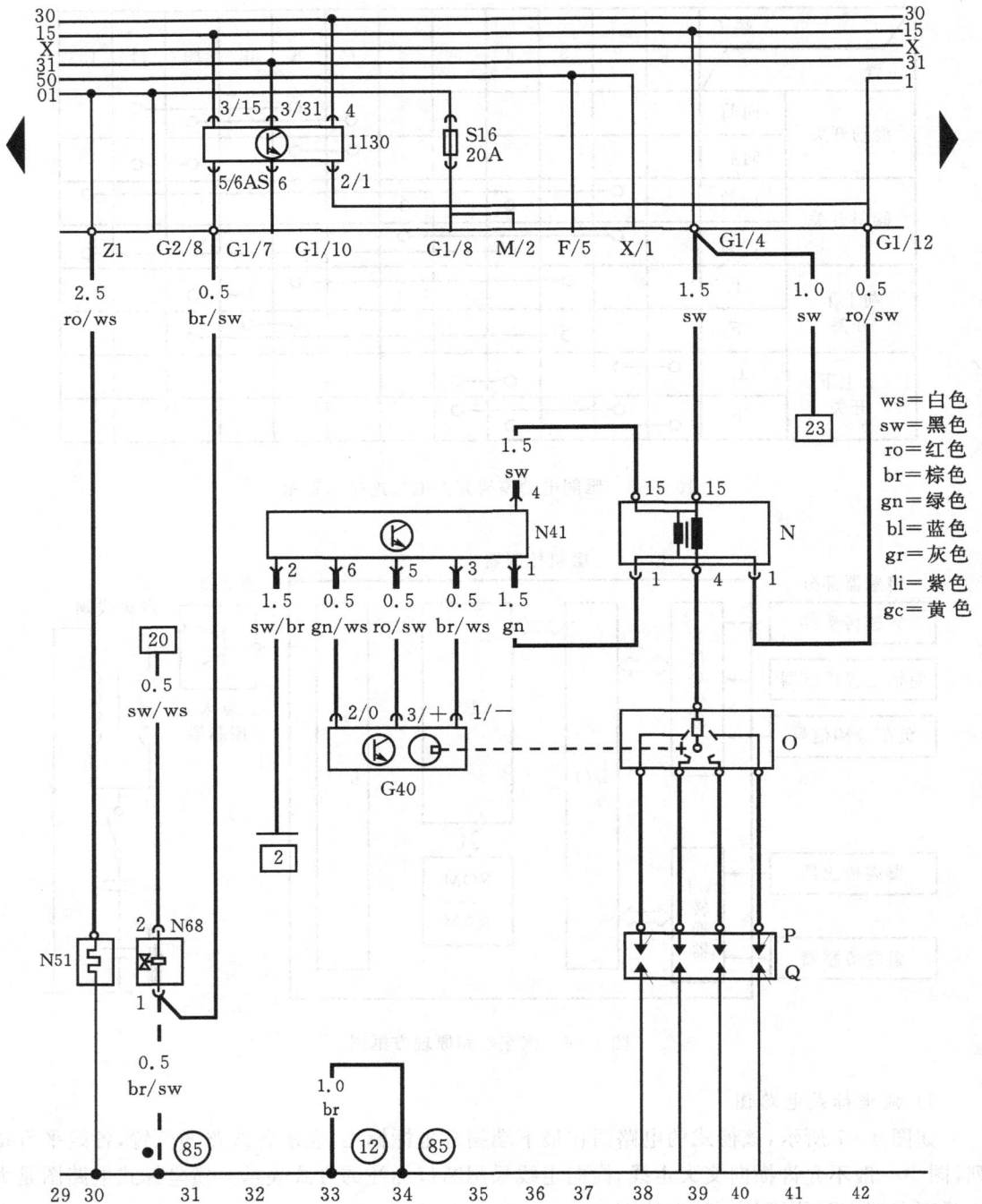

图 4-7 捷达轿车无触点点火系统电路图

7) 无坐标模块式电路图

如图 4-9 所示,这类图虽然没什么特点,但应用的汽车公司还很多,例如通用、本田、雪铁龙、富康、切诺基、日产、丰田、福特、宝马、三菱等。各公司电路具体表达和图形各不相同,读图时还需参照各个公司关于电路图的详细说明。

8	9	10	11	12	13	14	15	16

挡风玻璃加热清洗系统热敏开关

S26/1

N10 组合继电器

θ

用以标注电器位置的座标。横向用数字、纵向用字母表示电器在图中布局。如电器 R2/2 在图中位置为 15M

电器代码,字母表示电器种类,如:A 代表仪表、B 代表传感器,F 代表熔丝,X 代表连接器,W 代表接地等,数字是编号

电器名称

R2/6 单向阀加热

X1

X26

曲线表示部分连接器

波浪线表示电器的一部分

导线颜色代码

导线规格代码

X1

N16/1 电源监控电脑(BM)

K17 气压继电器

R2/3 右挡风玻璃清洗器喷嘴

R2/5 右清洗喷嘴软管加热

R2/7 挡风玻璃清洗泵软管加热

R2/4 左清洗喷嘴软管加热

R2/2 左挡风玻璃清洗软管加热

8	9	10	11	12	13	14	15	16

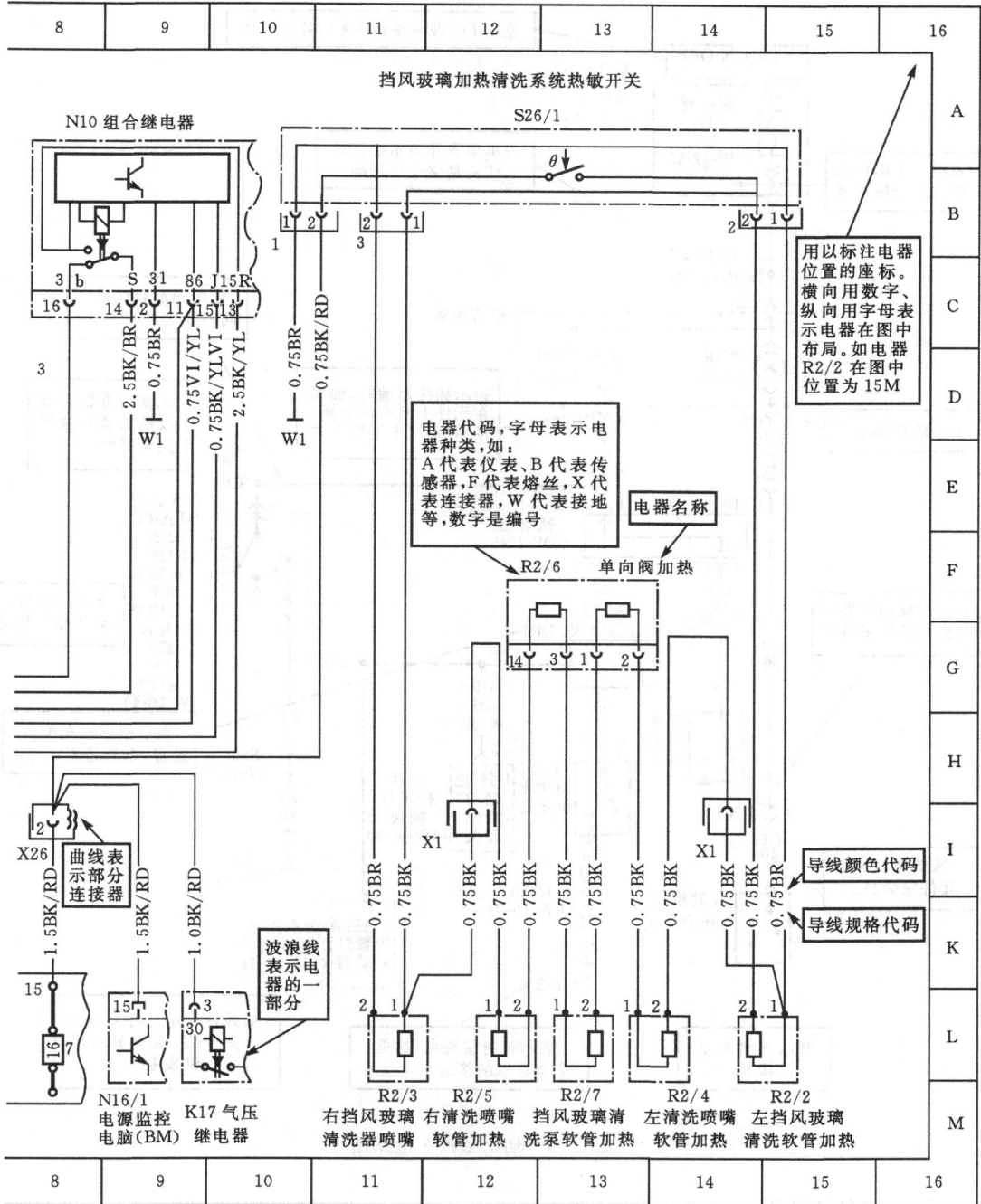

图 4-8 奔驰汽车电路图

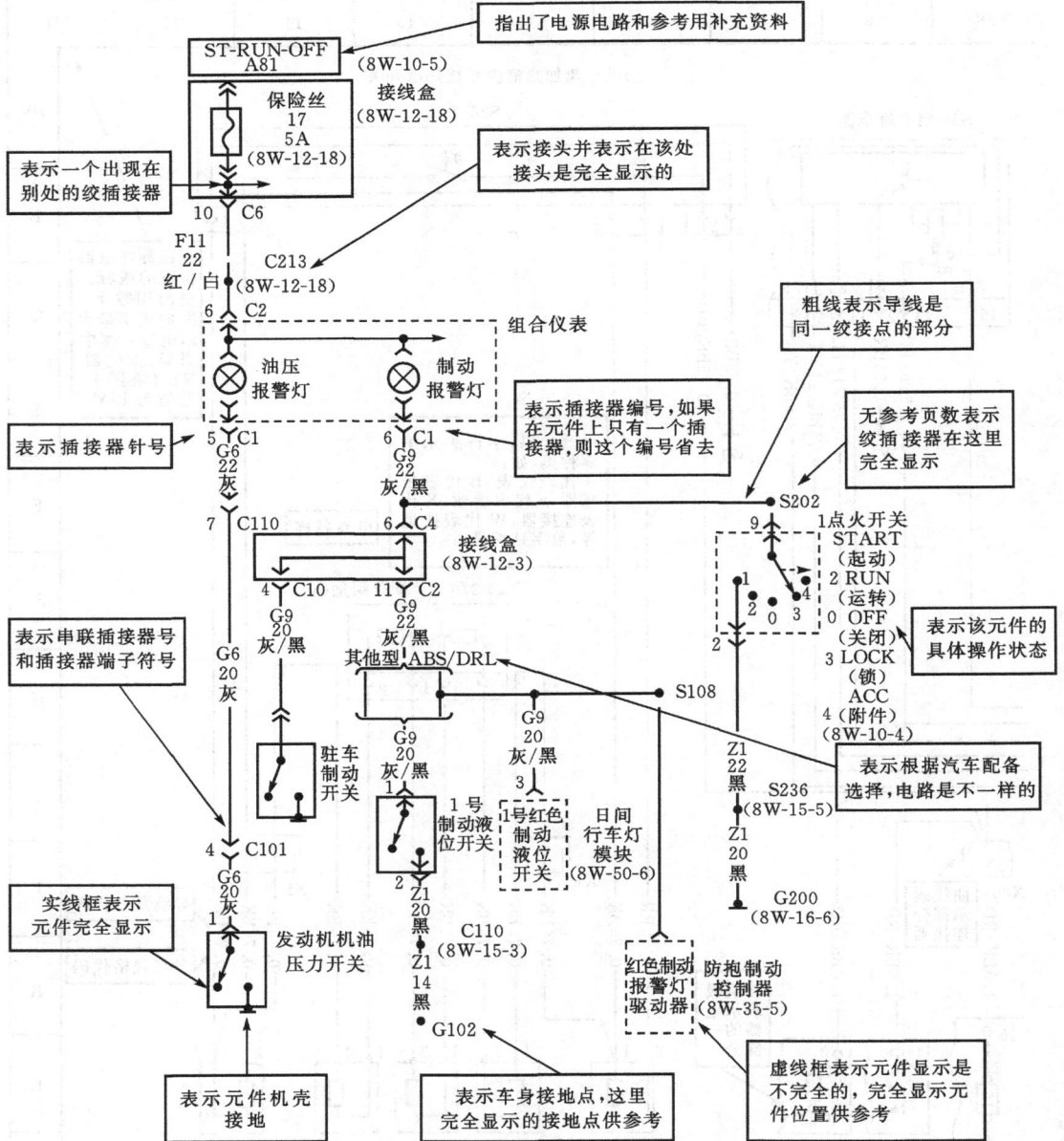

图 4-9 切诺基汽车电路图

8)米切尔电路图

米切尔(Mitchell)公司是北美著名的汽车资料供应商,其汽车书籍产品占北美市场的70%,数据库光盘占北美市场的50%,中国车检中心1997年与米奇尔公司签定了数据库转让合同,并建立了全中文的 CIVC 汽车维修数据库。因此,米切尔的汽车电路图已经成为中国地区汽车维修的重要资料。

如图 4-10 所示,米切尔电路图有以下特点:

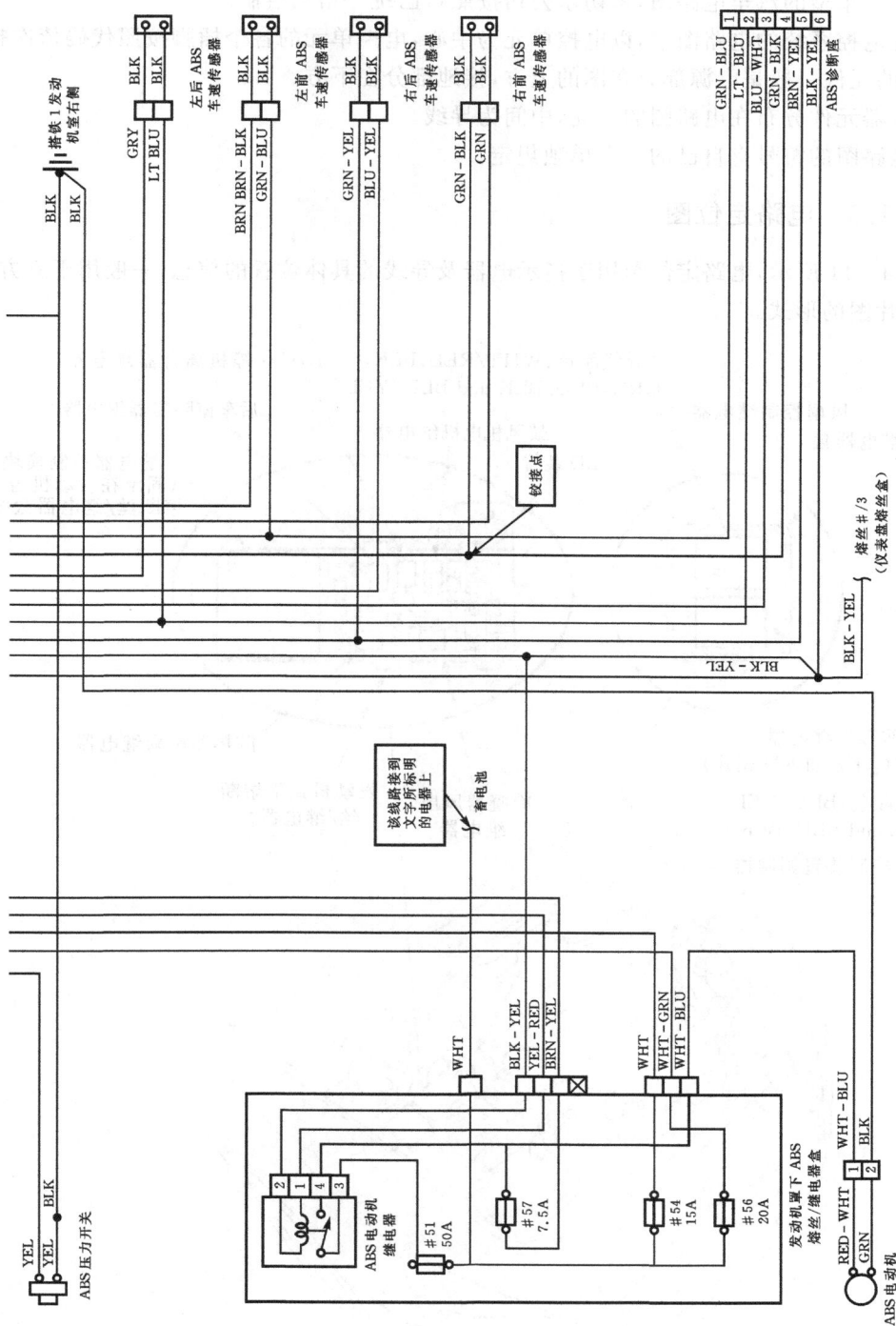

图 4-10　米切尔电路图

115

（1）所有车型的汽车电路图，米切尔公司按照自己统一格式绘制。

（2）在电控系统的电路图中，以电控单元为中心，电控单元的各个插脚按照代码依次排列。电控单元的元件一般是电源部分在图的上方，接地部分在下方。

（3）电器元件分布在电路图的四周，中间为导线。

（4）电路图的符号有自己的一套单独规定。

4.1.1.3 电路定位图

如图 4-11 所示，电路定位图用于指示电器及导线的具体位置的信息，一般用于立方体图或实物照片图的形式。

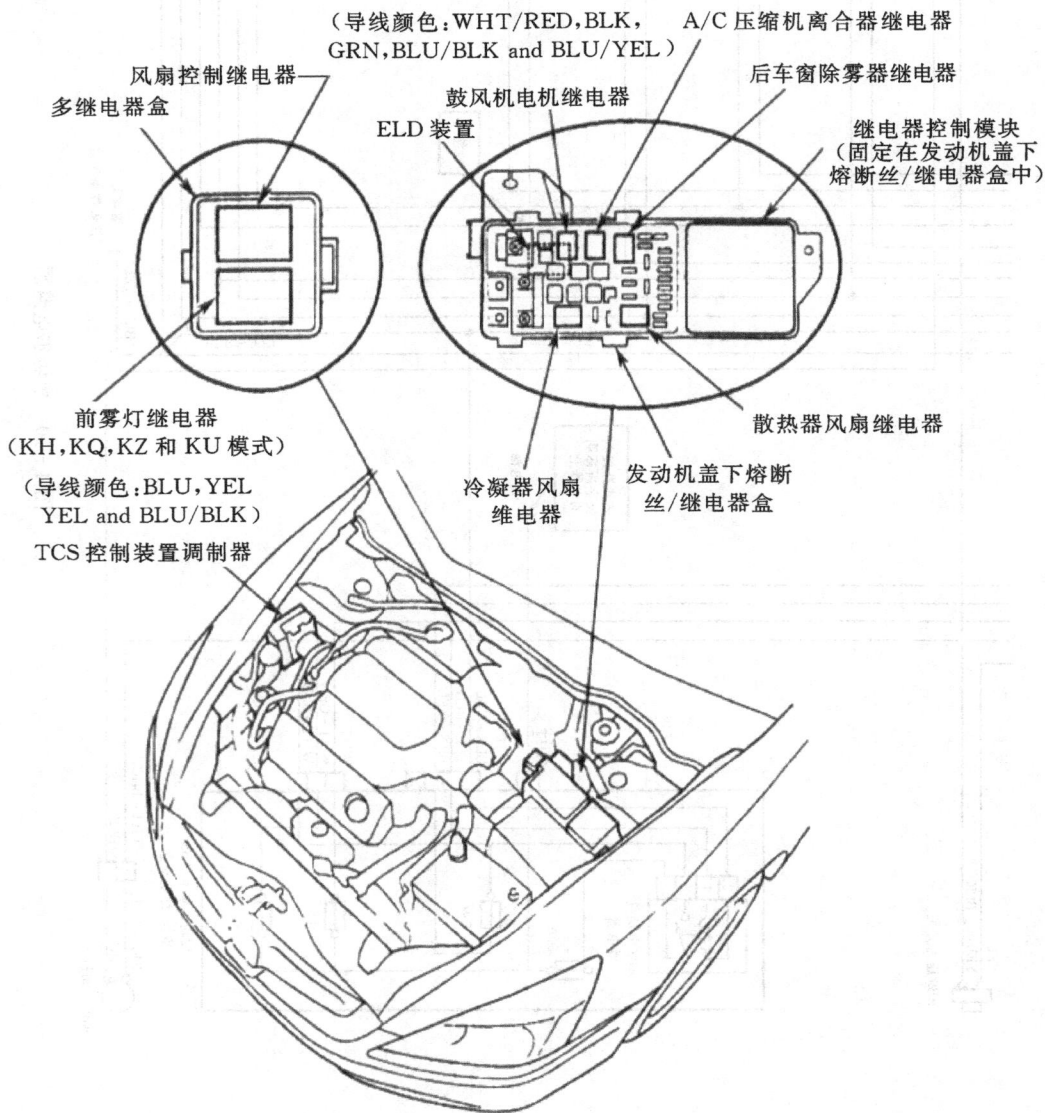

图 4-11 电路定位图

电路定位图立体感强,能直观、清晰地反映电器在车上的实际位置,具有很高的实用价值。电路定位图在某些车型中还可进一步细化分类。

1. 汽车电器定位图

如图 4-12 所示,汽车电器定位图可以确定各电器元件、连接器、接线盒、搭铁点、铰接点及诊断端子等的分布情况。

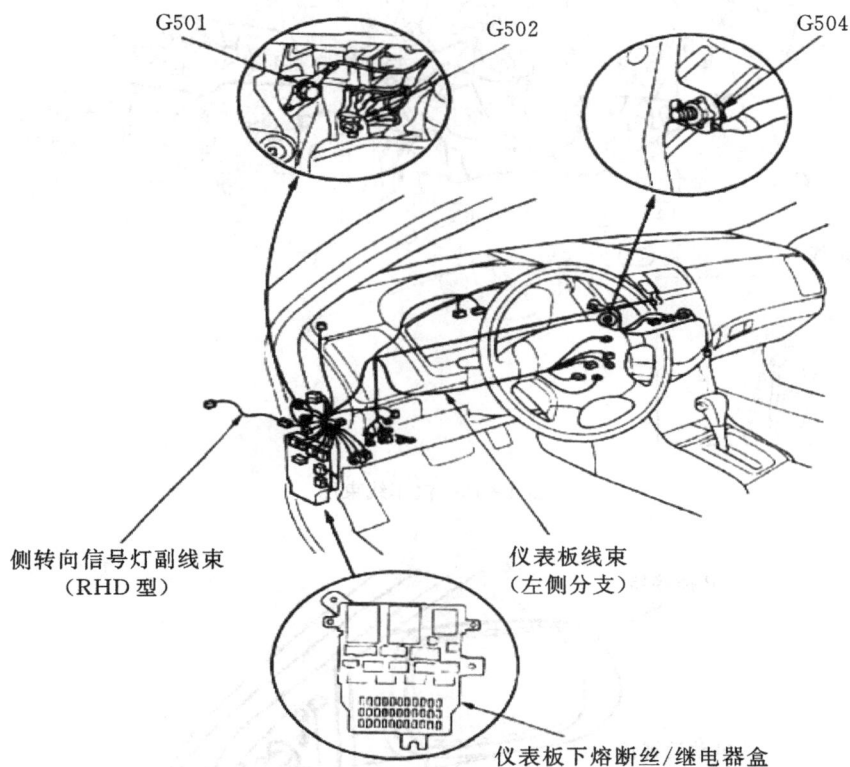

图 4-12　雅阁车部分搭铁点定位图

2. 汽车线束图

如图 2-13 所示,汽车线束图是确定电线束与各用电器连接部位、接线柱的标记、线头、连接器的形状及位置的电路图。

3. 汽车线路连接器插脚图

如图 4-14 所示,线路连接器插脚图是确定连接器内各导线连接位置的图形。

车身地线

车身地线

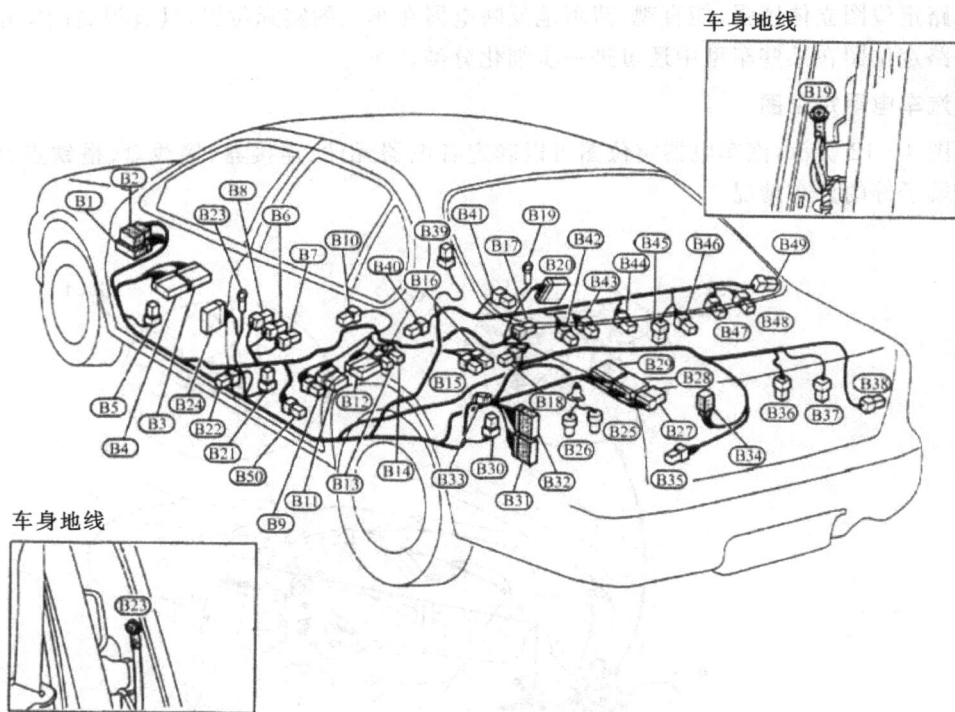

图 4－13　汽车线束图

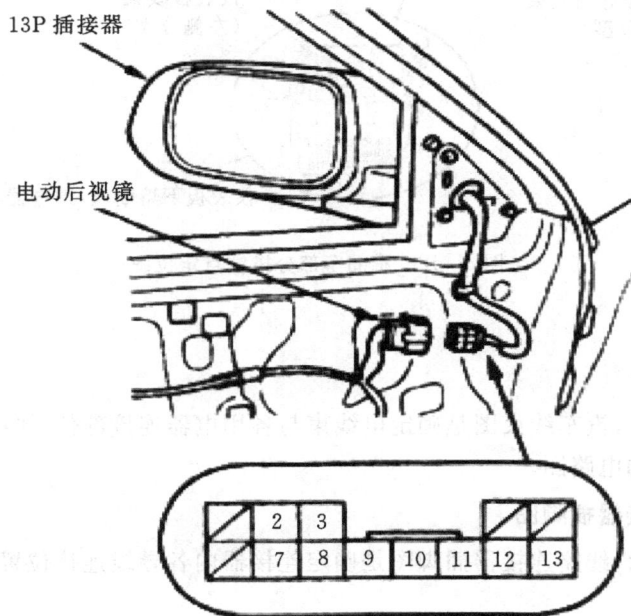

13P 插接器

电动后视镜

	2	3					
7	8	9	10	11	12	13

图 4－14　汽车电动后视镜连接器插脚图

4.接线盒平面布置图

如图 4-15 所示,汽车接线盒平面布置图是确定熔断丝、继电器的具体安装位置的图形。

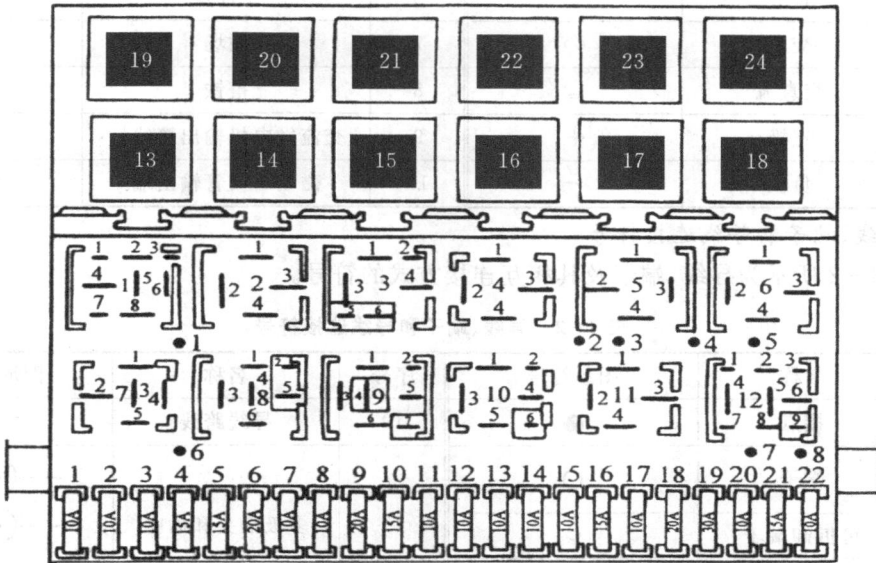

图 4-15　汽车熔断丝—继电器盒平面布置图

目前,多数制造公司采用电路原理图和电路定位图相结合的电路图表达形式,同时还会附有表格,指出电路原理图上的电器、导线等的具体位置。

4.1.2　汽车电路图常见符号

汽车电路图是利用图形符号和文字符号,表示汽车电路构成、连接关系和工作原理,而不考虑实际位置的一种简图。为了使电路图具有通用性,便于进行技术交流,构成电路图的图形符号和文字符号具有统一的国家标准和国际标准。要看懂电路图,必须了解图形符号和文字符号的含义、标注原则和使用方法。

4.1.2.1　图形符号

图形符号是用于电气图或其它文件中的表示项目或概念的一种图形、标记或字符,是电气技术领域中最基本的工程语言。

1.图形符号的种类

1)限定符号

如表 4-1 所示,限定符号是指在汽车电路中一些专用名词的符号。

表 4-1 限定符号

序号	名称	图形符号	序号	名称	图形符号
1	直流	—	6	中性点	N
2	交流	∽	7	磁场	F
3	交直流	≋	8	搭铁	⊥
4	正极	+	9	交流发电机输出接线柱	B
5	负极	—	10	磁场二极管输出端	D+

2）导线、端子和导线连接符号

如表 4-2 所示为导线、端子及其相互连接方式的符号。

表 4-2 导线、端子和导线连接符号

序号	名称	图形符号	序号	名称	图形符号
1	接点	●	10	导线跨线	⌐
2	端子	○	11	多极插头和插座	
3	可拆卸端子	⌀			
4	导线连接	—○—○—			
5	插头一个极		12	屏蔽导线	
6	插座的一个极		13	边界线	—·—·—
7	插头和插座		14	屏蔽护罩	
8	导线的分支线		15	接通的连接片	
9	导线的交叉连接		16	断开的连接片	

3）触点与开关符号

如表 4-3 所示为触点和开关符号。

表 4-3 触点与开关符号

序号	名 称	图形符号	序号	名 称	图形符号
1	动合触点		2	动断触点	
3	先断后合触点		4	中间断开双向触点	

序号	名　称	图形符号	序号	名　称	图形符号
5	双动合触点		6	双动断触点	
7	单动断双动合触点		8	双动断单动合触点	
9	手动控制		10	拉拔操作	
11	旋转操作		12	推动操作	
13	一般机械操作		14	钥匙操作	
15	热执行器操作		16	温度控制	
17	压力控制		18	制动压力控制	
19	液位控制		20	凸轮控制	
21	联动开关		22	手动开关	
23	定位开关		24	按钮开关	
25	能定位按钮开关		26	拉拔开关	
27	旋转旋钮开关机		28	液位控制开关	
29	油滤清器报警开关		30	热敏开关动合触点	
31	热敏开关动断触点		32	热敏自动开关动断触点	
33	热继电器触点		34	旋转多挡开关位置	

序号	名　称	图形符号	序号	名　称	图形符号
35	推拉多挡开关位置	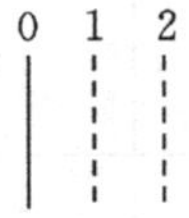	36	钥匙开关	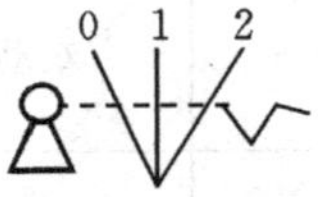
37	多挡开关瞬时位置2能自动回位到1	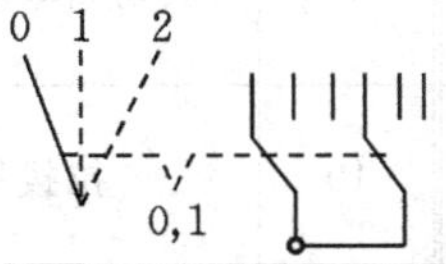	38	节流阀开关	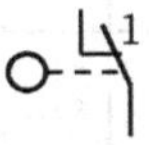

4）电器元件符号

如表 4－4 所示为汽车各种电器元件符号。

表 4－4　电器元件符号

序号	名　称	图形符号	序号	名　称	图形符号
1	电阻器		2	可变电阻器	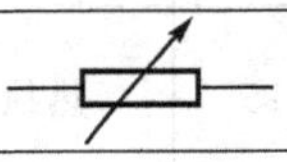
3	压敏电阻器	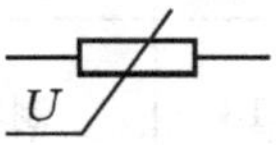	4	热敏电阻器	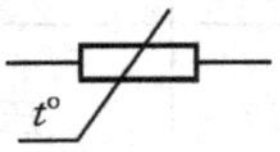
5	滑线式变阻器	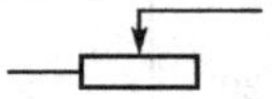	6	分路器	
7	滑动触点电位器	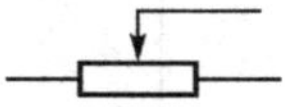	8	仪表照明调光电阻	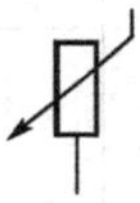
9	光敏电阻		10	加热元件、电热塞	
11	电容器	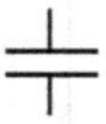	12	可变电容器	
13	极性电容器	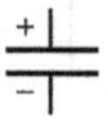	14	穿心电容器	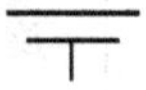
15	半导体二极管		16	稳压管	
17	发光二极管	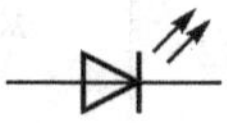	18	双向二极管	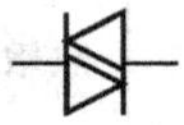
19	晶闸管	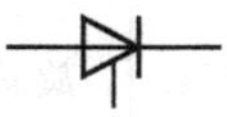	20	光电二极管	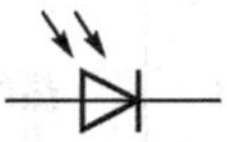

序号	名 称	图形符号	序号	名 称	图形符号
21	PNP 型三极管		22	集电极接管壳三极管	
23	压电晶体		24	电感线圈	
25	带铁芯的电感器		26	熔断丝	
27	易熔线		28	电路断电器	
29	永久磁铁		30	操作器件一般符号	
31	电磁线圈		32	双绕线电磁铁	
33	绕线方向不同的电磁线圈		34	触点常开继电器	
35	触点常闭继电器				

5) 仪表符号

如表 4 - 5 所示为汽车仪表符号。

表 4 - 5 仪表符号

序号	名 称	图形符号	序号	名 称	图形符号
1	指示仪表	·	2	电压表	V
3	电流表	A	4	电压电流表	A/V
5	欧姆表	Ω	6	瓦特表	W
7	油压表	OP	8	转速表	n
9	温度表	$t°$	10	燃油表	Q
11	车速里程表	v	12	时钟	
13	数字式时钟				

6）传感器符号

如表4-6所示为汽车传感器符号。

表4-6 传感器符号

序号	名　称	图形符号	序号	名　称	图形符号
1	传感器的一般符号	$\boxed{\cdot}$	2	温度表传感器	$\boxed{t^{\circ}}$
3	空气温度传感器	$\boxed{t^{\circ}_a}$	4	水温传感器	$\boxed{t^{\circ}_w}$
5	燃油表传感器	$\boxed{Q}$	6	油压表传感器	$\boxed{OP}$
7	空气质量传感器	$\boxed{m}$	8	空气流量传感器	$\boxed{AF}$
9	氧传感器	$\boxed{\lambda}$	10	爆震传感器	$\boxed{K}$
11	转速传感器	$\boxed{n}$	12	速度传感器	$\boxed{v}$
13	空气压力传感器	$\boxed{AP}$	14	制动压力传感器	$\boxed{BP}$

7）电器设备符号

如表4-7所示为汽车电器设备符号。

表4-7 电气设备符号

序号	名　称	图形符号	序号	名　称	图形符号
1	单丝灯泡		2	双丝灯泡	
3	荧光灯		4	组合灯	
5	预热指示器		6	电喇叭	
7	扬声器		8	蜂鸣器	

序号	名　称	图形符号	序号	名　称	图形符号
9	报警器		10	功能元件	
11	信号发生器		12	脉冲发生器	
13	闪光灯		14	霍尔信号发生器	
15	磁感应信号发生器		16	温度补偿器	
17	电磁阀		18	常开电磁阀	
19	常闭电磁阀		20	电磁离合器	
21	怠速调速装置		22	过电压保护器	
23	过电流保护装置		24	加热器	
25	振荡器		26	变换器、转换器	
27	光电发生器		28	空气调节器	
29	滤波器		30	稳压器	
31	点烟器		32	热继电器	
33	间歇刮水继电器		34	防盗报警系统	
35	天线		36	发射机	

序号	名　称	图形符号	序号	名　称	图形符号
37	收音机		38	内部通讯联络及音乐系统	
39	收放机		40	天线电话	
41	传声器		42	点火线圈	
43	分电器		44	火花塞	
45	电压调节器		46	转速调节器	
47	温度调节器		48	串激绕组	
49	并激绕组		50	换向器和电刷	
51	直流电动机		52	串激直流电动机	
53	并激直流电动机		54	永磁直流电动机	
55	带电磁开关的起动机		56	燃油泵电动机、洗涤电动机	
57	晶体管电动燃油泵		58	加热定时器	
59	点火电子组件		60	风扇电动机	
61	刮水电动机		62	天线电动机	
63	直流伺服电动机		64	直流发电机	
65	星形连接三相绕组		66	三角形连接三相绕组	

序号	名　称	图形符号	序号	名　称	图形符号
67	定子绕组为星形连接的交流发电机		68	定子绕组为三角形连接的交流发电机	
69	外接电压调节器与交流发电机	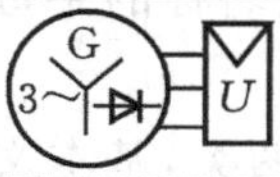	70	整体式交流发电机	
71	蓄电池	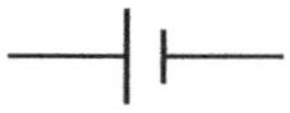	72	蓄电池组	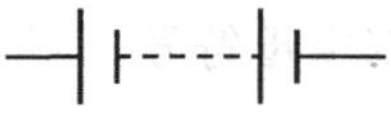
73	蓄电池传感器		74	制动灯传感器	
75	尾灯传感器		76	制动器摩擦片传感器	
77	燃油滤清器积水传感器		78	三丝灯泡	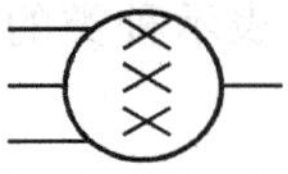
79	电路滑环与电刷		80	自记车速里程表	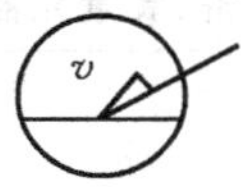
81	带时钟自记车速里程表	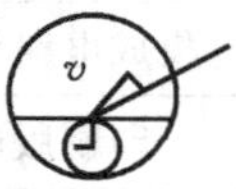	82	带时钟车速里程表	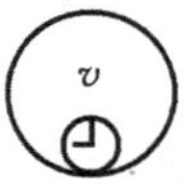
83	门窗电动机		84	座椅安全带装置	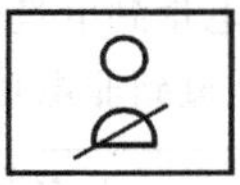

2. 图形符号的使用原则

（1）在满足条件的情况下，应首先采用最简单的形式，但图形符号必须完整。

（2）在同一份电路图中，同一图形符号应采用同一种形式。

（3）符号方位不是固定的，在不改变符号意义的前提下，符号可根据图面布置的需要旋转或成镜像放置，但文字和指示方向不得倒置。

（4）图形符号中一般没有端子代号，如果端子代号是符号的一部分，则端子代号必须画出。

（5）导线符号可以用不同宽度的线条表示，如电源线路（主电路）可用粗实线表示，控制保护线路（辅助电路）则可用细实线表示。

（6）一般连接线不是图形符号的组成部分，方位可根据实际需要布置。

（7）符号的意义由其形式决定，可根据需要进行缩小或放大。

（8）图形符号表示的是在无电压、无外力的常规状态。

（9）图形符号中的文字符号、物理量符号，应视为图形符号的组成部分。当用这些符号不能满足标注时,可按有关标准加以补充。

(10)电器图中若未采用图形符号,必须加以说明。

4.1.2.2　文字符号

文字符号是由电气设备、装置、元器件的种类、名称的字母代码和功能、状态、特征的字母代码组成。

文字符号分为基本文字符号和辅助文字符号两类,基本文字符号又可分为单字母符号和双字母符号。

1.基本字母符号

1)单字母基本文字符号

如表 4 - 8 所示,单字母符号是按拉丁字母顺序排列,表示电气设备、装置、元器件的种类。单字母符号共有 23 大类,其中常用的有 15 类。

2)双字母基本文字符号

如表 4 - 8 所示,双字母符号是由一个表示种类的单字母符号与另一个表示功能的字母组成,表示种类的字母应放在前面。

表 4 - 8　常用的基本文字符号

设备、装置元器件种类	单字母基本文字符号	元器件名称	双字母基本文字符号
部件组件	A	电桥	AB
		晶体管放大器	AD
		集成电路放大器	AI
		印刷版电路	AP
非电量到电量变换器或电量到非电量变换器	B	压力变换器	BP
		温度变换器	BI
电容器	C		
数字集成电路和器件	D		
其它元器件	E	发热器件	EH
		照明灯	EL
保护器件	F	熔断丝	FU
		限压保护器件	FV
发生器 发动机 电源	G	发生器	GS
		发电机	GA
		蓄电池	GB
信号器件	H	声响指示	HA
		光指示器	HL
		指示灯	HL

设备、装置元器件种类	单字母基本文字符号	元器件名称	双字母基本文字符号
继电器 接触器	K	交流继电器	KA
		双稳态继电器	KL
		接触器	KM
		簧片继电器	KR
电感器、感应线圈	L		
电动机	M		
模拟元件、运算放大器	N		
测量设备 试验设备	P	电流表	PA
		（脉冲）计数表	PC
		电压表	PV
电阻器	R	电位器	RP
		热敏电阻器	RT
		压敏电阻器	RV
控制、记忆、信号电路 的开关器件、选择器	S	控制开关、选择开关	SA
		按钮开关	SB
		压力传感器	SP
		位置传感器	SQ
		温度传感器	ST

2. 辅助文字符号

如表 4 - 9 所示,辅助文字符号是表示电气设备、装置、元器件以及线路的功能、状态和特征。

表 4 - 9　常见的辅助文字符号

名称	辅助文字符号	名称	辅助文字符号	名称	辅助文字符号
电流	A	快速	F	不保护搭铁	PU
模拟	A	反馈	FB	记录	R
交流	AC	正、向前	FW	右	R
自动	A、AUT	绿	GN	反	R
加速	ACC	高	H	红	RD
附加	ADD	输入	IN	复位	R、RST
可调	ADJ	增	INC	备用	RES
辅助	AUX	感应	IND	运转	RUN

名称	辅助文字符号	名称	辅助文字符号	名称	辅助文字符号
异步	ASY	左	L	信号	S
制动	B、BRK	限制	L	启动	ST
黑	BK	低	L	置位、定位	S、SET
蓝	BL	闭锁	LA	饱和	SAT
向后	BW	主	M	步进	STE
控制	C	中	M	停止	STP
顺时针	CW	中间线	M	同步	SYN
逆时针	CCW	手动	M、MAN	温度	T
延时	D	中性线	N	时间	T
差动	D	断开	OFF	无噪声	TE
数字	D	接通	ON	真空	V
降低	D	输出	OUT	速度	V
直流	DC	压力	P	电压	V
减	DEC	保护	P	白	WH
搭铁	E	保护搭铁	PE	黄	YE
紧急	EM	保护中性线	PEN		

3. 文字符号的使用规则

(1) 单字母符号应优先选用。

(2) 只有当用字母符号不能满足要求，需要进一步划分时，才采用双字母符号，以便较详细和更具体地表述电气设备、装置和元器件等。如"F"表示保护器类，"FU"表示熔断丝，"FV"表示限压保护器件。

(3) 辅助文字符号也可放在表示种类的单字母符号后边组成双字母符号，如"ST"表示启动，"DC"表示直流。

4.1.2.3 电器部件接线端子的标记符号

接线端子标记使用最早目前也最成熟的国家是德国，许多接线端子标记已列入德国工业标准(DIN72552)。经过多次修改和补充，在欧洲得到推广的同时，美、日等汽车电器产品中也大量引用，我国在 1999 年也制定了国家汽车行业标准(QC/T423—1999)。

1. 接线端子标记的原则

(1) 接线端子标记采用阿拉伯数字代号为主，英文字母为辅。

(2) 产品上有两个或以上相互绝缘的，在其上的连接线可以互换接线端子，且允许不编制标记。

(3) 根据需要，某些产品可以用作不同电路中，仍按自身特点编制接线标记，不另外编制标记。

（4）接线端子的标记应清晰、耐久地保存在产品上。

2.常规接线端子标记

如表 4-11 所示为常规汽车电器接线端子标记的含义。

表 4-11　为常规汽车电器装置接线端子的标记

电器	接线端子标记	接线端子标记含义	曾用过标记	说明
一般用途	30	接蓄电池正极或电源的接线端子	B	除发电装置外，所有电路都可使用
	31E	接蓄电池负极的接线端子	-	
	E	搭铁的接线端子	E	

3.其它装置接线端子标记

除常规接线端子标记外，汽车充电系统、点火装置、起动装置、照明装置、仪表装置、转向装置、信号装置、辅助电器系统、车用继电器装置等系统都有其自己的接线端子的规定，在这里就不一一列举了。

4.1.2.4　开关

开关是电路通断的控制元件，它在汽车电路图中的表示方法有结构图表示法、表格表示法和图形表示法三种类型。

汽车上的开关有手动开关、压力开关和温控开关等多种类型。其中，手动开关主要有点火开关、雨刷开关、灯光信号开关、灯组合开关和控制面板上的一些单一功能的按键或旋钮开关等。下面就以点火开关为例，说明其在汽车电路图中的表示方法。

由于各厂家的点火开关不完全一样，但都要实现点火开关的锁转向轴、接通主要负载电路、起动发动机、接通附件电器电路的功能，因此，点火开关汽车电路图的表示形式主要有 3 种，如图 4-16 所示。

除此之外，继电器、电路保护装置、中央配电盒、连接器等在电路图中都有相应的表示规则，以及它们和相应的接线端子的相互关系，并且，这些关系每一个车型都不相同，因此，在阅读汽车电路图前，必须认真阅读各个车型电路图的相关说明。

4.1.3　学习汽车电路图的法则

汽车上各种电器装置繁多，电器线路密集纵横交错，如果不从电路原理上掌握其连线规律，诊断电路故障就比较难。要修好汽车电气设备，必须读懂和掌握汽车电路图，尤其是初学者更要学会如何识读汽车电路图。虽然不同汽车厂商的汽车电路图的绘制风格存在差异，给电路读图带来不便，但是汽车电路图的识读仍然存在着一些通用技巧和经验可以遵循。

1.认真读几遍图注

图注说明了该汽车所有电气设备名称及其数码代号，通过读图注可以初步了解该汽车都装配了哪些电气设备。然后通过电气设备的数码代号在电路图中找出该电气设备，再进一步找出相互连线、控制关系，这样就可以了解汽车电路的特点和构成。

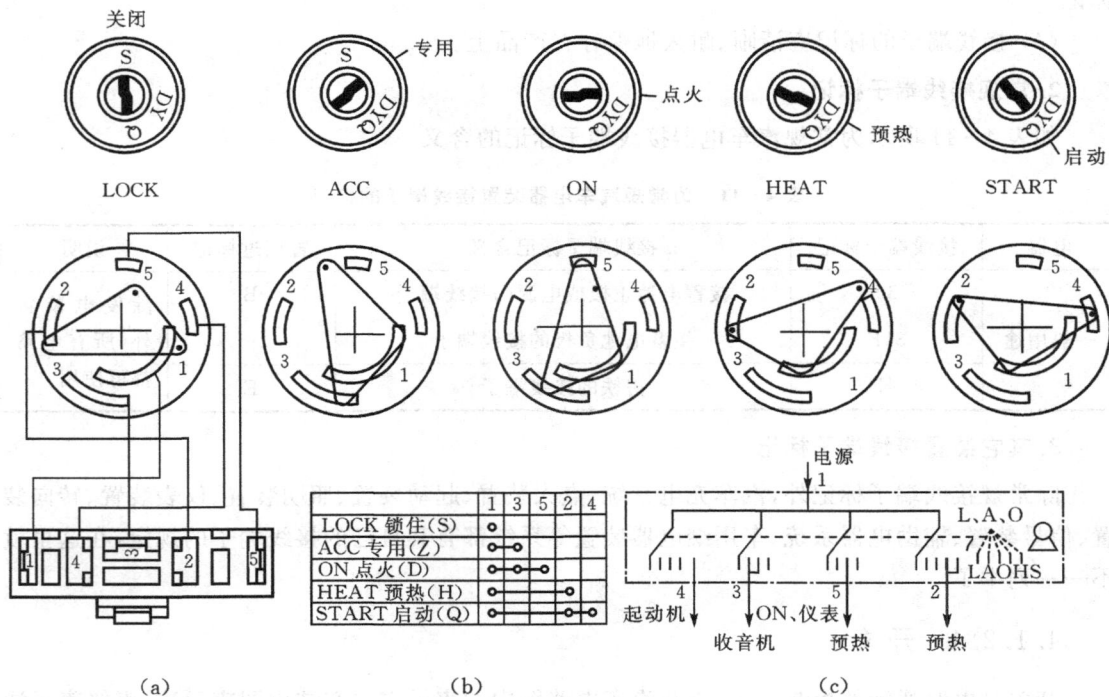

图 4-16　点火开关在电路图中的表示方法

(a)结构图表示法；(b)表格表示法；(c)图形表示法

2. 牢记电气图形符号

汽车电路图是利用电气图形符号来表示其构成和工作原理的。因此,必须牢记电路图形符号的含义,才能看清电路原理图。对于布线图,由于电路中零部件或元器件多以其外部轮廓的示意形状表示,因此对于这些外部轮廓的形状也要熟记。

3. 熟记电路标记符号

为了便于绘制和识读汽车电气电路图,有些电器装置或接线端子上都标记有特殊的标志符号。例如,电源正极接线柱用"B+"或"B"或"+"表示;点火开关用"SW"表示;起动机接线柱用"S"表示;指示灯接线柱用"L"表示;发电机励磁接线柱用"D+"表示等。

4. 牢记汽车电路特点

(1) 单线制;

(2) 负极搭铁;

(3) 用电设备并联。

以上特点全部体现在电路图中,因此,读电路图时充分利用这些特点,能起到事半功倍的效果。

5. 牢记回路原则

任何一个完整的电路都是由电源、熔断器、开关、控制装置、用电设备、导线组成。电流流向必须从电源正极出发,经过熔断器、开关、控制装置、导线等到达用电设备,再经过导线(或搭铁)回到电源负极,才能构成回路。因此,读图时可以有三种思维方式:

(1)沿着电路电流的走向,由电源正极出发,沿线路查到用电设备、开关、控制装置等回到电源负极。

(2)逆着电路电流的方向,由电源负极(即从搭铁)开始,经过用电设备、开关、控制装置等回到电源正极。

(3)从用电设备开始,依次查找其控制开关、连线、控制单元,分别回到电源正极和搭铁(或电源负极)。

6.浏览全图,分成各单元系统

随着汽车电子技术的发展,汽车全车电路在原有的电源电路、充电电路、启动电路、照明电路、仪表电路、辅助电器设备等基本单元电路的基础上,增加了越来越多的电控单元,如发动机、自动变速器、ABS/TCS、SRS、自动空调、定速巡航等电控单元电路,而且以改善汽车性能、舒适、安全、环保等为目标的新型电控单元还在不断增加。要读懂汽车电路图,首先必须掌握组成电路的各个电器元件的基本功能和电器特性,在大概掌握全图基本原理的基础上,再把一个个单元系统电路分割开来,这样就容易抓住每一部分的主要功能及特征。

7.熟记各局部电路之间的内在联系和相互关系

如上所述,汽车全车电路是由各单元电路组成,从整车电路来讲,各局部电路除电源电路外,其它单元电路都是相对独立的,但它们之间也存在着内在联系(如信号共享)。因此,识图时,不但要熟悉各局部电路的组成、特点、工作过程和电流流经的路径,还要了解各局部电路之间的联系和相互影响。这是迅速找出故障部位,排除故障的必要条件。

8.掌握各种开关在电路中的作用

对多层多挡接线柱的开关,要按层次、按挡位、按接线柱逐级分析其各层、各挡的功能。有的用电设备受两个以上单挡开关(或继电器)的控制,有的受两个以上多挡开关的控制,其工作状态比较复杂。当开关接线柱较多时,首先抓住电源来的一两个接线柱,再逐个分析与其它各接线柱相连的用电设备处于何种挡位,从而找出控制关系。

9.全面分析开关、继电器的初始状态和工作状态

在电路中,各种开关、继电器都是按初始状态画的,即按钮未按下,开关未接通,继电器线圈未通电,其触点未闭合(指常开触点),这点状态称为原始状态。在识图时,不能完全按原始状态分析,否则很难理解电路的工作原理,因为大多数用电设备都是通过开关、按钮、继电器触点的变化而改变回路的,进而实现不同的电路功能。所以,必须进行工作状态的分析。例如,刮水器就是通过刮水开关挡位的变化来实现间歇、低速、高速刮水功能的,必须把三种工作状态的电路走通。

10.掌握电器装置在电路图中的位置

在汽车电气系统中,有大量电器装置是机电合一的,如各种继电器,还有多层、多挡组合开关。这些电器装置在电路图上表示时,厂家为了使画法既简单又便于识图,多根据实际情况采用集中表示法或分开表示法来反映电路的连接情况。

集中表示法就是把一个电器装置的各组成部分,在图中集中绘制的一种表示方法。此法仅适用于较简单的电路。

随着汽车电路日趋复杂,一个电器装置有较多的组成部分(如组合开关),若集中画在一起,则易引起线条往返和交叉线过多,造成识图困难。这时多采用分开表示法,即把继电器的线圈、触点分别画在不同的电路中,用同一文字符号或数字符号将分开部分联系起来。

11. 先易后难

有些汽车电路图的某些局部电路可能比较复杂,一时难以看懂,可以暂时将其放一放,等其它电路都看懂后,结合看懂图中与该电路有联系的有关信息,再来进一步识读这部分电路。

12. 注意搜集资料和经验积累

由于新的汽车电气设备不断地出现和应用在汽车上,汽车电路图的变化很大。对于看不懂的电路,要善于请教有关人员,同时还要善于查找、收集相关资料;注意深入研究典型汽车电路,做到触类旁通;特别注意实际工作经验的积累,新技术、新工艺的应用和创新。

13. 对汽车电子控制系统读图的方法和步骤

(1)要以电控系统的 ECU 为中心,因为这是整个系统的控制中心,所有电器部件都必须和这里有联系。

(2)对 ECU 和各个端子有大致印象,弄清楚分为几个区域,各区域端子排列的规律。

(3)找出该系统给 ECU 供电的电源线有哪些,注意一般 ECU 都不止一根电源线,弄清楚各电源线的供电状态(如是常火线还是由开关控制)。

(4)找出该系统的搭铁线有哪些,注意分清哪些是在 ECU 内部搭铁,哪些是在车架上搭铁,哪些是在各总成机体上搭铁。

(5)找出哪些是系统的信号输入传感器,各传感器是否需要电源,并找出相应的电源线,该传感器在何处搭铁。

(6)找出系统的执行器有哪些,弄清电源供给和搭铁情况,电脑控制执行器方式(控制搭铁端还是电源端)。

4.2 典型轿车电路图实例分析

各汽车制造公司由于国家法规、行业标准的差异,绘制出的电路原理图风格各异。具体差别主要集中在电路图符号表达、全车电路模块化处理、电路器件布局、电路走线布局、图注方式及电路状态表达方式等方面。本节主要介绍几种典型风格的电路图。

4.2.1 大众车系电路图

如图 4-17 所示,以捷达轿车为例来进行详细说明。

大众车系属于标准的横坐标式电路图,该模式的电路图在最下端通过区段码坐标标注图中各线路的位置,各线路平行排列,每条线路对准下框线上的一个编号。图中一般不允许横向交叉跨度较大的走线,横向连接的走线采用断点标注的方式表示,即同一断口处标注为与之相连的另一段线路所在图中的位置编号,德国大众车系——目前主要国产品牌轿车如桑塔纳、捷达、宝来、波罗、帕萨特、奇瑞、奥迪、红旗等——均采用该方式的电路图。

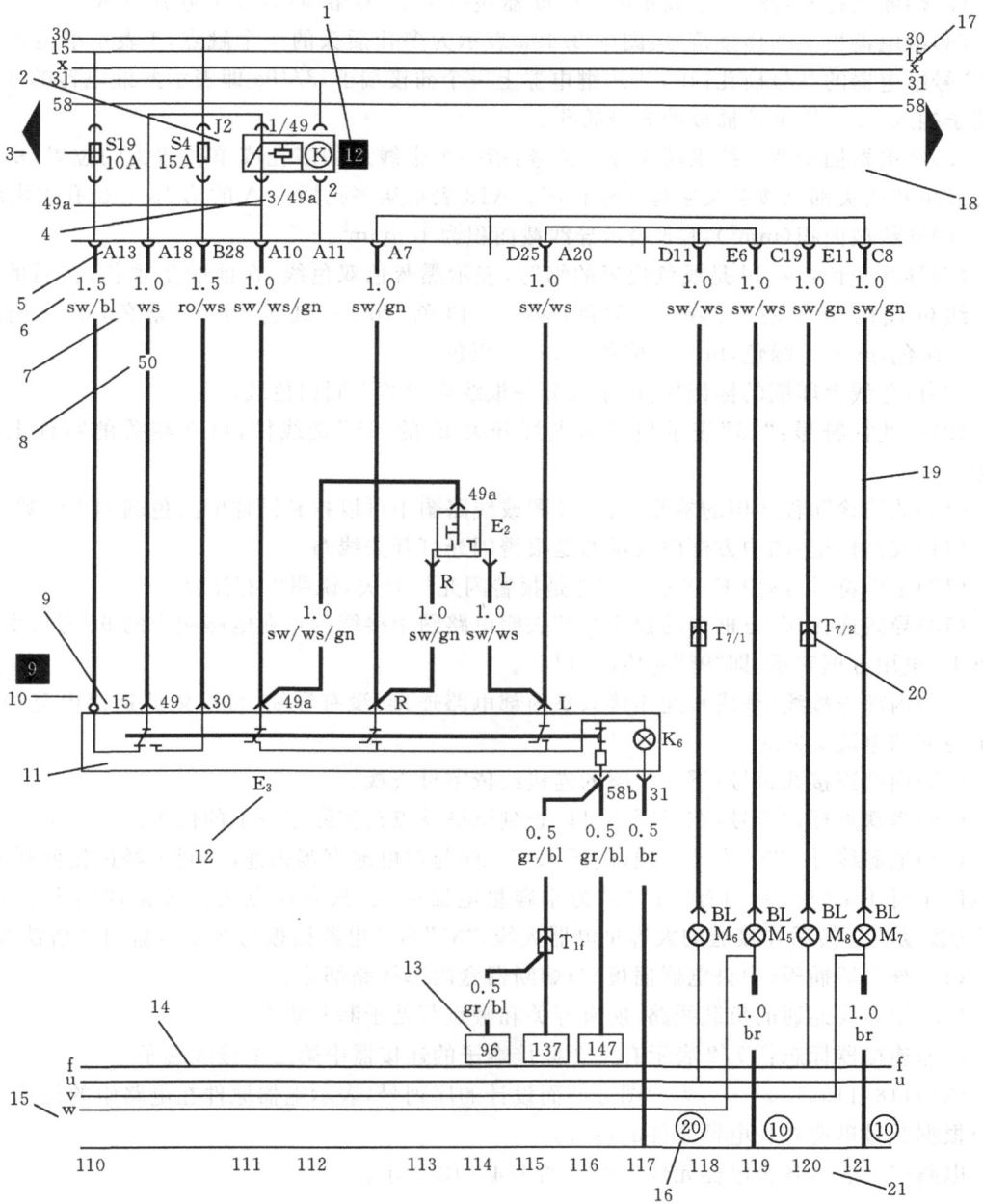

图 4-17 电路图符号及数字说明图

4.2.1.1 电路图中的符号和数字

在读捷达(Jetta)轿车电路图前,应先了解电路中的各种符号、线段、图形和数字的含义。

(1)继电器位置号:黑方框中的 12 表示继电器在继电器插板上的位置号。

(2)继电器插板上的继电器符号或是控制器符号:图中 J_2 表示闪光继电器。

（3）熔断器符号：图中 S_{19} 表示的是熔断器座中第 19 号熔断器，额定电流 10A。

（4）继电器板上的插接符号：图中 3/49a 表示为多孔插头的一个触点，3 表示继电器插板上 12 号继电器的 3 号插孔；49a 表示继电器上一个插接端子，3/49a 即表示此继电器的 49a 插接端子插入 12 位继电器插板的 3 号插孔。

（5）继电器插板背面线束端连接件符号：指一个带线束的多孔或单孔插头的位置，所有的多孔或单孔插头都已按英文字母顺序排序。A13 表示从多孔插头 A 的第 13 号插孔引出线。

（6）导线截面积（mm^2）：1.5 表示导线截面积为 $1.5mm^2$。

（7）导线颜色：sw/bl 是线色代码的缩写，表示黑蓝色双色线，在前的是主色，在后的是辅色。线色代码缩写还有：ge——黄色，ws——白色，ro——红色，li——紫色，bl——蓝色，gr——灰色，gn——绿色，br——棕色，sw——黑色。

（8）白色线上印刷的标记号：用于区分一根线束中的不同白色线。

（9）接线柱符号："15"表示报警闪光灯开关 E_3 的"15"接线柱，可在相关的零件上找到标记。

（10）故障诊断程序用的检测点：在插图或线路图中可以找到同样的黑色圆圈内的数字。

（11）线路标记：图中方框内表示的是报警闪光灯开关线路。

（12）零件符号：图中 E_3 表示该零件是报警闪光灯开关，说明中有注释。

（13）导线连接端：方框内的数字"96"表明电路图中接续的点在电路图中的 96 号位所对应的点上，也用方框表示，即"96"对应的"114"。

（14）内部连接线（细线）：此连接只是内部电路连接，没有导线，可以依此追踪电路构件和线束内部的电流走向。

（15）内部连接线符号：下一线路的连接线依字母查找。

（16）搭铁点标记符号：在说明中可以查到该搭铁点在实际车身上的位置。

（17）电源线号："30"为常火线（电压 12V），即与蓄电池直接相连，中间不经过任何开关，不论是停车时还是熄火时均有电；"15"为小容量电器火线，只有在点火开关接通后方能有电；"X"为发动机运转后才接通的大容量电器火线；"31"为继电器插板与熔断器盒内的搭铁线。

（18）继电器插板（中央电器插板）与熔断器盒内部线路部分。

（19）以导线连通的负载线路（所有开关和触点都处于断开状态）。

（20）连接器标志：T7/2 表示有 7 个插接端子的连接器中第二个接线端子。

（21）118、119、120……：为读图方便而设计的序列号，表示电器原件在电路中的位置，便于用户根据此号迅速查找电器原件的位置。

电路图中表示各种电器元件的符号如表 4-12 所示。

表 4-12　电路图中电器元件的符号

元件名称	元件符号	元件名称	元件符号	元件名称	元件符号
电阻		可变电阻	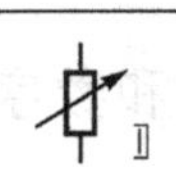	热敏电阻	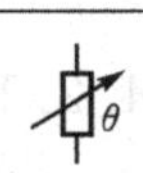
二极管		稳压管		发光二极管	

元件名称	元件符号	元件名称	元件符号	元件名称	元件符号
手动开关		热敏开关		手动按钮开关	
机械控制开关		压力开关		手动多极开关	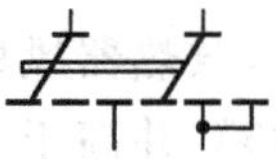
白炽灯		双灯丝白炽灯		内饰灯	
指针式仪表		燃油指示器	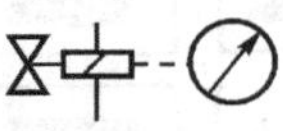	电子控制器	
数字式时钟		指针式时钟		多功能显示器	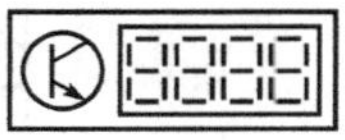
蜂鸣器	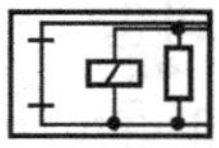	速度传感器	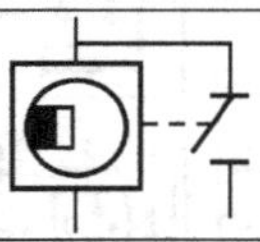	喇叭	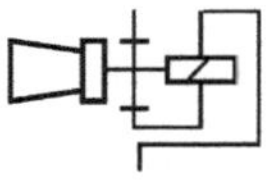
点烟器		后风窗加热装置		两档刮水电动机	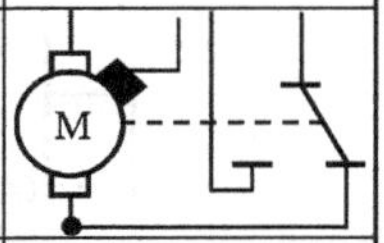
电动机	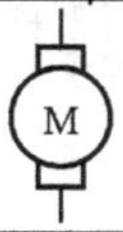	继电器	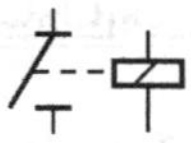	电子控制式继电器	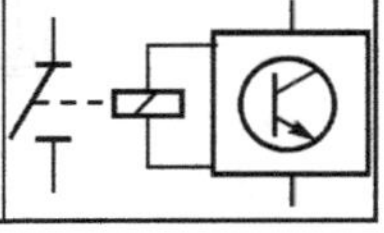

4.2.1.2 继电器、熔断器及线束连接

1. 继电器

如图 4 - 18 所示,捷达系列轿车继电器的位置在继电器插板的正面,目前配置有 7 个继电器。

(1) 1 号位空调继电器(继电器外壳上的号码为 13)。空调继电器为双继电器,一路为起动空调鼓风机工作,一路为起动空调压缩机工作。

(2) 4 号位 X 触点卸荷继电器(继电器外壳上的号码为 18)。当起动机工作时,由点火开关切断 X 触点卸荷继电器,进而切断通过 X 触点卸荷继电器主触点提供电源的空调、前风窗玻璃刮水器及洗涤泵、雾灯,后风窗加热开关、杂物箱照明灯的电路,保证足够的电力用于起动发动机。

(3) 6 号位危险警报继电器(也称闪光器,继电器外壳上的号码为 21)。控制转向灯和尾灯开启和关闭。

(4) 10 号位雾灯继电器(继电器外壳上的号码为 53)。控制前、后雾灯开启和关闭。

（5）12 号位进气歧管预热继电器(继电器外壳上的号码为 1)。进气歧管预热温度开关启动进气管预热继电器，接通进气管预热电阻。

（6）13 号位散热器风扇起动控制单元。当风扇起动温度开关的温度达到 70℃时，接通散热器风扇控制单元，进而起动散热器风扇电动机。

（7）散热器风扇起动继电器(继电器外壳上的号码为 31)。当发动机冷却水温高于 105℃时，散热器风扇热敏开关(又称双温开关)接通起动继电器，控制风扇高速运行。当水温低于105℃并高于 96℃，且空调管路高压开关压力不大于 1.6 MPa(16 bar)时，接通起动继电器，控制风扇低速运行。

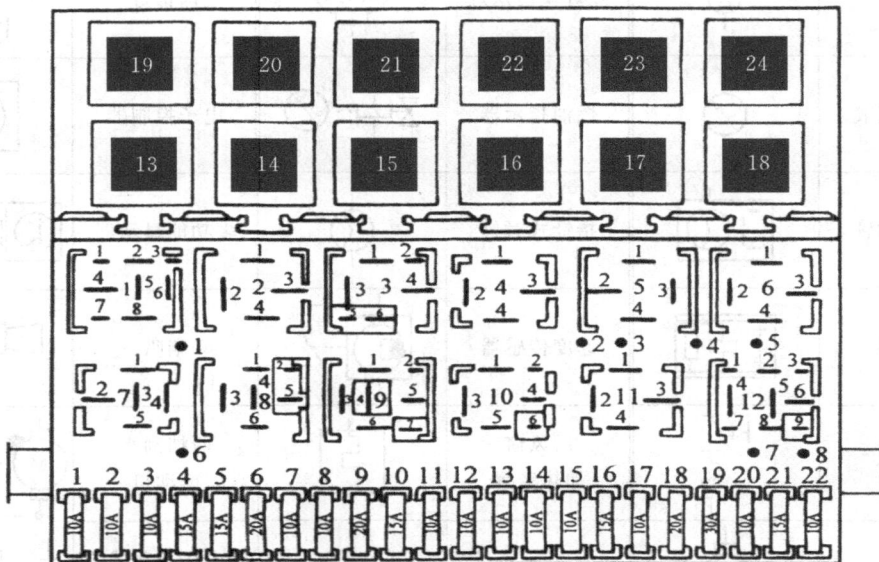

图 4－18　继电器插板正面

1 号位—空调继电器；2 号位—空位；3 号位—空位；4 号位—X 触点卸荷继电器；

5 号位—空位；6 号位—危险警报继电器；7 号位—空位；8 号位—4 号与 5 号插位短接；

9 号位—空位；10 号位—雾灯继电器；11 号位—2 号与 4 号插位短接；

12 号位—进气歧管预热继电器(位于继电器盘侧面，并配有一 30A 熔断器)

2. 熔断器

如图 4－18 所示，在继电器插板的下部有 22 个熔断器，另外在继电器插板的一侧还有一个散热器风扇起动单元的熔断器，共计 23 个熔断器。

熔断器的容量、颜色及名称如表 4－13 所示。

表 4－13　熔断器序号、颜色、名称和容量

序号	颜色	名　　称	额定电流 A	序号	颜色	名　　称	额定电流 A
1	红色	左近光灯	10	12	红色	右远光灯	10

序号	颜色	名　　称	额定电流 A	序号	颜色	名　　称	额定电流 A
2	红色	右近光灯	10	13	红色	喇叭	10
3	红色	仪表及牌照照明灯	10	14	蓝色	倒车灯、ABS、电动后视镜	15
4	蓝色	杂物箱照明灯	15	15	红色	发动机 ECU、IMMO、车速传感器、AKF	10
5	蓝色	前风窗雨刷和洗涤设备	15	16	蓝色	仪表板、驻车制动灯	15
6	绿色	鼓风机	30	17	红色	遇险警报灯	10
7	红色	右停车灯和尾灯	10	18	黄色	燃油泵、加热入传感器	20
8	红色	左停车灯和尾灯	10	19	绿色	散热器风扇、空调继电器	30
9	黄色	后风窗加热	20	20	红色	制动灯、IMMO 灯	10
10	蓝色	前雾灯	15	21	蓝色	车内灯和数字钟	15
11	红色	左远光灯和远光指示	10	22	红色	收音机/点烟器	10

3. 线束连接

如图 4 - 19 所示,捷达车在继电器背板的后面有各种插接器的插接座,共有 31 个,每个插接座的插头数、颜色、标注方法及其功用如表 4 - 14 所示。

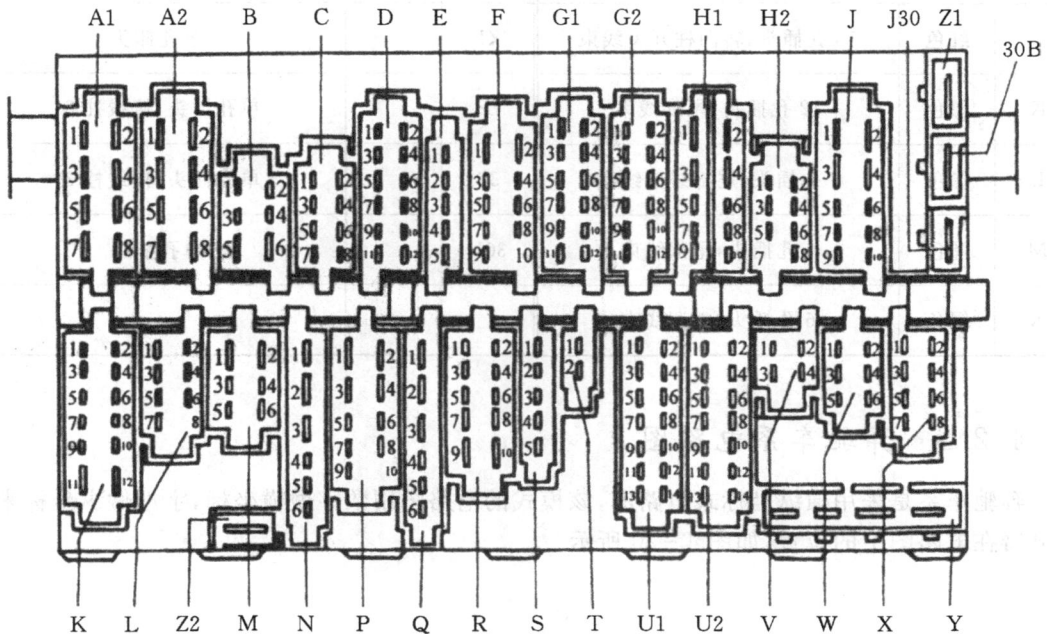

图 4 - 19　继电器插板背面

表 4 - 14　线束插头连接名称

序号	颜色	名称	序号	颜色	名称
A1	黄色	8孔插头,前大灯线束	P	蓝色	9孔插头,后风窗及前雾灯开光束
A2	黄色	8孔插头,前大灯线束	Q	蓝色	6孔插头,仪表线束
B	绿色	6孔插头,前大灯清洗系统线束	R	蓝色	10孔插头,灯光开关线束
C	黄色	8孔插头,用于任选线束	S	白色	5孔插头,发动机仓右侧线束
D	绿色	12孔插头,用于附加设备线束	T	绿色	2孔插头
E	绿色	5孔插头,仪表线束	U1	蓝色	14孔插头,仪表板线束
F	白色	9孔插头,发动机仓右侧线束	U2	蓝色	14孔插头,仪表板线束
G1	白色	12孔插头,发动机仓右侧线束	V	绿色	4孔插头,多功能指示器线束
G2	白色	12孔插头,发动机仓右侧线束	W	绿色	6孔插头,ABS线束
H1	红色	10孔插头,转向柱开关线束	X	绿色	8孔插头,警报指示灯线束
H2	红色	8孔插头,转向柱开关线束	Y		单孔插头,接线柱30
J	红色	10孔插头,转向柱开关线束	Z1		单孔插头
K	黑色	12孔插头,尾部线束	Z2		单孔插头,接线柱31
L	黑色	7孔插头,尾部线束线束	30		单孔插头,接线柱30
M	黑色	6孔插头,尾部线束	30B		单孔插头
N	绿色	6孔插头,空调线束			

4.2.2　奔驰车系电路图

奔驰车系是采用横纵坐标式电路图,该模式的电路图用数字做横坐标,字母做纵坐标来确定电器在电路图中的位置,如图4-20所示。

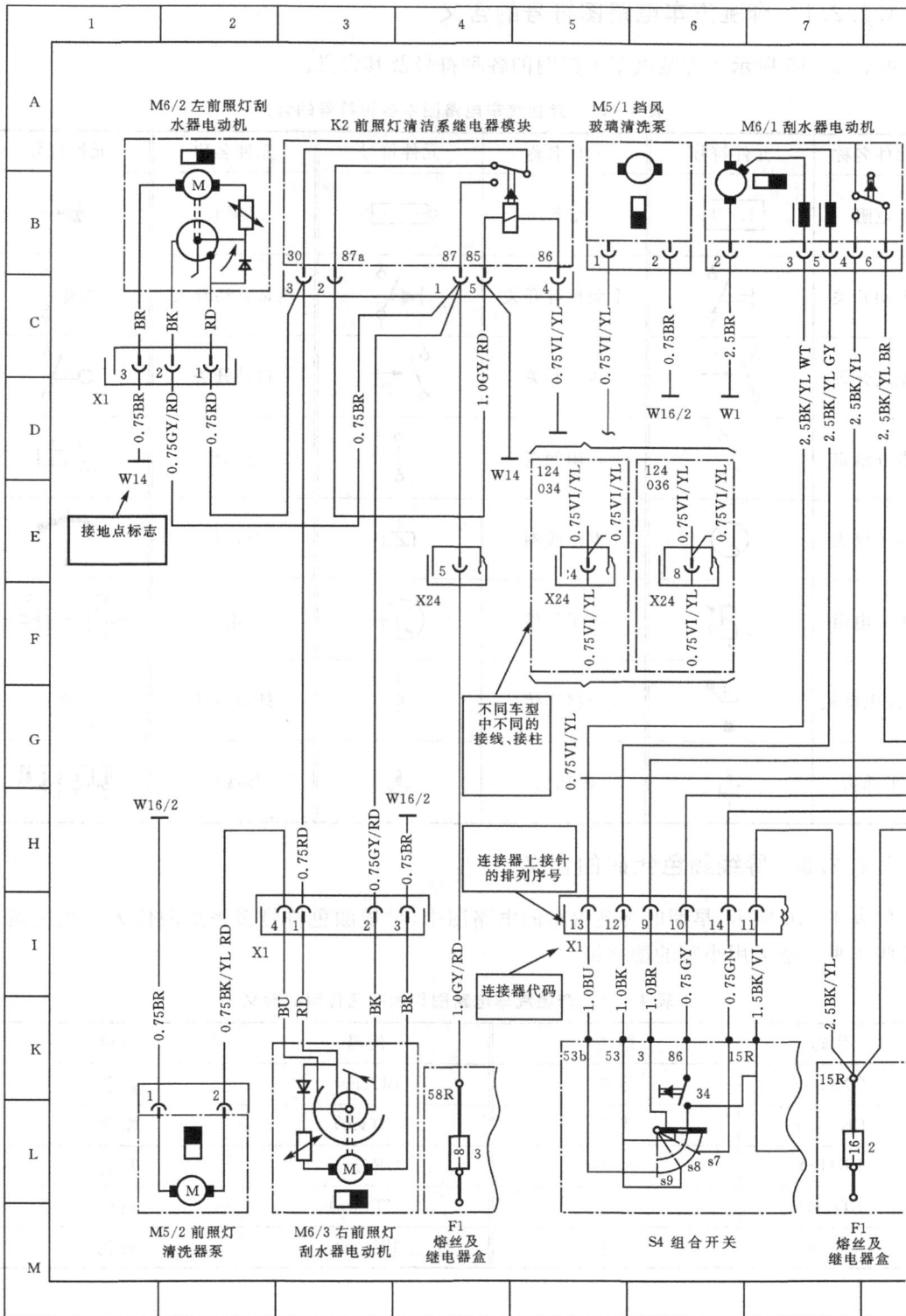

图 4-20 奔驰汽车部分电路图

4.2.2.1　奔驰汽车电路图符号的含义

如表 4-15 所示为奔驰汽车电路图的各种符号及其含义。

表 4-15　奔驰汽车电路图中各种符号的含义

元件名称	元件符号	元件名称	元件符号	元件名称	元件符号
电阻	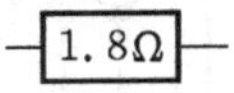 ⊣1.8Ω⊢	熔丝	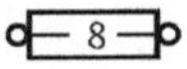 ⊶8⊷	二极管	 ⊶▷⊢
手动开关		手动按键开关		压簧自动开关	
温度开关	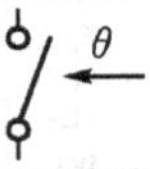 θ	压力开关	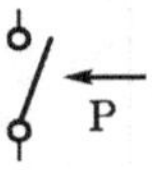 P	自动开关	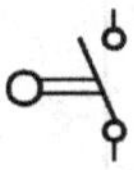
常开触点		常闭触点		电磁阀	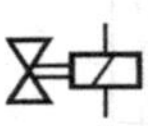
指示仪表		电磁线圈		电位计	
可变电阻	 θ	电子元件		蓄电池	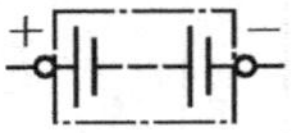
直流电动机	 Ⓜ	焊接连接		螺钉连接	
平插头		圆插头		接线板	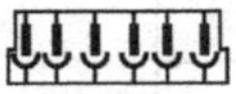

4.2.2.2　导线颜色代码的含义

如表 4-16 所示，早期的奔驰汽车的电路图中，导线颜色符号多采用两位大写英文缩写，而近些年来广泛采用小写的德文缩写。

表 4-16　奔驰汽车电路图导线颜色代码的含义

代码	颜色	代码	颜色
GN(gn)	绿色	BU(be)	蓝色
BK(sw)	黑色	VI(vio)	紫色
BR(br)	棕色	GR(gr)	灰色
RD(rd)	红色	WT(ws)	白色
YL(ge)	黄色	PK(rs)	粉色

除单色线外,奔驰汽车还采用了双色线和三色线,它们在电路图中分别以 VI/GR、GN/BK/PK、和 rd/br、vio/ws/sw 等形式来表达。

导线的粗细是用数字标示在导线颜色符号之前,单位是 mm²,表示为导线的标称截面积。例如 0.5GR 表示为标称截面积为 0.5 mm² 的灰色导线。

4.2.2.3 电器元件符号标注的含义

奔驰汽车电器元件符号用代码和文字标注。代码前面是字母,表示电器的种类,其含义如表 4-17 所示,代码后面数字代表编号,一般电气代码之下注明电器的名称。连接器、接地点仅有代码,不注明文字。

表 4-17 奔驰汽车电器代码的含义

代码	含义	代码	含义
A	仪表	M	电动机
B	传感器	N	控制单元
C	电容	R	电阻、火花塞
E	灯	S	开关
F	熔断丝	T	点火线圈
G	蓄电池、发电机	W	接地点
H	喇叭扬声器	X	连接器
K	继电器	Y	电磁阀
L	转速、速度传感器	Z	连接套

4.2.3 日本车系电路图

日本车系都是采用无坐标式电路图,这种模式的电路图没有什么具体特点,但应用得较多,除日系车外,美国通用、法国雪铁龙也采用这种模式的电路图。

无坐标式电路图,相对规则较少,主要以某一个工作单元为中心绘制,除主要符号外,以文字说明为主。

4.2.3.1 日本本田汽车电路图及其电路符号

本田汽车电路图符号含义如表 4-18 所示,汽车电路图如图 4-21 所示。

本田汽车在电路图中,线路部分都是以粗实线画出,集中在图的中间部分。每条线以英文缩写来表示,例如 WHT 表示白色,RED 就表示红色;如是双实线,就用两种颜色的英文缩写组成,例如 GRN/YEY 表示为绿黄线,其中前面的为主色,应该先读出。

本田汽车电路图没有标出导线截面积,需要时可以根据和导线相连的熔断丝的通电电流的大小来判断导线截面积的大小。

表 4-18 本田汽车电路图符号含义

名称	图标	名称	图标	名称	图标
蓄电池		点烟器		暖气	
灯泡		电动机		泵	
接地 接地点 元件接地点		天线 桅柱形天线 窗形天线		线路连接 电流进入 电流输出	
线路断路器		线圈螺线管		电阻	
可变电阻		热敏电阻		喇叭	
二极管		三极管		发光二极管	
扬声器		常开开关		常闭开关	
常开继电器		常闭继电器		连接器	
冷凝器		点火开关		熔断丝	

黑线框内指示电源的通断情况

箭头指示该线路将接往的电路（配电系）

常 通 电

13号熔丝

10A → 配电系

仪表盘下的熔丝/继电器盒

C723

黄

连接器内有一根或多根汇流条。每根汇流条与两个或更多的端子相连

C725

此箭头表明与另一电路相连。箭头方向表示电流流向

2 C709

→ 指示灯

组合仪表

低燃油油位指示灯

1 C709

端子编号

绿红

2

插座

C416

连接器编号

绿红

插头

1 C848

插座

燃油表传感器

仪表 ▶

2 C484

黑色

分叉电路连接点

此箭头表明与另一电路相连。此处表示电流流入

黑色

接地点

G301

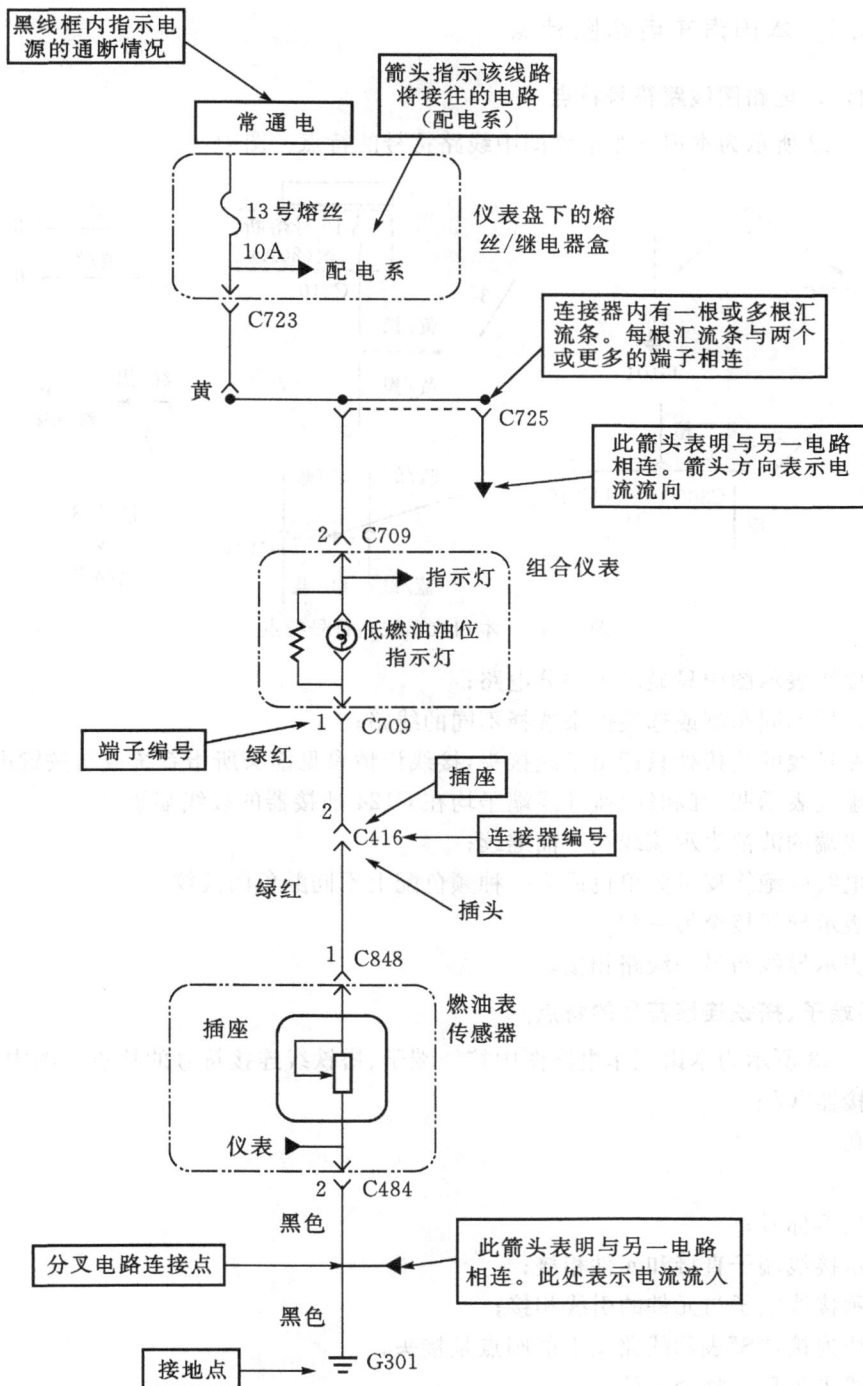

图 4-21 本田汽车电路图

145

4.2.3.2　本田汽车电路图特点

1. 本田汽车电路图线路符号特点

如图 4 - 22 所示为本田汽车电路图中线路符号的特点。图中：

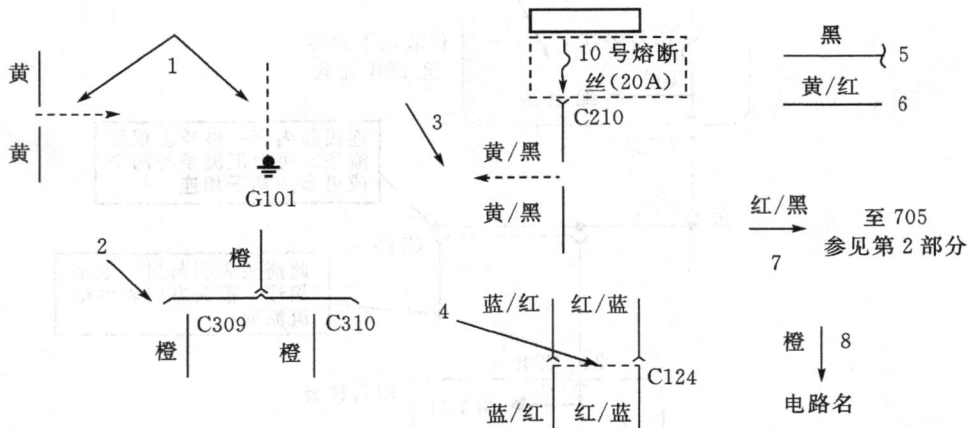

图 4 - 22　本田汽车线路符号特点

1——虚线表示图中只显示了部分电路；

2——根据不同车型或选装件来选择不同的线路；

3——在导线的连接处只标出了线接头，接线详情参见箭头所指系统或与按键电路；

4——虚线表示蓝/红和红/蓝导线端子均在 C124 插接器的接线端子上；

4——线端的波浪表示该线在下面继续；

6——电线的绝缘皮可为单色或为一种颜色配上不同颜色的波纹；

7——表示导线接至另一侧；

8——表示导线与另一线路相接。

2. 接线端子、搭铁连接符号的特点

如图 4 - 23 所示为本田汽车电路图中接线端子、搭铁线连接符号的特点。图中：

1—插接器"C"；

2—插孔；

3—插头；

4—插接器标号；

5—表示接线端子直接和元件相接；

6—表示接线端子与元件的引线相接；

7—导线连接，"S"表示线路图上的圆点是接头；

8—实线表示显示整个元件；

9—虚线表示只显示元件的一部分；

10—元件的名称出现在符号的右上角上，表示下面是有关与元件功能的说明；

11—表示接线端子与车身连接；

12—表示元件外壳直接与车身搭铁。

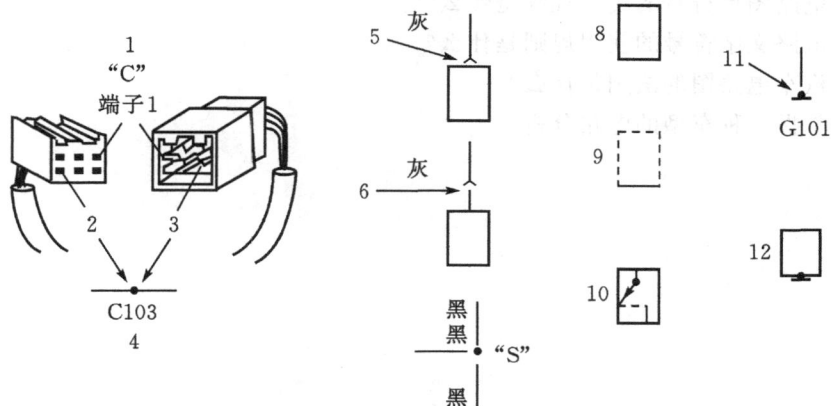

图 4-23 接线端子搭铁线连接符号特点

3. 开关、熔断丝的特点

如图 4-24 所示为本田汽车电路图中开关和熔断丝符号的特点。

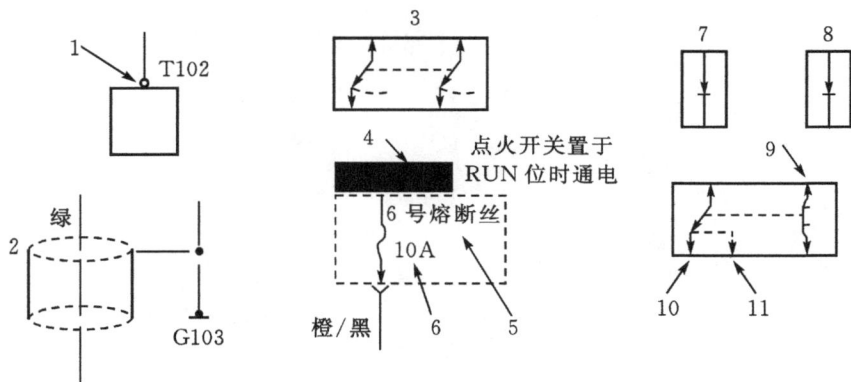

图 4-24 开关、熔断丝的特点

1—螺纹连接；2—屏蔽；3—联动开关；4—表示点火开关处在接通位置；5—熔断丝编号；
6—熔断丝的额定电流；7—二极管；8—二极管；9—线圈；10—常闭触点；11—常开触点

复习与思考

(1)汽车电路图有哪几种类型？

(2)电路原理图有哪些特点？

(3)电路原理图是如何分类的？

(4)电路定位图又可细分为哪几种？

(5)熟记汽车电路常用图形符号、文字符号。

（6）汽车电路图形符号的使用规则是什么？

（7）汽车电路文字符号的使用规则是什么？

（8）学习汽车电路图的法则是什么？

（9）熟练掌握一种车型的电路分析。

项目 5　汽车传感与检测技术

学习目标

　掌握传感器的定义与分类。

　熟记检测方法。

　掌握汽车传感器的检测方法。

　了解传感器在汽车上的应用。

　洞察传感器的发展未来。

汽车传感和检测技术伴随着电子工业的发展,智能控制技术的普及,其在汽车技术领域的地位正在逐步提高。

5.1　传感器的定义与分类

5.1.1　传感器的定义

传感器是将非电量转换为与之有确定关系电量的输出器件或装置,是一种获得信息的手段,它本质上是非电量系统与电系统之间的接口。在现代汽车电子控制系统中,需要大量的各个方面的信息,这些信息就是由安装在汽车发动机、底盘和车身各个系统之中的传感器,负责采集和传输的。

传感器采集到信息后,由电子控制单元进行处理,形成指令传输给执行器,完成现代汽车的各项高难、复杂的控制。

根据传感器获取的信息不同,其输出信号分为模拟信号和数字信号两种。数字信号可以直接输入电子控制单元,而模拟信号则必须通过 A/D 转换器转化成数字信号后才能传输给电子控制单元进行使用。

5.1.2　传感器的分类

传感器按设计规律大体上可分为物理型、化学型和生物型三大类。

物理型传感器利用物理学中的力、光、电等知识的原理设计制造,是目前在汽车以及工业测控技术领域应用最为广泛的一种传感器。

化学型传感器是利用电化学反应原理,把无机和有机化学物质的成分、浓度等转换为电信号的传感器。

生物型传感器是利用生物活性物质选择形式,测定生物和化学物质的传感器,目前在汽车上的应用还很少,主要应用于医学诊断。

按构成原理,物理型传感器又可分为物性传感器和结构型传感器。

物性传感器是利用其转换元件的物理特性变化实现信号转换的,如光敏电阻、热敏电阻等。

结构型传感器是利用传感器元件间的结构参数变化来实现信号转换的,如变气隙型电感传感器等。

按能量关系,传感器一般分为主动型(有源)型和被动型(无源)型两大类。

所谓主动型即有源型传感器,又叫换能器,不需要电源就可以将非电能量转换成电能量,如压电式、磁电式传感器等。

被动型即无源型传感器,必须在外部提供电源时才能获取信息,如电阻、电容、电感等制造的传感器。这类传感器在汽车上应用得较多,例如温度传感器、位置传感器、转速传感器等都属于被动型的,这些传感器的共同作用构成了汽车全方位、立体、复杂的控制。

5.2 检测方法

汽车电子控制单元能出色有效地完成系统的控制工作,不仅仅需要各个方面的信息,同时还对传感器所获得的信息精度、响应性、可靠性、耐久性和输出信号电压等有着很高的要求和条件。为此,了解和掌握检测技术理论也是学习和应用汽车控制技术所必需的一门知识。

5.2.1 检测的基本方法和误差原理

检测技术是以研究监测与控制系统中信息的提取、转换和处理的理论和技术为主要内容的一门应用技术学科。在汽车中,监测的任务就是正确及时掌握各种信息,很多的情况下是要获得被测对象信息的大小,即被测量大小。这样信息采集的实际意义就是测量,取得测量数据。

测量系统是传感器技术发展到一定阶段的产物。在实际应用中,需要由传感器和多台仪表组合在一起才能完成必要的检测,这样就形成了测量系统。尤其是随着微电子技术和信息处理技术的发展,以及其在汽车上的大量的应用,测量系统所涉及到的内容也不断地加以充实和发展。

为了更好地掌握这门知识,这里我们需要学习测量的基本概念、测量系统的特性、测量误差和数据处理等方面的检测技术知识。

5.2.1.1 检测的基本方法

获得一个信息会有多种方法,同样,检测一个物理量也可以有多种不同的办法。检测方法正确与否,直接关系到检测结果的可信赖程度,也就直接关系到控制结果。因此,选择好测量方法是至关重要的。下面介绍几种常见的检测方法。

1. 直接检测、间接检测和组合检测

这种检测方法是按测量手段进行的分类。

1)直接检测

直接检测是将被测量与标准量直接进行比较,或用预先经过标定好的测量仪器或仪表进行检测,从而直接得到测量数据的方法,如弹簧管压力表等。直接检测的优点是测量过程简单、迅速,缺点是精度不高。

直接检测广泛用于工程领域的检测或用于仪表中,在控制领域,尤其是汽车的控制系统应用较少。

2)间接检测

被测量量本身不易或不能直接检测,通过测量与被测量量有一定函数关系的其它量进行检测,然后,通过计算获取被测量量的参数的一种测量方法,如密度的检测、导线电阻率的检测等。

3)组合检测

组合检测是表示被测量量有多个,且不易直接测量,而这些被测量量又同时或分别与某些可以直接测量的量有直接或间接的函数关系,那么,直接先测得可以测量量的结果,再通过它们之间的函数关系求得被测量量的参数的一种测量方法。例如,汽车的燃油喷量、点火正时等的控制方法。

2. 偏差式检测、零位式检测和微差式检测

这是按测量方式分类的检测方法

1)偏差式检测

偏差式检测是以间接的方式来实现被测量量与标准量比较的一种测量方法。这种测量方法,标准量具没有装载在仪表内,而是事先用标准量具对仪表进行校准,然后,检测时从仪表上直接获取被测量量的数据。

该方法过程简单、迅速,但测量精度低。例如,磁电式仪表测量电器元件的电流和电压就属于偏差式检测。

2)零位式检测

零位式检测是在测量过程中,用指零式仪表检测系统的平衡状态,当系统达到平衡时,用已知的基准量获取被测量数据的方法。例如,惠斯通电桥测量电阻就是这种测量方法一个典型的例子,也是在汽车控制系统中应用最为广泛的一种数据检测手段。

零位式检测方法测量的准确度很高。

3)微偏差式检测

微偏差式检测是偏差式检测和零位式检测相结合的一种检测方法,它通过测量待测量与标准量的差,来获取待测量数据的一种方法。

这种检测可以解决当检测仪器量程小时,如何完成检测的一种方法,方法既简单又可以保证测量的准确性。

3. 时域检测、频域检测、数据域检测和随机检测

这是按待测量的性质分类的测量方法

1)时域检测

时域检测也叫做瞬态检测,主要检测待测量随时间的变化规律。例如,示波器对各种波形的检测就是最为典型的一种。

2)频域检测

频域检测又叫做稳态检测,主要是检测待测量与频率之间的关系,如频谱分析仪等。

3)数据域检测

数据域检测又叫做逻辑量测量,这是目前在汽车控制系统中应用最多的一种检测手段。

利用各种传感器检测到系统的数据流,分析数据通道的逻辑状态,或者显示某条数据线上的时序波形,然后,发出若干指令。

随着微电子技术向智能化、自动化方向发展,数据域检测技术显得尤为重要。

4)随机检测

随机检测也叫统计检测,是对各类信号进行动态测量和统计分析。

总之,检测的方法是多种多样的,除了上述这几种常见的方法外,还可以有以下几种分类方式:

(1)根据检测精度要求,把检测分为精密检测和工程检测。

(2)按检测技术特征,分为自动检测和人工检测。

(3)按检测的属性,分为电量检测和非电量检测。

(4)按检测的距离,分为原位检测和异地检测等。

5.2.1.2　检测的误差原理

在各种控制系统中,由于检测设备的精度不够、检测方法不正确、检测程序不规范,再加上一些环境因素的影响,都会使检测的结果或多或少地偏离其真实的结果。测量结果和被测量两真实结果之差就是检测误差。检测误差的存在是不可避免的。

1. 误差公理

一切检测都具有误差,误差自始至终存在于所有的科学实验之中,这就是误差公理。

2. 真值

被测量量本身所具有的真正值称为真值。真值是一个理想的概念,一般很难知道。

3. 指定真值

指定真值是指由国家设立的各种尽可能维持不变的实物标准(或基准),以法令的形式指定其所体现的量值作为计量单位的指定值,指定真值又叫做约定真值。

4. 实际值

在实际检测过程中,不可能与国家的基准相比对,所以,国家通过一系列的各级实物计量标准构成量值传递网,将国家基准所体现的计量单位逐级比对传递到日常工作仪器或量具上去。在每一级比对过程中都以上一级标准所展示的值视为真值,因此,下一级就将上一级所展示的标准值称为实际值,也叫相对真值。

5. 标称值

检测器具上标定的数值称为标称值,如砝码上标出的 1 kg 等。由于制造一级环境因素等的影响,标称值也不一定是真值或实际值,为此,在检测器具上还要标出它的误差范围。

6. 示值

在检测器具上指示的被测量量的值称为检测器具的示值,也称检测值。它包括数值和单位。

5.2.2　汽车用传感器的检测方法

目前,汽车用传感器都是可以输出电信号的传感器,因此,车用传感器的检测主要是应用电器元件检测方法进行检查的,主要有以下几种方法。

5.2.2.1   电阻检测法

电阻检测法是电子电路故障检测最基本,也是最常用的一种方法。在所有的传感器检测中,都要对连接传感器导线的通断状况进行检查,电阻检测是最简单有效的方法;而对于利用电阻性能工作的传感器,例如热敏电阻温度传感器、可变电阻节气门位置传感器等,对其进行电阻值检测也是最佳的选择。

为了使检测更为科学、合理、准确,对传感器进行电阻值检测时应注意以下问题。

(1)检测前应该初步估算所要检测电阻的数值,把万用表调整在 R 挡适当的挡位,并且每次测量都要调整表的精度,使表的指针归零。

(2)切断被测量的零件与电路的连接线,尤其是电源。

(3)考虑好被检测元件是否可以检测其电阻值。由于电阻检测是有源检测,有些结构是不允许进行有源检测的。比如,安全气囊的点火器电阻是绝对不允许进行电阻检测的,否则会引爆气囊,造成事故。

5.2.2.2   电压检测法

电压检测法是电路检测最行之有效的一种检测手段,也是传感器检测最为常用的一种方法。检测电压前应做好以下几种准备。

(1)准确了解所要检测电压的种类,是直流电压还是交流电压。

(2)估算好所要检测电压的最大值,否则测量时会损坏仪表。

(3)电压测量一般都是在路检测,故检测前应准确确定好检测点,避免因检测不当造成新的故障。

5.2.2.3   电流检测法

电流检测在实际的检测过程中应用较少,但实际上它是电子电路检测的高级手段,真正的行家可以通过电流的变化分析电子电路故障的成因,预测系统的发展。但是,电流的检测也和电压检测一样需要注意几个问题,否则在检查过程中会引发更为严重的事故。

(1)检测前需要准确了解要检测电流的种类,交流还是直流,直流电检测时要知道电流的方向。

(2)估算好所要检测电流的最大值,否则测量时会损坏仪表。

(3)电流测量也都是在路检测,故检测前应准确确定好检测点,检测时要小心、细心,避免因检测不当造成新的故障。

5.2.2.4   波形检测法

波形检测是传感器检测中最为专业的一种检测方法,通过使用汽车专用示波器,测量传感器输出的信号波形,从而确定传感器本身性能的好坏以及系统的运行状况。目前,检测汽车传感器最为常用的一种示波器是 OTC VISION2 汽车专用示波器。

虽然示波器具有操作简单,波形显示准确等优点,但由于它是专用的设备,因此,在使用时一定要按正确的方法操作。

(1)测试点应准确选择。在连接测试点时,应先关闭测试电路和示波器的电源。

(2)在切断测试接头之前,应先断开搭铁线接头。

(3)测试的车辆应锁止,在通风顺畅处,同时注意保护示波器免受液体浸入。

总之,汽车传感器的检测方法是多种多样的,在掌握这些仪器、仪表检测方法的同时,还需要许多实际的经验。

5.3 传感器在汽车上的应用范围

前面讲过,随着汽车控制技术的不断提高,传感器在汽车上的应用也越来越广泛,下面就传感器在汽车上的应用范围做一个概括性阐述,以便提高我们对传感器重要性的认识。

5.3.1 传感器在汽车发动机上的应用

目前,在汽车发动机控制系统中是传感器应用最多的地方。

5.3.1.1 点火系统的控制

在现在汽车点火控制系统中,不仅点火电压的最大值和点火能量得到了充分的保证,同时以前无法调控的点火提前角也得到了非常理想的控制,这些都依赖于电子技术和传感技术在汽车上的应用。

1. 点火提前角(Electronic Spark Advance)的控制

在 ECU 电子点火单元的存储器中,储存着发动机在各种工况下的最佳点火提前角的脉谱图。当 ECU 在获取负荷信号(由空气流量传感器或发动机进气歧管压力传感器提供)和由曲轴转速传感器提供的发动机转速信号时,比对最佳点火提前角的脉谱图,得到这一时刻发动机点火提前角的基本数值,然后,再根据大气温度传感器、发动机冷却液温度传感器、空调开关的状态信号等信息,修正并确定最佳点火提前角,向电子点火器输出点火信号,以控制点火系统工作。

2. 爆燃控制

实验表明,当发动机气缸内接近爆燃状态时,发动机所表现的功率最高,燃料效率最低,排放也是最好。因此,当根据上述若干传感器 ECU 计算出的最佳点火提前角发出指令后,发动机的爆燃传感器没有传回发动机爆燃的信息时,那么下一个点火提前角的指令就会在原有计算出的最佳点火提前角的基础上提前一个单位。这样,直至爆震传感器传回发动机爆燃的信息后,ECU 立即推迟发动机的点火提前角,使得发动机的燃烧室始终处于爆燃的边缘工作。

3. 通电时间及恒流控制

按照低选的原则,要保证在最差的条件下也要使点火系统的初级电流的最大值符合要求,这样才能使点火系统在任何时候都产生足够高的次级电压,但这样同时也会在相当长的时间使得点火系统的初级电流过大而使点火线圈过热损坏。为了避免这种现象的发生,ECU 根据发动机电源系统电压的最大值以及发动机转速信号等,控制点火线圈的最大值和初级电路的通电时间。

5.3.1.2　燃油供给系统的控制

理想的空燃比、最佳的混合气供给时间是一台发动机获得最高的功率、最小的燃料消耗率和最环保排放的又一个必不可少的因素。在这里,传感技术对汽车燃油喷射控制系统又起到了至关重要的作用。

1. 喷油量的控制

喷油量的多少直接关系到空燃比,而发动机在各个工况的空燃比是不一样的。和点火系统一样,发动机电子控制单元根据空气流量传感器或进气压力传感器、发动机转速传感器和进气门开度传感器所提供的信息,与储存在电子控制单元存储器中发动机在各个工况下的最佳喷油量的脉谱图进行比对,计算出发动机这一工况下喷油量的基本值,再根据进气温度传感器、冷却液温度传感器等所提供的信息,修正喷油量,计算出发动机这一工况下的喷油脉冲宽度,传送给执行器,进行发动机的喷油量控制。

2. 喷油正时控制

当发动机采用多点顺序燃油喷射系统时,除了控制燃油喷射量以外,还要根据发动机各缸工作顺序及发动机的转速,以最佳的时刻进行燃油喷射。

3. 进气增压控制

在进气谐波增压控制系统中,ECU 根据发动机转速传感器的信号,控制着增压控制阀的开度,变换发动机在不同转速区域内的进气阻力,从而相当于改变进气管的有效长度,实现中低转速区和高转速区的进气谐波增压,提高发动机的充气效率。

4. 怠速控制

现在汽车的怠速状态不仅仅停留在使发动机稳定在某一个转速下平稳运转。而是当发动机的电子控制单元通过传感系统,在获取汽车用电量超负荷、汽车制动、空调系统的空压机工作、变速器正在变换挡位、发动机负荷突然加大等不同的工况时,随时由 ECU 控制怠速控制阀,变换这一工况下的怠速转速,使发动机始终处于最佳的怠速稳定转速下运转。

5. 排放控制

排放控制分为燃油蒸气回收控制、废气再循环控制、二次空气喷射控制和开闭环控制。

1) 燃油蒸气回收控制

ECU 根据发动机冷却液温度传感器、转速传感器、负荷传感器等信息,控制清污电磁阀的开启,将活性炭吸附的燃油蒸气吸入进气管,进入发动机气缸内燃烧,从而有效地降低了燃油蒸气的排放。

2) 废气再循环控制

当传感器检测到发动机的废气达到一定的温度时,ECU 根据发动机的转速传感器和负荷传感器所提供的信息,控制废气再循环阀的开启,使一定数量的废气进行再循环燃烧,从而降低发动机尾气中氮氧化物的排放量。

3) 二次空气喷射控制

当传感器检测到发动机达到一定的工作温度时,ECU 控制二次空气喷射电磁阀开启,使一定数量的新鲜空气进入到排气歧管和三元催化系统,从而减少了排气造成的污染。

4）开闭环控制

ECU 根据发动机的工况和氧传感器的信息,控制开环控制和闭环控制二种控制程序的使用,调控燃油喷射系统的空燃比,从而减少了发动机排放所造成的污染数量。

6. 冷起动控制

低温起动时,ECU 根据发动机温度传感器的信息,非常规地加浓混合器,使起动更加顺利,或者对于有冷起动喷油器的车型,开通冷起动喷油定时控制,让冷起动喷油器工作,达到顺利起动发动机的目的,但目前安装有冷起动喷油器的汽车越来越少了。

7. 故障报警及跛行控制

现代电控汽车的控制单元除按设计要求正常工作外,还有故障自诊断功能。当 ECU 检测到各个传感器所送来的信号超出其规定值时,就会发出故障报警,提醒驾驶员发动机已经出现故障,应立即停车检查。同时,在出现一些严重影响安全或使发动机性能严重下降等故障时,会自动启动备用控制系统,使发动机处于跛行状态,以便将车能开到维修服务站进行修理。

8. 其它控制

近年来,随着电子技术的不断发展,汽车发动机的控制领域也在不断地进步,开发了许多更深层次的控制技术,如停车熄火控制、减速断油控制、超速断油控制、燃油泵工作状态控制等。

1）停车熄火控制

为了节约燃油,停车熄火控制的原理是,当离合器断开,汽车停车或车速低于 2 km/h 时,发动机就自动熄火;若要使车再次起动,踏下离合器踏板,同时加速踏板被踩下 1/3 时发动就立即被再次起动。此种控制对于使用空调状态的汽车显然是不适用的。同时,对于汽车是否能迅速起动的能力要求也很高。

2）减速断油控制

减速断油控制的理念是:当驾驶员迅速地松开加速踏板时,ECU 根据转速传感器的信号,如果此时发动机的转速超过某一值,将自动切断喷油器控制电路,使燃油喷射中断,达到减少 HC 和 CO 的目的;而当发动机转速下降到临界转速时,又自动恢复供油。此方法对于手动挡的汽车而言,增加了非需求的发动机制动效果,如操控不当会使油耗增加,同时,也会使驾驶快感降低。

3）超速断油控制

发动机加速时,当传感器检测到转速超过安全转速或汽车车速超过设定的最高车速时,ECU 将会在临界转速时自动切断燃油喷射控制电路,停止供油,防止汽车超速。此方法在汽车正常行驶时效果显著,但当汽车正在超车时,如果超速断油控制突然起作用,则更会出现安全隐患。

4）燃油泵工作状态控制

随着发动机转速的提高和负荷的增加,所需要的燃油量也在不断地增加,也就是说,发动机在各个工况下所使用的燃油量是不同的。以往的燃油泵是在发动机工作后就一直以一定的速度运转,这样既减少了燃油泵的使用寿命,又增加了不必要的能量损耗。燃油泵工作状态的控制理念是,ECU 根据传感器提供的发动机的不同工况信息,指令燃油泵在发动机不同的工况下,以不同的转速进行运转。

总之，随着技术的进步，还会有不同的控制方式、方法应用到发动机控制领域中来，没有做不到的，只有想不到的。

5.3.2　传感器在汽车底盘控制系统中的应用

1. 自动变速器控制

自动变速器是一个极其复杂的装置，在更换挡位时要考虑多种因素。因此，为了获取各种信息，在自动变速器控制系统内安装使用了多个传感器，如节气门开度传感器、发动机转速传感器，1号车速传感器、2号车速传感器、自动变速器油温传感器、超速挡直接挡离合器转速传感器等。自动变速器控制系统能够根据节气门开度传感器、直接挡离合器传感器和1、2号车速传感器的信息，计算出换挡时刻，向相应的电磁阀提供指令，使换挡阀动作，接通主油道的通路，换上相应的挡位。

油温传感器的作用主要是检测自动变速器的油温，用于换挡控制、油压控制和锁定离合器控制等。

2. 动力转向控制

为了实现转向系统在汽车低速行驶时减轻转向操纵力，在汽车高速行驶时增加操纵力，提高汽车操纵稳定性的目的，在液压式动力转向系统中，ECU利用车速传感器的信号，控制动力转向液压油的数量实现上述功能；电子控制动力转向系统则是根据车速传感器和转矩传感器信号，由ECU确定转向助力矩的大小和方向，通过电磁离合器和减速机构，将控制好的转矩加到转向机构上，实现电子动力转向的。

3. 悬挂控制

在装有电子悬挂控制的系统中，有这样两种控制形式：一种形式是ECU获取车速传感器、节气门位置传感器、车身高度传感器、转向机转角传感器等信息，控制悬架减震器的刚度和阻尼力来增加汽车行驶的稳定性；另一种形式是ECU在进行上述控制的同时，还对车身的重心高度进行适当的调整，即在车速高于某一速度时下调车身的重心高度，这样使汽车行驶的稳定性得到了进一步的提高。

5.3.3　在安全行驶方面上的应用

1. 制动防抱死(ABS)控制技术

我们知道，当汽车制动时，如果轮胎与地面滑移，不仅制动距离增长，而且还会产生侧向力，这大大降低了汽车的行驶稳定性，因而，在现代汽车中都加入了ABS控制系统，从而有效地防止汽车制动时，在强大的制动力作用下，使轮毂抱死而导致轮胎与地面滑移的现象发生。

ABS控制系统的原理是，利用安装在车轮上的轮速传感器，使ECU不断地检测车轮的运动状态，当获取某一个车轮因制动力过大而抱死的一瞬时，及时发出指令控制制动电磁阀的开度，也就是减小这一个车轮的制动力，防止车轮抱死现象的发生。

2. 驱动防滑系统的控制

汽车在起步、加速和在非对称行驶或者转弯时，都会产生驱动轮滑转的现象，驱动轮滑转使汽车的操纵安全性和行驶的稳定性降低。防止驱动轮滑转的装置被称作驱动防滑控制系统。驱动防滑控制系统也是利用轮速传感器获取车轮运动状态的信息,当 ECU 接收到信号,计算出车轮的滑移率超过规定值时,立即发出指令,控制副节气门步进电机工作,关小节气门,减小发动机的功率输出,从而避免汽车滑移运动,或者对产生滑移的车轮直接制动,也可使滑移量减少。

在装有差速器锁的汽车上,通过控制差速器锁的方式也是控制汽车滑移一个有效的措施。当然,这个控制也需要 ECU 根据传感器的信号,通过计算发出控制指令来完成。

3. 安全气囊控制系统

辅助乘员保护系统简称安全气囊,安全气囊属于被动安全系统。当车辆在行驶一定的车速以上发生碰撞时,汽车的碰撞传感器和安全传感器就会同时检测到汽车的减速度超过规定值,安全气囊控制单元就会及时发出指令,引爆气囊中预置的药粉,产生大量气体充入气囊使气囊弹出,从而保护了汽车内的司乘人员,减小汽车碰撞时的二次冲击对人的伤害。

4. 防撞控制系统

在汽车防撞系统中是利用多卜勒雷达系统采集信号的。多卜勒雷达是用作测速和测距的传感器,它可以测量出两车的相对距离、车速和相对车速等有关信息。电子控制系统接收到信号后经过计算分析,如发现实际距离小于安全距离,首先及时发出警报,提醒驾驶员采取相应的措施;若驾驶员未采取应急措施,电子控制单元又会及时向执行器发出指令,控制汽车的制动装置起作用,强行使汽车减速,从而有效地防止汽车发生碰撞事故。当确认车距超过安全距离时,制动系统恢复正常。

同样,倒车防撞系统也是相同的理论,只是目前应用较多的是利用超声波作为倒车传感器。

5. 前照灯控制系统

目前,汽车前照灯控制系统包括两方面内容:一方面是前照灯自动开关系统;另一方面是前照灯自动调光系统。前照灯自动开关系统是利用装在汽车仪表盘上的日照传感器在日光变化时会产生强弱不同的电流,通过放大这个与光照强度成正比变化的电流,控制灯光继电器的工作,即在日光暗到一定程度时自动开启汽车前照灯,日光亮到一定程度时又会自动关闭前照灯。前照灯自动调光系统是汽车在夜间行驶当对面有车辆时,在一定的距离安装在汽车前风挡上的感光传感器会获取对方车辆光照信息,传递给电子控制单元,控制车辆前照灯的远光变为近光,从而防止汽车前照灯的远光直接照射到对方车辆的驾驶员,减少交通事故的发生。

5.3.4 在信息传输过程中的应用

1. 仪表与警报系统

为了使汽车的各个系统都能在良好的状态下工作,就需要驾驶员时刻知道各个系统的工作状态。目前,汽车上用于监视各个系统工况的系统有两种,一种是仪表系统,一种是警报系统。

仪表主要是监视各个工作系统量的变化装置。仪表是一种被动检测装置,它所指示的数据需要驾驶员主动检测,如燃油表、水温表等。

警报主要是监视各个系统质的变化装置,就是说已经到达极限了。警报是一种主动检测系统,当获取某一检测量超过规定值时,它会以声或光的形式表现出来,提醒驾驶员应该注意哪些问题了,如气压报警、制动蹄片磨损报警等。

　　所有的这些仪表和警报装置都依赖于各自传感器的信息,才能得以正常工作。

2. 车辆定位和导航系统

　　定位和导航技术是近年来被引入到汽车领域中的技术,它通过相对传感器、绝对传感器、转向角传感器、车轮轮速传感器、地磁传感器、陀螺仪和罗盘等多种传感器,依据全球定位系统的先进技术,可以精确测定汽车当前所处的位置。另外,利用车辆接收机所储存的信息,还可以完成下列各项工作:地图显示、设定目的地、提供最优的行驶路径、提供各种旅游信息、防盗功能等。

5.3.5　在汽车舒适系统方面中的应用

1. 自动空调控制系统

　　汽车自动空调控制系统是当温度设定开关设定所需要的温度后,ECU 根据汽车车内温度传感器、车外温度传感器、日照传感器、发动机冷却液温度传感器等信息,获取了车内外的温度以及发动机温度和日照强度,经过数据处理后,计算出所输送入车厢内空气的温度值,向执行器发出控制指令,控制空气混合板的开度、冷却液阀的开度、鼓风机的转速、空气吸入口开度以及送风口档板的开度变换等。

2. 巡航控制系统

　　巡航控制系统是对行驶中的汽车车速进行自动控制的装置。它是利用驾驶员控制开关和车速传感器的信号,经过巡航电子控制单元的计算分析后,给发动机伺服系统电磁阀发出指令,控制伺服装置的真空度来达到控制车速的目的。

3. 自动驾驶控制系统

　　自动驾驶是汽车目前最复杂的控制系统,还处于研发阶段。它是利用多种传感器来识别汽车行驶时的各种道路信息,由其自动驾驶电子控制单元分析、计算后发出指令,控制车辆的自动行驶。

　　总之,随着科学技术的不断进步,会有越来越多的自动控制系统应用到汽车上来,而这些控制系统工作的可靠性首先就取决于各种传感器所提供的信息的准确程度,因而,传感器的可靠性、耐久性、精度等指标对自动控制领域的发展是至关重要的。

复习与思考

(1)叙述传感器的定义与分类。

(2)简述检测方法。

(3)叙述汽车传感器的检测方法的种类及各自的检测方式。

(4)简述传感器在汽车各个系统中的应用。

项目 6 典型传感器的结构原理

学习目标

掌握汽车热敏电阻温度传感器的原理、结构和检测方法。

掌握汽车过程型和开关型压力传感器的原理、结构和检测方法。

掌握汽车曲轴位置、节气门位置以及液位高度位置传感器的原理、结构和检测方法。

掌握汽车发动机转速、车速以及轮速传感器的原理、结构和检测方法。

掌握汽车热线式空气流量传感器的原理、结构和检测方法。

了解汽车常用浓度传感器的原理、结构和检测方法。

了解汽车常用光电传感器的原理、结构和检测方法。

传感器有很多种,但在汽车的实际应用中,常常需要测控的对象是温度、压力、流量、速度等有限的元素,因而本章节主要介绍这几种常见典型的传感器。

6.1 温度传感器的结构、原理与检测

随着汽车电子化程度的提高,汽车上需要测温度点的地方也就越来越多。现代汽车上不仅发动机、自动变速器、空调等系统需要检测温度,废气再循环系统也需要发动机或尾气排放等温度。

6.1.1 温度传感器的种类、特点

6.1.1.1 对温度传感器的要求

能做为温度传感器的器件很多,发展也很快。日常使用的材料及电子原件的大部分都有随着温度而变化的特征,但作为温度传感器,则必须满足以下要求:

(1)在使用温度度范围内,温度特性曲线应为单值特性,达到精度符合的要求。对于定点温度检测或狭窄温度范围检测,温度系数越大,检测电路越简单;但对于温度检测范围较宽时,温度系数过大就难以使用了。

(2)温度传感器的输出信号必须能满足电子检测电路的需要。

(3)温度传感器的特性偏移、蠕变越小越好。

(4)对温度以外的物理量不敏感。

(5)体积小、安装方便,互换性要好。

(6)要有较好机械、化学和热性能。

(7)无毒、安全、廉价。

6.1.1.2　温度传感器的种类及特点

温度传感器一般分为接触式和非接触式两大类。

接触式温度传感器是指传感器直接与被测物体接触,从而进行温度测量。这是温度测量的最基本的形式,要求被检测物体的热容量要远远大于温度传感器,这样测得数据的精度才能足够高。目前,使用的接触式温度传感器有绕线电阻、热敏电阻、扩散电阻、金属芯式和热电偶式几种。

非接触式温度传感器是通过检测被测物体所发出红外线的能量来测量其温度的。目前使用的非接触温度传感器有利用半导体吸收光而使电子迁移的量子型与吸收光而引起温度变化的热型。非接触式温度传感器广泛应用于非接触温度检测、报警装置、自动门和气体分析等领域,在汽车上很少使用,因此在这里我们只对经常在汽车上使用的温度传感器加以阐述和分析。几种常见的典型传感器的特点如表 6-1 所示。

表 6-1　几种常见温度传感器的特点

传感器类型	优点	缺点
热电偶	1.可测定很小部位的温度 2.测温范围宽 3.耐振动和冲击 4.性能稳定 5.灵敏度高	1.需经常检定,否则精度低 2.需要标准触点 3.对补偿导线的长度有严格的规定
金属测温电阻	1.适用于测量大温差下的平均温度 2.不需要标准触点 3.与热电偶相比,常温时测定精度高	1.灵敏度低 2.受导线电阻影响大
热敏电阻	1.可测量很小部位的温度 2.灵敏度高 3.价格低廉,性价比高 4.信号很容易处理 5.可以测量微小的温度差	1.测量大温差时需做线性处理 2.不能在振动非常严重的场合下使用 3.不能忽视导线电阻的影响

6.1.2　几种典型温度传感器的结构及原理

6.1.2.1　热电偶

热电偶是目前工业上应用最广泛的温度传感器。热电偶的结构简单,仅由两根不同的导体或半导体材料焊接或铰接而成。热电偶的测温精度和灵敏度足够高,稳定性和复现性也较好,动态响应快,测温范围广,信号便于传送。

1.热电偶的结构

如图 6-1 所示,热电偶通常由热电极、绝缘子、保护管和接线盒四部分组成。

热电极是由两种不同材料的导体(半导体)A、B 焊接而成。焊接的一端为工作端(或热端),与导线连接的一端为自由端(或冷端),导体 A、B 称为热电极。热电极是热电偶的最核心的部件,通常由贵重金属制成。

绝缘子是用来防止两根热电极断路的。

保护管套装在热电极和绝缘子的外面,其作用是将热电极和被测介质隔离,使热电极免受化学和机械损伤。

接线盒的作用是连接热电极和补偿导线使用的,必须防止灰尘、水和气体进入热电极,否则不仅影响热电极的使用寿命,还会影响测量精度。接线盒的接线端子一定要标明热电极的正负极。

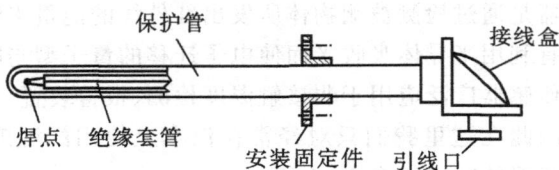

图 6-1 热电偶的结构

2. 热电偶的工作原理

在图 6-2(a)中两种不同的导体(或半导体)A、B 组成了一个闭合回路,两接点的温度分别为 t 和 t_0($t > t_0$),则在回路中就产生一个电动势。这个物理现象就是塞贝克效应,此电动势称为热电电势。

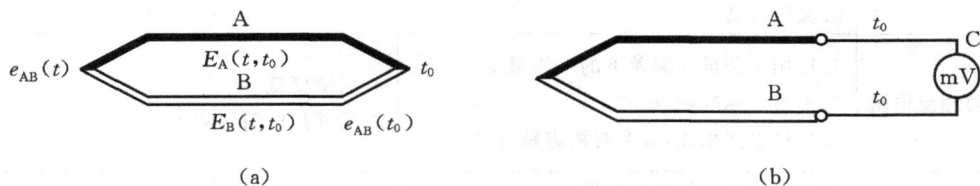

图 6-2 热电偶电路的构成

热电势的产生由接触电势和温差电势两部分组成。

接触电势又称帕尔帖电势。它表明两种不同的导体引起各自自由电子的密度不同而在接触处形成的电动势。此电势与材质和温度有关,表示为 $e_{AB}(t)$、$e_{AB}(t_0)$,A 为正极,B 为负极。

温差电势又称汤姆逊电势。它表明材料导体因其两端温度不同而产生的电动势,此电势与材料和温度有关,它表示为 $E_A(t,t_0)$、$E_B(t,t_0)$。

由于接触电势远大于温差电势,因此,热电势的极性取决于接触电势的极性。在两个热电极中,电子密度大的导体 A 是正电极,电子密度小的导体 B 是负电极。热电势的大小

$$E_{AB}(t,t_0) = e_{AB}(t) - e_{AB}(t_0)$$

因此,热电偶所产生热电势的大小与热电极的长度和直径无关,只与热电极的材料和两端的温度有关。

在热电偶的回路中,只要保证热电偶断开点的两端温度相同,插入第三种导体 C 是不影响原来热电偶回路的热电势的。利用这一性质,在回路中插入仪表和连接导线,如图 6-2(b)所示,就表明了热电偶温度传感器测温的工作原理。

测量时将工作端与被测介质接触,测量仪表常为动圈仪表或电位计,用来测量热电偶的热

电势,从而计算出被测介质的温度。

3.热电偶补偿线的选用

利用热电偶测温,必须保证自由端温度恒定。但在实际工作中,由于热电偶的自由端很靠近被测介质,使得自由端的温度会受到环境温度或被测介质温度的影响,因此,自由端的温度就很难保持恒定,测量结果的准确性也就受到了质疑。为了能准确测量温度,就必须设法使自由端延伸到远离被测介质且温度比较稳定的地方。如果把热电偶做得很长,不仅安装不方便,也会大大增加成本(热电极多为贵金属)。后来人们在实践中发现,在 0~100℃ 的范围内,用一些便宜的金属代替原有的热电极的一部分,使热电偶的自由端延伸出来,这时热电偶的热特性与标准化热电偶的热特性基本接近,我们把这种方法称为热电偶的补偿导线法。不同的热电偶要求配用不同的补偿导线,使用补偿导线时,补偿导线的正、负极必须与热电偶的正、负极同名端相对应连接。

4.热电偶自由端的温度补偿

利用热电偶测温,其温度与热电势的关系曲线是在自由端温度为 0℃ 时分度的,利用补偿导线仅仅是使自由端延伸到温度较低或比较稳定的操作室,并不能保证自由端的温度为 0℃,因此,测量结果就会有误差存在。为了消除这种误差,在利用热电偶测温时还必须对自由端进行温度补偿。常用的几种补偿方法有:

1)自由端温度效正法

若测温时自由端的温度不是 0℃,而是某一温度 t_0,则测得的热电势 $E_{AB}(t,t_0)$,由公式得出实际温度所对应的热电势的值。所用的公式为

$$E_{AB}(t,0) = E_{AB}(t,t_0) + E_{AB}(t_0,0)$$

2)0℃ 恒温测试法

如图 6-3 所示,将热电偶的自由端放入盛有绝缘油的试管中,该试管置于装有冰水混合物的恒温器内,使得自由端始终处于 0℃ 状态,然后测两自由端的热电势。此方法一般只用于实验室中。

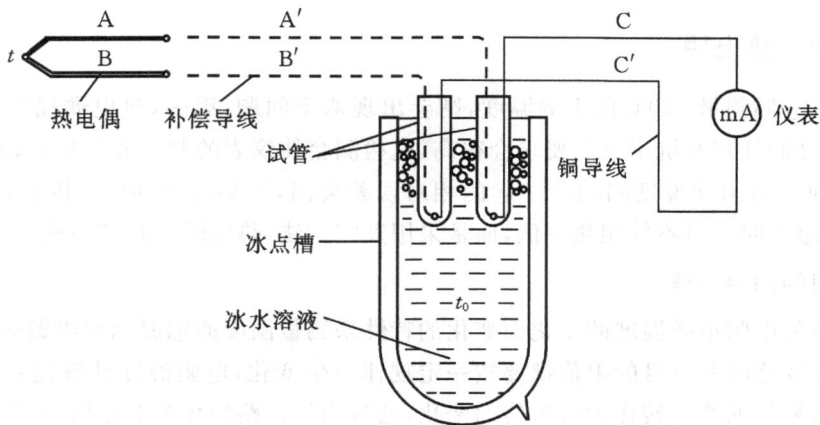

图 6-3 0℃ 恒温测试法

3）校正仪表零点法

一般仪表不工作时，指针应处于机械零点。在自由端的温度比较稳定的情况下，可预先将仪表的机械零点调整到相当于自由端为零度时的数值来补偿因温度而产生的误差。因室温是在变化的，故这种方法还是会有一定的误差，但由于方法简单，工业上也就经常应用。

4）补偿电桥法

如图 6-4 所示，补偿电桥的三个桥臂电阻 R_1、R_2、R_3 由锰铜丝做成，另一个桥臂电阻 R 由铜丝做成。

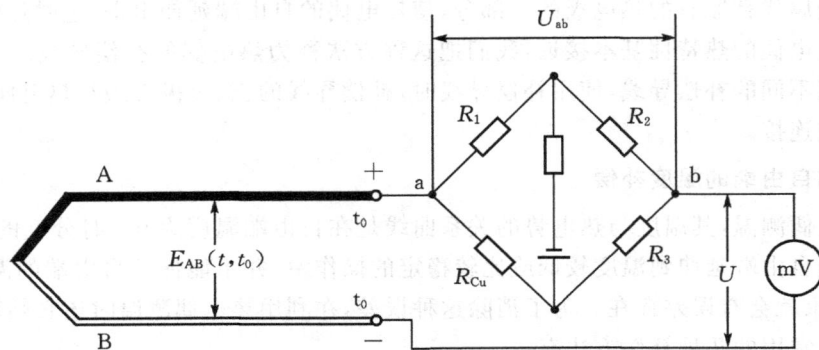

图 6-4　补偿电桥法

测温时，将补偿导线延伸到补偿电桥，使补偿电桥与热电偶的自由端具有相同温度。设计时通常使电桥在 20℃平衡（$R_1=R_2=R_3=R$），此时 $U=0$，电桥对仪表的读数没影响。当周围环境的温度大于 20℃时，热电偶因自由端温度升高而使热电势减少，但此时电桥的电阻 R 因温度变化而阻值增加，导致 b 点的电压高于 a 点。在 b、a 对角线之间有一个不平衡的电压 U 输出，它与热电偶的热电势叠加送入测量仪表。如果补偿电阻选择合适，正好补偿了由于自由端温度变化而引起的热电势的变化值，从而使仪表指示出正确的温度值。

6.1.2.2　热电阻

如果用热电偶测量 500℃以下的温度，则会出现两个问题：第一，热电偶输出的热电势很小，这样对信号的处理及抗干扰的要求会很高，这检测会使仪表的制作成本很大；第二，输出的热电势小而使得自由端温度问题所引起的相对误差突出，不易得到补偿。因此，在实际检测 500℃以下的温度时一般不使用热电偶，而是采用其它方法，热电阻就是其中的一种。

1. 热电阻的测温原理

利用导体的电阻值随温度的变化而变化的特性来测量温度的感温元件叫做热电阻。大多数金属在温度变化时其自身的阻值都要按一定规律发生变化，电阻温度计就是利用热电阻这一感温元件将温度的变化转化为电阻值的变化，通过测量桥路转化为电压信号，然后再经过显示仪表指示出来，或送到其它控制电路中去的。

2. 热电阻的构造

同热电偶一样，热电阻是由电阻体、绝缘子、保护套和接线盒四个部分组成。其中，绝缘子、保护套和接线盒部分的结构和形状同热电偶基本相同。电阻体是由电阻丝绕在支架上而成,为了避免产生感抗,电阻丝绕制时采用双线无感绕制法,最好选用电阻值随温度变化呈线性关系的材料作电阻丝。因此,在实际应用中,经常选用铂或铜做热电阻体的材料。

3. 热电阻测温时的修正

导线也是金属,当然其阻值也会随温度的变化而变化,这样,尤其是测量地点和显示仪表距离远的情况,所造成的测量误差就会很大,也很难修正,因而,实际测量时,不能简单地用两个导线连接热电阻,而是采用三线制接法,如图 6-5 所示。

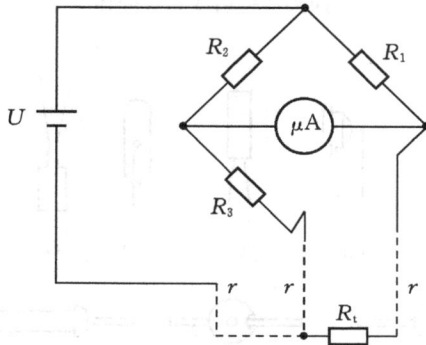

图 6-5　热电阻的三线制接法

所谓三线制就是从热电阻引出三根导线,这三根导线粗细相同,长度相等,阻值都是 r,其中一根导线串联在电桥的电源上,另外两根分别串联在电桥的相邻两臂上,使相邻两臂的阻值都增加同样大阻值 r。这样把连接导线随温度变化的阻值就同样加在相邻两个桥臂上了,测量时就抵消其影响,提高了测量的精度值。

6.1.2.3　热敏电阻

单从测温装置的结构和功能上讲,热敏电阻和热电阻没有什么严格的区别,只是把随温度变化的热电阻金属电阻丝改为由半导体材料制成的热敏电阻而已。但是,由于热敏电阻不仅体积小,而且其阻值随温度变化显著,具有灵敏度高、反应快、电阻率高、热惯性小等显著特征,在控制领域被越来越多地采用,尤其是在汽车控制系统中,应用了大量的利用热敏电阻测温装置,因此,这里对热敏电阻的构成及其特性加以详细的阐述。

1. 热敏电阻的构成

热敏电阻全称又叫半导体热敏电阻。提到半导体我们就会想到 PN 结,前面讲到的半导体二极管、三极管等都是由 PN 结构成,但半导体热敏电阻不同,它自身的结构没有 PN 结,是由某些金属氧化物按不同的配方和不同的比例烧结而成的。由于其导电能力介于导体和绝缘体之间,再加上其阻值随温度变化敏感,故称其为半导体热敏电阻。热敏电阻的结构和符号如图 6-6 所示。

根据需要可以将热敏电阻制作成片型、棒型、粒型、垫圈型等,其直径或厚度约 1 mm,长度不到 3 mm,非常适合测量小部位的温度。热敏电阻的结构形状如图 6-7 所示。

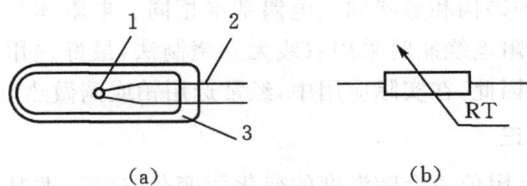

图 6-6　热敏电阻的结构及符号

(a)结构;(b)符号

1—探头;2—引线;3—壳体

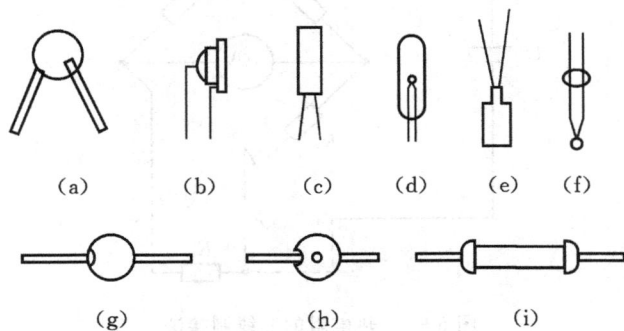

图 6-7　热敏电阻的结构形状

(a)圆片型;(b)薄膜型;(c)柱形;(d)管型;(e)平板型;(f)珠型;(g)扁型;(h)垫圈型;(i)杆型

2. 热敏电阻的类型及特点

热敏电阻在制造过程中,根据其金属氧化物的配方和比例不同,热敏电阻也会呈现不同的特性。一般会三种形式的热敏电阻,其阻温特性如图 6-8 所示。

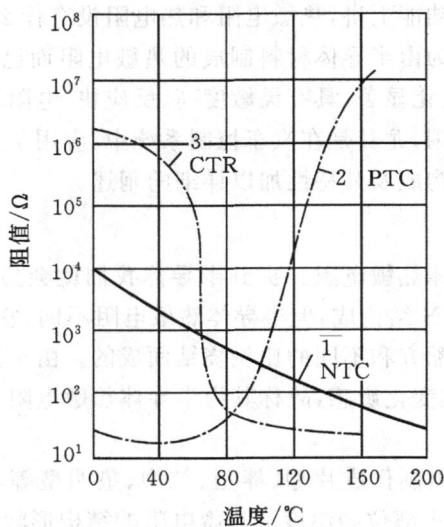

图 6-8　半导体热敏电阻的阻温特性

1) NTC 热敏电阻

NTC 热敏电阻是一种最常见而且是应用最多的一种热敏电阻,由于其阻值随温度升高而下降,故称其为具有负的温度系数的热敏电阻。NTC 热敏电阻主要由 Mn、Co、Ni、Fe 等金属的氧化物烧结而成,虽然使用不同比例金属氧化物制成的 NTC 热敏电阻的阻温特性有所不同,但在一定温度范围内,其阻温特性曲线的斜率相对较小,且对其进行线性化处理后的阻温特性基本上呈线性,非常适合于作为传感器的要求,因而被广泛地应用于控制领域。

2) CTC 热敏电阻

CTC 热敏电阻又叫做临界温度系数热敏电阻,是由 V、Ge、W、P 等元素的氧化物在弱还原状态下烧结而成。虽然它也属于负温度系数类型,但由于其在某个温度范围里阻值急剧下降,曲线的斜率在此区域内特别陡峭,灵敏度极高,因此在测温控制系统很少应用,一般只用作开关元件使用。

3) PTC 热敏电阻

PTC 热敏电阻又叫正温度系数热敏电阻,是由钛酸钡掺合稀土元素烧结而成的半导体陶瓷元件。其特点是随温度增加阻值增大,且增大的幅度非常大。也正是因为其阻温特性曲线的斜率太大,不适合应用于控制领域,一般也只作为开关元件使用。

综上,只有 NTC 热敏电阻适合于各种控制领域,因此在汽车上也得到了广泛的应用。但值得注意的是,热敏电阻的工作温度范围是有要求的,只有在这个温度范围内热敏电阻才能正常工作,其正常工作的温度范围一般为 $-100 \sim 300$ ℃。即便是在这个温度范围内,也并非每个热敏电阻都能全温度范围内正常工作。对于宽温度范围的测量,应该用多个热敏电阻进行分段检测,这样,测量的误差才会最小。

6.1.2.4 集成温度传感器

所谓集成温度传感器,就是在一块极小的半导体芯片上集成了包括温度敏感元件、信号放大电路、温度补偿电路、基准电源等在内的各个单元,它使得传感器及其信号处理电路融为一体。集成温度传感器具有精度高、重复性好、线性优良、体积小、热容量小、稳定性好、输出信号大等优点,为实现传感器智能化、微型化、多功能化及生产规模化提供了必要的技术保证。

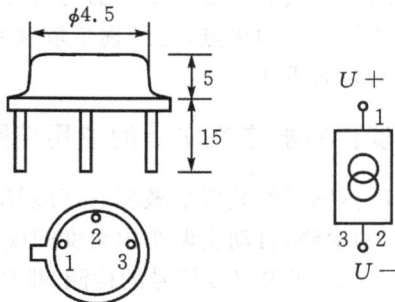

图 6-9 集成温度传感器的外形图及符号

常用的集成温度传感器有 AD590、AN6701S,其外形和符号如图 6-9 所示,各引出脚主要功能如表 6-2 所示,AD590、AN6701S 的主要电特性如表 6-3 所示。

表 6-2   AD590、AN6701S 引脚功能

名称	引脚编号	符号	功能
AD590	1		电源正端
	2		电流输出端
	3		金属管外壳,一般不用
AN6701S	1		电源
	2		输出端
	3		接地
	4		外校正电阻,改变工作温度及灵敏度
	5~8		空脚不用

表 6-3   AD590、AN6701S 的主要电特性

参数名称	AD590	AN6701S
工作温度范围/℃	−55~150	−10~80
非线性	±3%	±0.5%
电源电压/V	4~30	5~15
电源电流/mA		0.2~0.8
输出电流/μA	298	±100
灵敏度/(mV/℃)		105~114

6.1.3   温度传感器在汽车上的应用及检测

温度传感器是现代汽车上不可缺少的元件,在汽车上有很多个电子控制单元需要温度信号。随着汽车的发展也确实有很多不同的温度传感器在汽车上得到过应用,例如,石蜡气体温度传感器、双金属片温度传感器、热敏铁氧体温度传感器等,但随着热敏电阻温度传感器的使用,因其简单、灵敏、准确、响应快等显著的优点,已经逐步取代其它温度传感器,因而,这里我们只对热敏电阻温度传感器做必要的讲述。

6.1.3.1   热敏电阻温度传感器在汽车上的应用范围

在汽车上使用热敏电阻温度传感器的装置是最多的,分别用于冷却液温度的检测,进气温度的检测,空调蒸发器出口温度的检测,自动空调车内温度的检测,自动空调车外温度的检测,EGR 监测温度的检测,冷却液温度表所需温度信号的检测,排气温度的检测,自动变速器油温的温度检测,轮胎防爆装置胎温的检测,等等。

6.1.3.2   热敏电阻温度传感器的结构、原理

1. 热敏温度传感器的结构

在汽车上使用热敏电阻温度传感器的装置中,虽然所展现的温度传感器根据需要所制作

的外形差异很大(见表 6-4),但其结构和原理却基本相同,都使用的 NTC 热敏电阻作为检测温度的电阻体,根据需要使用不同的材质、制作出不同的外形尺寸,将用于检测的热敏电阻放入其中,置入所需检测的部位。

表 6-4 汽车各种温度传感器外形图

传感器名称	传感器外形图
热敏电阻	
进气温度传感器	
EGR 检测温度传感器	
排气温度传感器	
冷却液温度表专用温度传感器	
冷却液温度传感器	

2. 热敏温度传感器的工作原理

热敏电阻的两端所引出的电线,一端为搭铁线(多数通过 ECU 集中搭铁),另一端直接同 ECU 相连,作为信号端子,其工作原理以进气温度传感器为例,如图 6-10 所示。

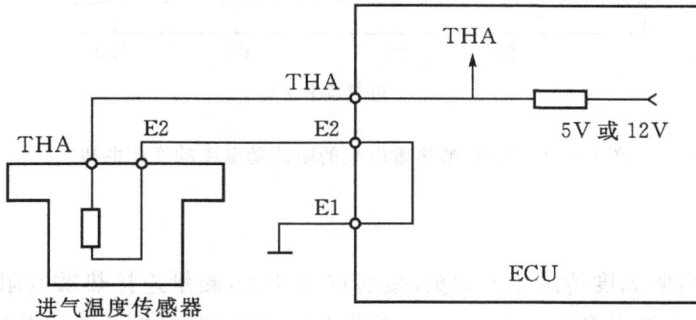

图 6-10 热敏电阻温度传感器工作原理简图

一般情况下,ECU 给温度传感器的信号端子提供 5 V 或 12 V 的电压,此信号端子通过热敏电阻之后就直接搭铁了。由于热敏电阻的阻值随温度的变化不断变化,那么,在 ECU 的信号采集端(见图 6-10),ECU 内的箭头处,就获得了一个随温度变化而不断变化的电压信号。

由于使用的是 NTC 热敏电阻,其阻值随温度的升高而下降,因而在这里信号采集端就获得了一个随温度升高电压下降的电压信号。这个信号会随进气温度的变化控制着发动机的喷油量。

6.1.3.3 热敏电阻温度传感器的检测

1. ECU 自检测

发动机 ECU 系统有故障自检测功能,在发动机运转过程中,如果哪个传感器有故障,ECU 可以检测到,并把故障进行储存,我们可以用专用仪器进行读取此故障信息。

2. 开路检测

断开所检测系统的电源,拆下温度传感器,用制冷剂或压缩空气对其降温,或可采用放在水中加热的方法对其加温,测其在不同温度下的阻值,与标准阻值相比较,判断此热敏电阻的性能。但是,多数情况下我们不知道标准阻值,那么,我们可以测不同温度下的阻值,然后将其画成坐标曲线。虽然车型不同这些曲线会有所差别,但总的规律是不应该变的,就是 NTC 热敏电阻的阻值随温度的升高而下降,所检测出来的曲线呈现的线性程度越好表明这个热敏电阻的性能越好。如图 6-11 所示,是一个典型的 NTC 型热敏电阻,随温度变化,阻值变化规律的曲线。

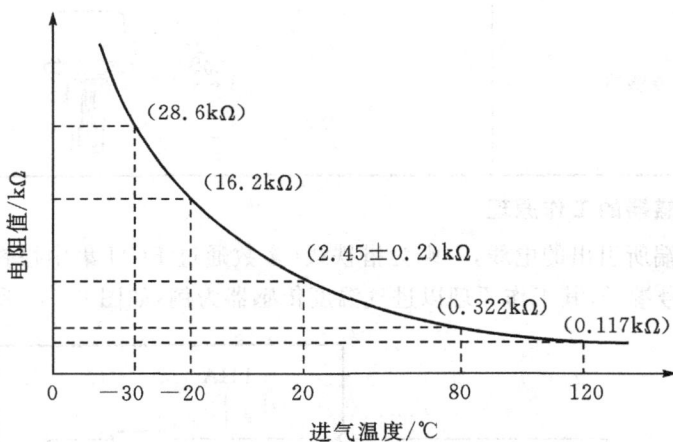

图 6-11 NTC 型热敏电阻的阻值随温度的变化曲线

3. 在路检测

(1)拔下热敏电阻温度传感器的插头,接通点火开关,测量连接热敏电阻两个端子间的电压应为 5 V 或 12 V(绝大多数为 5 V)。若无此电压,则应顺线检测连接此端子 ECU 端子的电压。还没有电压,则为 ECU 有故障;有电压,则此段线路有故障,排除。

(2)插上热敏电阻温度传感器,起动发动机,测量温度传感器信号端子在其不同温度下的对地电压,应在 0.5～4 V 之间变化。如果将此温度传感器在不同温度下的电压变化也同样画成曲线,其线形应该与图 6-11 所示的线形基本相同;否则,说明此温度传感器的性能不良,应予以更换。

4.示波器检测

用示波器检测热敏电阻传感器的波形,与标准波形相对比对,分析故障所在及故障的成因。

热敏电阻冷却液温度和进气温度的标准波形图如图 6-12 所示。

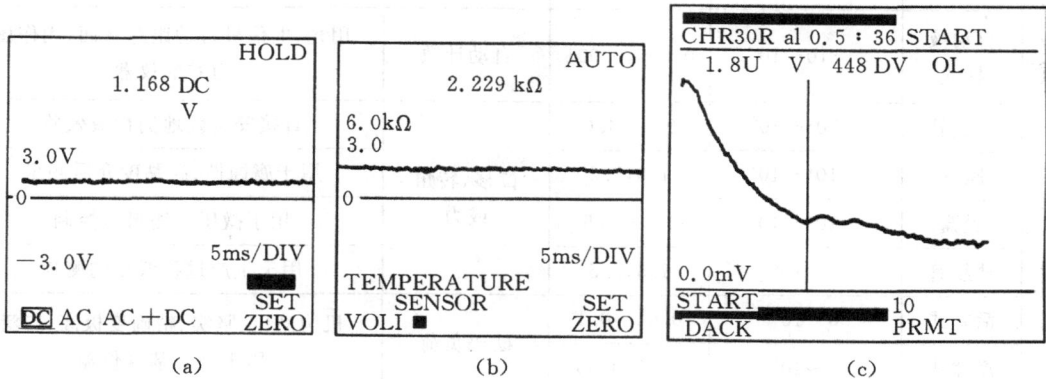

图 6-12　NTC 热敏电阻温度传感器标准波形
(a)冷却液温度传感器波形;(b)用的电阻表示的温度传感器波形;(c)进气温度传感器波形

6.2　压力传感器的结构、原理与检测

压力这一名词对于我们来说都不陌生,在物理学上,压力是表示物体所受到力的大小,单位用牛顿来表示。但在机械工业领域之中,如果我们还是这么理解"压力"这一名词那就错了,它是指物体单位面积上所受到的力,也就是我们物理学中的压强的含义,因此,在机械工业领域之中,压力的单位是帕。

在汽车中需要检测压力的部位很多,例如燃油压力、进气压力、大气压力、制动主缸压力、蓄能器(储气筒)压力、气缸压力、轮胎压力等等。有些部位的压力是必须随时检测的,因其是发动机赖以正常工作的主要依据;有些部位的压力是在检修时需检测的,因其是判断系统工作状态的指标。下面就根据实际需要,讲述各种压力的检测方法、工作原理及其在汽车上的应用。

6.2.1　压力传感器类型

在实际检测过程中,压力的测量范围很宽,测量的条件和精度要求也各不相同。

常用的压力传感器按其工作原理可分为四种:

(1)依据弹性元件受力变形的原理并利用机械机构将变形量放大的弹性元件压力传感器;

(2)依据液体静力学基础原理制成的液压式压力传感器;

(3)依据静力学平衡原理制成的负荷式压力传感器;

（4）将被测压力转换成电阻、电感、电容及频率等电学量变化的各种电学量式压力传感器。各种压力传感器的性能如表 6-5 所示。

表 6-5　压力测量的类型及其性能特点

类别	类型	测压范围/kPa	精度等级	输出信号	性能特点
液柱式	U 型管	$-10\sim10$	0.2,0.5	水柱高度	实验室低、微压测量
	补偿式	$-2.5\sim2.5$	0.02,0.1	旋转刻度	用于微压基准仪器
	自动液柱式	$-10\sim10$	0.005,0.001	自动计数	用光、电信号自动跟踪液面,用作压力基准仪器
弹性式	弹簧管	$-10^2\sim10^6$	0.1~4.0	位移、转角或力	直接安装就地测量或效验
	膜片	$-10^2\sim10^3$	1.5,2.5		用于腐蚀性、高黏度介质测量
	膜盒	$-10^2\sim10^2$	1.0~2.5		用于微压的测量与控制
	波纹管	$0\sim10^2$	1.5,2.5		用于生产过程低压的测控
负荷式	活塞式	$0\sim10^6$	0.01~0.1	砝码负荷	机构简单、坚实、精确度极高,广泛用于压力基准仪器
	浮球式	$0\sim10^4$	0.02,0.05		
电气式	电阻式	$-10^2\sim10^4$	1.0,1.5	电压、电流	结构简单、耐振动性差
	电感式	$0\sim10^5$	0.2~1.5	毫伏、毫安	环境要求低,信号处理灵活
	电容式	$0\sim10^4$	0.05~0.5	伏、毫安	动作响应快,灵敏度高,易受干扰
	压阻式	$0\sim10^5$	0.02~0.2	毫伏、毫安	性能稳定可靠,结构简单
	压电式	$0\sim10^4$	0.1~1.0	伏	响应速度极快,限于动态测量
	应变式	$-10^2\sim10^4$	0.1~0.5	毫伏	冲击、温湿度影响小,电路复杂
	振频式	$0\sim10^4$	0.05~0.5	频率	性能稳定,精度高
	霍尔式	$0\sim10^4$	0.5~1.5	毫伏	灵敏度高,易受外界干扰

6.2.2　压力传感器的结构、原理

6.2.2.1　弹性式压力传感器

当被测压力作用于弹性元件时,弹性元件就产生相应的变形。弹性压力传感器就是基于弹性元件(弹簧管、膜盒、膜片、波纹管)受压后产生的变形与被侧压力呈一定函数关系的原理制成的。

1. 弹簧管式压力传感器

如图 6-13 所示,弹簧管压力传感器是由单圈弹簧管制成圆弧形的空心管子,它的截面呈扁圆形或椭圆形。当其下侧接口处的被测压力发生变化时,弹簧管的另一侧自由端会根据进口处压力的大小进行相应的摆动,如压力增大会向外摆动,反之亦然。

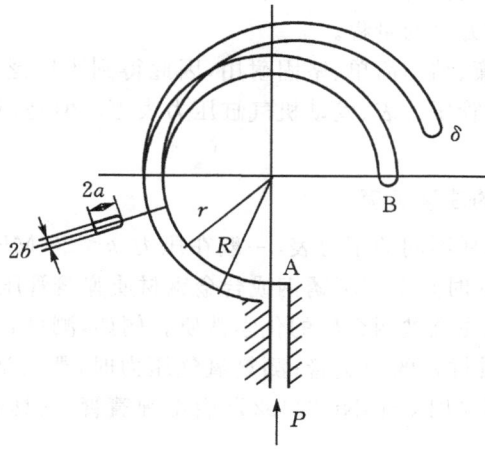

图6-13 弹簧管式压力传感器的结构原理示意图

2. 弹簧管式压力表

用弹簧管制成的普通弹簧管式压力表的结构如图 6-14 所示。

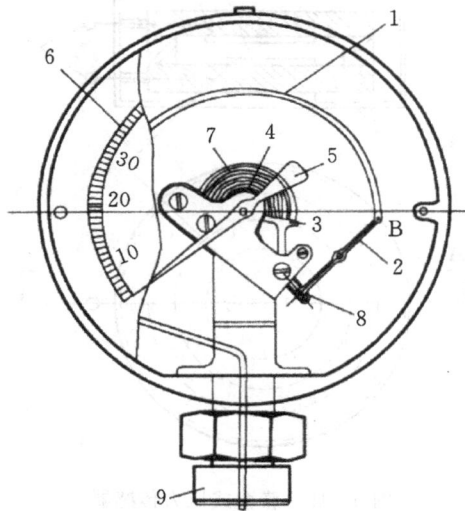

图 6-14 普通弹簧管式压力表的结构

1—弹簧管；2—拉臂；3—扇形齿；4—中心齿轮；5—指针；6—刻度；7—游丝；8—调整螺钉；9—管接头

扇形齿轮以中心为轴，固定在表的壳体上，有齿扇的一端与带有指针和回位游丝的中心齿轮相啮合，另一端通过拉杆和弹簧管的自由端相连接。

工作原理：当被测压力由接头接入弹簧管时，弹簧管的自由端就会扩张或收缩变形，从而通过拉杆带动扇形齿轮绕其轴转动，指针则通过与扇形相啮合的中心齿轮的带动而产生相应的偏转，这样就可以在刻度盘上根据指针的指示读出相应的压力数值。由于弹性元件通常是工作在弹性特性的线性范围之内，因而可以认为弹性元件的变形位移是与被测压力呈线性关

173

系,弹簧管压力表的刻度是线性的。拉杆一端的调整螺钉可以调整拉杆作用于扇形齿轮的力臂的大小,因而可以调整压力表的量程。

弹性式压力表价格低廉、结构简单、坚固耐用,因此得到了广泛应用,例如,汽车的储气筒压力表,汽车检修工具的歧管压力表、发动机气缸压力表等。但是,其动态响应慢,所以不适宜用于测量动态压力。

3. 使用弹簧管压力表的注意事项

(1)根据压力的大小选择不同的压力表,一般在压力 $p < 20$ MPa 时采用磷铜材质弹簧管的压力表,压力 $p > 20$ MPa 时则采用不锈钢或合金钢材质弹簧管压力表。

(2)使用压力表时必须注意被测介质的化学性质。例如,测量氨气压力时必须用不锈钢弹簧管,而绝对不能使用铜质材料的弹簧管;测量氧气压力时,严禁沾有油脂,以免着火甚至爆炸;测量硫化氢压力时必须采用 Cr18Ni12Mo2Ti 合金弹簧管,它具有耐酸、耐腐蚀能力。

6.2.2.2 电容膜盒式压力传感器

电容膜盒式压力传感器由两片用绝缘垫圈隔开的氧化铝片组成,如图 6-15 所示。

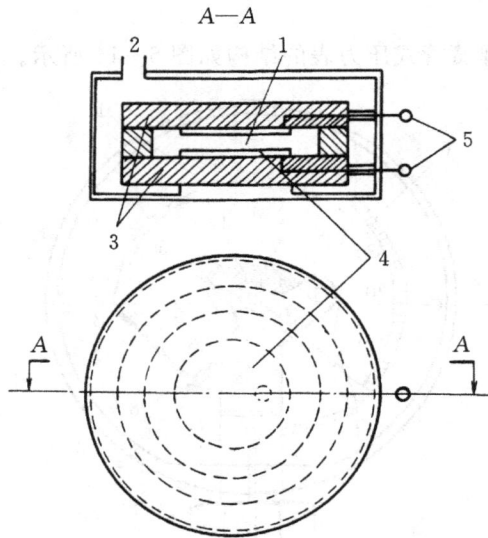

图 6-15 膜盒式压力传感器
1—真空度;2—通进气歧管;3—氧化铝片;4—硅片;5—引线

在铝片的内表面贴有两片极薄的硅片,分别与导线相连,氧化铝片和绝缘垫圈构成了中部有个真空腔的膜盒。当把膜盒置于感受压力(气体压力)的环境中时,通过氧化铝片的弹性变形与压力大小的关系,测量出压力的大小。其工作原理是:膜盒本身就是一个电容器,当忽略边缘效应时,其电容量 C 可表示为

$$C = \varepsilon A / d$$

式中:ε——两极板之间的介电常数,一般已经制成的产品我们就认为其是不变量;

A——两极板相对应的有效面积;

d——两极板之间的距离。

因此,从上述公式可以看出,决定电容量的这三个参数的任何一项发生变化时,都会引起电容 *C* 的变化。在实际使用时,通常固定两个参数,仅改变一个参数来使电容发生变化。上述的压力传感器膜盒就是利用压力变化使得极板之间的距离变化而引起电容量变化的。具体工作过程是,把压力传感器膜盒置于测量压力环境中,压力变化引起氧化铝片弹性变形,使得贴在氧化铝片上的硅片之间的距离发生变化,从而引起电容量的变化,接收电路通过对这一电信号的处理,测量出了被测量的压力变化量。

膜盒式压力传感器具有机构简单、灵敏度高、动态特性好等许多优点,在测量动态气体压力时被广泛应用,如汽车进气歧管压力等。

6.2.2.3　电气式压力传感器

电气压力传感器感受压力并将被测压力信号转换为电压信号输出,供信号处理、显示和控制应用,在测量变化压力、脉动压力、超高压力和高真空等场合下被广为使用。从这个意义上讲,我们前面所谈到的膜盒式压力传感器其实也是电气式压力传感器的一种。

1. 应变片式压力传感器

电阻应变片是应变式压力传感器的主要组成部分,有金属电阻应变片和半导体应变片两种。

1)金属电阻应变片

金属应变片的结构如图 6-16 所示,它由保护片、敏感栅、基底和引出线组成。敏感栅可由金属丝或金属箔制成,粘在绝缘的基底上,在其上面再粘一层绝缘的保护片,两条引出线焊接在敏感栅上。

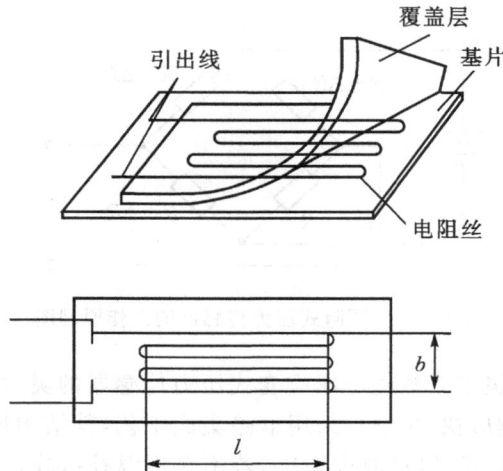

图 6-16　金属应变片结构

电阻应变式压力传感器的工作原理是基于电阻应变效应。所谓电阻应变效应,是指金属电阻片在外力作用下产生机械变形,从而导致其阻值发生变化的效应。

金属导线电阻

$$R = \rho L / S$$

式中：ρ——电阻率；

    S——金属截面积；

    L——金属丝长度。

应变式压力传感器的金属丝贴在弹性元件上，当外压力变化时，弹性元件变形而导致应变片金属丝的长度或面积发生变化，从而引起其阻值的变化，根据这阻值的变化量计算出压力的变化量。

应变式压力传感器主要用来测量流动介质的动态和静态压力，发动机内部的压力变化、内燃机管道的压力变化等，也用于测量固体载荷的动态压力，如安装在汽车的钢板弹簧上，测量汽车整体的动态载荷。

2）半导体应变片

半导体应变片主要用硅半导体材料的压阻效应制作而成。所谓压阻效应，是指在半导体晶体上施加作用力时，晶体除产生应变外，其电阻率还会发生变化。

半导体应变片与金属应变片相比，它的灵敏度很高，是金属的 $100 \sim 200$ 倍，但它在温度稳定性和重复性方面不如金属应变片优良。

2. 压阻式压力传感器

事实上，压阻式压力传感器是半导体应变片式传感器的高级产品。压阻式压力传感器是用集成电路工艺技术，在硅片上制造出四个等值的薄膜电阻，并组成桥式电路。当不受压力作用时，电桥处于平衡状态，无电压输出；当其中某一个压力传感器受到压力作用时，电桥失去平衡，输出电压，根据这个与所受压力成正比的电压就得到想要测量的压力。其工作原理如图 6-17 所示。

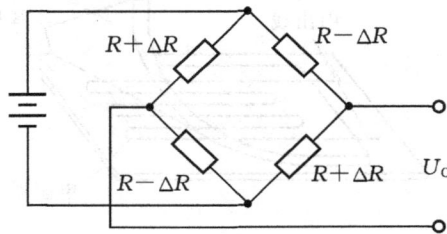

图 6-17　压阻式压力传感器的工作原理图

压阻式压力传感器的灵敏系数比金属应变式压力传感器的灵敏系数要大 $500 \sim 1000$ 倍，因而压力分辨率高、频率响应快，再加上采用电路集成工艺，其结构尺寸小，重量轻、寿命长等特点，被广泛应用于各个领域；但对温度敏感，若不采用温补措施，误差较大也是其一个薄弱环节。

3. 压电传感器

压电传感器是利用某些压电材料的压电效应制成的。

所谓压电效应是指：某些物质在特定的方向上受到外力的作用时，不仅其几何尺寸发生变化，而且其内部会产生极化现象，在其相应的两个对应表面产生相反的电荷而形成电场，当外力去除时,又重新恢复原来不带电的状态,我们把这种现象称为压电效应。

常见的压电材料有以石英晶体为代表的单晶体物质,其特点是温度稳定性好、抗老化性能高;以锆钛酸铅压电陶瓷为代表的多晶体材质,其特点是便于批量生产,性能可调。另外,还有其它高分子材料也正在研究和应用之中。

在压电晶片的两个工作面上,通过一定的工艺形成金属膜,构成两个电极,如图 6 - 18(a)所示。当晶片受到外力作用时,在两个电极板上积聚数量相等而极性相反的电荷,形成电场。因此,压电传感器可看做是一个静电荷发生器,而压电晶片在这一过程可认为是一个电容器。

在实际应用过程中,往往是两个或两个以上的晶片进行串接或并接。如图 6 - 18(b)所示为并接,其特点是电容量大、输出电荷量大、时间常数大,宜于测量交变信号,常用于以电荷量为输出的场合。如图 6 - 18(c)所示为串接,其特点是电容量小,输出电压大,适合于以电压作为输出的场合。

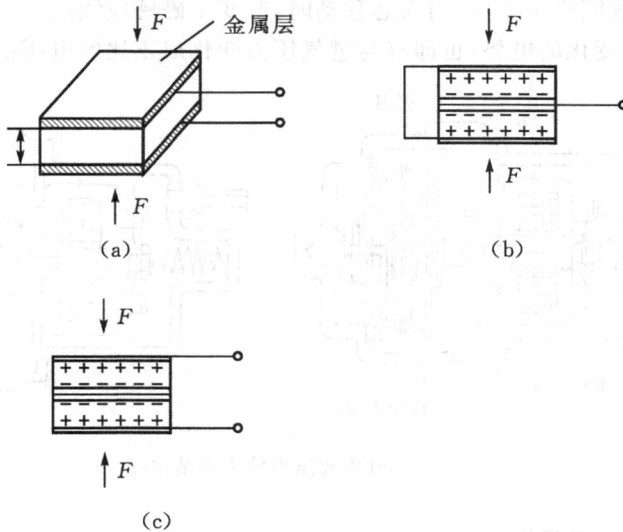

图 6 - 18 压电晶片及使用示意图

6.2.3 压力传感器在汽车上的应用与检测

目前,在汽车上,有许多控制系统需要压力信号,因此,压力传感器在汽车上有着较大的应用空间,例如,空调系统、制动装置、燃料供给系统、润滑系统和在不使用空气流量传感器的进气系统等。

根据各个系统的使用要求,汽车压力传感器可分为过程型压力传感器和开关型压力传感器两大类型,各个车型所使用的压力传感器也不尽相同,下面介绍几个典型车型所使用的传感器。

6.2.3.1 过程型压力传感器

所谓过程型压力传感器,是指需要获得被检测系统的瞬时压力变化量。汽车进气压力传感器和大气压力传感器就属于过程型压力传感器的类型。

能够检测瞬间压力的传感器的种类很多,根据汽车的实际需要,近几年来在汽车上使用的过程型压力传感器大概有以下几种类型:电磁式压力传感器和电阻压电效应式压力传感器。

1. 电磁式压力传感器

电磁式压力传感器又叫做差动变压器式压力传感器,最早应用于博世压力型(D型)电子燃油喷射系统的发动机上,用于检测发动机进气歧管的真空度,一般安装在进气歧管上,和温度传感器共同使用,用来检测发动机的空气进气流量。

电磁式压力传感器的结构如图6-19所示,它主要由铁芯、传感线圈、真空膜盒、调整弹簧等组成。传感线圈是一种开磁路互感式电感传感器,因其具有两个阶层差动结构的二次线圈,故又称为差动变压器。

电磁式压力传感器的工作原理:当汽车节气门的开度变化时,进气歧管内气体的绝对压力发生变化,感受压力的波纹型真空膜盒压克服弹簧的弹力,收缩或伸张,带动铁芯左右移动。当铁芯不动时,感应线圈输出为零;当铁芯移动时,改变了磁感应线圈的导磁率,感应线圈输出与铁芯移动量呈线性变化的电势,也即有与进气压力变化成正比的电压信号输出。

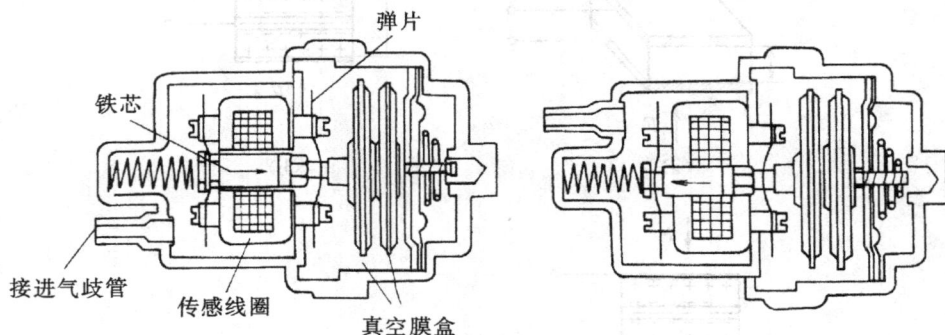

图6-19 电磁式压力传感器结构图

2. 压电效应式压力传感器

压电效应式压力传感器也叫电阻型压电效应式压力传感器,是目前在汽车中应用最多的一种过程式压力传感器,它不仅用于对进气歧管压力的测量,在大气压力的测量方面也有很广泛的应用。

压电式压力传感器的结构如图6-20所示。

它主要由压力转换元件和放大压力转化元件输出信号的混合集成电路构成。压力转换元件是利用半导体的压电效应制成的硅片,使用时,硅片一面是负压区即真空室,另一面作用的是所要测量气体压力即进气歧管压力或大气压力。

压电式压力传感器的工作原理是:在被测量气体压力即大气压力或进气歧管压力作用下,硅片将产生变形,硅片的电阻值发生变化,从而使与其连接的电桥平衡遭到破坏,电桥的输出电压变化。混合集成电路将这个很小的变化电压进行处理放大后输出,提供给汽车ECU用于控制执行元件的工作。

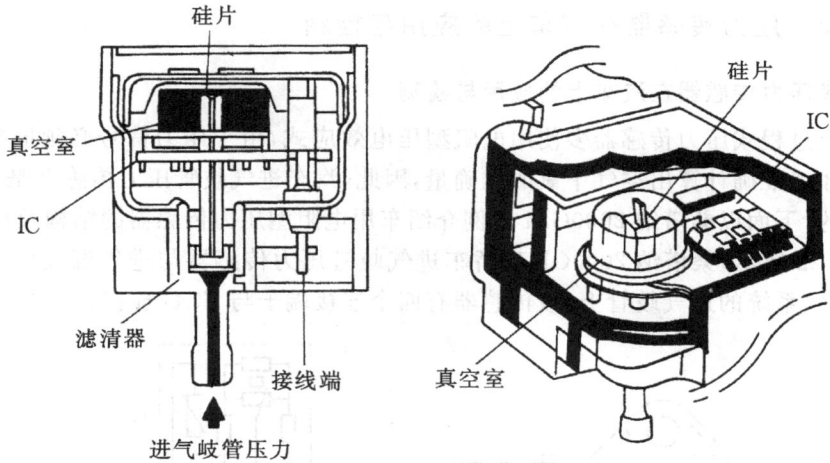

图 6-20 压电式压力传感器结构示意图

6.2.3.2 开关型压力传感器

所谓开关型压力传感器,是指传感器在检测压力过程中,不论过程压力如何变化,只是在被监测系统的压力达到设定值时才发出信号的压力传感装置。

开关型压力传感器又叫压力开关,在汽车上有着广泛的应用,如机油压力开关、空气滤清器真空开关、空调中的三位压力开关等等。

根据实际工作的需要,开关型压力传感器的结构形式是多种多样的,但其主要构成和工作的原理大多基本相同,膜片、调整弹簧和触点是其不可缺少的组成部分,如图 6-21 所示为一个机油压力开关的结构示意图。

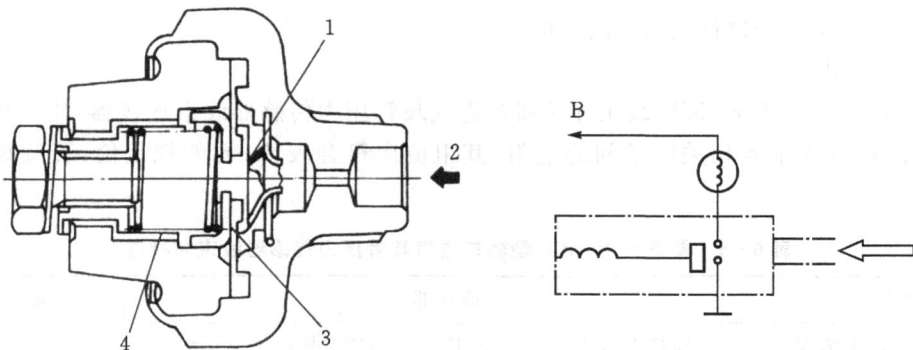

图 6-21 机油压力开关结构和工作原理示意图
1—触点;2—压力;3—膜片;4—弹簧

当无机油压力时,弹簧推动膜片使触点闭合,处于"ON"状态,机油压力低警告指示灯被点亮;当机油压力达到规定值时,膜片克服弹簧的作用力使触点断开,处于"OFF"状态,指示灯熄灭。

6.2.3.3 压力传感器在汽车上的应用与检测

1. 过程式压力传感器在汽车上的应用与检测

在汽车上过程式压力传感器多使用电阻型压电效应式,由于压力信号必须同时和温度信号同时使用才能准确计算出空气中氧的准确量,因此,汽车进气歧管压力传感器是和温度传感器共同使用的,下面以桑塔纳2000GLi为例介绍车用电阻型压力传感器的结构及检测方法。

如图6-22所示,桑塔纳2000Gli型轿车进气歧管压力传感器与进气温度传感器制成一体,安装在进气系统的进气歧管上,该传感器有四个连接端子与ECU连接。

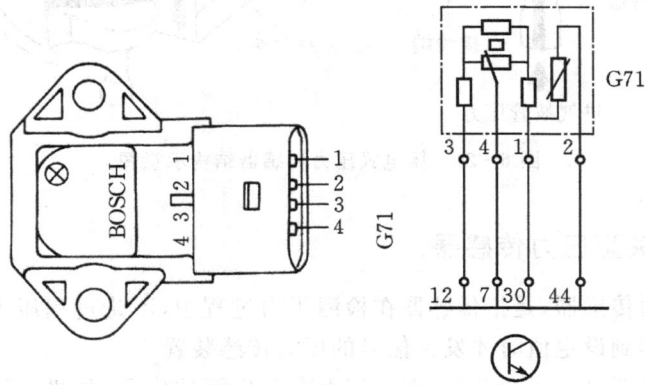

图6-22 桑塔纳2000Gli型轿车进气歧管压力传感器的外形及电路连接图

检测方法:

1)ECU自检测

在发动机运转过程中,如果进气歧管压力传感器有故障,ECU可以检测到,并把故障进行储存,可以用专用仪器进行读取此故障信息。

2)开路检测

关闭点火开关,拔下ECU线束连接器和进气歧管压力传感器线束连接器,用万用表的电阻R×1挡检查线束各相关端子间的电阻,其阻值应符合表6-6的规定值,否则说明线束有故障。

表6-6 桑塔纳2000Gli型轿车进气歧管压力传感器线束的检查

检查项目	检查部位	标准阻值/Ω
传感器正极单线	连接ECU12号端子至连接传感器3号端子的导线	<0.5
传感器信号线	连接ECU7号端子至连接传感器4号端子的导线	<0.5
传感器负极导线	连接ECU30号端子至连接传感器1号端子的导线	<0.5
温度传感器信号线	连接ECU44号端子至连接传感器2号端子的导线	<0.5

3)在路检测

用万用表的直流电压挡检测,接通点火开关,不起动发动机,检测进气歧管压力传感器3号端子和1号端子间的电压,标准值应为5V左右,4号端子和1号端子之间的电压应为3.8

～4.2 V;接通点火开关,起动发动机,当发动机怠速运转时,4 号端子和 1 号端子的信号电压应在 0.8～1.3 V 的范围内,当加大节气门开度时,此信号电压应该上升。否则说明传感器有故障,应予更换。

4)示波器波形检测

进气歧管压力传感器的标准波形,如图 6 - 23 所示。

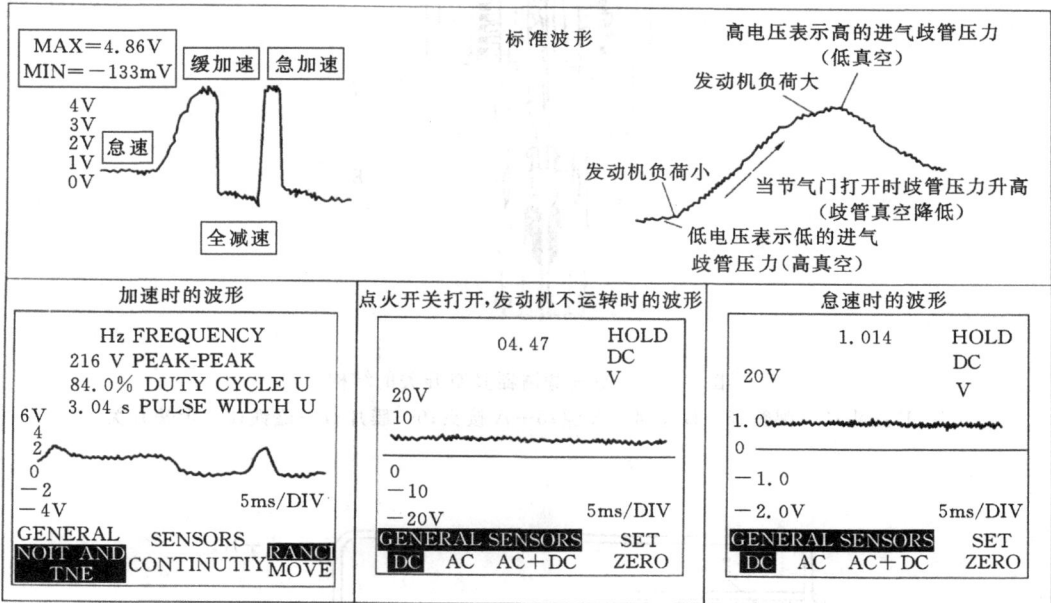

图 6 - 23 进气歧管压力传感器标准波形与实测波形

用示波器检测进气歧管压力传感器的波形并与标准波形相比对,分析进气压力的故障。

2. 开关型压力传感器在汽车上的应用与检测

开关型压力传感器在汽车上应用很多,根据它们的实际作用,一般都称为某某开关,例如,空调压力传感器叫做三位压力开关,机油压力传感器叫做机油压力开关等。它们的形状、结构虽然差异很大,但基本的控制原理却是大体相同,因此,下面仅以空气滤清器压力传感器为例,介绍开关型压力传感器的结构、原理及故障检测方法。

空气滤清器压力传感器又叫做空气滤清器真空开关,它的作用是利用测量压力差,来检测空气滤清器是否堵塞,从而判断空气滤清器工作状况。空气滤清器真空开关的结构与其它压力开关基本相同,主要有膜片、弹簧、触点(这里是舌簧开关)、磁铁等,如图 6 - 24 所示。

真空开关的工作原理如图 6 - 25 所示,在空气滤清器工作时,由于空气滤芯的作用,在 A 腔和 B 腔之间会形成一定的压力差,并且空气滤芯越脏这个压力差就越大。当空气滤芯脏到一定程度,即 A、B 腔的压力差达到规定值时,膜片就会克服弹簧的弹力下移,使 A、B 腔导通保证发动机的正常功能工作;同时,膜片的下移也带动磁铁下移,在磁铁的作用下,使舌簧开关内的触点闭合,接通报警电路,点亮报警灯。

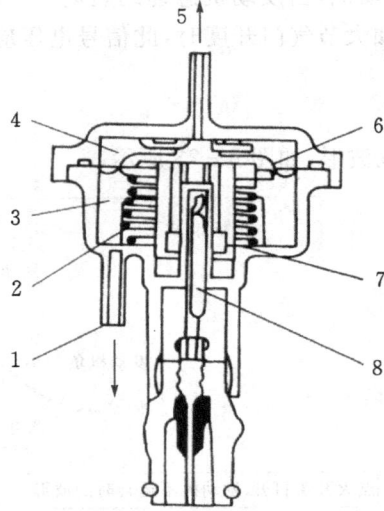

图 6-24　空气滤清器真空开关的结构

1—B 接头；2—弹簧；3—B 腔；4—A 腔；5—A 接头；6—膜片；7—磁铁；8—舌簧开关

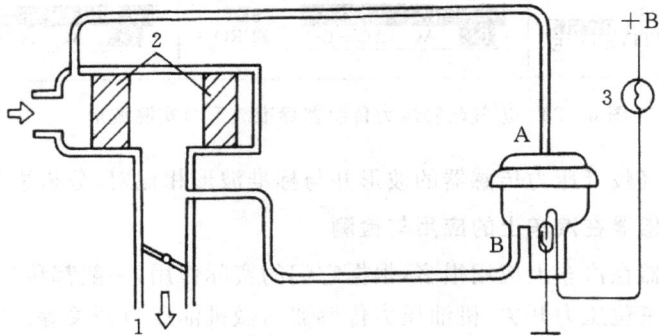

图 6-25　空气滤清器真空开关的工作原理

1—至发动机；2—空气滤清器；3—指示灯

真空开关的检测：

(1)拔下真空开关的线束,接通点火开关,用万用表的 AC 电压挡检测电压,应为电源电压 12 V。

(2)把手动真空泵接在真空开关 B 腔的接头处,进行抽真空,此时,真空开关的指示灯电路应该导通,否则说明真空开关有故障。

6.3　位置传感器的结构、原理与检测

位置传感器顾名思义就是表示某个元件所存在地方的一种传感器,它还可以引申为元件和元件之间相互位置关系、液面高度、器件方位等。在现代汽车的控制系统中,有许多地方需

要位置传感器,如曲轴与凸轮轴位置、节气门位置、燃油冷却液等液位的高度、车辆距地面的高度等等,因此,位置传感器在汽车上有着重要的作用。

6.3.1　位置传感器的种类及特点

1. 分类

当前,能够测量物位的方法很多。

按与被测量物品的接触与否分为接触传感器和非接触传感器。

按信息读取方式分为直接读数式检测和间接信号检测。

按检测的性质可分为机械检测和电气检测。

按信号种类可分为电磁信号、光信号和超声波信号等。

2. 特点

接触类型位置传感器一般用于检测液位的场合,它与滑动变阻片配合使用也可用于对叶片等旋转角度的检测,同时能将信号转变成电信号,非常适合自动控制系统。这种类型传感器具有结构简单、技术成熟、价格低廉等优点,但其灵敏度和准确度受限制。

非接触类型位置传感器一般属于电气测量,它利用电磁、光电和超声波信号等手段可以近距离或远距离不接触进行检测,随着电子技术的发展,这种检测手段日进成熟,应用也越来越广泛。这种检测方法具有灵敏度高、频率响应快、信息准确、便于远程控制等优点。

6.3.2　典型位置传感器的结构及原理

6.3.2.1　浮子式位置传感器

对于普通液体液面高度的检测,利用浮子式位置传感器应该是一种不错的选择。

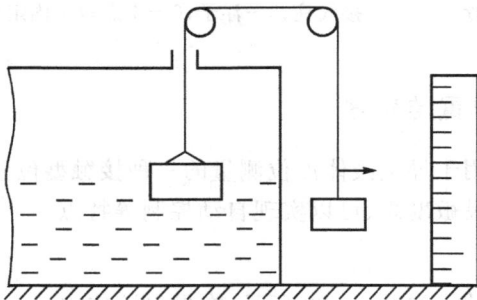

图 6-26　浮子式液位传感器

浮子式位置传感器根据需要可以做成不同种类型,其基本结构如图 6-26 所示。将浮标用绳索连接并悬挂在滑轮上,绳索的另一端挂有平衡物及指针,利用浮标所受重力和浮力之差与平衡重物相平衡,使浮标漂浮在液面上。即有

$$W - F = G$$

式中:W——浮标质量;

F——浮力；

G——平衡重物的重量。

当液体上升时，浮标所受浮力增加，则 $W-F<G$，原有平衡被破坏，浮标向上移动，浮标上移的同时浮力又下降，直到 $W-F=G$ 时浮标将停留在新的液位上，反之亦然。在浮标随液位升降时，指针便可指示出液位的高度。

但是，这种读数式指示液位的高度的方法不适合自控控制系统，我们还需要把指针的机械位移变成电信号，其方法如图 6-27 所示。

浮子与内装滑动电阻的滑动臂相连接，当浮子随液面上下移动时，滑动臂在滑动电阻上滑动，改变了电路的阻值，从而把液面位移信号变成了电流大小信号，这样就可以进行远程控制了。

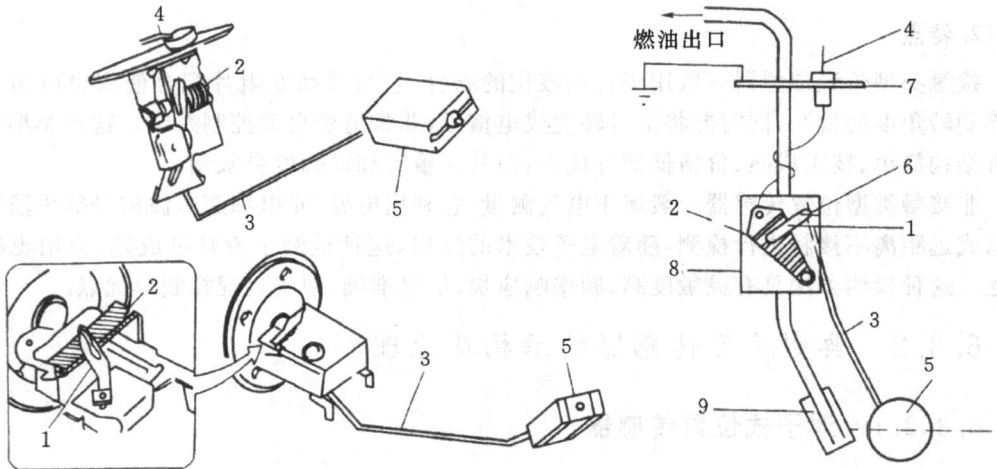

图 6-27　浮子可变电阻液位传感器

1—滑动臂；2—滑动电阻；3—浮子臂；4—接线柱；5—浮子；6—支点；7—固定板；8—电位器；9—燃油滤清器

6.3.2.2　电容式位置传感器

电容式液位传感器是用于导电液体液位测量的一种接触型位置传感器，它具有结构简单、价格低廉、测量数值准确、灵敏度高、可以实现自动控制等特点。

1.结构

电容式液位传感器的结构如图 6-28 所示，在导电液体中插入一根带绝缘套管的电极，由于液体是导电的，容器和液体可视为电容器的另一个电极，它和金属电极以及绝缘套管就组成了圆筒形的电容器。由物理学可知，圆筒形电容器中的电容量为

$$C=2\pi\varepsilon L/\ln(D/d)$$

式中：L——电极相互遮盖部分长度；

d、D——圆筒形内电极外径和外电极内径；

ε——中间介质的介电常数，当 ε 为常数时，C 与 L 成正比。

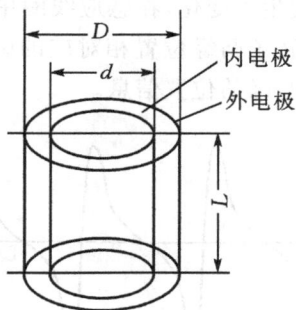

图6-28　电容式液位传感器的结构及工作原理示意图

2. 工作原理

依据电容量公式,当液位变化时,浸没电极的高度就发生变化,电容量就相应发生变化,浸没高度越高,电容量就变得越大。

6.3.2.3　磁感应式位置传感器

磁感应式位置传感器主要用于周期性旋转元件位置的确定,它具有结构简单,工作可靠,信号易于处理,便于远程控制等特点,因而在自动控制领域被广为利用,尤其在汽车上应用得更为广泛。但这种传感器也有其缺点,就是信号受转速的影响较大,尤其是低速时,信号较弱。

1. 结构

磁感应式位置传感器的结构如图 6-29 所示,它主要由永久磁铁、导磁转子、导磁铁芯和感应线圈等组成。永久铁芯、导磁铁芯和感应线圈组成一个总成安装在导磁转子附近,导磁转子上制有位置凸缘(或凹槽)。

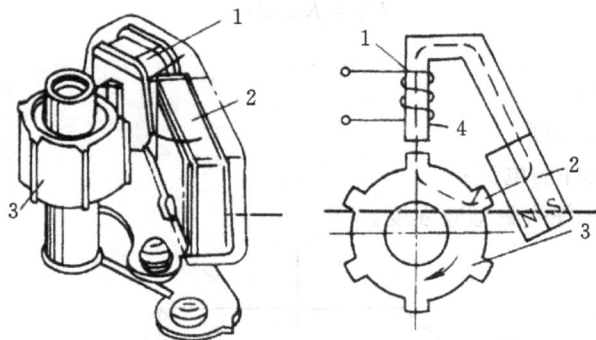

图 6-29　磁感应位置传感器结构原理图
1—感应线圈;2—永久磁铁;3—导磁转子;4—导磁铁芯

2. 原理

磁感应位置传感器的工作原理:当导磁转子转动时,导磁转子上凸缘的存在,使得导磁转子和导磁铁芯之间的空气隙发生了周期性的变化,这样永久磁铁、导磁铁芯、感应线圈和导磁转子之间磁路的磁通量就相应地发生了变化,在感应线圈中就产生了与导磁转子的转动相对应的感应电压信号,即产生与信号转子凸缘位置相对应的感应信号电压,如图6-30所示,经过信号的处理,我们就得到了信号凸缘的位置信息。

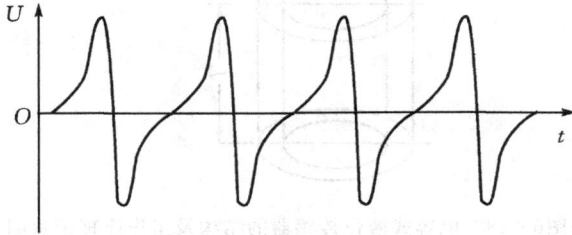

图6-30　磁感应位置传感器信号波形图

6.3.2.4　霍尔式位置传感器

霍尔式位置传感器也主要是用于旋转零件的位置检测,它与磁感应式位置传感器相比,虽然结构有些复杂,造价略高些,但因其信号稳定,响应快,且信号与旋转零件的转速关系不大,故应用的前景更为广泛。

霍尔式位置传感器主要是利用霍尔效应的原理制作的。

1. 霍尔效应

所谓霍尔效应是由美国科学家发现的,其原理如图6-31所示。将霍尔元件(由霍尔发明的一种半导体基片)垂直置于磁场中,并通入一个垂直于磁场方向的电流,则在垂直于磁场、电流方向的霍尔元件横向上就会获得一个与电流和磁感应强度成正比的电压,我们把这种现象称为霍尔效应现象,这个电压称为霍尔电压,其大小为

$$U_H = R_H / dIB$$

式中:U_H霍尔电压;

　　R_H——霍尔系数;

　　d——半导体基片厚度;

　　I——通入霍尔元件的电流;

　　B——通过霍尔元件的磁感应强度。

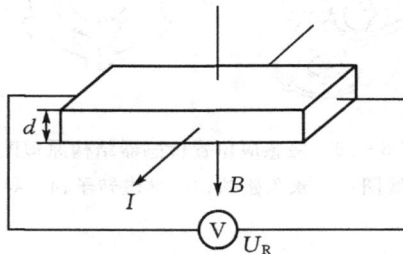

图6-31　霍尔效应原理示意图

2. 结构

霍尔式位置传感器的结构如图 6-32(a)所示,它主要由霍尔集成电路、永久磁铁、信号转子(又称触发叶轮或导磁转子)和导磁板等组成。永久磁铁和霍尔集成电路各安装在导磁板的两侧,信号转子的叶片在它们之间转动,信号转子上开有若干个开口,它和被检测位置的旋转元件安装在一起,随同被检测元件一同旋转。

由于由霍尔元件所直接获得的霍尔电压很弱,因此在实际应用中,是直接将获取的霍尔电压放大后输出的,这个放大霍尔电压的电路和霍尔元件一起组成了霍尔集成电路。值得一提的是,在实际霍尔集成电路上,是在没有获得霍尔元件的输出电压时,霍尔集成电路有信号输出,而在有霍尔电压输出时,霍尔集成电路是没有信号输出的,因此,霍尔集成电路又称为反相器,这一点大家一定要注意,避免在检测时出现错误。

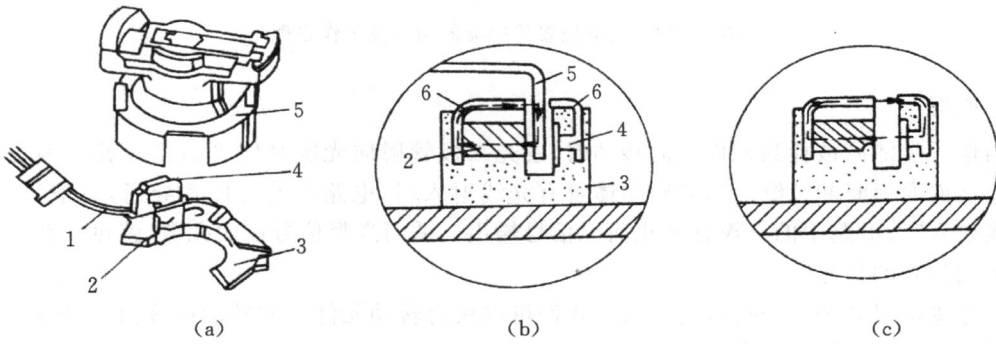

图 6-32　霍尔式位置传感器的结构及工作原理
(a)结构;(b)转子叶片插入时;(c)转子叶片离开时
1—导线;2—永久磁铁;3—信号触发开关;4—霍尔集成块;5—触发叶轮;6—导磁板

3. 原理

如图 6-32(b)(c)所示,当信号转子随同被检测元件一同旋转时,信号转子叶片上开口的存在,就会使霍尔集成电路上的霍尔元件获得一个间断的磁感应强度。即:当叶片挡在永久磁铁和霍尔集成电路之间时,由于磁路被阻断,霍尔元件没有霍尔电压输出,霍尔集成电路输出一个信号脉冲;当信号转子的叶片开口处于永久磁铁和霍尔集成电路之间时,霍尔元件就会输出一个霍尔电压,这时霍尔集成电路没有信号输出。

根据霍尔集成电路的输出信号,可以判定旋转元件的具体位置。

6.3.2.5　光电式位置传感器

光电式位置传感器也是检测旋转元件位置的一种传感器,它具有信号稳定,灵敏度高,响应快,便于实现远程控制等特点,因此也是在自动控制装置中经常使用的一种检测和传感方式。

1. 结构

如图 6-33 所示,光电位置传感器的结构主要由信号盘、发光二极管、光敏晶体管和电子电路构成。信号盘与被检测的旋转元件固定在一起,根据需要信号盘可以制成风扇叶片状或在上面开若干孔的圆盘状。发光二极管和光敏晶体管相对应固定装置在信号盘的两侧。

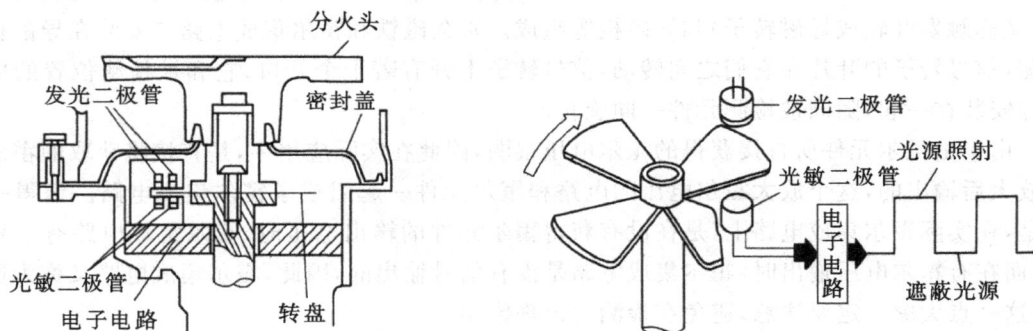

图 6-33　光电位置传感器的结构及工作原理

2. 原理

当信号盘随同被检测元件一同转动时,发光二极管射向光敏晶体管的光线就会因为信号盘的遮挡而变得断断续续。当光敏晶体管有光线射入时,电路中的三极管导通,有信号输出;无光线射入时,电路中的三极管截止而无信号输出。适当选择信号盘的孔数,就可以获取旋转元件不同位置的信号。

信号盘可以开 360 个孔,也就是说,我们可以获得转动元件 1°的转动位置信号,因此,光电式位置传感器的灵敏度极高。

6.3.2.6　超声波式位置传感器

超声波位置传感器是利用声速特性,采用回声测距的方法进行测量的。超声波式传感器不仅适用于液位高度的测量,同时也适用于固体相互位置之间的测量,尤其适合于移动物体之间距离的测量。

如图 6-34 所示,利用超声波测量液位的方法说明超声波位置传感器的结构及工作过程。

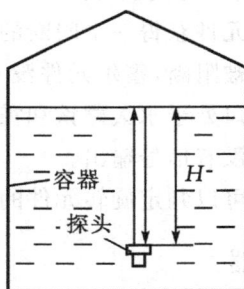

图 6-34　超声波液位仪示意图

置于容器底部的超声波探头既可以发出超声波,又可以接收超声波。当探头发出的超声波到达液体和气体的分界面时,由于两种介质的密度相差悬殊,声波几乎全部被反射。如果超声波探头从发射到接收超声波所用的时间为 t,超声波在介质中的传播速度为 v,则探头和液

面之间的距离可以用下面的公式计算:

$$H=1/2vt$$

可见,对于确定的物体,声波在其中传播的速度是已知的,只要准确地测出时间,就可以测出距离。

超声波位置传感器可以做到非接触测量,可测范围广,探头寿命长,在汽车上也有广泛的应用。但是,超声波探头不能承受高温,电路复杂,造价较高。

6.3.2.7　核辐射式位置传感器

对于一些高温、高压容器,强腐蚀、剧毒、易爆、易结晶、粘度大以及高温熔体等等场合的物位测量,核辐射位置传感器是最佳的选择了。

放射性同位素的原子核在核衰变中放出各种带有一定能量的粒子或射线的现象称为核辐射。

核辐射位置传感器又称为核辐射液(物)位计,它以核辐射原理为基础,将同位素放射源所产生的射线射向被检测介质的物质层,射线在穿透物质层时有一部分能量被吸收掉,其穿透强度随介质的厚度而变化,它们之间的关系为

$$I=I_0 e^{-\mu H}$$

式中:I_0、I——射入介质前和射入介质后的射线强度;

$\quad\quad \mu$——介质对射线的吸收系数;

$\quad\quad H$——介质的厚度。

如图 6-35 所示,当放射源选定,被测介质已知时,则 I_0 与 μ 为常数,由上面关系可知,只要能检测出穿过介质后射线的强度 I,就可以求出介质的厚度,即物位的高度。

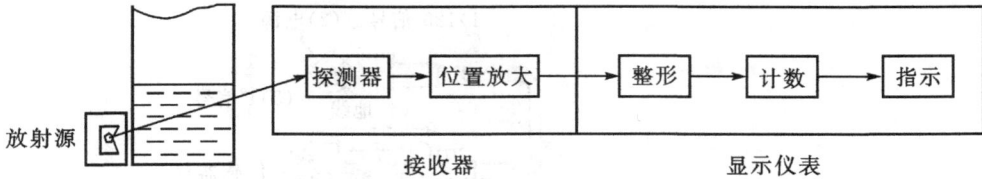

图 6-35　核辐射式位置传感器原理框图

6.3.3　位置传感器在汽车上的应用与检测

在现代汽车的电子控制系统中,位置传感器的作用是至关重要的。为了满足汽车性能的要求,在多个控制装置内使用了位置传感器,主要有曲轴位置传感器、节气门位置传感器、车高传感器、液位传感器、溢流环位置传感器、超声波位置传感器、汽车方位传感器、座椅位置传感器等等。

6.3.3.1　曲轴位置传感器

曲轴位置传感器是发动机集中控制系统最重要的传感器之一,是控制发动机燃油喷射和点火系统的主要信号源。其功用是:检测发动机曲轴转角和活塞上止点,并将检测的信号传至

发动机 ECU,用以控制点火时刻和燃油喷射正时,同时也是检测发动机转速的信号源。

发动机曲轴位置传感器常用的类型有磁脉冲式、光电式和霍尔式。

随着车型的不同,曲轴位置传感器不仅有着多种形式的结构,同时也有着不同的安装部位。

安装在曲轴前端的有:使用磁脉冲式的日产车系、韩国大宇轿车和大众车系;使用霍尔式的通用车系。

安装在凸轮轴前端的有:使用霍尔式的大众车系。

安装在分电器内或飞轮上的有:使用磁脉冲式的丰田车系;使用光电式的日韩车系;使用霍尔式的大众车系等。

1. 磁脉冲式曲轴位置传感器

目前,磁脉冲式传感器是应用最为广泛的一种汽车曲轴位置传感器装置,它和前面所讲到的磁感应式位置传感器的原理相同。在结构上各个车型也是大同小异,下面以日产车型为例,介绍磁脉冲式位置传感器的结构、原理及检测方法。

1)磁脉冲式位置传感器的结构

磁脉冲式曲轴位置传感器结构如图 6-36 所示,主要由安装在曲轴前端带轮之后的信号盘和安装在信号盘附近的传感器盒组成。

信号盘与曲轴安装在一起,随曲轴一同转动。在信号盘的外缘,沿圆周每隔 4°加工一个齿,共有 90 个齿(随汽车厂家不同加工的齿数有所不同)。另外,在圆周上每隔 120°还布置一个凸缘,共 3 个。传感器盒内有 3 个绕有磁感应线圈的永久磁铁的磁头,其中两个磁头共同作用以产生 1°信号,也称为 N_e 信号,另一个磁头与信号盘上的凸缘配合产生 120°信号,也称 C 信号。

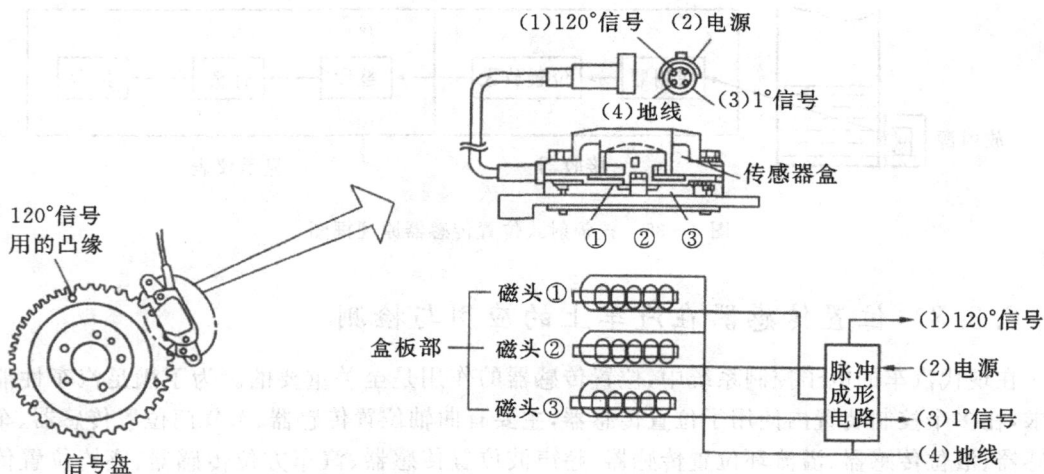

图 6-36　磁脉冲式曲轴位置传感器的结构

2)磁脉冲式位置传感器的工作原理

磁脉冲式位置传感器的工作原理如图 6-37 所示。

将绕有磁感应线圈的永久磁铁分别标号为①、②、③,其中①、③安装时对着信号盘的齿圈,且相隔 3°圆周角。由于齿圈是相隔 4°圆周角,当发动机曲轴转动时,在磁头①、③的感应线圈中就会每隔 4°分别产生一个脉冲信号,因此,将这两个脉冲信号合成就获得了 1°曲轴转角的脉冲信号。通过此脉冲信号,ECU 即可对曲轴的位置进行准确的判断。而磁头②安装时对着那 3 个凸缘,就获得了发动机曲轴的 120°转角信号,通过此脉冲信号即可对活塞的上止点的位置进行准确的判断,提供给 ECU 对发动机的喷油和点火时刻进行控制。

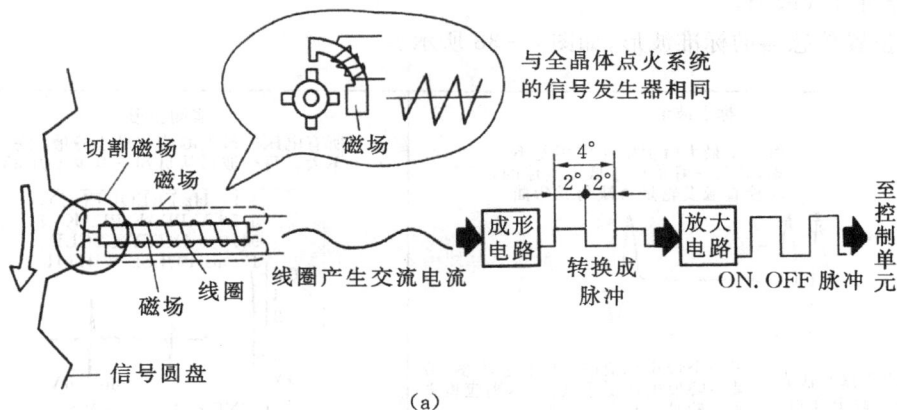

（a）

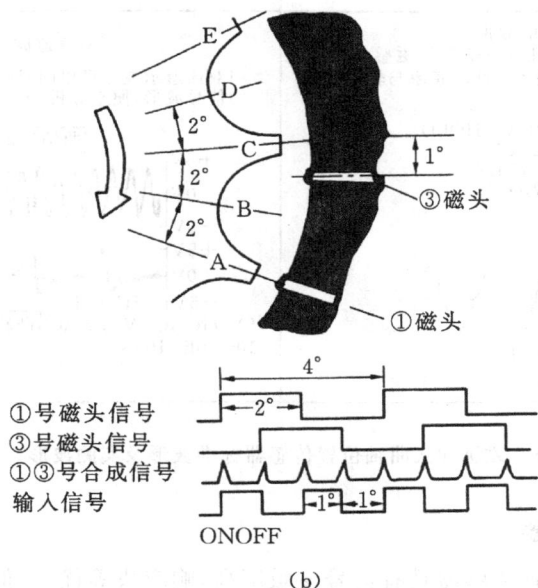

（b）

图 6-37　磁脉冲式位置传感器的工作原理

3)磁脉冲式位置传感器的检测

(1)开路检测。关闭点火开关,拔下曲轴位置传感器的连接导线。

外观检测:主要检查信号盘的齿有无变形、齿间有无脏物等。

磁头与信号盘之间的间隙的检测:这个间隙应该在 0.3～0.5 mm 之间,否则应该调整。

感应线圈的电阻值的检测:用万用表的 R×10 挡测量感应线圈的电阻值,日产公司的各磁头感应线圈的电阻值为 140～180 Ω。其它车型请查阅相关资料，一般电阻值应在 300～1500 Ω 之间。

（2）在路检测。起动发动机，用万用表的 AC 电压挡检测曲轴位置传感器输出电压，起动时应大于 0.1 V，正常运行时应为 0.4～0.8 V。

（3）示波器检测。用示波器检测磁脉冲式曲轴位置传感器的电压输出波形并与标准波形相比对，分析查找故障。

曲轴位置传感器的标准波形，如图 6-38 所示。

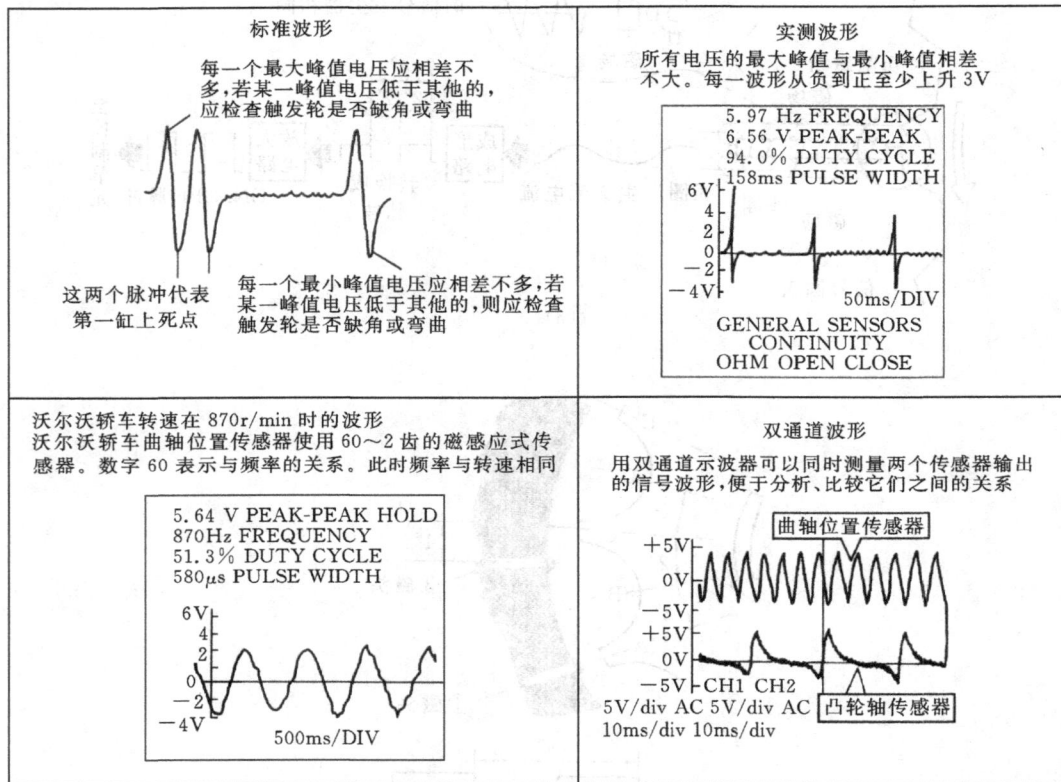

图 6-38　磁脉冲式曲轴位置传感器标准波形及实测波形

2. 光电式曲轴位置传感器

前面讲过光电式曲轴位置传感器具有信号灵敏度高，响应快等优点，但它对工作环境的要求相对也很高，因此，除日产、三菱的个别车型将其安装在曲轴或凸轮轴处外，其它厂家使用光电位置传感器都是安装在分电器内。

近几年来由于分电器已经退出汽车发动机控制领域，安装在分电器内的光电传感器使用得越来越少。即便是使用光电式曲轴位置传感器的车型，它的结构和原理与我们上面所讨论的光电传感器的结构、原理也是基本相同，故在这里对于光电传感器的结构原理就不重复介绍了，而重点介绍其检测方法。

光电式传感器的检测方法：

1）电源电压检测

拔下传感器插头,接通点火开关,用万用表的 AC 电压挡检查插头上电源端子和搭铁端子之间的电压应为 5 V（个别车型为 12 V）。若没有这个电压,则应检查与传感器插头相对应 ECU 的插头处的电压,有则说明线束有故障,没有则说明 ECU 有故障。

2）信号电压检测

插回传感器插头,起动发动机,使其转速保持在 2500 r/min 左右,测量传感器输出电压,正常值一般应在 2～3 V,若电压不对则说明有故障。

3. 霍尔式曲轴位置传感器

霍尔式曲轴位置传感器也是目前在汽车上使用较多的一种,它利用霍尔效应产生与曲轴转角相对应的电压脉冲信号的原理制成,具有信号稳定,响应快等优点,可分为触发叶片式和触发轮齿式两种类型。

1）触发叶片式曲轴位置传感器

以美国通用车系为例,触发叶片式霍尔曲轴位置传感器结构如图 6 - 39 所示,它由信号轮、永久磁铁、导磁板和霍尔集成电路组成。信号轮安装在曲轴带轮的前端随曲轴一同转动,信号轮上制有内、外两组触发叶片。外触发叶片制造成 18 个叶片和 18 个豁口均布,故每个叶片或豁口为 10°圆周角;内触发叶片有 3 个叶片和 3 个豁口,3 个叶片分别占据 100°、90°和110°圆周角,3 个豁口分别占有 20°、30°和 10°的圆周角。霍尔集成电路和永久磁铁固定在导磁板上,安装在信号轮附近。

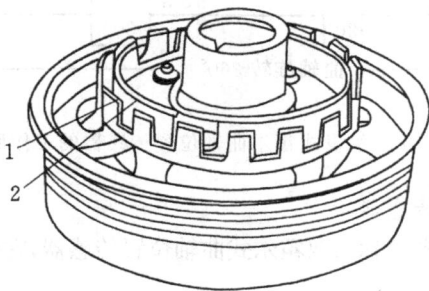

图6 - 39 美国通用霍尔曲轴位置传感器的结构
1—外信号轮;2—内信号轮

如图 6 - 40 所示,触发叶片式曲轴位置传感器的工作原理为:当信号轮随同曲轴一同转动时,触发叶片和豁口不断经过霍尔集成电路,使得霍尔集成电路中的霍尔元件,间断地感受永久磁铁的电磁强度,霍尔集成电路不断地输出信号脉冲,如图 6 - 40(a)所示。

由于信号轮是定位安装,因此,占据 100°圆周角的触发叶片所产生的脉冲信号的前沿位于 1、4 缸上止点前 75°,占据 90°圆周角的触发叶片所产生的脉冲信号的前沿位于 6、3 缸上止点前 75°,占据 110°圆周角的触发叶片所产生的脉冲信号的前沿位于 5、2 缸上止点前 75°。

曲轴每旋转一周,信号轮的外触发叶片产生 18 个脉冲信号,称为 18X 信号,因此,一个脉冲周期相当于曲轴转过 20°转角的时间,ECU 再将一个脉冲周期均分为 20 等份,就获得了 1°曲轴转角所需的时间,ECU 根据这个时间控制着发动机的喷油和点火时刻,同时也计算出了发动机的转速。

　　信号轮的内触发叶片每旋转一周会产生 3 个宽度不同的脉冲信号,称为 3X 信号,但信号的脉冲周期均为 120°曲轴转角时间,脉冲信号分别产生于 1、4 缸,3、6 缸和 5、2 上止点前 75°,作为 ECU 用于判别气缸和计算点火时刻的基准信号,相当于磁脉冲式曲轴位置传感器的120°信号,如图 6-40(b)所示。

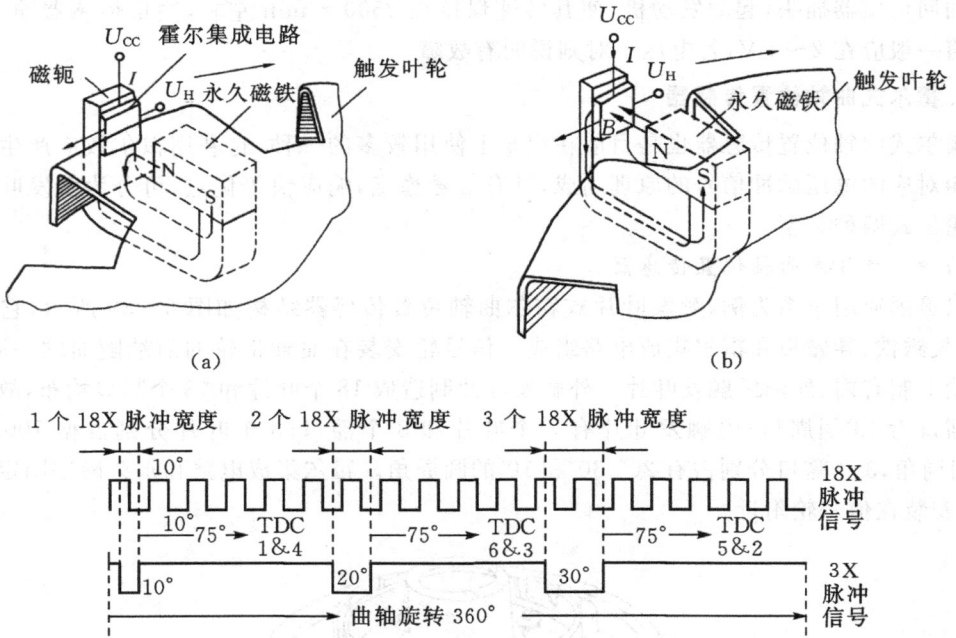

(a)　　　　　　　　　　　　　　　(b)

图 6-40　触发式霍尔曲轴位置传感器的工作原理

2)触发轮齿式曲轴位置传感器

触发轮齿式曲轴位置传感器又称为双霍尔式曲轴位置传感器,它的结构和磁脉冲式很相似。

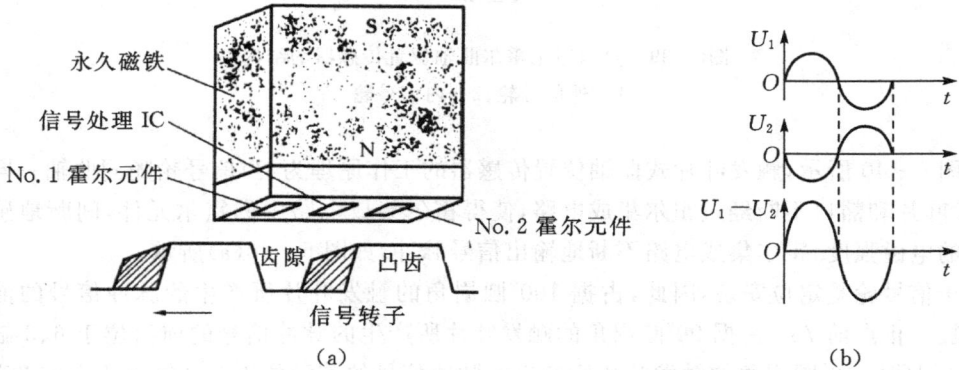

(a)　　　　　　　　　　　　　　　(b)

图 6-41　触发轮齿式曲轴位置传感器的结构

　　如图 6-41(a)所示,触发轮齿式曲轴位置传感器主要由带凸齿的永久磁铁、信号转子和霍尔信号发生器组成。凸齿信号转子安装在曲轴上(个别车型以发动机飞轮齿作为信号转子),随同发动机曲轴一同转动。霍尔信号发生器由霍尔元件、放大电路、稳压电路、温度补偿电路、信号变换电路和输出电路等构成,安装在信号转子附近。当曲轴带动信号转子转动时,信号转子的齿顶和齿缺导致霍尔元件和永久磁铁之间的气隙发生变化,通过霍尔元件的磁通量也随之变化,根据霍尔效应原理,霍尔元件就会产生交变的电压信号,如图 6-41(b)所示。此电压经处理后输出,用于确定曲轴的位置和计算发动机的转速。

在实践应用中,还要考虑判缸信号,所以对信号转子的结构有所改动。下面以北京切诺基吉普的触发轮齿式霍尔曲轴位置传感器为例,对此种类型的传感器的结构原理进一步加以介绍。

如图 6-42 所示,北京切诺基吉普的触发轮齿式霍尔曲轴位置传感器的信号转子飞轮分为 2.5 L 4 缸和 4.0 L 6 缸两种形式。4 缸信号转子飞轮上开有 8 个槽,分为两组,相隔 180°圆周角,每个槽相隔 20°;6 缸机信号飞轮上开有 12 个槽,分为 3 组,每组相隔 120°,每组中的每个槽也相隔 20°。

当曲轴转动时,信号转子上的凸凹槽经过霍尔元件产生霍尔电压,霍尔传感器输出脉冲信号,ECU 以此为依据计算出曲轴的位置和发动机曲轴的转速。同时,由于信号转子的凸凹齿是分组的,ECU 用这个每组的脉冲信号来确定活塞的位置,例如,在 4 缸发动机上,利用一组信号可知 1、4 缸到达上止点的时刻,利用另一组脉冲信号可知 3、4 缸到达上止点的时刻。

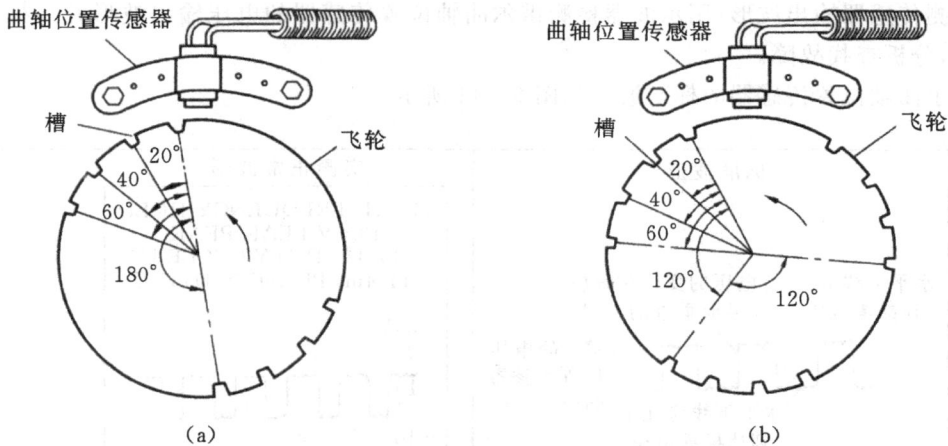

图 6-42　北京切诺基吉普霍尔曲轴位置传感器的结构
(a)2.5 升发动机;(b)4.0 升发动机

3)霍尔式曲轴位置传感器的检测

霍尔式曲轴位置传感器的检测内容主要是电源电压、信号输出电压和连接导线的电阻。

仍然以切诺基吉普为例,如图 6-43 所示,为切诺基吉普霍尔式曲轴位置传感器与 ECU 的连接电路及该传感器的接头端子示意图。传感器 A 端子为电源端子,与 ECU 7 号端子相连;传感器 B 端子为信号输出端子,与 ECU 24 号端子相连;传感器 C 端子为搭铁端子,与 ECU 4 号端子相连。

检测传感器电源电压:将点火开关置于"ON"位置,用万用表 AC 电压挡测量 ECU 的 7 号和 4 号端子之间的电压应为 8 V,没有这个电压说明 ECU 有问题;同时再测量传感器侧 A、C 端子的电压也应为 8 V,否则就说明电源线线路断路或插头接触不良。

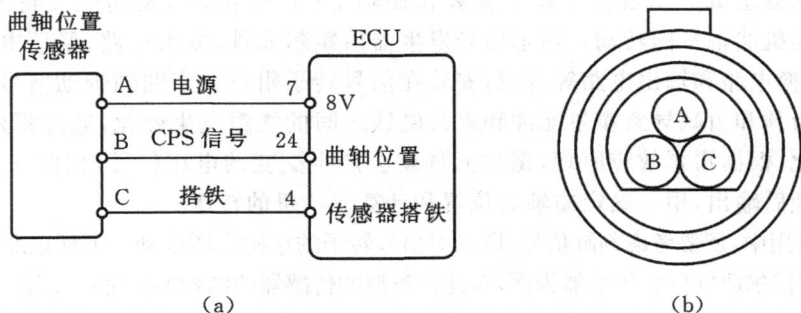

图 6-43　北京切诺基吉普曲轴位置传感器与 ECU 连接电路图
(a)连接电路；(b)接头端子

　　检测传感器信号输出电压：起动发动机，用万用表的 AC 电压挡检测传感器 B、C 端子之间的电压，该电压值应在 0.3～5 V 之间变化，并且该数值应该是脉冲式变化，否则说明传感器有故障。

　　检测传感器端子电阻：将点火开关置于"OFF"位置，拔下曲轴位置传感器导线连接器，用万用表电阻挡测量 A、B 端子或 A、C 端子之间的电阻值，此时万用表应该显示"∞"状态，否则说明传感器有故障。

　　检测传感器输出波形：用示波器检测霍尔曲轴位置传感器的电压输出波形并与标准波形相比对，分析查找故障。

　　霍尔曲轴位置传感器的标准波形如图 6-44 所示。

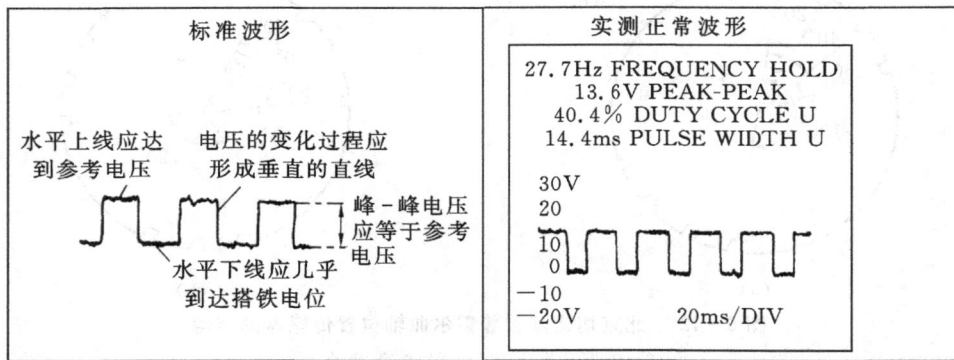

图 6-44　霍尔式曲轴位置传感器的标准波形和实测波形

6.3.3.2　节气门位置传感器

　　节气门位置传感器安装在节气门体上，其作用是将节气门开度大小信号（即发动机负荷大小信号）转化成电信号后输出送至 ECU，ECU 根据输入的节气门位置信号判断发动机的工况，及时地发出指令对发动机的喷油和点火进行实时控制。在装有自动变速器的汽车上，节气门位置传感器信号还是变速器确定换挡时刻、变矩器锁定时机的主要依据。

　　节气门位置传感器一般分为开关量输出式和线性量输出式两种类型。

开关量输出式又称为触点输出式,是早期电喷发动机上的产品,虽然其结构简单、价格低廉,但因其输出信号有拐点,节气门开度检测性能差,近年来已经被线性量输出式所代替了,故在这里就不加论述了。而相对信号输出稳定,效果好的线性量输出式节气门位置传感器则是现在应用最为广泛的产品。

1. 线性量输出式节气门位置传感器的结构及原理

线性量输出式节气门位置传感器又称为可变电阻式节气门位置传感器。

1)结构

如图 6-45 所示,线性量输出式节气门位置传感器主要由电阻器和两对与节气门轴联动的滑动触点 1、2 组成。其中,一对滑动触点 1 作为主电位器,其输出信号直接反应节气门开度;另一对滑动触点 2 作为节气门关闭位置指示的微型开关。

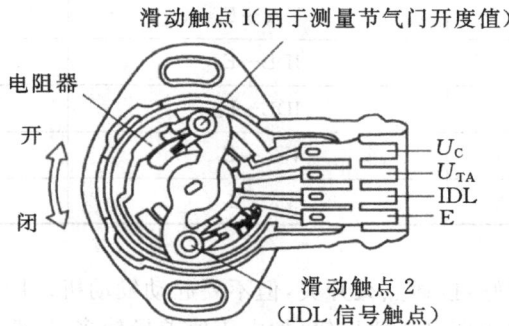

图 6-45　线性量输出式节气门位置传感器的结构

2)工作原理

线性量输出式节气门位置传感器的工作原理如图 6-46(a)所示,当节气门逐渐打开时,滑动触点 1 在电阻器上向右移动,输出电路中所串入电阻值也逐渐变小,信号输出电压会逐渐增大,输出电压与节气门的开度成正比,如图 6-46(b)所示;而滑动触点 2 在节气门全闭时与急速触点 IDL 相接触,给 ECU 提供急速信号。

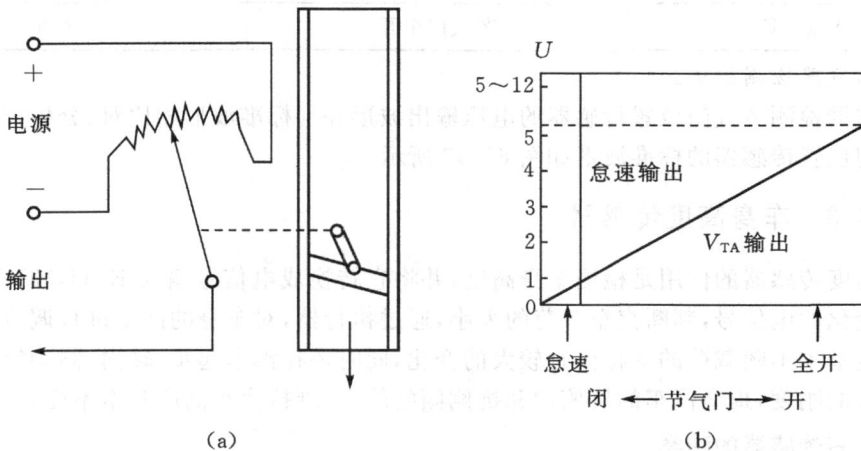

图 6-46　线性量输出式节气门位置传感器工作原理示意图

2. 线性量输出式节气门位置传感器的检测

线性量输出式节气门位置传感器与 ECU 的连接方式如图 6-45 所示,传感器共有 4 个接线端子,分别是 U_C 电压输入端子、U_{TA} 节气门电压输出信号端子、IDL 怠速触点信号输出端子、E 搭铁端子。

1)开路检测

关闭点火开关,拔下传感器插头,用万用表的 R×100 挡测量各个接线端子和 E_2 端子之间的电阻值,与该车型的标准电阻值进行比较,如差异较大,则说明此传感器可能有故障。

如表 6-7 所示,为线性量输出式节气门位置传感器各端子之间的电阻值(仅供参考)。

表 6-7 线性量输出式节气门位置传感器各端子之间的电阻参考值

限位螺钉与限位杆之间间隙	测量端子	电阻值
0 mm	$V_{TA}\sim E_2$	$0.34\sim0.30$ kΩ
0.45 mm	IDL$\sim E_2$	<0.50 kΩ
0.55 mm	IDL$\sim E_2$	<0.50 kΩ
节气门全开	$V_{TA}\sim E_2$	$2.40\sim11.20$ kΩ
—	$V_C\sim E_2$	$3.10\sim7.20$ kΩ

2)在路检测

将传感器的插头插接好,接通点火开关,但不要起动发动机。用万用表 AC 挡测量各端子之间的电压并与该车型的标准电压值比较,如电压值差异较多,证明有故障。

如表 6-8 所示,为线性输出式节气门位置传感器各端子之间的电压参考值。

表 6-8 性量输出式节气门位置传感器各端子之间的电压参考值

测量端子	测量条件	电压值
IDL$\sim E_2$	节气门全开	$9\sim14$ V
$V_C\sim E_2$	—	$4.0\sim5.5$ V
$V_{TA}\sim E_2$	节气门全闭	$0.3\sim0.8$ V
$V_{TA}\sim E_2$	节气门全开	$3.2\sim4.9$ V

3)用示波器检测输出波形

用示波器检测节气门位置传感器的电压输出波形并与标准波形相比对,分析查找故障。节气门位置传感器的标准波形如图 6-47 所示。

6.3.3.3 车身高度传感器

车身高度传感器的作用是检测车身高度,并将它转换成电信号输入 ECU,ECU 根据这个车身高度变化的电信号,判断汽车载荷的大小,通过执行器,对车身的高度进行调节,从而保持车身的高度基本不随载荷的变化而有较大的变化,同时还在汽车起步、转向、制动等工况时,调整车轮悬架的刚度,提高汽车的抗俯仰和抗侧倾的能力,维持汽车高度基本不变。

1. 车身高传感器的种类

车身高传感器的种类很多,常见的有弹片开关式、霍尔集成电路式和光电式几种类型,其

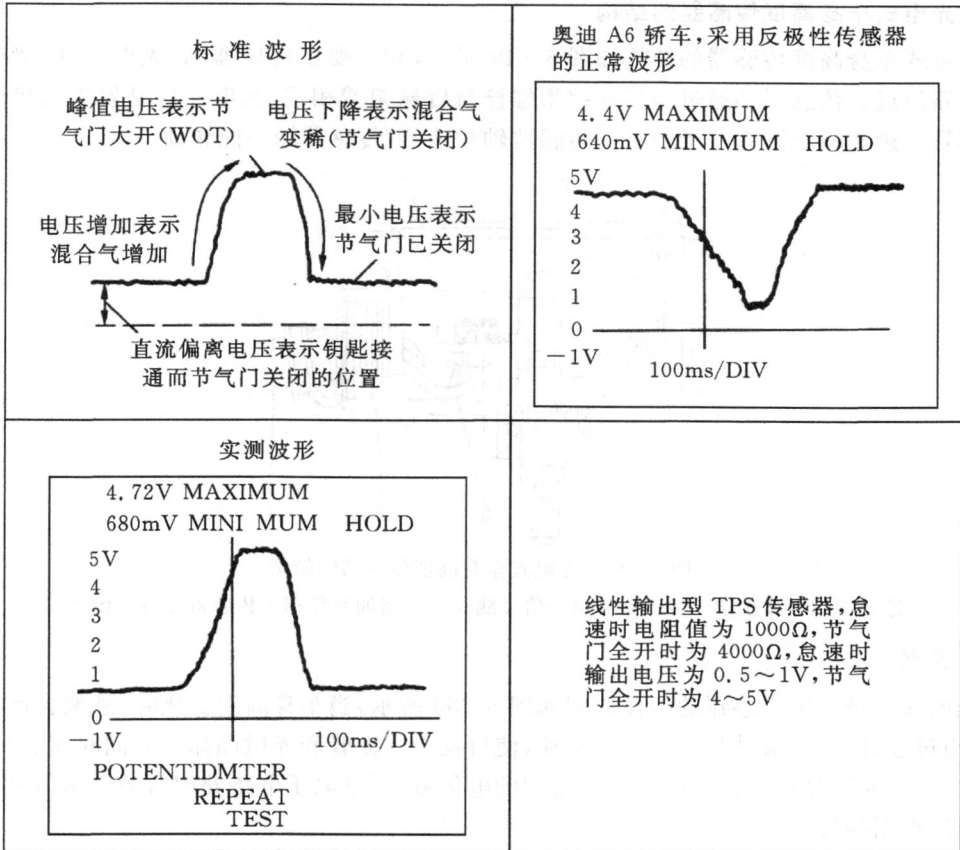

图 6-47　线性输出型节气门位置传感器的标准波形及实测波形

中光电式车身高度传感器是现代汽车上使用最多的一种,现就以光电式车身高度传感器为例进行详细介绍。

2. 光电式车身高传感器的安装位置

如图 6-48 所示,通常车身高度传感器安装在汽车左右前轮胎的挡泥板上。

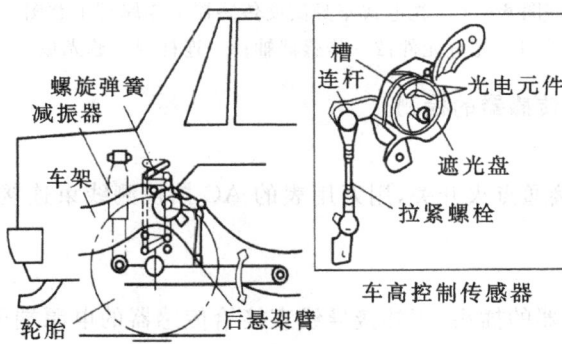

图 6-48　光电式车身高度传感器的安装位置

199

3.光电式车身高度传感器的结构

光电式车身高度传感器的结构如图 6-49 所示,它主要由传感器轴、光电元件、遮光板及电子电路组成。传感器轴通过连杆和拉紧螺栓与后悬架臂相连,光电元件是发光二极管和光敏晶体管。遮光板上开有若干个孔与传感器轴相连,随传感器轴一同转动。

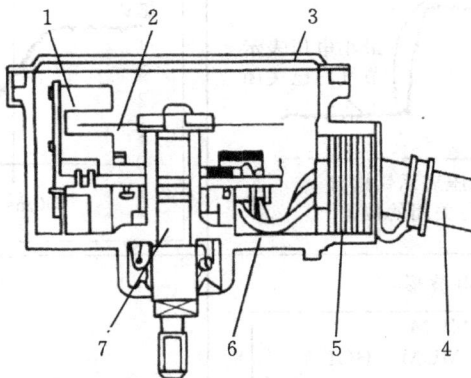

图 6-49 光电式车身高度传感器的结构

1—遮光器;2—圆盘;3—传感器盖;4—信号线;5—金属油封环;6—传感器壳;7—传感器轴

4.原理

光电式车身高度传感器的工作原理如图 6-50 所示,当车身高度变化时,悬架会产生上下位移,通过连杆、传感器轴带动遮光板转动,使得发光二极管和光敏晶体管之间时而透光、时而被遮住,这样光敏晶体管就会因此发出断续的电信号,通过电子电路处理后的输出信号传递给车身高度控制装置。

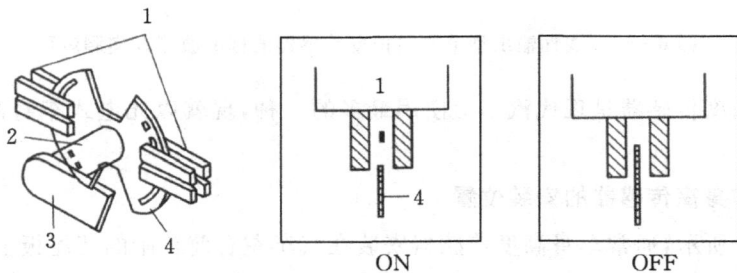

图 6-50 光电式车身高度传感器工作原理示意图

1—光电元件;2—传感器轴;3—连杆;4—遮光板

5.光电式车身高度传感器的检测

1)电源的检测

拔下传感器插头,接通点火开关,用万用表的 AC 挡检测线束连接器上电源端子的电压,应为 12 V。

2)信号电压的检测

拔下车身高度传感器的插头,用外接导线直接给传感器的电源端子通进 12 V 电源电压,使传感器外壳直接搭铁,再拆开传感器轴与后悬架臂的连接螺栓,接通点火开关,慢慢转动传感器轴,用万用表的 AC 挡测量传感器信号输出端子的输出电压,如果此电压是在 0~1 V 之间,说明传感器的工作性能良好,否则,应更换车高传感器。

3)信号电压波形的检测

用汽车专用示波器检测车高传感器的电压输出波形并与标准波形比较,分析判断车高传感器是否有故障。

车高传感器的标准波形如图 6-51 所示。

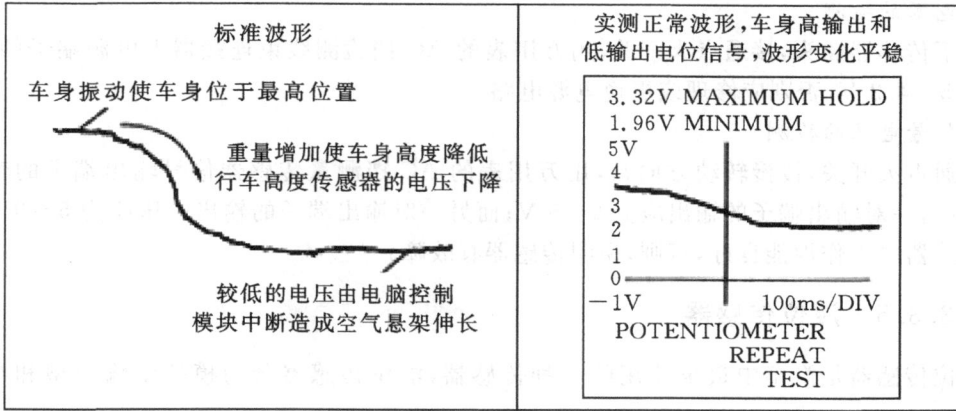

图 6-51　光电式车身高度传感器标准波形及实测波形

6.3.3.4　光电式转角位置传感器

光电式转角位置传感器安装在汽车转向轴管上,用于检测转向盘的中间位置、转动方向、转动角度和转动速度,即转向轮的偏转方向和偏转角度,并将检测到的信号输出,传递给悬架电子控制系统 ECU,电子悬架控制系统的 ECU 根据这个信号和车速传感器提供的车速信号判断汽车转向时侧向力的大小,对车身的倾斜进行控制,提高汽车行驶的安全稳定性。

1. 光电式转角传感器的结构、原理

光电式转角传感器的结构、原理与前面讲到的车高传感器基本相同,如图 6-52 所示,为转角传感器的安装位置和结构图。

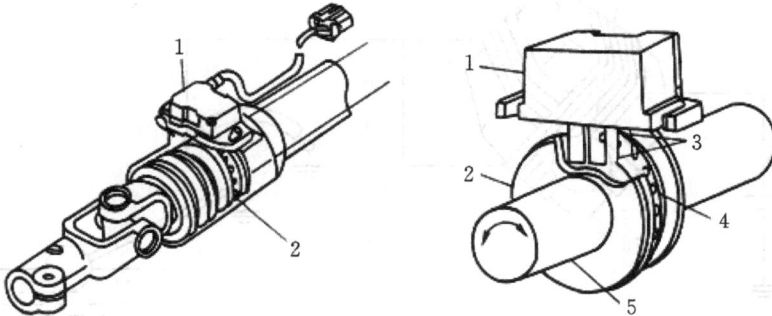

图 6-52　转角传感器的安装位置及结构
1—转角传感器;2—传感器圆盘;3—遮光器;4—窄缝;5—转向轴

带有窄缝的圆盘安装在转向轴上,随同转向轴一同转动,两组光电元件(发光二极管、感光晶体管)固定在转向柱管上。当转向轴转动时,通过圆盘上的窄缝和光电元件的共同作用,我们就获得了转向轴转动的电信号。将这个信号传递给电子悬架控制系统,用于汽车转弯时侧向力的控制。

2.光电式转角传感器的检测

1)电源的检测

拔下传感器插头,接通点火开关,用万用表的 AC 挡检测线束连接器上电源端子的电压,应为 3.5～4.2 V,否则应修理或更换电源电路。

2)信号电压的检测

接通点火开关,慢慢转动方向盘,用万用表的 AC 挡测量传感器信号输出端子的输出电压。其中,一对输出端子的输出应为 0～5 V;而另一对输出端子的输出电压应为 5～0 V。这说明传感器的工作性能良好,否则,说明传感器有故障。

6.3.3.5 液位传感器

液位传感器是汽车中最早使用的一种传感器,液位传感器分为模拟量输出型和开关型两种。

模拟量输出型液位传感器主要用于燃油箱油量的检测,检测的方式有浮子式、电热式和电容式等。

开关型液位传感器主要用于制动液液位、冷却液液位、清洗液液位的检测,检测方式有浮子式、热敏电阻式和舌簧开关式等。

1.浮子式液位传感器

浮子式液位传感器是使用最早,也是目前使用最为广泛的一种液位传感器,它与可变电阻一同使用就组成了模拟量输出型液位传感器,它与舌簧开关组合就构成了开关型液位传感器。

1)浮子可变电阻式液位传感器

(1)结构原理。浮子式可变电阻式液位传感器的结构及原理如图 6-53 所示,它主要由浮子、内装滑动变阻器的电位器及连接电位器和浮子的浮子臂组成。

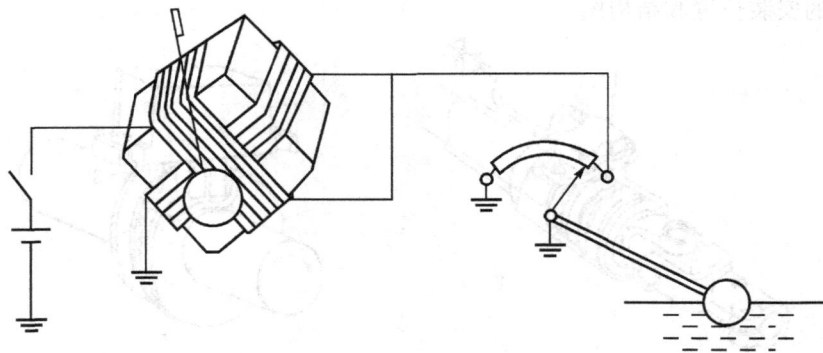

图 6-53 浮子式可变电阻液位传感器的结构

当油箱内的液面发生变化时,浮子随之上下移动,通过浮子臂带动滑动触点臂在电位器内的滑动电阻上滑动,使与传感器连接电路中传感器这部分的电阻值发生变化,输出变量的电信号。利用这一特性控制回路电流的大小,输入仪表盘控制电路,显示液位的高低。

（2）浮子可变电阻式液位传感器的检测。

经验检测:接通点火开关,拔下与浮子可变电阻式液位传感器的连接线,悬空数秒、搭铁数秒,则仪表上燃油表的指针应该指示满油箱态状态和空油箱状态,否则说明仪表盘有故障。

仪表检测:用万用表的 R 挡检测浮子可变电阻式传感器浮子在不同位置时,输出线对地的电阻值,这个电阻值应该与标准值(不同车型的这个电阻值不同)差异不大,否则说明传感器有故障。如果找不到这个标准值,那么可以画图检测,电阻值的变化应该与浮子的变化成线性关系,否则说明传感器有问题。

2)浮子舌簧开关式液位传感器

（1）结构及原理。

浮子舌簧开关液位传感器的结构如图 6-54 所示,它的主要结构是由树脂制成的圆管和可沿圆管外上下移动的环形浮子。圆管内装有由强磁性材料制成触点的舌簧开关,浮子内嵌有永久磁铁。它的作用是在液面低于规定值时导致浮子位置下降,使舌簧内触点闭合,接通报警电路。

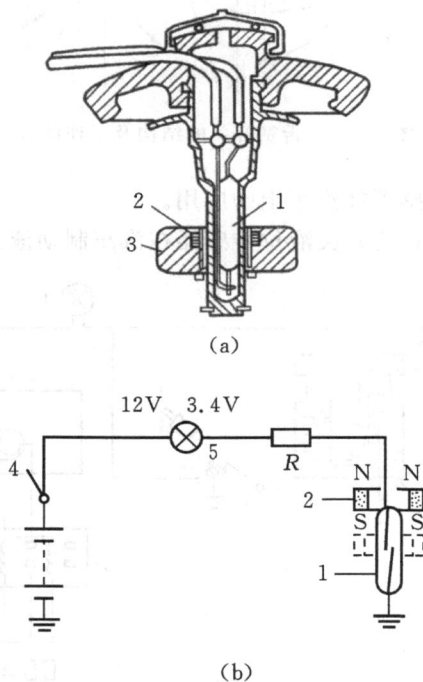

图 6-54　浮子舌簧开关液位传感器的结构
1—舌簧开关;2—永久磁铁;3—浮子;4—点火开关;5—警报灯

舌簧开关的结构和工作原理如图 6-55 所示,由玻璃管制成的舌簧管内装有一对很薄且磁性好的触点,玻璃管外有可沿其轴线上下移动的永久磁铁。

浮子舌簧开关式液位传感器安装在液位报警系统中,其工作过程是:当液位下降,浮子也随之下降,浮子位置低于规定值时,浮子内的永久磁铁的磁力线从舌簧开关中通过,使舌簧开关内两金属触点产生吸引力闭合,即触点开关闭合,报警电路接通,报警灯点亮,表明液位已低于规定值。当液位达到规定值及规定值以上时,浮子带动永久磁铁上移,磁力线不能穿过舌簧开关内的磁体,在舌簧本身弹力的作用下,舌簧开关的两触点打开,报警电路被切断,报警灯熄灭,显示液位处于正常位置,符合要求。

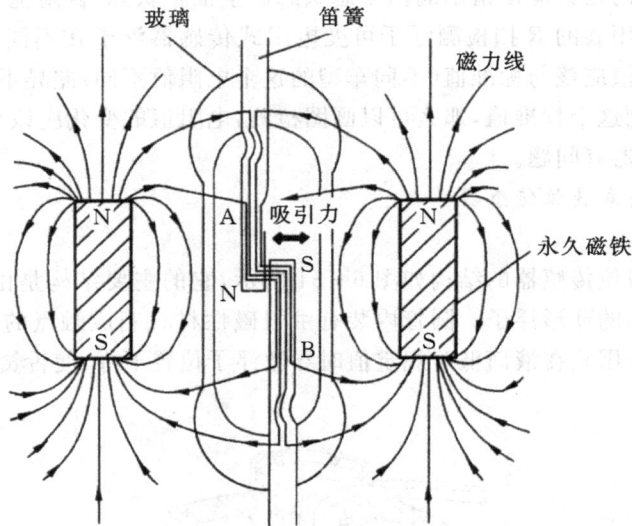

图 6-55　舌簧开关的结构及工作原理

(2)浮子舌簧开关液位传感器在汽车上的应用。

如图 6-56 所示,为浮子舌簧开关液位传感器在汽车制动液液位报警系统中的应用。

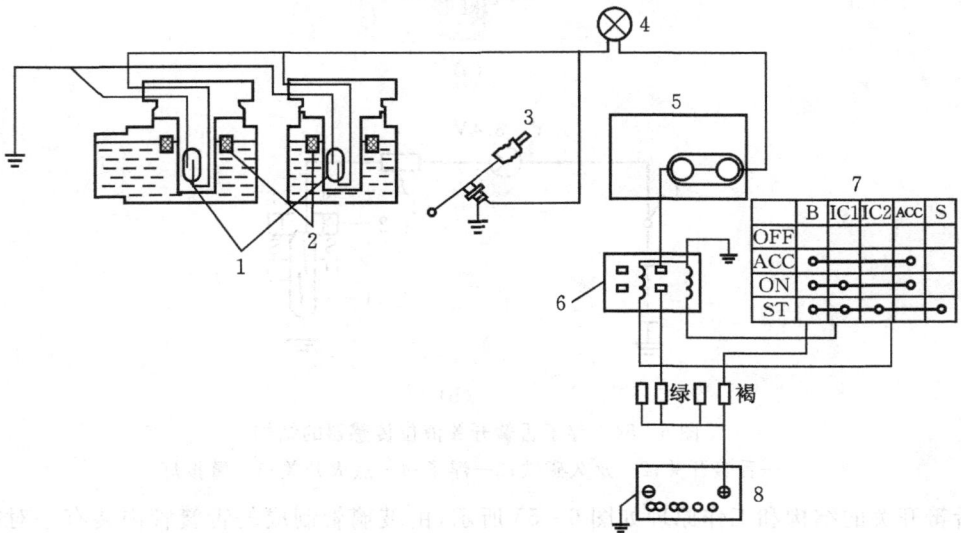

图 6-56　浮子舌簧开关液位传感器式汽车制动液液位报警系统

1—舌簧开关;2—浮子;3—驻车手制动;4—报警灯;5—熔丝盒;6—继电器;7—点火开关;8—蓄电池

如图 6-57 所示,为浮子舌簧开关液位传感器在汽车洗涤液液位报警系统中的应用。

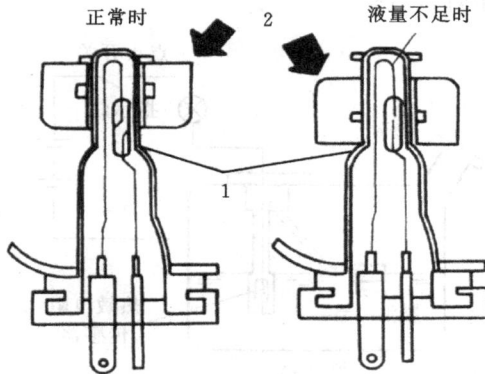

图 6-57 浮子舌簧开关液位传感器式汽车洗涤液液位报警系统

如图 6-58 所示,为浮子舌簧开关液位传感器在汽车冷却液液位报警系统中的应用。

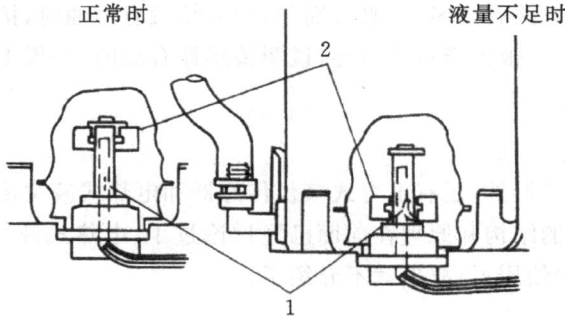

图 6-58 浮子舌簧开关液位传感器式汽车冷却液液位报警系统
1—舌簧管;2—永久磁铁

(3)浮子舌簧开关液位传感器的检测。

检查浮子是否卡死:用手活动浮子看其是否上下活动自如。如有卡滞现象,排除。

检查舌簧开关触点是否烧蚀或舌簧开关的弹性能力:用万用表的 R 挡测量传感器的两接线端子的电阻。如果传感器工作正常,当浮子下移时,万用表应该显示电阻为 0Ω,表示导通;当浮子上移时,万用表应该显示电阻为∞,表示电路处于断路状态。否则,表明传感器已损坏,应予更换。

2. 热敏电阻式液位传感器

热敏电阻式液位传感器属于开关型液位传感器,在汽车上一般用于燃油报警回路中。

1)热敏电阻式液位传感器的结构及工作原理

如图 6-59 所示,燃油报警电路中的一个元件——具有负的温度系数特性的热敏电阻——安装在浮筒内,置于油箱的底部。闭合点火开关,报警电路被接通,热敏电阻有电流通过,在电流的作用下,热敏电阻本身会发热。如果燃油的液面浸过热敏电阻,热敏电阻所产生的热量很容易被散发掉,故热敏电阻自身的温度不会很高,根据 NTC 电阻的特性,这时它的阻值会很大,因而报警电路中的电流会很小,不会使报警灯点亮;当燃油的液面低于热敏电阻时,电阻暴露在空气中,它所产生的热量就会散发得很慢,自身的温度上升,阻值下降,导致报警电路的电流增大,报警指示灯被点亮。

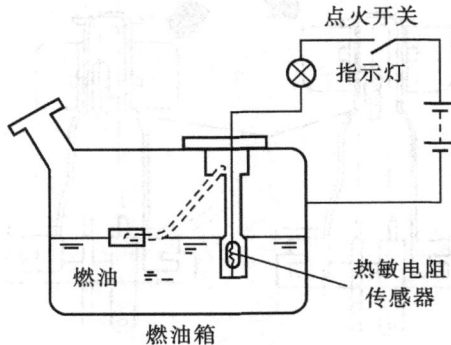

图 6-59　热敏电阻式液位传感器燃油报警电路

2)热敏电阻式液位传感器的检测

如果发现燃油报警电路有故障,检测很简单:当油箱没有燃油时,接通点火开关,拔下传感器上的连接导线直接搭铁,报警指示灯点亮,说明传感器有故障;如果不亮,则说明报警指示灯或报警指示灯侧电路有故障。

3. 其它液位传感器

除上述几种液位传感器外,还有电容式液位传感器和电热式液位传感器。

电容式液位传感器的结构和原理在前面已经讨论过了,电热式液位传感器是液位传感器的早期产品,现在已很少使用了,故也就不介绍了。

6.3.3.6　其它位置传感器

位置传感器除上述外,还有溢流环位置传感器、距离传感器、方位传感器等。

溢流环传感器是应用于柴油发动机燃油供给系统的一种位置传感器,我们应用得很少,这里就不再讲解了。

距离传感器和方位传感器由于应用了先进的传感技术,我们会在以后的相关章节进行讨论。

6.4　速度、加速度传感器的结构、原理与检测

速度传感器不仅是发动机集中控制系统中非常重要的传感器,同时在汽车行驶、制动等系统中,也是不可缺少的;加速度传感器主要应用于汽车的制动系统。

6.4.1　速度传感器的构造、原理及检测

6.4.1.1　速度传感器的作用、类型及原理

汽车速度传感器主要有发动机转速传感器、车速传感器和轮速传感器。

1. 发动机转速传感器

发动机转速传感器的作用就是给 ECU 提供发动机适时转速信号,用于发动机的燃油喷射和点火正时的控制;在装有自动变速器的汽车上,发动机的转速信号还会对变速器的换挡时刻等控制提供所必要的信息。

发动机转速传感器就是曲轴位置传感器的另一种表述形式,ECU 利用曲轴位置传感器的输出信号,通过计算直接得到了发动机的转速信号。

由于曲轴位置传感器的类型、结构和原理前面已经详细讨论过了,因此,这里就不做论述了。

2. 车速传感器

1)车速传感器的作用

车速传感器是测量汽车行驶速度的,它的作用是给发动机控制、自动变速控制、ABS 控制、汽车牵引力控制、悬架控制和导航系统控制提供依据。

2)车速传感器的类型

用于检测车速的传感器很多,有舌簧开关式、电磁感应式、光电式、可变磁阻式和霍尔效应式等,它们根据各自的特点被安装在汽车的分电器中、变速器内和仪表盘上等部位。

最早使用的舌簧开关式车速传感器是安装在分电器内的,由于分电器已经被淘汰,再者舌簧开关自身有机械触点的存在,触点烧蚀、寿命低、响应慢、机械惯性大等缺点是不可避免的,因此现在很少使用了。

电磁感应式、光电式和霍尔效应式车速传感器的结构、原理和前面所谈到的相应的曲轴位置传感器的结构、原理也基本相似,故在这里也就不讨论了。

这里我们仅对可变磁阻式车速传感器的结构、原理加以论述。

3)可变磁阻车速传感器的结构原理

可变磁阻车速传感器是利用磁阻元件的特性制成的一种传感器。磁阻元件的性质如图 6-60 所示,当通过磁阻元件的磁通量发生变化时,磁阻元件的阻值就会随之发生变化。当变化磁通量的磁力线与流进磁阻元件的电流方向相平行时,磁阻元件的电阻值最大;当磁力线的方向与电流的方向垂直时,磁阻元件的电阻值为最小。

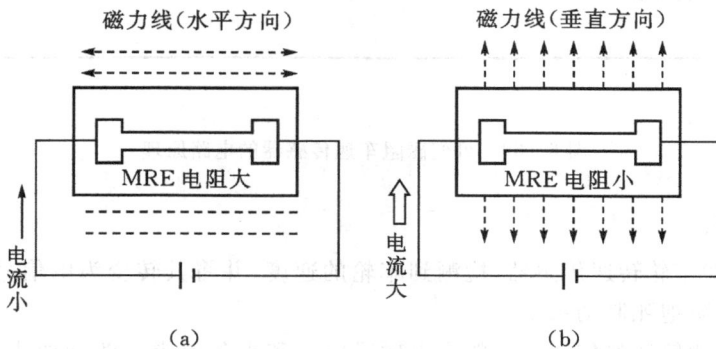

图 6-60　磁阻元件的性质
(a)电流方向与磁力线方向平行线;(b)电流方向与磁力线方向垂直

可变磁阻车速传感器的结构如图 6-61 所示,它主要由多级磁环、磁阻元件和电子电路构成,安装在变速器壳上。

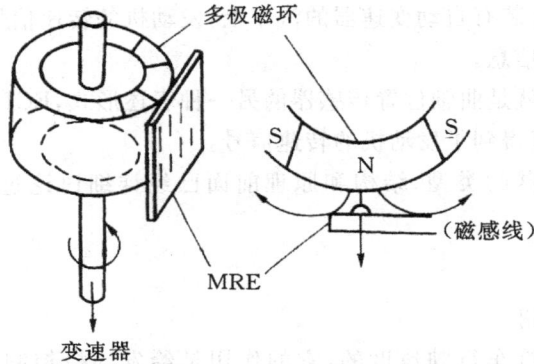

图 6-61 可变磁阻车速传感器的结构示意图

可变磁阻车速传感器的工作原理如图 6-62 所示。由于磁环上的 N 极与 S 极是交替排列的,当变速器转动带动多级磁环转动时,安装在磁环附近的磁阻元件的磁通量和磁力线的大小都不断地发生变化,从而就改变了磁阻元件的阻值,电子电路通过获取磁阻元件阻值的变化,进而转换成电信号,就检测出了与多级磁环连接轴的转速,从而计算出车速。

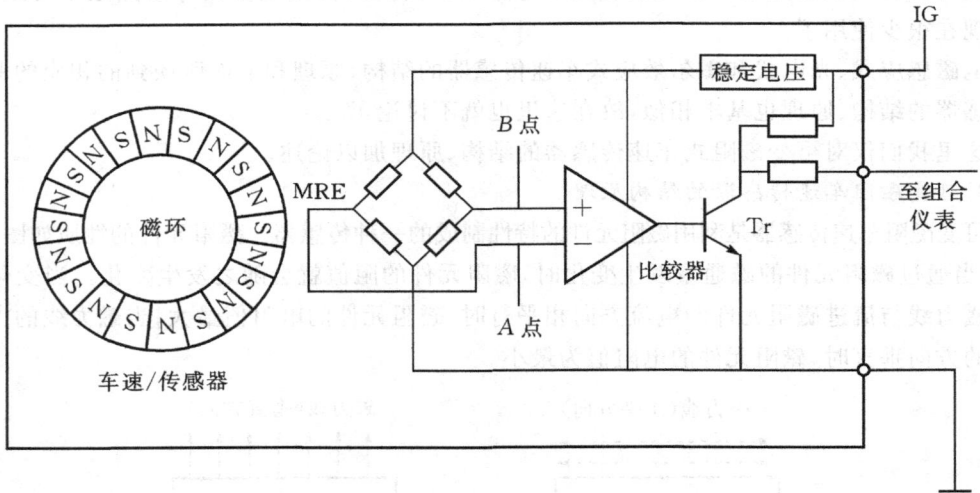

图 6-62 可变磁阻车速传感器的电路原理

3. 轮速传感器

轮速传感器即车轮转速传感器,检测到车轮的速度,并将其转变为电信号输入给 ABS 控制系统,用于汽车防抱死制动系统。

目前,用于检测轮速的传感器一般有电磁感应式和霍尔效应式两种形式。它所检测轮速的原理和前面提到的电磁感应式、霍尔效应式传感器的结构原理基本相同,这里就不详细说明了。

6.4.1.2 速度传感器在汽车上的应用及检测

1. 车速传感器在汽车上的应用与检测

1）电磁式车速传感器

（1）电磁式车速传感器结构、工作过程。电磁式车速传感器在很多的车型上都有应用,例如上海别克、广汽丰田、丰田凌志等。它一般安装在变速器的输出轴或输入轴附近,如图 6-63 所示。

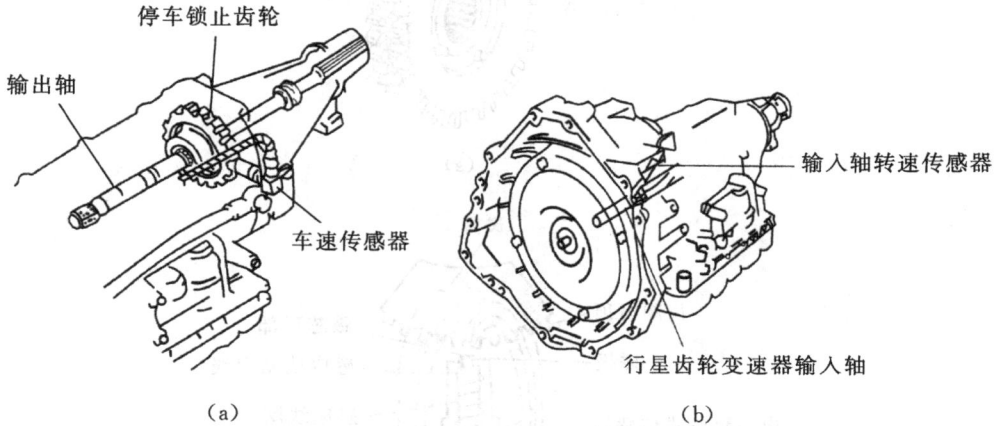

图 6-63 电磁式车速传感器的安装位置示意图
（a）安装在变速器输出轴的车速传感器；（b）安装在变速器输入轴的车速传感器

电磁式车速传感器的结构如图 6-64、图 6-65 所示,虽然从外表上看,安装在输出轴上和安装在输入轴上的这两种电磁感应车速传感器的形状有所区别,但实质上它们的组成结构是一样的,都是由永久磁铁、感应线圈和信号盘构成。其中,安装在输出轴上的信号盘是利用输出轴停车锁止齿轮；安装在输入轴上的是利用驱动链轮。

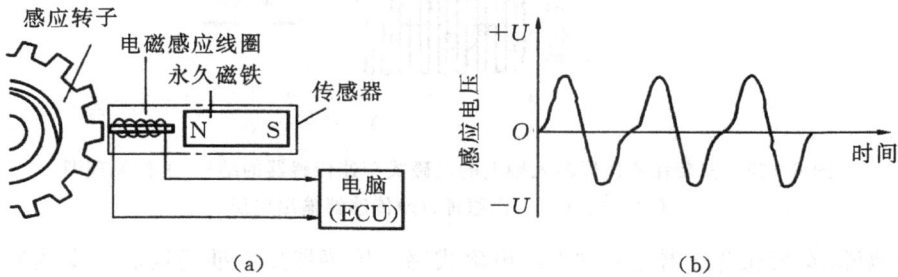

图 6-64 安装在变速器输出轴上的电磁式车速传感器的结构、工作原理图
（a）结构；（b）感应电压曲线

电磁式车速传感器的工作过程如图 6-64、图 6-65 所示。当信号轮转动时,由于信号轮上凸凹齿的作用,通过感应线圈的磁通量不断地变化,进而在感应线圈上产生出周期变化的脉冲电压,经过 ECU 的计算得出车速。从图看出,这两种车速传感器的信号盘上的齿数不同,故其输出的信号电压的波形区别很大。

输入速度传感器磁性转轮(527)

输入速度传感器(440)

驱动链轮(516)

导电线连接插座

磁性传感器

(a)

齿圈

齿圈齿顶

磁芯顶部

磁极

感应线圈引线

电磁感应式传感器

感应线圈

磁力线

永磁性磁芯

(b)

高速时

低速时

感应电压

(c)

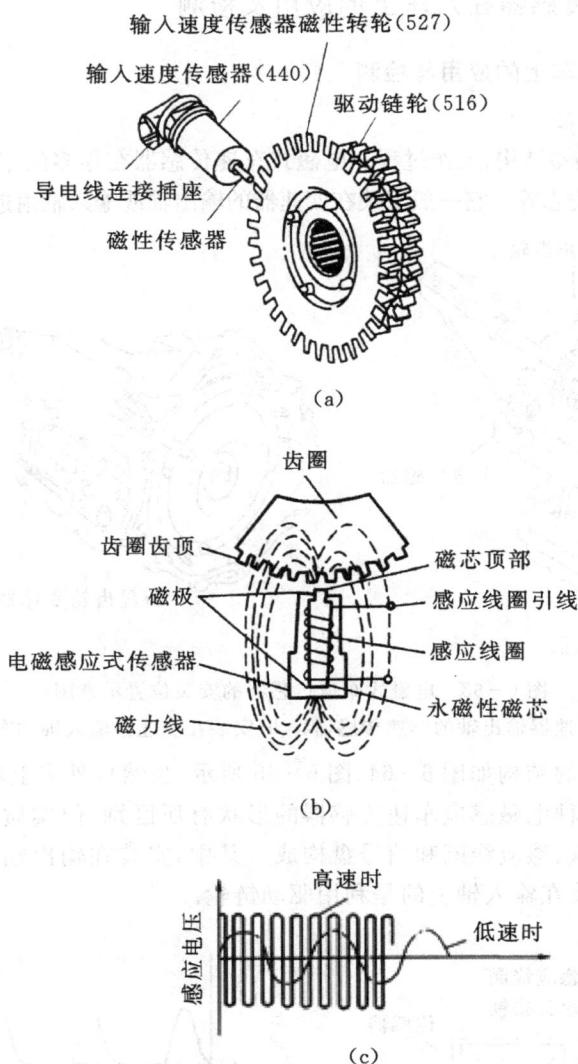

图 6-65　安装在变速器输入轴上的电磁式车速传感器的结构、工作原理图
(a)结构；(b)工作原理；(c)传感器输出电压

准确地说,安装在变速器输入轴上的电磁式感应传感器更能准确地反应变速器输入轴的转速,从而使 ECU 控制换挡过程更精确,同时,ECU 还将根据这个信号和来自发动机控制系统的发动机转速信号进行比较,计算出液力变矩器的有功功率,使得油路压力控制过程和离合器锁止控制过程得到进一步优化,自动变速器的换挡会更为柔顺,改善汽车的行驶性能。

(2)电磁感应式车速传感器的检测。

开路检测:断开点火开关,拔下电磁感应传感器的插头,用万用表的 R 挡检测两个接线端子之间的电阻。虽然不同的车型这个阻值有所不同,但一般在几百到几千欧姆之间,例如丰田凌志车这个电阻值为 620 Ω,广汽丰田车为 400～600 Ω。

在路模拟检测:将车驱动轮支起,起动发动机,用万用表的 AC 挡测量传感器两个输出端子的电压。若万用表的指针摆动,说明传感器输出脉冲电压,传感器性能良好;否则,说明传感器有故障。

在路输出波形检测:将汽车专用示波器连接好,在汽车运动过程中检测车速传感器的输出波形,与标准波形比对,从而分析判断车速传感器的性能。

电磁式车速传感器的标准波形如图 6 - 66 所示。

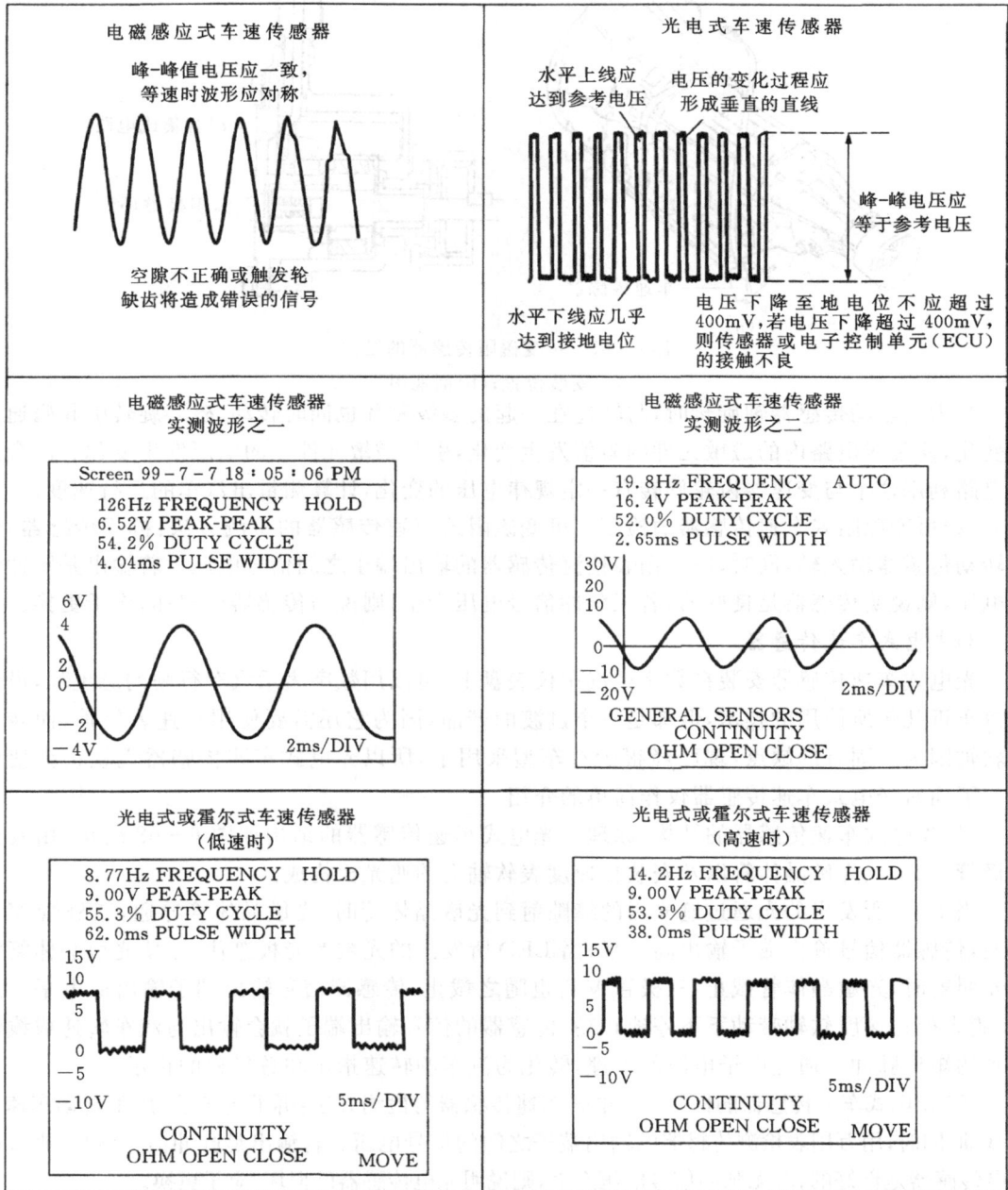

图 6 - 66　电磁式车速传感器的标准波形

2)可变磁阻式车速传感器

(1)可变磁阻式车速传感器的结构及工作过程。可变磁阻式车速传感器安装在变速器的壳体上,由变速器齿轮驱动。它的安装位置及结构如图 6-67 所示,它主要由磁阻元件、转子轴、磁环和印制电路板构成。转子轴和磁环安装在一起,由变速器齿轮带动转动,磁阻元件和印制的电路板构成一个混合集成电路。

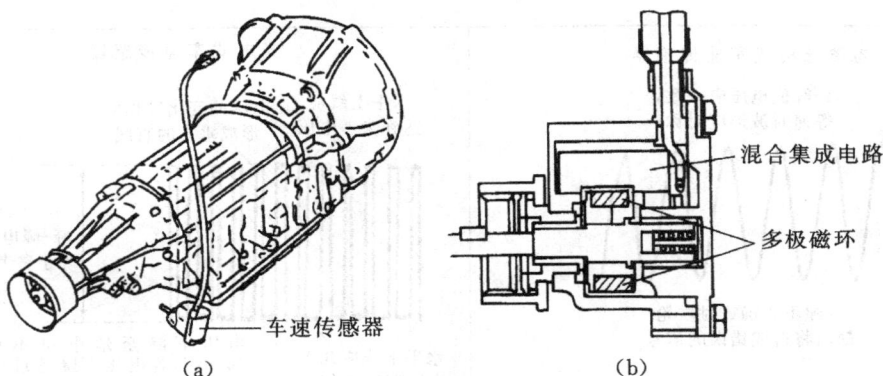

图 6-67　可变磁阻传感器的结构
(a)安装位置;(b)剖视图

当齿轮驱动传感器轴旋转时,与轴连在一起的多级磁环也同时转动,磁环旋转引起磁通量的变化,使集成电路内的磁敏元件的阻值发生变化,引起磁敏元件上的电压发生变化。混合集成电路利用这个与变速器齿轮旋转有一定规律电压的变化,计算测量出汽车的运行速度。

(2)可变磁阻式车速传感器的检测。可变磁阻式车速传感器的检测方法:拆下传感器,用手转动传感器输入轴,同时,用万用表检测传感器的输出端子之间信号电压。若输出是脉冲信号电压,则说明传感器是良好的;若无脉冲信号电压产生,则说明传感器已损坏,应予更换。

3)光电式车速传感器

光电式车速传感器安装在数字式汽车仪表盘上,可以用数字表示汽车行驶的总里程,虽然是汽车近几年所使用的技术,但却是一个过渡的产品,因为它还需要使用转速表软轴,而转速表软轴因为其固有的缺点,现已经很少有车型采用了,所以光电式车速传感器也就很少使用了。下面对光电式车速传感器仅作简单的介绍。

(1)光电式车速传感器的结构、原理。光电式车速传感器的结构如图 6-68 所示,由发光二极管(LED)、光敏晶体管以及安装在速度表软轴上的遮光板构成。

当 LED 所发出的光通过遮光板的缝隙射到光敏晶体管时,光敏晶体管导通,三极管 VT_1 导通,传感器信号输出端子输出高电平;当 LED 所发出的光被遮光板遮住,致使光敏晶体管没有光照射时,光敏晶体管截止,三极管 VT_1 也随之截止,传感器信号输出端子输出低电平。这样,遮光板在速度软轴带动下不停地转动,传感器的信号输出端子就会输出与汽车转速成线性关系的矩形脉冲。通过电子电路的处理,转化为汽车的转速指示和总里程的指示。

(2)光电式车速传感器的检测。光电式车速传感器的检测方法:拆下传感器,用手转动车速输入软轴,同时,用万用表检测传感器的输出端子之间的信号电压。若输出是脉冲信号电压,则说明光电传感器是良好的;若无脉冲信号电压产生,则说明光电传感器已损坏,应予更换。

4)霍尔效应式车速传感器

(1)霍尔效应式车速传感器的结构。霍尔式车速传感器多使用在大众车型上,例如桑塔纳、捷达等,它的外形与内部结构如图 6-69 所示,主要由触发轮、带导板的永久磁铁、霍尔元件以及集成电路组成。

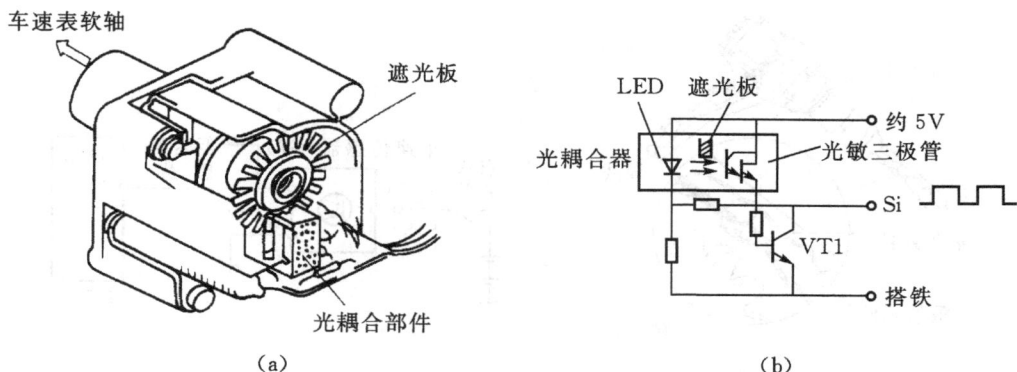

图 6-68　光电式车速传感器的结构及工作原理示意图
(a)结构;(b)工作原理

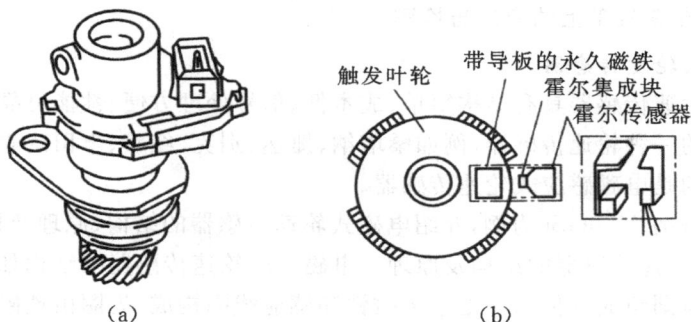

图 6-69　霍尔效应式车速传感器的外形与结构
(a)外形;(b)结构

　　霍尔效应式车速传感器的工作原理与前面所讲到的霍尔式传感器的原理基本相同,就是当安装在霍尔元件和永久磁铁之间的触发叶轮转动时,霍尔元件获得断续的磁通量,因此,通过集成电路的处理,我们就获得一个频率与转速成正比的矩形波。

　　(2)霍尔式车速传感器的检测。以桑塔纳 2000GSi 轿车为例,它的结构以及与 ECU 的电路连接示意图如图 6-70 所示,由霍尔传感器和信号轮组成,安装在主减速器输出轴的端盖上,有 3 个输出端子,其中 1 号为电源端子,2 号为信号输出端子,与 ECU 的 20 号端子相连,3号端子为搭铁端子。

　　具体检测方法如下:

　　传感器电源电压检测:关闭点火开关,拔下车速传感器的插头,再接通点火开关,用万用表的 AC 挡检测插头端子 1、3 之间的电压,标准值应为 12 V,否则应检查熔断器、点火开关以及连接导线。

　　用万用表检测输出信号:将万用表调到 AC 电压挡,表笔与传感器的 2、3 端子相连,当汽车缓慢行驶时,万用表应该检测出传感器有脉动的电压输出,否则说明传感器有故障。

　　用示波器检测信号输出波形:在汽车行驶时,检测传感器的信号输出端子 2、3 之间的输出波形并与标准波形比对,分析判断传感器的性能。

霍尔效应式车速传感器的标准波形如图 6-66 所示。

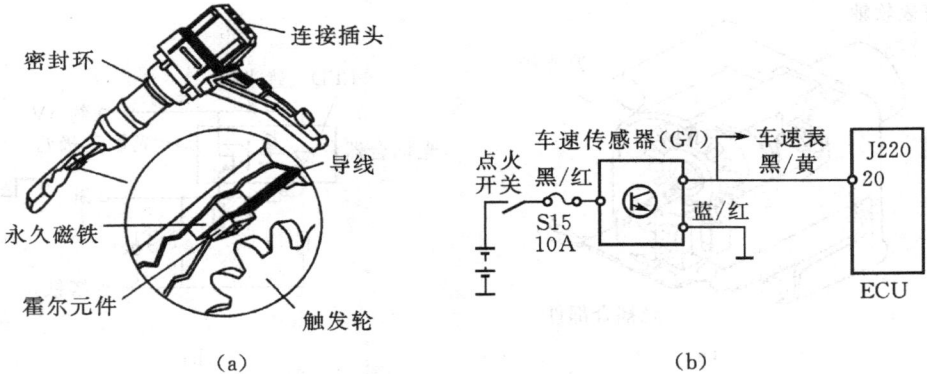

图 6-70　桑塔纳 2000GSi 轿车霍尔车速传感器的结构及于 ECU 的连接电路

(a)结构;(b)连接电路

2. 轮速传感器在汽车上的应用与检测

1)电磁感应式轮速传感器

电磁感应式轮速传感器具有结构简单、成本低、信号处理方便、性能可靠等优点,是目前在汽车上应用最多的一种轮速传感器,例如桑塔纳、捷达、别克、红旗、丰田凌志、广本等车系中的一些车型都采用的是电磁感应式轮速传感器。

下面就以桑塔纳 2000GSi 为例,介绍电磁式轮速传感器的结构、原理及检测方法。

(1)电磁感应轮速传感器的结构及原理。电磁感应轮速传感器的结构如图 6-71 所示,它主要由传感头和齿圈组成。传感头由永久磁铁和感应线圈构成,齿圈由铁磁性材料制成,安装在随车轮一起转动的部件上。

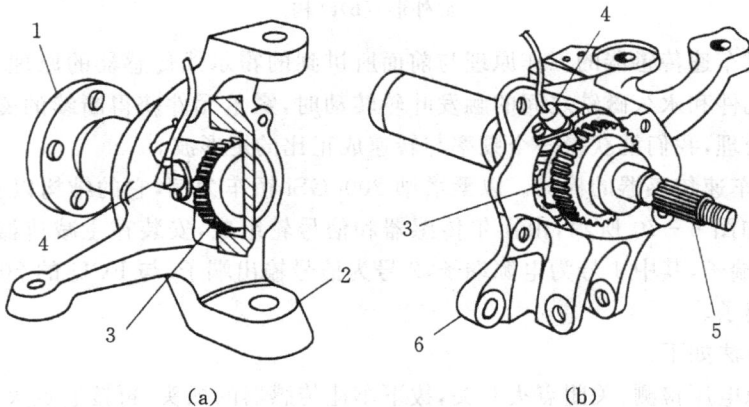

图 6-71　电磁感应轮速传感器的结构

(a)前轮　;(b)后轮

1—轮毂;2—转向节;3—齿圈;4—轮速传感器;5—半轴;6—悬架支承

电磁感应轮速传感器的工作原理如图 6-72 所示。当齿圈转动时,齿顶与齿隙交替对向永久磁铁,也就是交替改变磁头与齿圈之间的气隙,使通过感应线圈的磁通量发生交替地改

214

变,在感应线圈中就会产生一个周期性变化的感应电压。由于这个电压的频率与同车轮安装在一起的齿圈转速成正比,所以根据这个电压,电子电路就可以确定出轮速。

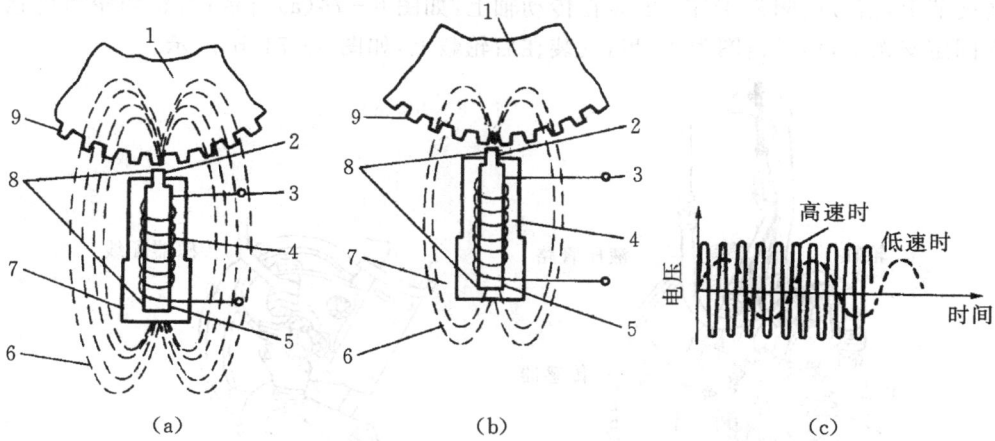

图 6-72　电磁感应轮速传感器的工作原理

(a)齿圈齿顶与传感器磁芯相对时;(b)齿圈齿隙与传感器磁芯相对时;(c)转速传感器的输出信号

1—齿圈;2—磁心端部齿;3—感应线圈端子;4—感应线圈;5—磁芯;6—磁感线;

7—转速传感器;8—磁极;9—轮齿

(2)电磁感应式轮速传感器的安装位置及检测。电磁感应式轮速传感器的安装位置随各个车系不同也有所不同,如图 6-73 所示,一般安装在驱动车轮、从动车轮、主减速器或变速器输出轴上,但安装在车轮上的占多数。

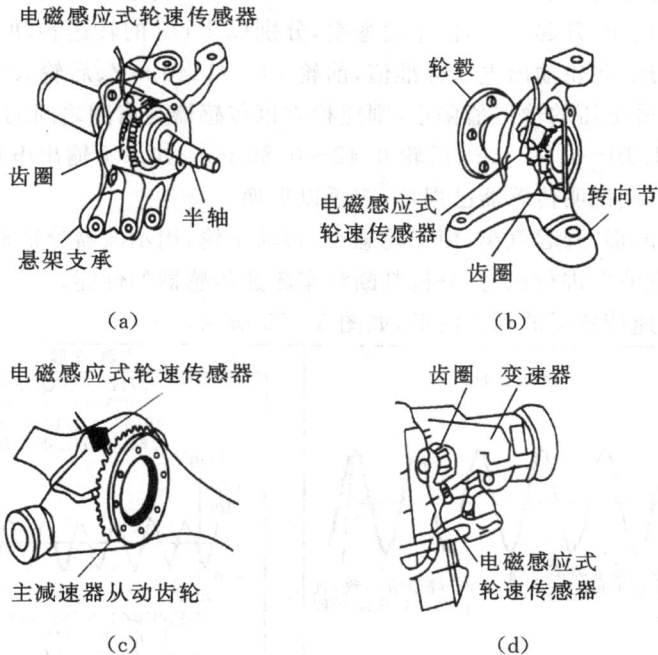

图 6-73　轮速传感器的安装位置

(a)驱动车轮上;(b)从动车轮上;(c)主减速器上;(d)变速器输出轴上

下面就以桑塔纳 2000GSi 为例,介绍电磁式轮速传感器的安装结构及检测方法。

如图 6-74 所示,桑塔纳 2000GSi 型轿车 ABS 共有 4 个轮速传感器,前轮轮速传感器安装在转向节上,信号齿圈为 43 齿,安装在传动轴上,如图 6-74(a)所示;后轮的轮速传感器则安装在固定支架上,信号齿圈为 43 齿,安装在后轮毂上,如图 6-74(b)所示。

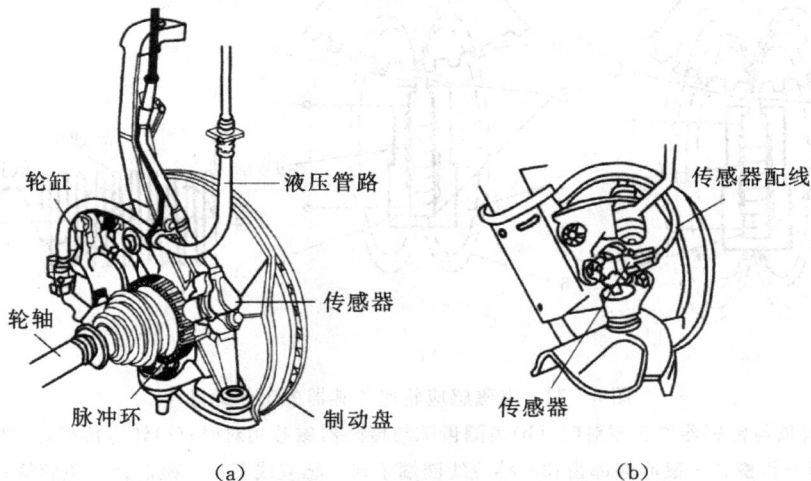

图 6-74 桑塔纳 2000GSi 型轿车轮速传感器的安装位置
(a)前轮;(b)后轮

传感器的检测方法如下:

电阻值检测:断开点火开关,拔下各个轮上传感器的插头,用万用表的 R 挡检测传感器插头端子的电阻值,标准值应该是 1000~1300 Ω。否则,说明传感器有问题。

检测输出信号电压:升起汽车,使车轮悬空,分别以 1 r/s 的转速转动车轮,用万用表检测传感器信号输出电压,各轮输出电压标准值,前轮 190~1140 mV、后轮大于 650 mV。如果某个轮速传感器的信号电压的输出值偏小,则应检查该传感器与齿圈之间的间隙,传感器与齿圈的标准间隙,前轮 1.10~1.97 mm、后轮 0.42~0.80 mm;如果不输出电压值,或输出电压值与标准值差异很大,则说明传感器已损坏,应予以更换。

检测输出信号波形:升起汽车,使车轮悬空,转动车轮,用示波器分别检测各个轮速传感器的输出波形,与标准波形进行比对,分析判断汽车轮速传感器的性能。

电磁感应式轮速传感器的标准波形,如图 6-75 所示。

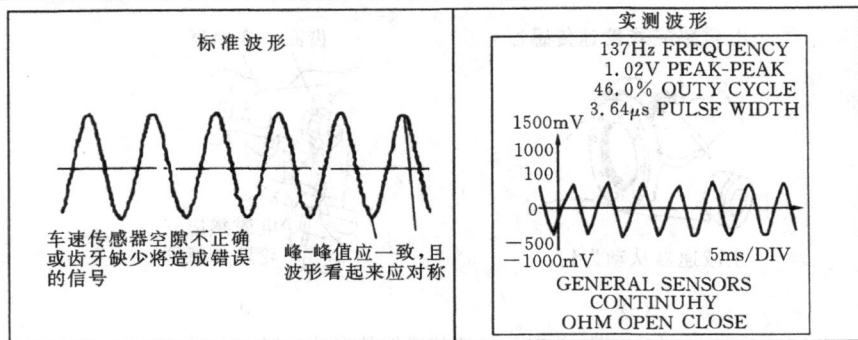

图 6-75 轮速传感器的标准波形及实测波形

2)霍尔效应式轮速传感器

由于电磁感应式轮速传感器的输出信号的频率和幅值受转速的影响较大,抗电磁波干扰能力差,易产生误信号,因此一般只适用在 15～160 km/h 车速范围内;而对于要求控制速度扩大到 8～260 km/h,甚至更大的车型,电磁感应式轮速传感器就很难适应了。霍尔效应式轮速传感器能克服电磁式轮速传感器的不足,因而在汽车 ABS 系统中的应用越来越广泛。

(1)霍尔效应式轮速传感器的结构原理。霍尔效应式轮速传感器的结构如图 6-76 所示,它也是由传感头和齿圈组成。传感头由永久磁铁、霍尔元件、电子电路等构成;齿圈由铁磁性材料制成,安装在随车轮一起转动的部件上。

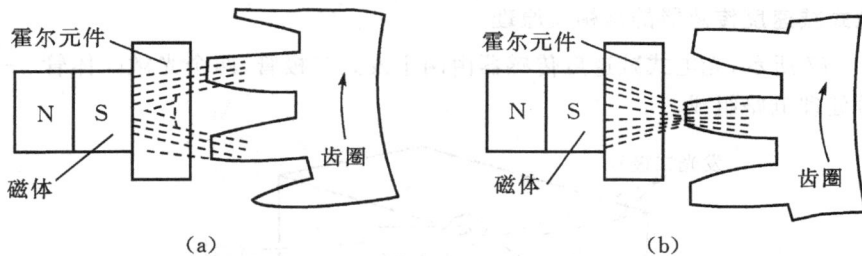

图 6-76　霍尔式轮速传感器的结构工作原理示意图
(a)霍尔元件磁场较弱;(b)霍尔元件磁场较强

霍尔式轮速传感器的工作原理:当齿隙正对传感头时,如图 6-76(a)所示的位置,穿过霍尔元件的磁力线分散,这时霍尔元件磁场较弱;而当齿顶正对着传感头时,如图 6-76(b)所示,穿过霍尔元件的磁力线集中,磁场则相对较强。这样在齿圈转动过程中,由于通过霍尔元件的磁通量会发生周期性的变化,就引起了霍尔电压的变化,霍尔元件将电压以正弦波形式输给 ECU,ECU 根据这个信号计算出轮速。

(2)霍尔效应式轮速传感器的检测。霍尔效应式轮速传感器的接线端子共有三个,电源端子、信号端子、搭铁端子。

电源电压检测:拔下传感器侧插头,接通点火开关,用万用表的 AC 挡检测、确定电源电压端子及搭铁端子,测量电源电压值,此电压的标准值应为 12 V。如没有电源电压,则应检测连接线束。

输出信号电压检测:确定电源电压无故障后,关闭点火开关,安装好传感器插头,将车升起悬空,用直别针分别插入信号线和搭铁的连接线上(在电压的检测过程中已经确定了电源线、信号线和搭铁线),将万用表的两个表笔分别接在直别针上(注意"＋、－"极性),测量传感器输出电压。

接通点火开关,用手转动车轮,万用表应显示 7～14 V 的脉动电压。如果没有,则说明传感器已有故障;如果这个电压有,但电压值略有偏差,则应检测传感头与齿圈的间隙,传感头与齿圈的标准间隙为 0.2～0.5 mm,否则应予调整。

6.4.2　加速度传感器的结构原理与检测

加速度传感器在汽车上也叫减速度传感器,因为在汽车控制系统中只是当汽车制动时,才使用加速度信号,而这时加速度为负值,故称为减速度传感器。

由于现在越来越多的汽车 ABS 控制系统利用轮速传感器替代减速度传感器,因而,目前只是在一些四轮驱动的汽车上装有加速度传感器。

减速度传感器的功用：检测汽车的制动减速度，并将信号直接输入给 ABS 的 ECU，ABS 的 ECU 通过这些信号对路况进行识别后，采取适当的控制措施。

1. 减速度传感器的种类

汽车减速度传感器在不同的车型上安装的位置也有所不同，部分汽车安装在行李仓内，部分安装在发动机仓。

减速度传感器主要有光电式、水银式、差动变压器式、惯性压阻式以及开关式几种类型。下面我们只对应用较为广泛的光电式减速度传感器做详细的介绍。

2. 光电式减速度传感器的结构及原理

如图 6-77 所示，光电式减速度传感器由两个发光二极管、两个光敏晶体管、一个透光板和一个信号处理电路组成。

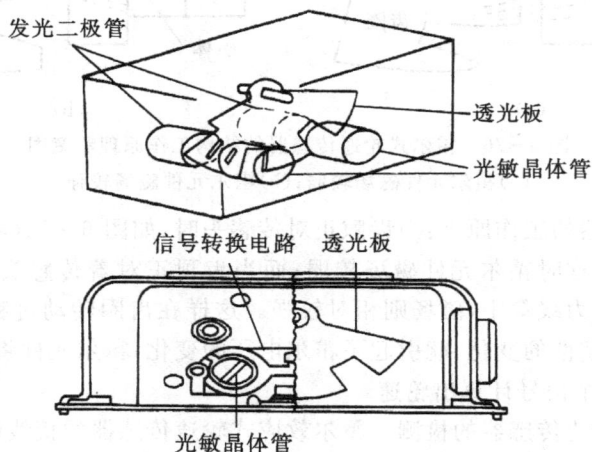

图 6-77　光电式减速度传感器的结构

当汽车匀速行驶时，透光板静止不动；当汽车制动时，减速度发生变化，透光板随着汽车减速度的变化而沿汽车纵轴方向进行摆动，如图 6-78 所示。

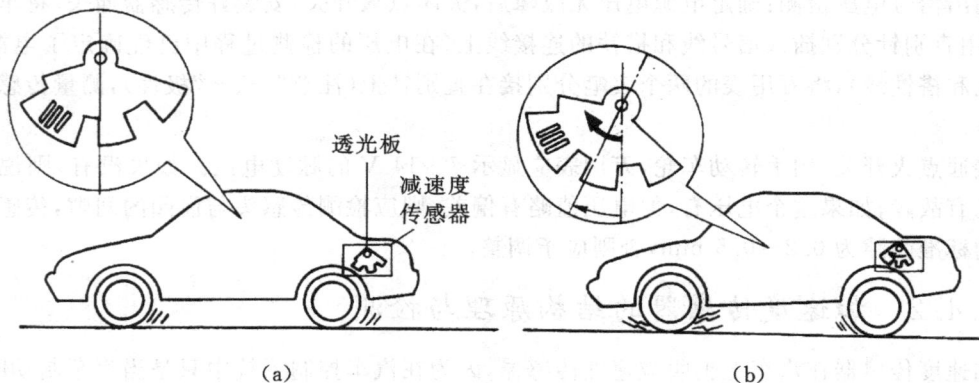

（a）　　　　　　　　　　　　（b）

图 6-78　光电式减速度传感器透光板工作状态示意图
（a）匀速行驶时；（b）减速行驶时

光电式减速度传感器的工作原理如图 6-79 所示。当透光板随汽车减速度变化摆动时,在不同的减速度下透光板摆动的角度不同,两个光敏晶体管的导通、截止也就不相同。根据两只光敏晶体管的输出信号,将汽车的减速度分出了四个等级(见表 6-9),ABS 的 ECU 就是依据这样的输入信号判断路况进行控制的。

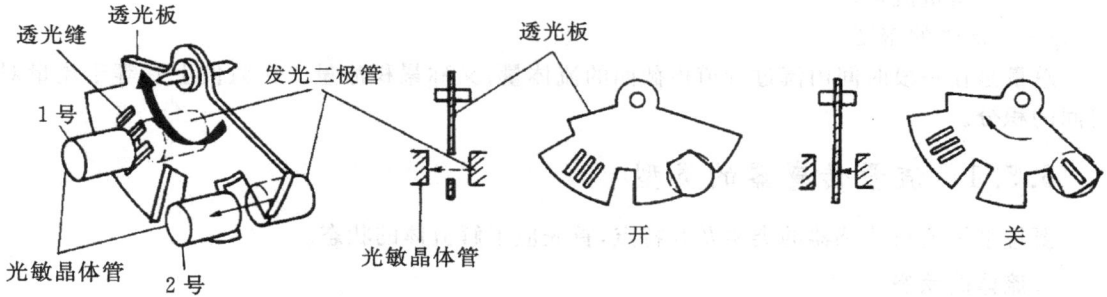

图 6-79　光电式减速度传感器的工作原理

表 6-9　减速度速率等级表

减速度率	光敏晶体管 1	光敏晶体管 2	透光板位置
低减速率 1	开	开	
低减速率 2	关	开	
中等减速率	关	关	
高减速率	开	关	

6.5　流量传感器的结构、原理与检测

流量就单位时间内流过管道某横截面流体的数量,也称为瞬时流量。

$$q_v = vA$$

$$q_m = \rho v A$$

式中：q_v——体积流量；

v——管道内某一截面上流体的平均流速；

A——管道的横截面积；

q_m——质量流量；

ρ——流体的密度。

总量是在一段时间内流过管道横截面的流体量，又称累积流量。在数值上它等于流量对时间的积分。

6.5.1　流量传感器的类型

要想掌握流量传感器的类型及其特点，首先应了解流体的状态。

1. 流体的状态

流体根据自身的状态可分为单相流体和混相流体。单相流体分为液相流体、气相流体，单相流体是我们重点学习的内容；混相流体包括气固相、液固相和气液固相，例如泥石流就是典型的混相流体。混相流体由于应用范围局限性较大，这里就不讨论了。

2. 流量传感器的类型

流量传感器根据流体的状态不同，以及同一状态不同性质和传感器自身的结构原理，可分为压差式、容积式、电磁式、浮子式、卡门涡街式、翼片式、量芯式、热线式和热膜式等多种形式。其中，压差式、容积式、电磁式、浮子式等传感器多用于液体流量的检测，而卡门涡街式、翼片式、量芯式、热线式和热膜式传感器多用于气体流量的检测，当然卡门涡街式传感器也可用于液体流量的检测。

在汽车上，流量传感器主要用于 L 型多点燃油间歇式喷射系统之中空气量的检测，是这种类型发动机 ECU 的基础信号。

6.5.2　典型流量传感器的结构、原理

6.5.2.1　压差传感式流量检测

利用压差的原理制成的压差式流量计是检测流量最早的一种，应用范围极为广泛，尤其是在水利监测领域至今尚无任何一种流量计可与之相比。

压差式流量计具有结构简单、牢固、易于复制、性能稳定可靠，使用期限长、价格低廉等优点，可以检测液、气全部单相流和部分混相流。

1. 结构

压差式流量传感器的结构如图 6-80 所示，它实质上就是在一个管道中加装一个中间带有圆孔的孔板节流件，在压差式流量计中，这一部分称为一次装置；而由机械、电子元件等组成的机电一体化装置用来计算、显示流量的仪表则称为二次装置。

2. 原理

压差式流量传感器获取流量信号的原理是：充满管道的流体，当它流经管道内的节流板时，流束将在节流孔处形成局部收缩，因而，根据流体的连续性方程（流体质量守恒定律）和伯

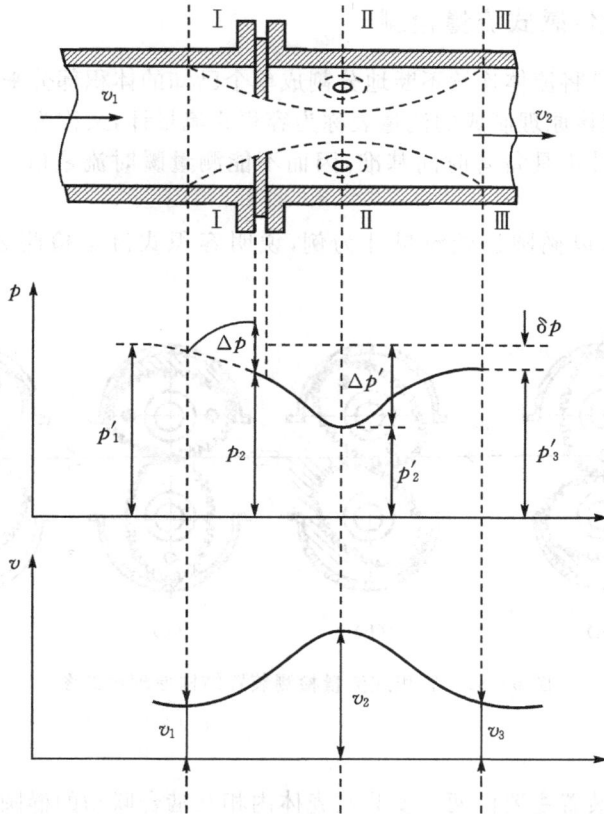

图 6-80 压差式流量检测装置结构、原理示意图

努力方程(流体能量守恒定律)推断出流体的流速增加、静压力下降,于是,在节流孔的前后就形成了压力差。流体的流量越大,这个压力差就越大。依据这个原理,实际测量节流孔前后的压力就可以计算出流体的流量。

流量方程为

$$q_v = \alpha \varepsilon a \sqrt{2\Delta p / \rho_1}$$

$$q_m = \alpha \varepsilon a \sqrt{2\Delta p \rho_1}$$

式中:α ——流量系数,它与节流件的结构形式、取压方式、孔口大小、流体的雷诺数、孔口边缘锐度、管壁表面状况等因素有关;

ε ——膨胀校正系数,它与节流孔前后压力相对变化量、介质的等熵指数、孔口截面积与管道截面积之比等因素有关;

a ——节流元件的孔口面积;

Δp ——节流孔前后实测压力差;

ρ_1 ——节流孔前流体密度。

节流式压差流量检测装置在检测流量中的精度属于中等水平,测量流量的范围度较窄,一般为 3∶1~4∶1,现场安装条件要求较高,易产生泄漏、堵塞、冻结、信号失真等问题,另外其所检测到的信号非线性。

221

6.5.2.2 容积传感式流量检测

利用机械测量元件将流体连续不断地分割成单个已知的体积部分来检测流量的方法称为容积式流量检测法,用该原理制成的流量表称为容积式流量计,又称为定排量流量计。

因为容积式流量计不具备有时间基准,因而不能测量瞬时流量值,只能用于流体总量的检测。

如图 6-81 所示,以椭圆齿轮流量计为例,说明容积式流量检测装置的结构及其工作原理。

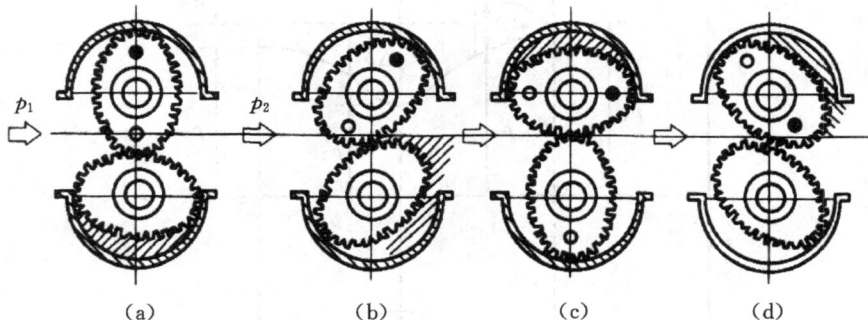

图 6-81 容积式流量检测装置结构原理示意图

1. 结构

容积式流量检测装置主要由两个安装在壳体内相互啮合联动的椭圆形齿轮构成。在壳体的两侧分别开有进口和出口,当有流体从进口进入时,在流体的压力作用下,使齿轮转动。

2. 工作原理

用 p_1 和 p_2 分别表示进口和出口的压力,因而 $p_1 > p_2$。在图 6-81(a)中,上方齿轮两侧上下压力差相等,不产生旋转力矩,故为从动轮;下方齿轮由于两侧有压力差,因而产生了逆时针旋转力矩,为主动轮。在主动轮的带动下,下方齿轮逆时针转动,上方齿轮顺时针转动。

在图 6-81(b)所示的状态两齿轮均为主动轮,继续旋转。

在图 6-81(c)所示的状态时,上方齿轮变为主动轮,下方齿轮变为从动轮,继续转动。

如此,就回到了图 6-81(a)所示的状态,完成了一个循环。

在一个循环内,流体共被排出 4 个由齿轮和壳壁间围成的半月形的体积流量,也称循环体积。因此,只要正确监测齿轮轴的转数即可计算出容积式流量计所流过流体的数量,从而也计算出流过容积流量计流体的流量。流量公式为

$$Q_v = N q_v$$

式中:Q_v——在一定时间内流过流量计流体的总量;

N——在一定时间内齿轮转动的圈数;

q_v——容积流量计一个循环体积的流体流量。

容积式流量检测装置属于流量检测中精度较高的一种,因而在一些计量昂贵介质的总量中被经常采用。但是,由于其结构复杂、体积大、对温度变化敏感、对介质的性质要求高等特点,在测量口径大、温度过高或过低(容量式流量计一般适应的温度为 $-30 \sim +160$℃)、流体不

洁净、粘度过大或有毒等场合不宜采用。

6.5.2.3　电磁传感式流量检测

电磁传感式流量检测装置是针对导电流体设计的一种流量计。

1. 结构

如图 6-82(b)所示,电磁式流量检测装置结构非常简单,主要由测量管、线圈、铁芯、电极、内衬和外壳等组成。直筒型非磁性测量管内衬制作得很光滑,尽量减少流体通过时所造成的沿程压力损失,线圈缠绕在测量管外侧,再外侧安装有铁芯,铁芯的外面装有起支撑、保护作用的外壳。

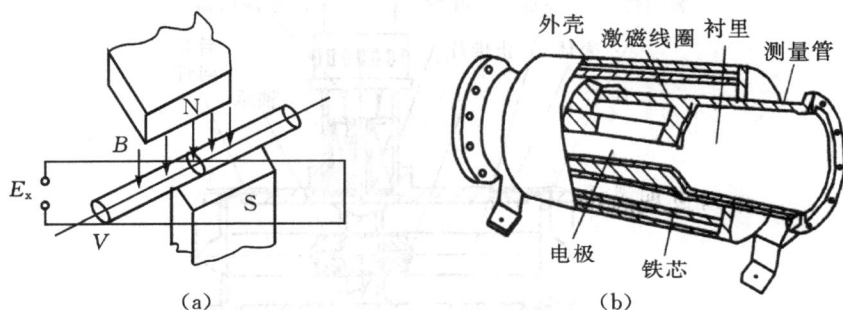

图 6-82　电磁式流量检测装置结构原理

2. 原理

电磁式流量检测装置的基本原理是应用法拉第电磁感应定律,即导体在磁场中做切割磁力线的运动时,其两端会产生感应电动势,如图 6-82(a)所示。

由定律可知,导电性流体在测量管内流动时,会在测量管外侧缠绕的感应线圈中产生感应电动势,感应电动势的大小与通过测量管的流量成正比,其值为

$$E = kq_v$$

式中:E—线圈感应电动势;

　　k—仪表常数;

　　q_v—流体的体积流量。

3. 特点

电磁式流量检测装置,结构简单,压力损失小,检测范围大(通常为 20∶1～50∶1),仪表输出为线性,但它不能检测气体、含气泡较多的液体和导电率很低的有机溶剂。

6.5.2.4　涡轮传感式流量检测

利用涡轮或叶轮检测流量也是应用较多的一种测量流量的方式,例如风速计、水表等都可以归属于涡轮式流量检测系统。

1. 结构

涡轮式流量检测装置由传感器和转换显示仪组成,其结构如图 6-83 所示。传感器由表

223

体、导向器、多片叶轮、轴等组成;转换显示仪包括磁电转换器、永久磁铁、感应线圈、电子电路、表头等。

2. 原理

当被测流体流过传感器时,多叶片转子感受流体的平均流速,受力旋转,其转速与管道的平均流速成正比。叶轮的转动周期性地改变了磁电转换器的磁阻值,感应线圈的磁通量也随之发生周期性的变化,产生周期性的感应电动势,即电脉冲信号。这个信号直接传递给电子电路,经过放大、计算、处理,送至显示仪表显示或进行数据传送。

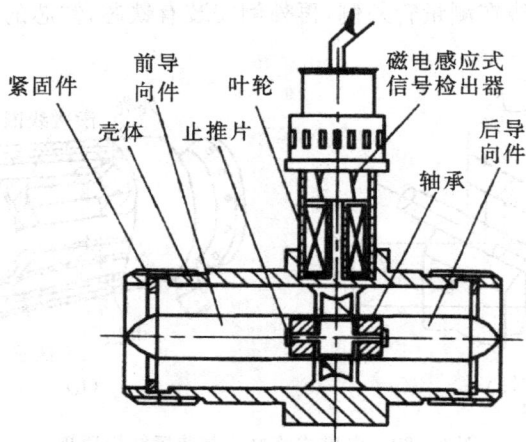

图 6-83　涡轮式流量检测装置结构简图

3. 特点

涡轮流量装置最主要的特点就是高的精确度,在流量检测中它属于最精确的方式之一,重复性好,抗干扰能力强,信号分辨率高,检测范围宽(一般在 40:1～10:1),压力损失小,价格低,无零点漂移,数字信号输出,特别适合与自动控制系统相连接。

6.5.2.5　涡街传感式流量检测

1. 涡街现象

涡街也称为卡门涡街,是科学家冯·卡门发现流体的一种力学现象。

卡门涡街现象是流体在特定的流动条件下,一部分流体的动能可以转化为流体的振动能,其振动的频率与流速(流量)有着确定的关系。

如图 6-84 所示,如果在流体中有阻止流体流动的涡旋体,那么流体从涡旋体流过时就会在涡旋体两侧交替地产生旋转方向相反、排列规则的双线涡旋,这种涡旋称为卡门涡街。其流量和振动频率的关系为

$$q_v = \pi D^2 mfd/(4Sr)$$

式中:q_v——管道内流体的体积流量;

　　D^2——管道直径;

　　m——涡旋体两侧弓形面积与管道横截面积之比;

f——涡旋发生的频率；

d——涡旋体迎面的宽度；

Sr——斯特劳哈尔数。

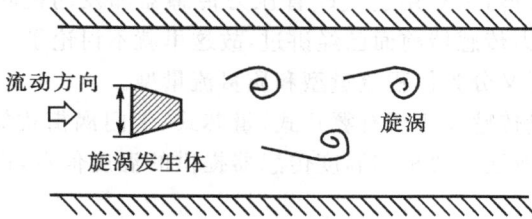

图 6-84　卡门涡街原理示意图

利用卡门涡街原理制作的流量计则称为卡门涡街传感式流量计或流体振动流量计。

2. 结构

涡街流量计由传感器和转换器组成,其结构如图 6-85 所示。传感器包括涡旋发生体、涡旋检测元件、供流体通过的壳体等;转换器包括前置放大器、整形电路、D/A 转换电路、输出接口、端子等,近年来,智能式涡街流量计还把微处理器、显示通讯等功能模块也安装在转化器内。

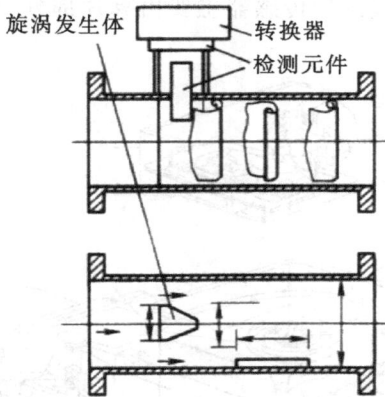

图 6-85　涡街式流量检测装置结构原理示意图

3. 特点

涡街流量计有着许多优点,液体、气体、蒸汽的流量都可以检测,精度很高,可达±1%,结构简单,元件少,可靠、耐用,压电元件封装在发生体中,检测元件不接触介质,使用温度和压力范围宽,并具备自调节功能,数字信号输出便于和计算机连接控制。

6.5.3　流量传感器在汽车上的应用及检测

在汽车上使用的流量传感器是空气流量传感器,用来检测进入发动机空气量的大小,进而计算出进入发动机气缸的氧气量,输入给发动机电子控制单元 ECU,是 ECU 用于计算喷油量、点火时间的基础信息,因而,它是发动机控制系统的一个非常重要的传感器。如果发动机空气流量传感器或其连接线路出现故障,ECU 将无法正确控制发动机的喷油量和点火时间,致使发动机不能正确运行。

空气流量传感器根据检测的方式不同,可分为密度型和流量型两大类。

密度型又叫速度密度型,是利用进气歧管压力传感器和发动机转速信号一同由 ECU 推断出发动机进气量的,压力传感器前面已经讲过,故这里就不讨论了。

流量型空气流量传器又分为体积流量型和质量流量型。

体积流量型空气流量传感器主要有翼片式、量芯式、卡门涡街式等几种,它们只能测出进入进气歧管空气的体积,故还需要根据温度传感器提供的温度信息,由 ECU 计算出进入空气的质量。

质量型空气流量传感器主要有热膜式、热线式两种,它们可以直接测出吸入空气的质量,因此,质量型空气流量传感器的检测精度更高,应用也相对广泛。

6.5.3.1　翼片式空气流量传感器

翼片式空气流量传感器又称叶片式或活门式空气流量传感器,是利用力矩平衡原理和电位器原理开发研制的机械式传感器,已生产使用多年,具有结构简单、价格便宜、可靠性高等优点,广泛应用于丰田皇冠、佳美和马自达等车型。

1. 翼片式空气流量传感器的结构

如图 6-86 所示,翼片式空气流量传感器主要由翼片部分、电位计部分和接线端子部分组成。

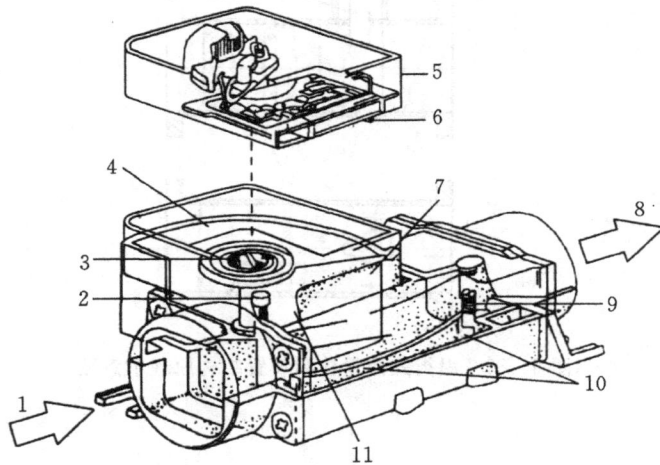

图 6-86　翼片式空气流量传感器的结构
1—空气滤清器侧;2—进气温度传感器;3—复位弹簧;4—缓冲室;5—电位计;6—接线插头
7—缓冲叶片;8—进气歧管侧;9—CO 调整螺钉;10—旁通道;11—测量翼片

1)翼片部分

如图 6-87 所示,空气流量传感器的翼片有测量翼片和缓冲翼片两部分,测量翼片安装在主空气道内,缓冲翼片安装在缓冲室,起阻尼作用,两者铸成一体。翼片轴下端插在壳体内,上端通过螺旋回位弹簧固定在电位计的调整齿圈上。

在空气流量计传感器主空气道下方设有空气旁通通道,通过调整螺钉可以改变旁通通道的流通量,从而改变发动机怠速时混合气的空燃比,这个调整螺钉又称为 CO 调整螺钉。

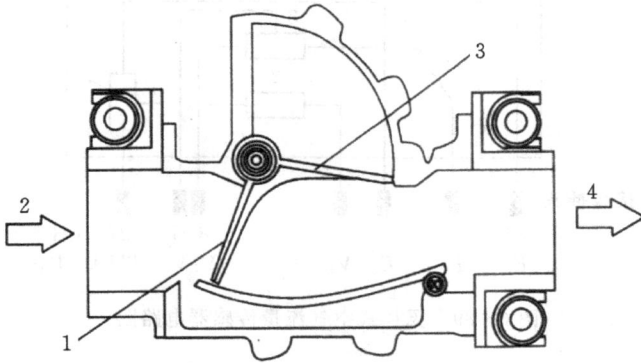

图 6-87　翼片部分的结构

1—测量翼片;2—空气滤清器侧;3—缓冲翼片;4—进气歧管侧

2)电位计部分

电位计位于空气流量传感器壳体上方,内有平衡配重、滑臂、回位弹簧、调整齿圈、印刷电路板等,其结构如图 6-88 所示。

回位弹簧一端固定在翼片轴上,另一端固定在调整齿上,调整齿圈用一卡簧定位,改变调整齿圈的位置,就改变了回位弹簧的预紧力,也即改变了此传感器的输出特性。在翼片轴的最上端装有平衡重和滑臂,滑臂与印制电路板的镀膜接触,并在其上滑动。

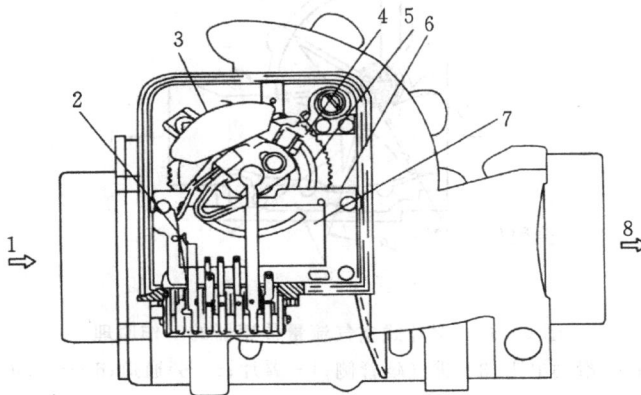

图 6-88　电位计部分的结构

1—滤清器侧;2—燃油泵接点;3—平衡配重;4—调整齿圈;5—复位弹簧;
6—电位计;7—印制电路板;8—进气歧管侧

印制电路板由陶瓷基镀膜工艺制成,以日产、丰田车型空气流量传感器的印制电路板为例,翼片式空气流量传感器的模拟式控制系统电路如图 6-89 所示。

从电路图可以看出，除与滑臂相连的可变电阻器，即传感器信号输出电路 E_2、V_B、V_C、V_S 外，还有燃油泵开关控制电路 E_1、F_c，以及温度信号输出电路 E_2、THA。

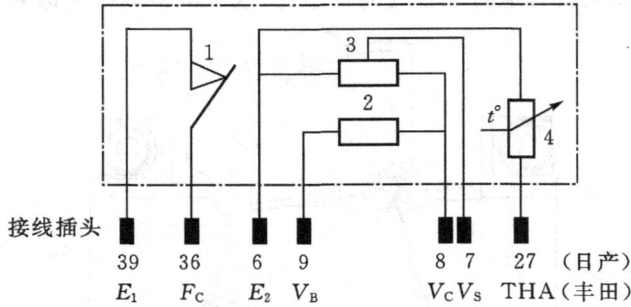

接线插头

| 39 | 36 | 6 | 9 | | 8 | 7 | 27 | （日产） |
| E_1 | F_C | E_2 | V_B | | V_C | V_S | THA | （丰田） |

图 6-89 翼片式空气流量传感器电路图

2. 翼片式空气流量传感器的工作原理

如图 6-90 所示，当起动发动机时，测量翼片在其两侧压力差的作用下开始转动，带动翼片轴转动，使得燃油开关触点闭合，电动燃油泵电路接通，燃油泵开始运转。

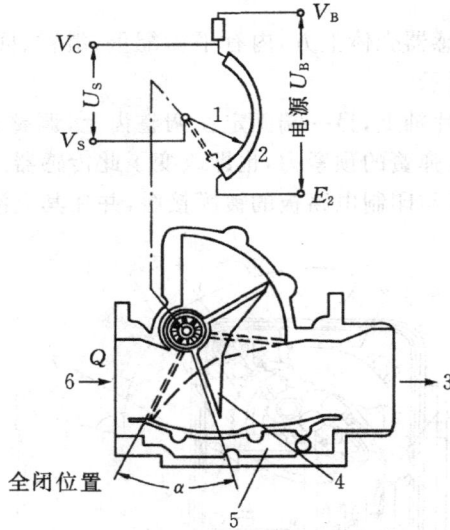

图 6-90 翼片式空气流量传感器的工作原理
1—滑臂；2—滑动电阻；3—进气歧管侧；4—翼片；5—旁通道；6—空气滤清器侧

同时，进气温度传感器的电路也接通，通过 E_2、THA 接线端子不间断地向 ECU 提供进气歧管的温度信号。

随着节气门开闭角度的变化，当空气流量增大时，进气气流对翼片产生的推力也增大，推力克服回位弹簧的弹力使翼片转动的角度也随之增大，直至推力与弹力相平衡为止。在推力和弹力相平衡的过程中，翼片轴带动滑臂不停地在印制电路板上滑动，导致 V_C、V_S 端子的输出信号随测量翼片的开度而改变。空气量大时，翼片开度大，V_C 与 V_S 之间的电阻值减小，两端子之间的传感器输出信号电压也随之降低;空气量小时,翼片开度小,V_C 与 V_S 之间的电阻值增大,两端子之间的传感器输出信号电压也随之升高。这样发动机 ECU 就获取了空气流量信号。

发动机熄火后,翼片会转到原始位置,燃油泵触点断开,切断了燃油泵电路,燃油泵停止运转,此时,即使点火开关处于接通状态,燃油泵也不会运转,防止了燃油外溢。而进气温度信号、空气流量信号则必须在点火开关处于断路状态,才真正停止工作。

3. 翼片式空气流量传感器的检测

翼片式空气流量传感器的检测方法主要有开路检测和在路检测两种。开路检测是在传感器与线路不连接的情况下检测端子之间的阻值及连接情况;在路检测是检测传感器在工作状态下输出端子的信号情况。

1)开路检测

关闭点火开关,拔下传感器插头。

(1)燃油泵触点工作状况检测。用万用表的 R×1 挡检测 E_1 与 F_C 之间的阻值,翼片处于原始位置时该阻值应为∞;翼片转动到任意位置时该阻值应为 0,则说明燃油泵电路良好,否则说明有故障。

(2)进气温度传感器阻值检测。用万用表的 R 挡检测 E_2 与 THA 之间的阻值,这个阻值的大小因车型的不同有所不同,且随温度的变化而变化,一般在几百欧到几千欧之间,例如丰田霸道车该阻值在 20 ℃时为 3 kΩ 左右,60℃时为 700 Ω 左右。也可以用实际测量该电阻在不同的温度下的阻值,然后画出温阻曲线,该曲线在使用的温度范围内应该呈线性趋势,否则说明有问题。

(3)信号电阻阻值的检测。用万用表 R 挡检测 E_2 与 V_C 之间的阻值,翼片在任何位置这个阻值均应在 200～400 Ω 之间。

用万用表 R 挡检测 E_2 与 V_S 之间的阻值,翼片完全关闭时,这个阻值应在 200～600 Ω 之间;翼片逐渐打开到完全开启的位置,这个阻值应在 200～1200 Ω 之间连续变动。否则说明有故障,应予以修理。

2)在路检测

接通点火开关,不起动发动机。

(1)传感器电源电压检测。用万用表的 AC 挡检测 V_B 和 E_1 或 E_2 之间的电压,此电压应为 5 V,否则应检查连接导线,或者检查 ECU。

(2)输出信号电压检测。用万用表的 AC 挡检测 V_S 和 E_2 之间的信号电压,用手动改变节气门开度,该电压应随节气门开度的改变在 0～5 V 之间连续变动,否则说明有故障,需修理或更换传感器。

(3)用示波器检测信号电压的输出波形。将示波器的测量端子连接在传感器的 V_S 端子和 E_2 端子上,起动发动机,踏动油门踏板,观察示波器波形,用示波器的实测波形与翼片式空气流量传感器的标准波形相比对,分析判断传感器的性能。

空气流量传感器的标准波形,如图 6-91 所示。

A 5V DC1：1 PROBE B 5V OFF1：1 PROBE
200ms/DIV SINGLE Trjg：A∫-3DIV

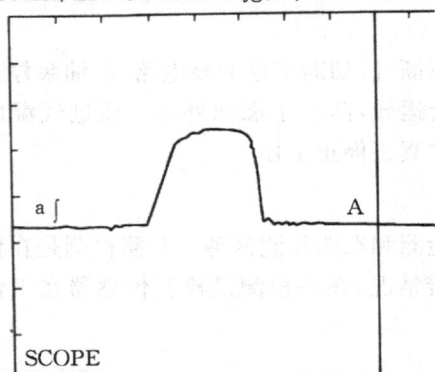

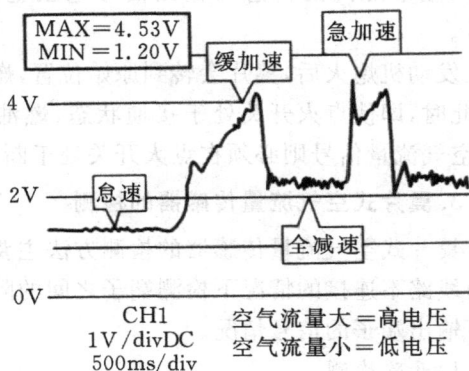

a∫   A

SCOPE

SINGLE FREE CAPTURE MIN MAX TRIGGER
RECURRENT RUN 10 20DIV onA at 50%

MAX=4.53V
MIN=1.20V
缓加速   急加速

急速

4V

2V

全减速

0V

CH1   空气流量大=高电压
1V/divDC   空气流量小=低电压
500ms/div

图6-91　翼片式空气流量式传感器的标准波形及实测波形

6.5.3.2　量芯式空气流量传感器

量芯式空气流量传感器是由翼片式空气流量传感器改进而成,它具有进气阻力小、测量精度高、工作性能可靠等优点,应用于日本的马自达929型轿车发动机上。

1. 量芯式空气流量传感器的结构

量芯式空气流量传感器的结构如图6-92所示,它主要由量芯、电位计、进气温度传感器和线束连接器组成。量芯制成椭球形,安装在进气道内,可沿其滑道在进气道内左右移动,也就是用量芯代替了翼片式传感器的翼片。滑臂的一端固定在量芯上,带触点的另一端压在电位器印制电路板的滑动电阻上。量芯式传感器没有旁通进气通道,急速的控制是由ECU根据氧传感器的反馈信号进行空燃比调整的。

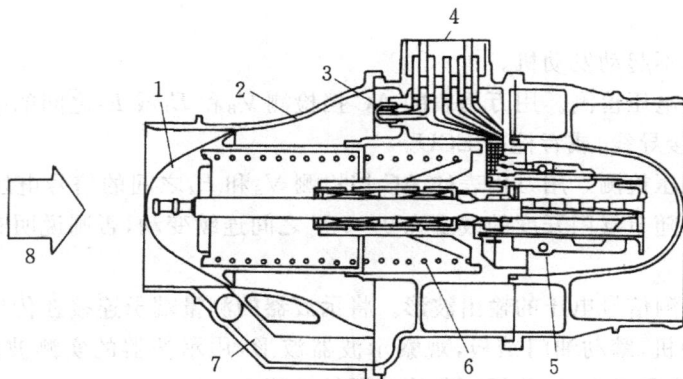

图6-92　量芯式空气流量传感器的结构
1—量芯;2—锥形量筒;3—进气温度传感器;4—连接插座;5—电位计;6—回位弹簧;7—旁通气道;8—气流

230

2. 量芯式空气流量传感器的工作原理

量芯式空气流量传感器的工作原理与翼片式传感器的工作原理基本相同,其接线电路如图 6-93 所示。当节气门开度变化时,导致量芯两端的压力差变化,使量芯带动滑臂左右移动,改变信号输出端子和搭铁端子之间的电阻值,从而改变传感器的输出信号。当发动机节气门开度增大,进气量增加时,进气道内的空气气流的推力克服量芯回位弹簧的弹力对量芯产生的合力矩也增加,使量芯移动距离增大,滑臂触点在滑动电阻片上移动的距离增长,传感器输出端 V_S 和 E_2 之间的电阻值减小,V_S 输出信号电压随之下降;反之,当发动机的进气量减小时,V_S 的输出电压就会升高。发动机 ECU 将根据这个信号信息和其它信息一同计算出进气量的大小。

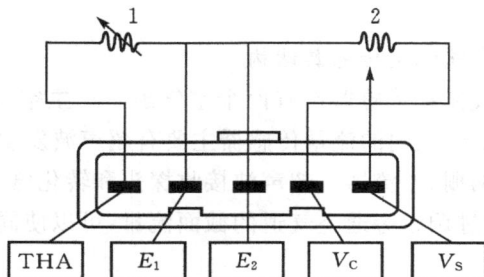

图 6-93　量芯式空气流量传感器电路连接示意图
1—机器温度传感器热敏电阻;2—滑动电阻

3. 量芯式空气流量传感器的检测方法

量芯式空气流量传感器的检测方法主要有开路检测和在路检测两种。开路检测是在传感器与线路不连接的情况下检测端子之间的阻值及连接情况;在路检测是检测传感器在工作状态下输出端子的信号情况。

1)开路检测

关闭点火开关,拔下传感器插头。

(1)进气温度传感器阻值检测。用万用表的 R 挡检测 E_1 与 THA 之间的阻值,这个阻值的大小因车型的不同有所不同,且随温度的变化而变化,一般在几百欧到几千欧之间,马自达轿车该阻值在 20 ℃时为 3 kΩ 左右,60 ℃时为 700 Ω 左右。也可以用实际测量该电阻在不同的温度下的阻值,然后画出温阻曲线,该曲线在使用的温度范围内应该呈线性趋势,否则说明有问题。

(2)信号电阻阻值的检测。用万用表 R 挡检测 E_2 与 V_C 之间的阻值,量芯在任何位置这个阻值均应在 200~400 Ω 之间。

用万用表 R 挡检测 E_2 与 V_S 之间的阻值,在量芯左右移动时,这个阻值应在 0~400 Ω 之间连续变动。否则说明有故障,应予以修理。

2)在路检测

(1)传感器电源电压检测。接通点火开关,不起动发动机,用万用表的 AC 挡检测 V_C 和 E_2 之间的电压,此电压应为 5 V,否则应检查连接导线,或者检查 ECU。

（2）输出信号电压检测。接通点火开关，起动发动机，用万用表的 AC 挡检测 V_S 和 E_2 之间的信号电压，该电压应随节气门开度的改变在 $2\sim4$ V 之间连续变动，否则说明有故障，需修理或更换传感器。

6.5.3.3　卡门涡街式空气流量传感器

根据涡流的检测方法不同，车用卡门涡街空气流量传感器可分为超声波式卡门涡街空气流量传感器和光学式卡门涡街空气流量传感器两种类型。

1. 超声波式卡门涡街空气流量传感器的结构、原理与检测

超声波式卡门涡街空气流量传感器在很多车型上都有使用，例如日本三菱、中国长风猎豹吉普、韩国现代等。

1）超声波式卡门涡街空气流量传感器结构

超声波式卡门涡街空气流量传感器设有两个空气道——主空气道和旁通空气道，其结构如图 6-94 所示。装在主空气道内的流量传感器主要有超声波发生器、超声波发射探头、涡流发生器、涡流稳定板、整流网栅（整流器）、超声波接收探头和转化电路等；旁通空气道是为了调节主空气道的流量，这样通过调整旁通空气道的截面流量，可以使同一规格的传感器满足不同排量发动机的需求。

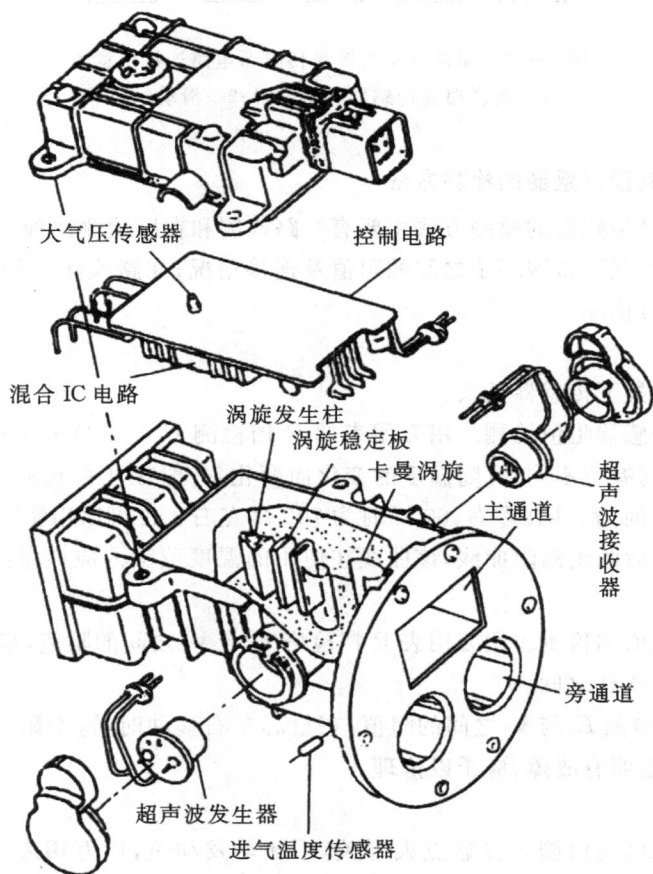

图 6-94　超声波式卡门涡街空气流量传感器结构

2）超声波式卡门涡街空气流量传感器的工作原理

如图 6-95 所示，接通点火开关，传感器的超声波发生器就会发出超声波，通过超声波发射探头发出，超声波接收探头就会接收到固定频率、相位的超声波。在发动机开始工作后，空气流经涡流发生器，在其后部的超声波发射探头和超声波接收探头之间就会产生规则的卡门涡流。这种有规则涡流使超声波接收探头不能接收到正常的超声波信号，实际接收到超声波信号的相位以及相位差就会发生变化，且进气量越大，涡旋数越多，移动速度越快，接受到的超声波相位及相位差就越大；反之，越小。传感器转换电路根据接收到的相位、相位差变化的超声波，计算出涡流的频率，并将其输出，传送给 ECU，ECU 依据这个信号就可以计算出进气量。

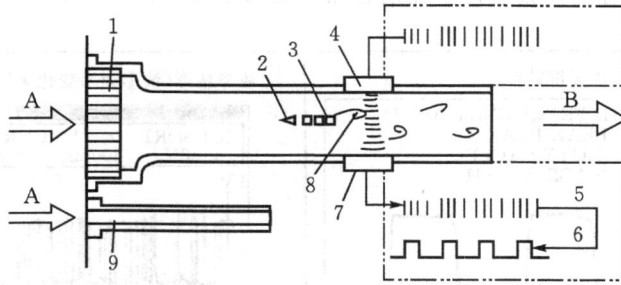

图 6-95 超声波式卡门涡街空气流量传感器工作原理示意图

1—整流器；2—涡流发生器；3—涡流稳定板子；4—超声波发生器；5—与涡流数对应胡疏密超声波；
6—整形后的矩形波；7—超声波接收器；8—卡尔曼涡流；9—空气旁通通道

3）超声波式卡门涡街空气流量传感器的检测方法

安装在各个车型上的超声波式卡门涡街空气流量传感器因其附属功能不尽相同，故检测的方法也有所区别，下面以三菱轿车用超声波式卡门涡街空气流量传感器为例，介绍一下其检测方法。

如图 6-96 所示为三菱轿车空气流量传感器与 ECU 连接电路示意图。传感器共有 6 个接线端子，其功用分别是：1 号是信号端子，与 ECU 的 10 号端子相连；2 号是电源端子，直接与蓄电池相连；3 号是大气压力传感器信号输出端子，与 ECU 的 13、23 号端子相连；4 号是搭铁端子，与 ECU 的 14 号搭铁端子相连；5 号是大气压力传感器输出端子，与 ECU 的 16、24 号端子相连；6 号是大气压力传感器电源端子，与 ECU 的 8 号端子相连，由 ECU 直接给大气压力传感器提供 5 V 电压。

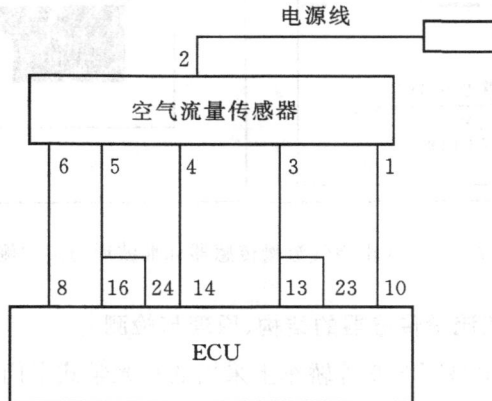

图 6-96 三菱轿车空气流量传感器与 ECU 连接电路图

233

具体检测方法如下：

(1)传感器插头端子电压检测。接通点火开关,不起动发动机,传感器 1 号端子的输出电压应为 5 V;2 号端子的输入电压应为 12 V;4 号端子的输入、输出电压应为 0 V。

(2)信号端子输出电压检测。起动发动机,使发动机转速维持在 3000 r/min 左右,检测信号端子 1 的输出电压应为 2.2～3.2 V。

(3)信号端子输出波形检测。起动发动机,变化节气门开度,用汽车专用示波器检测超声波式卡门涡街空气流量传感器空气流量信号输出波形并与标准波形比对,分析该空气流量传感器的工作性能。

超声波式卡门涡街空气流量传感器的标准波形如图 6-97 所示。

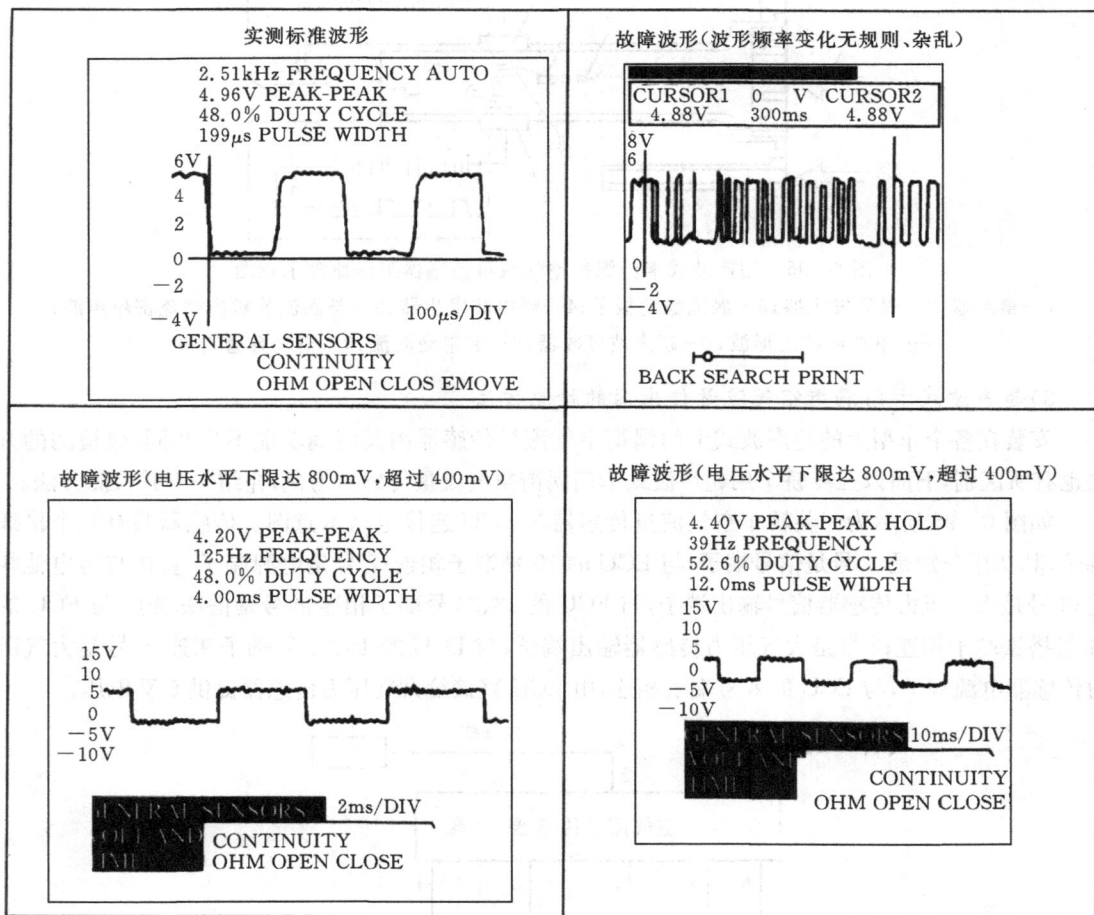

图 6-97 卡门涡街空气流量传感器标准波形与实际侧波形

2. 光学式卡门涡街空气流量传感器的结构、原理与检测

丰田凌志 LS400 和丰田皇冠 3.0 等轿车上采用的是光学式卡门涡街空气流量传感器。

1)光学式卡门涡街空气流量传感器的结构

光学式卡门涡街空气流量传感器的结构如图 6-98 所示。与超声波式传感器一样,光学式卡门涡街空气流量传感器也分为主进气道和旁通进气道,形成涡旋的方式和元件也与超声波式基本相同,所不同的是对涡旋的检测方式是由发光二极管 LED、光敏三极管、反光镜、张紧带和厚膜集成电路等组成。

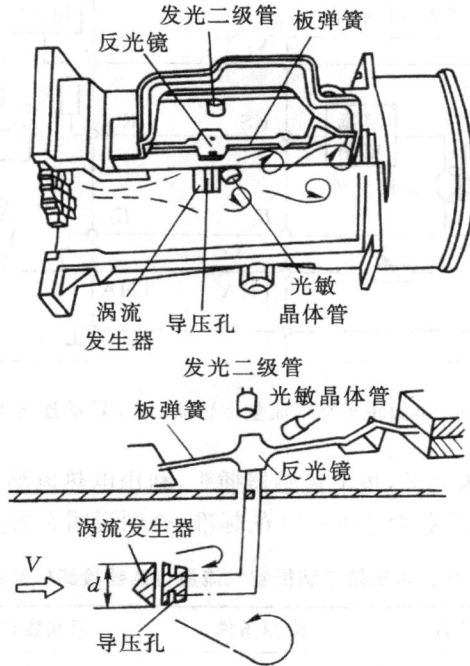

图 6-98　光学式式卡门涡街空气流量传感器的结构

2)光学式卡门涡街空气流量传感器的工作原理

打开点火开关,LED 发出的光束通过反光镜的折射照射到光敏三极管上,使三极管导通。

发动机开始工作,当进气气流流过涡旋体时,发生器两侧就会产生有规则的涡流,两侧的压力也随之会发生交替的变化,进气量越大,产生的涡旋数量就越多,压力变化频率也就越高。这个变化的压力被导压孔引导到导压腔中,使安装在导压腔的张紧带产生振动,从而带动张紧带上的反光镜一同振动,且这个振动的频率与涡旋的数量成正比。反光镜的振动,导致被反光镜反射的 LED 光束也以同样的频率变化,使得光敏三极管随着光束的变化以同样的频率导通和截止,这样,涡旋的数量就变成了光敏三极管的导通和截止的频率信号。

厚膜集成电路将这个信号处理转换后输出,ECU 接收到这个输出信号,再经过计算就得到了进气量的大小。

3)光学式卡门涡街空气流量传感器的检测方法

安装在各个车型上的光学式卡门涡街空气流量传感器因其附属功能不尽相同,故检测的方法也有所区别。下面以丰田凌志 LS400 轿车用光学式卡门涡街空气流量传感器为例,介绍一下其检测方法。

如图 6-99 所示为丰田凌志 LS400 轿车空气流量传感器与 ECU 连接电路示意图。传感器共有 5 个接线端子,其功用分别是:KS 是信号端子,与 ECU 的 KS 端子相连;V_C 是传感器电源端子,与 ECU 的 U_C 相连;E_2 端子是搭铁端子,与 ECU 的 E_2 搭铁端子相连;THA 是进气温度传感器信号端子,与 ECU 的 THA 端子相连;E_1 是进气温度传感器搭铁端子,与 ECU 的 E_1 端子相连。

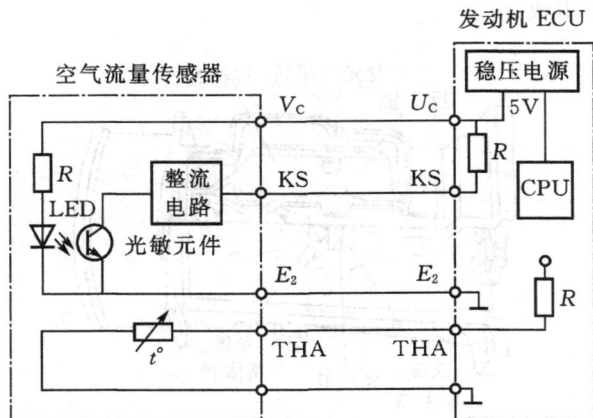

图 6-99　丰田轿车空气流量传感器与 ECU 的连接电路图

(1)开路检测。关闭点火开关,拔下传感器插头,利用电热风测量传感器 THA 和 E_1 端子之间在各个温度下的电阻值应符合表 6-10 的标准,否则说明有故障,需更换传感器。

表 6-10　丰田轿车涡街空气流量传感器检测标准数据

检测内容	检测位置	检测条件	标准数据	备注
进气温度传感器	THA－E_1	$-20℃$	$10\sim20k\Omega$	
		$0℃$	$4\sim7\ k\Omega$	
		$+20℃$	$2\sim3\ k\Omega$	
		$+40℃$	$0.9\sim1.3\ k\Omega$	
		$+60℃$	$0.4\sim0.7\ k\Omega$	
进气温度传感器	THA－E_1	急速	$0.5\sim3.4V$	进气温度 20℃
空气流量传感器	V_C－E_2	点火开关 ON	$4.5\sim5.5V$	发动机不起动
	KS－E_2	点火开关 ON	$4.5\sim5.5V$	发动机不起动
		急速	$2\sim4V$	信号电压应跳跃变化

(2)在路检测。插好传感器插头,起动发动机,改变节气门开度,用万用表 AC 挡检测空气流量传感器电压端子 V_C 和搭铁端子 E_2 的电压,以及信号端子 KS 和搭铁端子 E_2 之间的输出电压,应与表 6-10 的数值相符。如 V_C 和 E_2 之间数据符合标准,KS 和 E_2 之间数据不符合标准,说明传感器有故障,应予以更换;V_C 和 E_2 之间数据不符合标准,则说明线路或 ECU 有问题,应继续查找。

6.5.3.4　热式空气流量传感器

20 世纪 80 年代日本公爵轿车、美国福特轿车和 90 年代的德国大众轿车都相继开始使用热式空气流量传感器。热式空气流量传感器由于属于质量流量型,能直接测量出发动机吸入的空气质量,不需要温度传感器信号进行修正,因此精度更高,具有信号响应快、无运动元件、进气阻力小、没有磨损、测温范围大等优点,一经采用就被广泛使用。

热式空气流量传感器主要元件是热电阻,分为热线式和热模式两种类型。下面先介绍热线式空气流量传感器的结构原理及检测方法。

1. 热线式空气流量传感器

1)热线式空气流量传感器的结构

热线式空气流量传感器按其测量元件安装位置,又分为主流测量方式热线式空气流量传感器和旁通测量方式热线式空气流量传感器,其结构如图 6-100 所示。

主流测量方式的热线式空气流量传感器如图 6-100(a)所示,它主要由防护网、采样管、热线电阻、温度补偿电阻、控制电路板和连接器等元件组成。热线电阻是一根直径约为 0.7 mm 的铂金丝,和补偿电阻一起安装在主进气道中,控制电路板安装在传感器的下方,防护网安装在进气管两侧,用于防止回火和脏物进入空气流量传感器。

如图 6-100(b)所示,旁通测量方式热线空气流量传感器与主流测量方式热线空气流量传感器的主要区别在于它把铂金热线和温度补偿电阻(冷线)安装在旁通道上,且热线和冷线用铂丝缠绕在陶瓷螺旋管上。

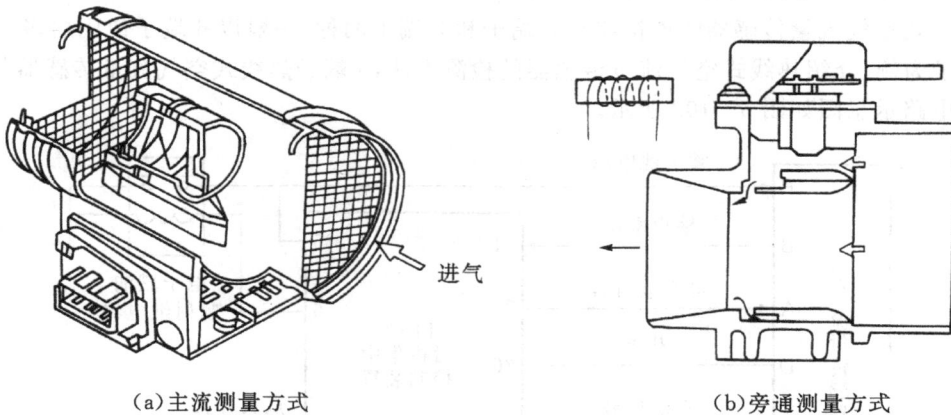

（a)主流测量方式　　　　　　　　　　（b)旁通测量方式

图 6-100　热线式空气流量传感器的结构

2) 热线式空气流量传感器的工作原理

热线式空气流量传感器的工作原理如图 6-101 所示,安装在控制面板上的精密电阻 R_A 和 R_B 与热线电阻 R_H、温度补偿电阻 R_K 组成惠斯通电桥电路。

发动机工作,当空气流经热线电阻时,热线的温度就会降低,导致其电阻值减小,电桥就会失去平衡。若要保持电桥的平衡状态,就必须增加流经热线电阻的电流,以恢复其温度和阻值,这样,精密电阻 R_A 两端的电压也就相应地增加。流经热线的空气量越多,热线的温度变化就越大,所需增加的电流就越大,R_A 两端的电压也就变化越大,反之亦然。ECU 通过监测 R_A 两端的电压即可确定进气量。

控制电路板 A 是一个混合集成电路,它的作用就是保持电桥平衡,当它检测到电桥失衡时,就会自动地改变通过惠斯通电桥中的电流,保持热线电阻与感应进气温度的补偿电阻之间

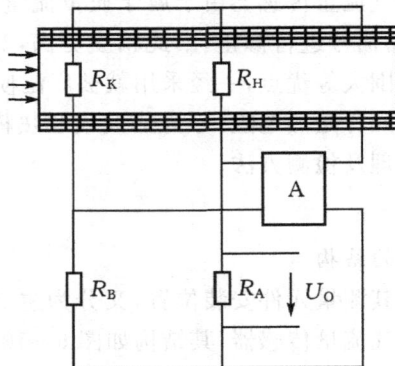

图 6-101 热线式空气流量传感器工作原理示意图

的温度差不变,即使电桥始终处于平衡状态。

另外,热线式空气流量传感器还有自洁功能。当发动机转速超过 1500 r/min 时,关闭点火开关使发动机熄火,控制系统 A 自动将热线加热到 1000 ℃以上并保持约 1 s 左右,使附在热线上的粉尘烧掉,避免了热线表面因尘埃玷污,而影响传感器的检测精度。

3) 热线式空气流量传感器的检测方法

热线式空气流量传感器的连接器有 5 端子和 6 端子两种,一般以 6 端子使用居多,下面就以 6 端子为例,介绍热线式空气流量传感器的检测方法,6 端子热线式空气流量传感器与 ECU 的连接电路示意图如图 6-102 所示。

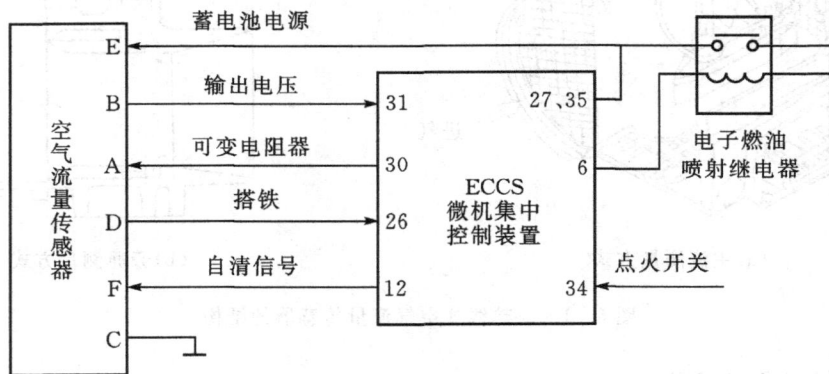

图 6-102 热线式空气流量传感器与 ECU 连接电路示意图

热线式空气流量传感器的 6 个端子的功用分别为:A 端子是可变电阻输出端子,用于调整 CO 的输出值;B 端子是空气流量信号输出端子;C 端子和 D 端子是搭铁端子;E 端子是电源电压输入端子,直接与蓄电池相连;F 端子是自洁信号输入端子。

热线式空气流量传感器的检测方法如下:

(1) 开路检测:关闭点火开关。

①外观检查。拆下传感器,检查防护网有无破裂和堵塞;铂丝热线有无脏物或折断。

②静态电压检测。安装上传感器,用万用表 AC 挡检测 E 端子的输入电压应为 12 V;B

端子和 D 端子之间的电压,其值应为(1.6±0.5) V;利用电吹风向传感器内吹入热风,B 端子和 D 端子之间的电压正常值应为 2~4 V。

(2)在路检测:接通点火开关。

①空气流量输出信号电压的检测。起动发动机,变换节气门的开度,用万用表的 AC 挡检测 B 端子和 D 端子之间的电压,该电压的正常值应为 2~4 V。

②空气流量输出信号波形的检测。起动发动机,变换节气门开度,用汽车专用示波器检测热线式空气流量传感器空气流量信号输出波形并与标准波形比对,分析该空气流量传感器的工作性能。

热线式空气流量传感器的标准波形,如图 6-103 所示。

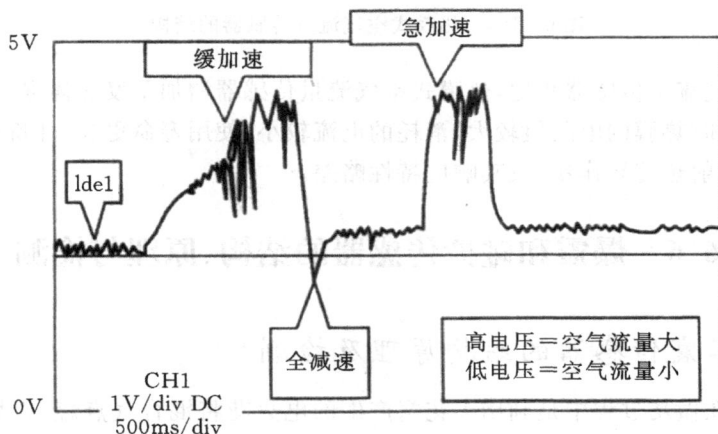

图 6-103 热线式空气流量传感器标准波形

(3)自洁电路检测:

①直接观测法。起动发动机,使其在 2500 r/min 左右运转,拆下空气滤清器,关闭点火开关,从传感器的空气入口处观看,铂丝热线是否在发动机熄火 5 s 后被加热发红 1 s 的时间,若无,说明有故障。

②仪表检测法。起动发动机,使发动机达到正常温度,且让发动机维持在 1500 r/min 左右的转速下运行,将万用表置于 AC 挡,两表笔插接在 F 端子和 D 端子之间,关闭点火开关,观看万用表的指示。正确的显示应是先回零,5 s 后有电压指示,1 s 后又回零;否则说明有故障。

2. 热膜式空气流量传感器

热膜式空气流量传感器由美国通用公司研制,它是热线式空气流量传感器的改进产品,在我国 2005 年以前生产的桑塔纳、捷达等均采用的是热膜式空气流量传感器。它的工作原理、检测方法与热线式空气流量传感器基本相同,仅是在结构上与热线式空气流量传感器有所区别,因而这里只介绍热膜式空气流量传感器的结构。

热膜式空气流量传感器的结构如图 6-104 所示,用价格相对便宜、镀在陶瓷上的热膜替代了铂丝热线,且将其安装在传感器内部进气通道设置的一个矩形护套内,不直接承受空气流动所产生的作用力。

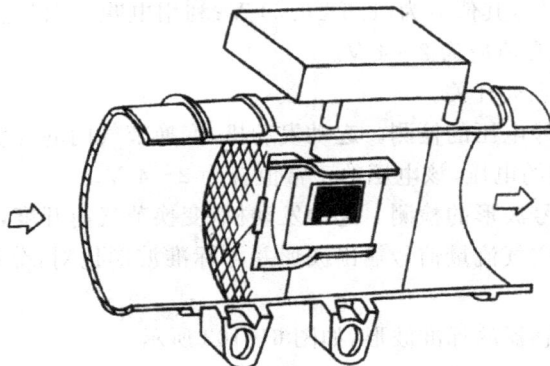

图 6 - 104　热膜式空气流量传感器的结构

　　与热线式空气流量传感器相比,热膜式空气流量传感器增加了发热体强度,提高了流量传感器的可靠性,同时热膜的电阻值较大,消耗的电流较小,使用寿命更长,性价比大大提高。但是,因热膜存在辐射热传导作用,故其响应特性略差。

6.6　爆震和碰撞传感器的结构、原理与检测

6.6.1　爆震传感器的结构原理及检测

　　汽油发动机在做功过程中是利用火花塞产生的电火花将混合气点燃,火焰在混合气中不断扩展传播进行燃烧,产生能量。如果在火焰传播过程中,因某种原因在火焰还没传播到的地方出现温度压力异常升高的炽热点,导致混合气自行燃烧,整个燃烧室造成瞬间爆炸,产生强大的高温和压力波,我们把这种现象称为爆震。

　　发动机工作时,如果持续产生爆震,不但会引起气缸体、气缸盖、进气歧管等薄壁件的高频振动,还会增加运动构件的冲击载荷,产生很大的噪声,直至机件损坏;而且还会使火花塞电极、活塞等产生过热、熔损现象,造成严重的机械故障。因此,在发动机工作时必须防止爆震现象的发生。

6.6.1.1　产生爆震的因素

　　实验表明,如果发动机点火后气缸内混合气的燃烧状态临近爆震但又不产生爆震,发动机所发出的功率最大,燃料消耗率最低,排放指标也最好,因而掌握影响产生爆震的因素是很重要的。

　　表面上,爆震和发动机的点火时刻有关,而影响点火时刻的最直接因素是混合气的燃烧速度,但影响混合气燃烧速度的因素非常之多,例如发动机已使用的年限、燃烧室结构、发动机转速、发动机负荷、发动机压缩比、燃油品质、进气空燃比、环境温度、发动机温度、大气压力、各个机件的性能等等,且各个因素还相互影响。因此,如果我们完全依赖通过各个传感器获取的信息,就不能使发动机 ECU 分析、计算、判断,发出最佳指令,也就不能实现使发动机在爆震临界边缘工作。

　　爆震传感器的使用是解决这个问题的最佳方法,通过爆震传感器的反馈信息,ECU 时时

掌握发动机的工作状态,随时调整点火时刻,使发动机始终处于趋于爆震的临界边缘工作。

6.1.1.2 爆震控制系统的组成及其传感器的类型

1.爆震控制系统的组成及原理

爆震控制系统的组成如图 6-105 所示。

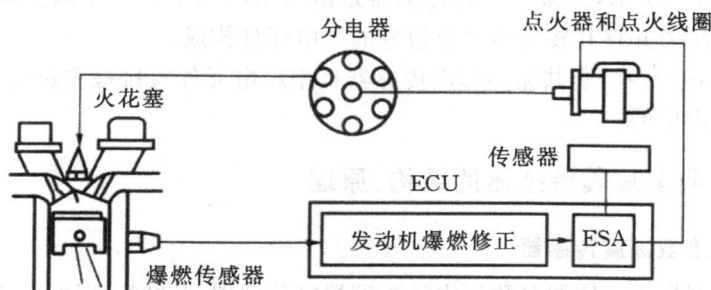

图 6-105 发动机爆震控制系统的组成

在现代汽车发动机集中控制系统中,爆震控制作为一个子系统,只需在原有点火系统的基础上,增添一个爆震传感器,ECU 相应增加接口电路和爆震信号识别电路即可。

当系统接收到爆震传感器的反馈信号时,ECU 中的点火控制单元进行计算、分析、处理,从而使点火时刻推迟或提前,实现发动机点火提前角的闭环控制。正常状况下,当接收到发动机有爆震状况时,应推迟点火提前角。

2.爆震传感器的类型及其特点

按获取发动机爆震信号的形式不同,爆震传感器可分为压力型和振动型两种。

1)压力型爆震传感器

如图 6-106(a)所示,压力型爆震传感器由压电元件制成,安装在火花塞的垫圈部位,根据燃烧压力直接检测爆震信息,转换成压力信号后输入给 ECU。

压力型爆震传感器的特点是:灵敏度高、准确性好,虽然制作的成本较高,但随着规模化生产其市场前景会很好。

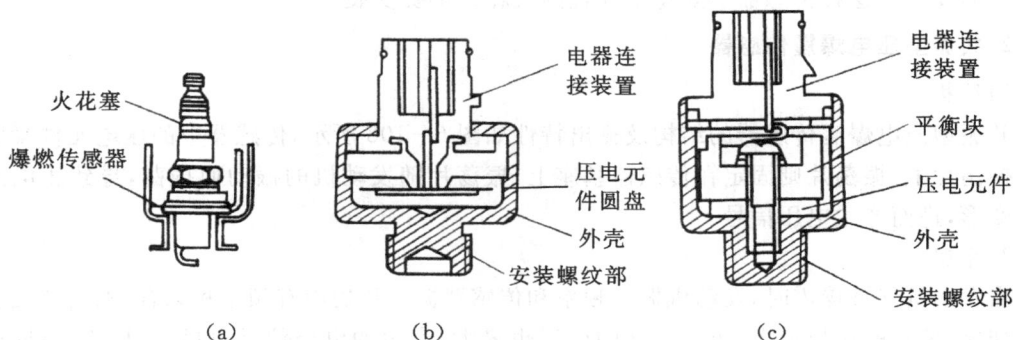

图 6-106 爆震传感器的类型
(a)压力型;(b)共振型;(c)非共振型

2)振动型爆震传感器

振动型爆震传感器是利用安装在发动机缸体或进气歧管处的一个或两个感受振动的传感器来获取发动机气缸爆震信息的。这种传感器的特点是成本较低、维修更换容易,只是精确度差些,是目前应用最为广泛的爆震传感器。

振动型爆震传感器按其原理又可分为共振型和非共振型两类。

如图6-106(b)所示,共振型爆震传感器是由与爆震几乎具有相同振动频率的振子和能够检测振子振动压力并将其转变为电压信号的压电元件构成。

如图6-106(c)所示,非共振型爆震传感器是用压电元件直接检测爆震信息,并将振动压力转换成电信号输出的。

6.6.1.3 典型爆震传感器的结构、原理

1.火花塞座垫型爆震传感器

火花塞座垫型爆震传感器又称压力检测型爆震传感器,其结构如图6-107所示。

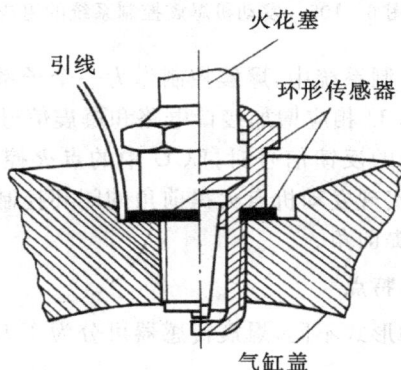

图6-107 火花塞座垫型爆震传感器的结构

由压电元件制成的垫圈形传感器安装在火花塞座处,直接检测气缸压力,并将气缸压力转换成电信号输出。ECU接收到信号后经过滤波处理,根据其振幅值的大小判断发动机有无爆震现象的发生。这种传感器一般每个气缸的火花塞都要安装。

2.共振型压电爆震传感器

1)结构

共振型压电爆震传感器的结构及输出特性如图6-108所示,传感器中的压电元件紧紧地贴在振荡片上,振荡片则固定在传感器基座上,振荡片随发动机的振动而振荡,导致压电元件发生变形,进而产生电压信号。

2)原理

当发动机气缸爆震时,发动机振动频率和传感器振荡片的固有频率相吻合,振荡片发生共振,此时振荡片的振幅最大,压电元件的变形也最大,产生的电压信号也最高,ECU根据这个高的电压值即可判断出发动机产生了爆震。

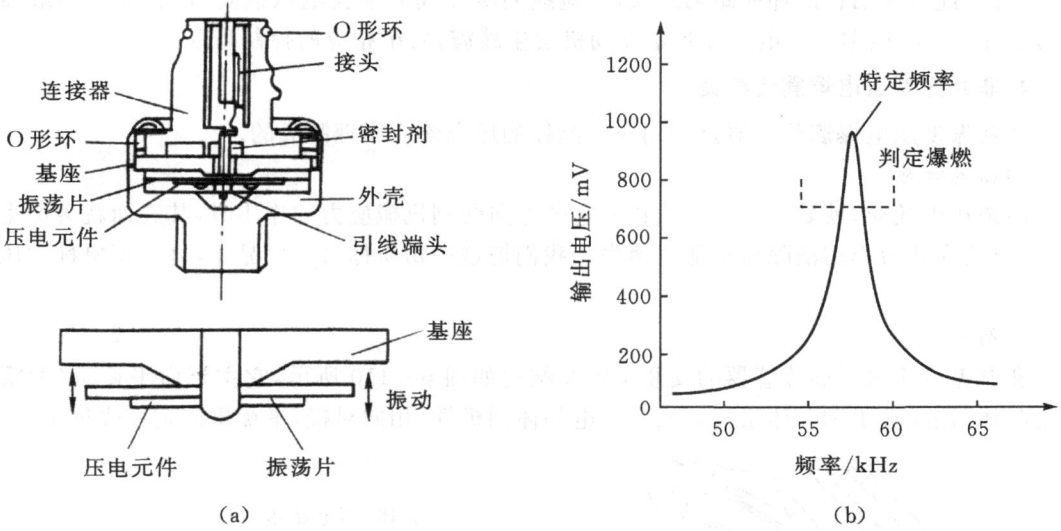

图 6-108 共振型压电式爆震传感器的结构及输出特性
(a)结构;(b)输出特性

3. 共振型磁致伸缩爆震传感器

共振型磁致伸缩爆震传感器的结构如图 6-109 所示,它主要由感应线圈、磁致伸缩杆、永久磁铁和壳体组成。伸缩杆用高镍合金制成,在其一端设置有永久磁铁,另一端安放有弹性部件。感应器线圈绕制在伸缩杆周围,线圈的两端引出电极与控制线路相连。

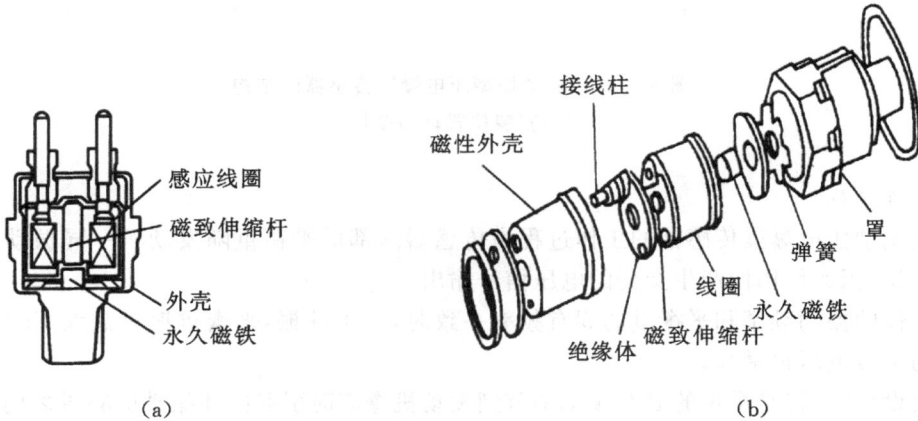

图 6-109 共振型磁致伸缩传感器的结构
(a)剖面图;(b)外形图

发动机工作时,缸体会产生振动,传感器中的伸缩杆就会随之振动,导致感应线圈中的磁通量发生变化,感应线圈也随之会产生自感电动势,也即传感器有信号电压输出。当发动机发生爆震时(此时缸体的振动频率在 6~9 Hz 之间),缸体的振动频率和伸缩杆的固有频率相同,产生共振,此时伸缩杆的伸缩距离最大,感应线圈所形成的感应电压最高,传感器输出最强的信号电压,ECU 根据这个电压即判定发动机发生爆震,发出相应的控制指令。

4.非共振型压电爆震传感器

非共振型压电爆震传感器是利用压电晶体的压电效应原理制成的。

1)压电效应

所谓压电效应,就是当某一物质在一定的方向受到机械应力的作用时,其表面就会产生电荷,且电荷在外力作用消除后也随之消失。我们把这一物质称为压电晶体,这一现象称为压电效应。

2)结构

非共振型压电爆震传感器的安装位置及结构如图 6-110 所示,它主要由平衡重(配重)、压电晶体、接线端子和壳体组成。两个压电晶体同极性,相向对接,平衡重固定在壳体上。

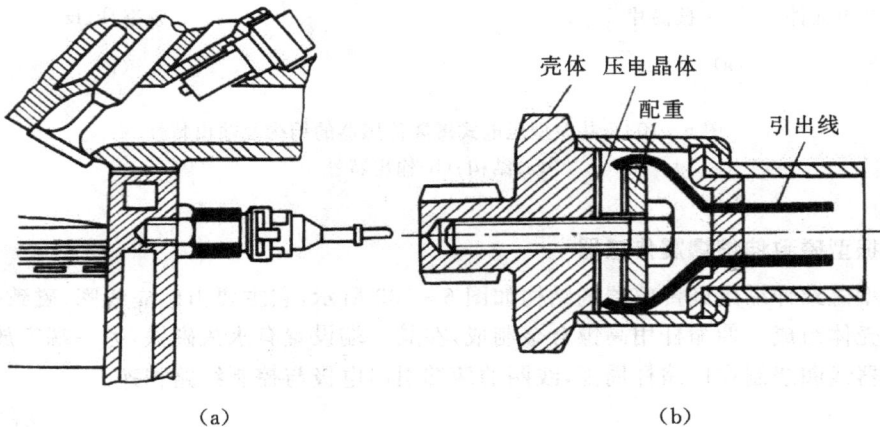

图 6-110 非共振型压电爆震传感器的结构
(a)安装位置;(b)结构

3)工作过程

非共振型压电爆震传感器的工作过程为传感器内部的平衡重随发动机一同振动,使压电晶体受到拉、压的作用而产生交变的电压信号输出。

当缸体的振动频率和平衡重的固有频率一致时,产生共振,平衡重振幅最大,此时压电元件输出的信号电压也最高。

只要设计时,将平衡重的固有频率调节到发动机爆震时引起缸体振动的频带之内,则当检测到传感器输出大的信号电压时,就说明发动机此时处于爆震状态。

4)特点

非共振型压电爆震传感器结构简单,制造后不需要调整,检测频率范围宽,用于不同的发动机只需要调整滤波器的过滤频率即可。

6.6.1.4 爆震传感器在汽车上的应用与检测

虽然各种车型安装的爆震传感器不同,但由于各种爆震传感器的检测方法相似,所以这里就以桑塔纳 2000GS_i 型轿车为例说明爆震传感器的检测方法。

桑塔纳 2000GS_i 型轿车设有两个爆震传感器,分别安装在进气歧管侧的 1、2 缸和 3、4 缸之间。

安装在 1、2 缸之间的爆震传感器①,标号为 G61,白色插头,用于监测 1、2 缸的爆震情况;

安装在 3、4 缸之间的爆震传感器②,标号为 G66,蓝色插头,用于监测 3、4 缸的爆震情况。

桑塔纳 2000GS_i 型轿车的爆震传感器是根据压电原理制成的,其结构和电路连接方式如图 6-111 所示。

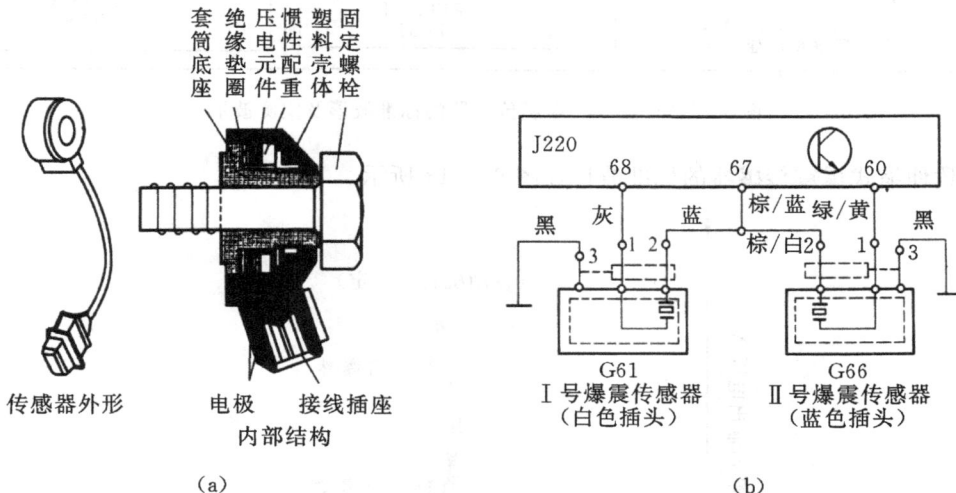

图 6-111　桑塔纳 2000GS_i 型轿车爆震传感器结构及电路连接示意图
(a)结构;(b)电路图

检测方法如下:

1. 电阻值检测

关闭点火开关,拔下传感器插头,用万用表 R 挡检测传感器侧各端子之间的电阻值,各个端子之间的电阻值均应大于 1 MΩ,否则说明传感器已损坏,应予更换;检测传感器与 ECU 之间连接线束的电阻值,这个阻值均应小于 0.5 Ω,如果电阻值过大或∞,则说明线束与端子接触不良或存在断路问题,应予及时排除。

2. 爆震传感器输出信号电压检测

关闭点火开关,拔下传感器插头,再打开点火开关,起动发动机使之怠速运转,用万用表 AC 挡检测传感器信号输出端子的电压,正常情况应有脉冲信号电压输出,否则说明传感器已损坏,应予更换。

3. 爆震传感器信号输出波形检测

将汽车专用示波器连接在爆震传感器的输出电路上,起动发动机,检测爆震传感器的输出波形并与标准波形比对,分析传感器的工作性能的好坏。

压电式爆震传感器的标准波形如图 6-112 所示。

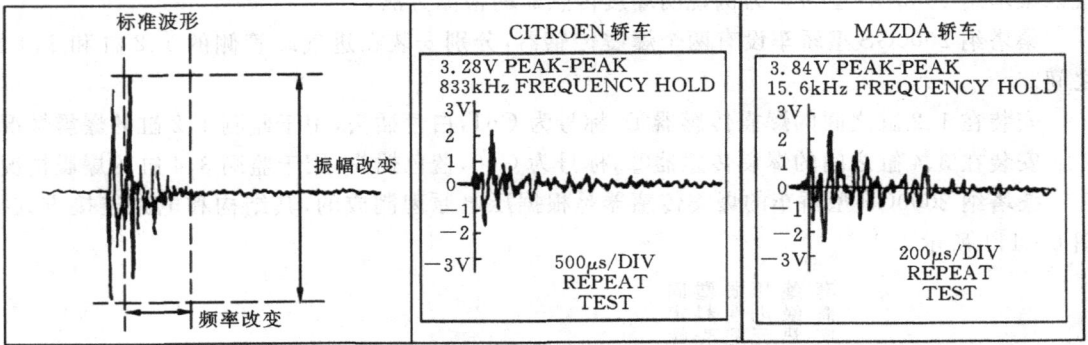

图 6-112 压电式爆震传感器的标准波形及实测波形

磁致伸缩式爆震传感器的标准波形如图 6-113 所示。

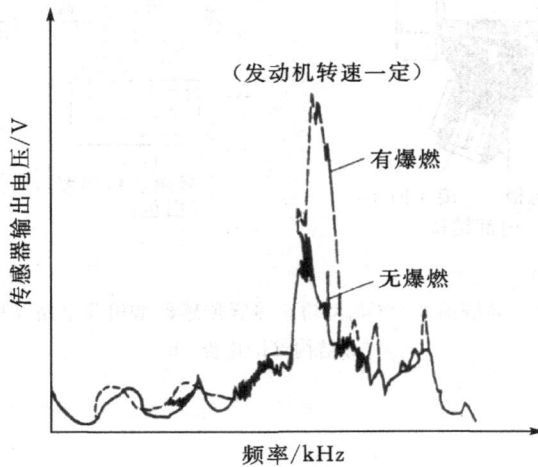

图 6-113 磁致伸缩式爆震传感器标准波形

火花塞座垫式爆震传感器的标准波形如图 6-114 所示。

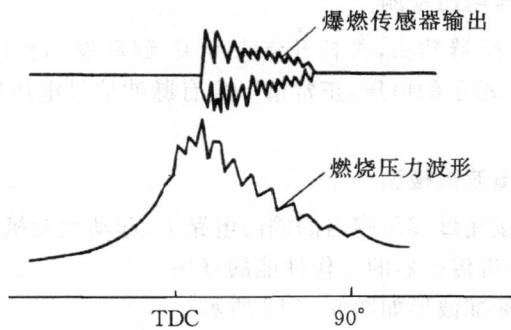

图 6-114 火花塞座垫式爆震传感器标准波形

246

6.6.2　碰撞传感器的结构、原理及检测

碰撞传感器用于汽车气囊系统,是汽车气囊系统主要的信号输入装置。一般在汽车上都要安装 2 个或 2 个以上碰撞传感器,分别为前碰撞传感器、中央碰撞传感器和安全碰撞传感器。其作用是在汽车发生碰撞时,检测汽车碰撞强度信号,并将信号输入给气囊 ECU,ECU根据各个传感器的传送信号判断是否引爆气囊的气体发生器给气袋充气。

6.6.2.1　碰撞传感器的类型及其特点

碰撞传感器按其功能、结构,可以分为以下几种:

1. 按功能分

碰撞传感器按其功能可分为碰撞信号传感器和碰撞防护传感器,两者统称为碰撞传感器。

1)碰撞信号传感器

碰撞信号传感器就是在汽车发生碰撞时,及时地检测出汽车碰撞强度,即汽车减速度信号的大小。当检测出的汽车减速度信号大于设定值时,立即给气囊 ECU 输入碰撞信号,启动安全气囊系统工作。

碰撞信号传感器通常安装在汽车前保险杠内侧或前翼子板下侧,也有个别车型安装在驾驶室内前部左右两侧或正、副驾驶员座椅下面。

2)碰撞防护传感器

碰撞防护传感器又叫安全传感器、触发传感器或中央传感器,其作用是用来防止在非碰撞的情况下(如传感器短路,维修时的误操作等),气囊系统发生误引爆。这种传感器的闭合减速度与碰撞信号传感器相比要稍小一些,起保险作用。

碰撞防护传感器通常安装在 ECU 内,也有安装在变速器杆前、后处的汽车中央部位。

2. 按结构分

碰撞传感器按其结构可分为机械式、机电式和电子式三种。

1)机械式碰撞传感器

机械式碰撞传感器是最早使用的一种碰撞传感器,由于其可靠性差,现在已经很少使用了。

2)机电式碰撞传感器

机电式碰撞传感器又分为滚球式、滚轴式、偏心式和水银式等几种类型,是目前在汽车上使用较广泛几种碰撞传感器,其中以水银式应用更为普及,其它几种由于结构、可靠性、响应速度、安装方式等诸多原因,已经逐步趋于淘汰的边缘。

3)电子式碰撞传感器

电子式碰撞传感器又分为电阻应变片式、半导体应变片式、压电效应式等几种类型,一般多用作碰撞防护传感器。随着电子技术的不断发展,电子式碰撞传感器在汽车气囊系统的应用越来越多,在碰撞信号传感器领域中也有了应用。它具有体积小、性能稳定、响应快等优点。

6.6.2.2　典型碰撞传感器的结构、原理

1.机电碰撞传感器的结构、原理

1)滚球式碰撞传感器的结构、原理

滚球式碰撞传感器的结构如图6－115所示,它主要由铁质滚球、永久磁铁、导缸、固定触点和壳体组成。两个触点分别与传感器的引线端子相连,滚球装在导缸内,并可以在其中滚动。壳体上有安装方向标记,安装时一定要注意,切忌装反。

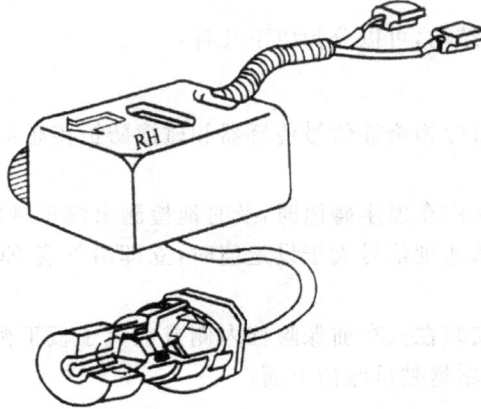

图6－115　滚球式碰撞传感器的外形及结构图

滚球式碰撞传感器的工作原理如图6－116所示。当汽车正常行驶时,传感器中的滚球在永久磁铁的作用下被吸到导缸的一侧,处于静止状态,触点分开,传感器处于断路状态;当汽车发生碰撞且减速度达到设定值时,滚球在其自身惯性力作用下,克服永久磁铁的吸力,迅速沿导缸滚到另一侧,将两个触点接通,将汽车碰撞信号传递给气囊ECU。

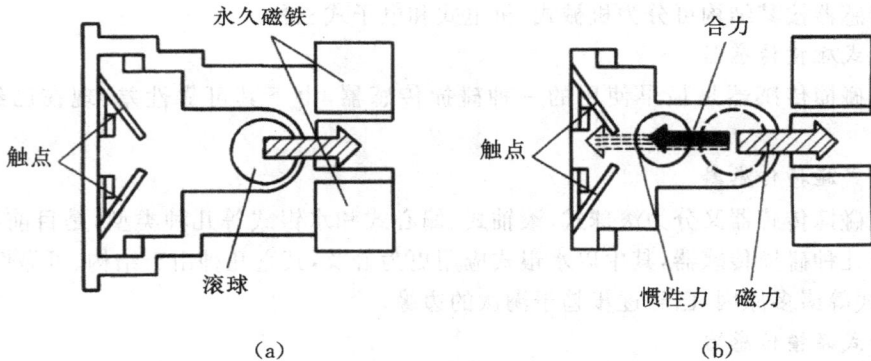

（a）　　　　　　　　　　　　　　　　（b）

图6－116　式碰撞传感器工作原理示意图
（a)静止状态;(b)碰撞状态

2)滚轴式碰撞传感器的结构、原理

滚轴式碰撞传感器的结构如图6－117所示,它主要由止动销、滚轴、滚动触点、固定触点、片状弹簧和底座组成。片状弹簧与传感器的一个接线端子相连,其一端固定在底座上,另一端绕在滚轴上,滚动触点安装在片状弹簧上,可以随滚轴一同转动。固定触点和传感器的另一个

端子相连,绝缘地固定在底座上。

在汽车正常行驶状态下,滚轴由于片状弹簧的作用,被推到止动销的一侧,滚动触点和固定触点断开,传感器处于静止状态;当汽车发生碰撞时,滚轴的惯性力大于片状弹簧的弹力,滚轴向前滚动,致使滚动触点和固定触点接通,从而连通了气囊系统搭铁回路,使气囊系统开始工作。

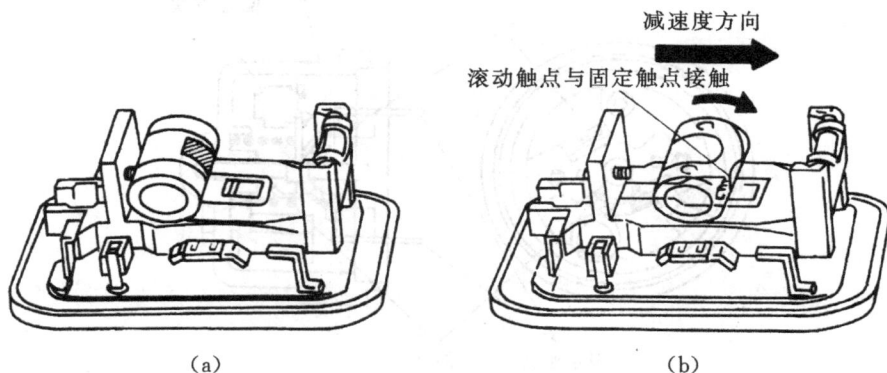

（a）　　　　　　　　　　　　　　　　（b）

图 6-117　滚轴式碰撞传感器的结构

（a)静止状态；(b)碰撞状态

3)偏心锤式碰撞传感器的结构、原理

偏心锤式碰撞传感器的外形如图 6-118 所示。

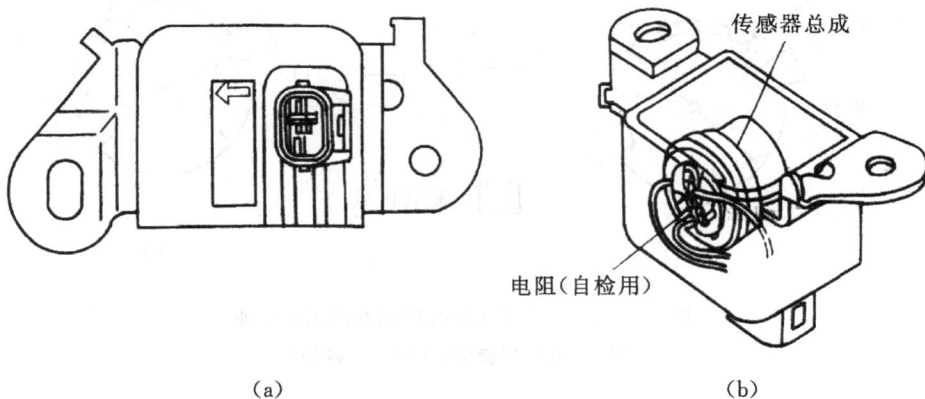

（a）　　　　　　　　　　　　　　　　（b）

图 6-118　偏心锤式碰撞传感器的外形图

如图 6-119 所示,偏心锤式碰撞传感器主要由壳体、偏心转子、偏心重块、固定触点、旋转触点、螺旋弹簧以及自检电阻等组成。

转子总成由偏心重锤、旋转触点臂和旋转触点构成,安装在传感器轴上;两个固定触点绝缘固定在传感器壳上,并用导线分别与传感器的接线端子相连;自检电阻安装在传感器的外侧,其作用是检测 ECU 与气囊碰撞传感器之间的导线是否断路或短路。

偏心锤式碰撞传感器的工作原理如图 6-120 所示。在发动机正常行驶状态下,偏心转子和偏心重块由于螺旋弹簧的作用被顶在与外壳相连的止动块上,旋转触点和固定触点不接触,传感器处于断开状态;当汽车发生碰撞时,偏心重块在惯性力作用下,带动偏心转子克服螺旋弹簧的弹力产生偏转,如果碰撞的强度达到了设定值,偏心转子上的旋转触点与固定触点接

249

触,使碰撞传感器工作,向气囊 ECU 输送碰撞信号,气囊 ECU 接到碰撞传感器的输入信号,发出指令,引爆点火器,使气袋充气膨胀。

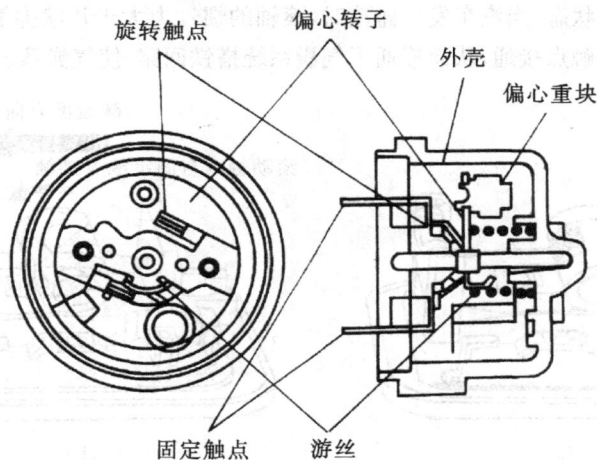

图 6-119 偏心锤式碰撞传感器的结构图

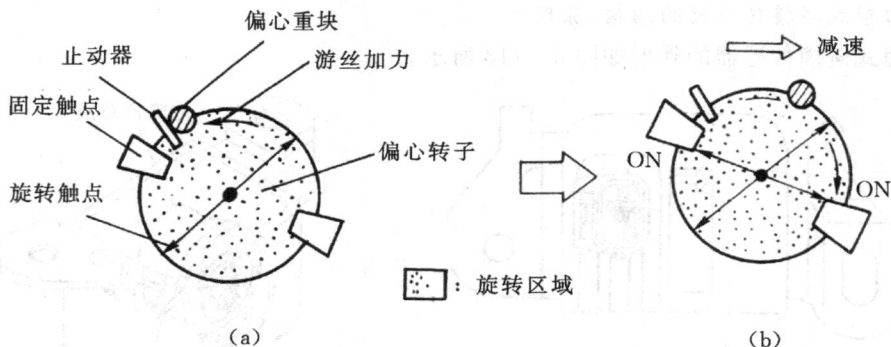

图 6-120 偏心锤式碰撞传感器的工作原理
(a)汽车正常行驶时;(b)汽车碰撞时

4)水银式碰撞传感器的结构、原理

水银式碰撞传感器是利用水银良好的导电特性制成的传感器,它的结构、原理如图 6-121 所示,主要由水银、电极、密封圈、密封螺塞及壳体组成。

汽车正常行驶时,水银在自身重力作用下,始终不能和两个电极接触,传感器两端子处于断开状态,传感器无信号输出。当汽车发生碰撞,且碰撞所形成的汽车的减速度达到设定值时,也即是水银所获得的惯性力大到克服其自身的重力被抛到上方,使传感器的两个电极接通,输出碰撞信号。

水银传感器既可以做碰撞信号传感器,也可以做碰撞防护传感器(安全传感器)。当它做碰撞信号传感器时,这个电极接通信号直接输送给气囊 ECU,使其工作;当其做碰撞防护传感器时,直接将点火器电源电路接通。

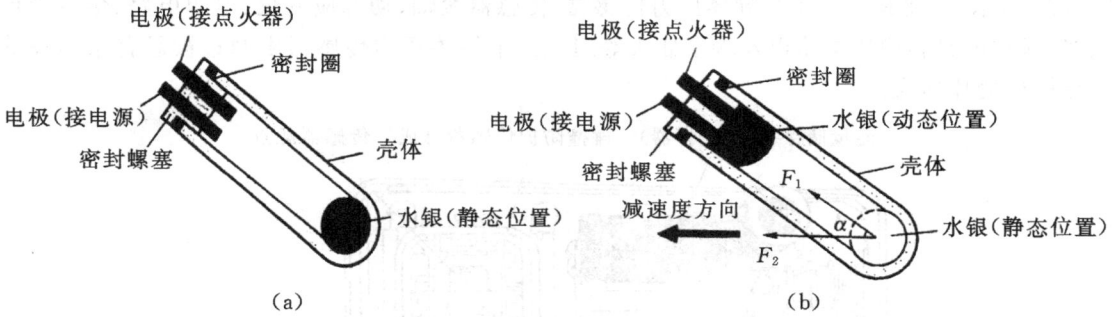

图 6-121 水银式碰撞传感器的结构及工作原理
(a)汽车正常行驶时;(b)汽车碰撞时

2.电子式碰撞传感器的结构、原理

1)电阻应变片式碰撞传感器

电阻应变片式碰撞传感器的结构如图 6-122 所示,它主要由电子电路、电阻应变片、振动块、缓冲介质和壳体组成。电子电路包括稳压电路和温度补偿电路 W,信号处理和放大电路A。用硅膜片制成的应变片上的电阻 R_1、R_2、R_3、R_4 连接成惠斯通电桥形,这样会提高传感器的检测精度。当膜片变形时,应变片上的电阻的阻值就会发生变化。

当汽车行驶时,振动块随汽车运行而振动,缓冲介质也随之振动,应变片上的应变电阻会产生变形,阻值也相应变化,惠斯通电桥失衡,产生电信号,经信号处理与放大后,由传感器的S 端子输出。

当汽车发生碰撞时,振动块振动强烈,传感器输出的信号电压就变强,气囊 ECU 根据获取信号电压的强弱,即可判断出碰撞的程度。如果信号电压超过了设定值,气囊 ECU 即刻发出指令,安全气囊系统工作。

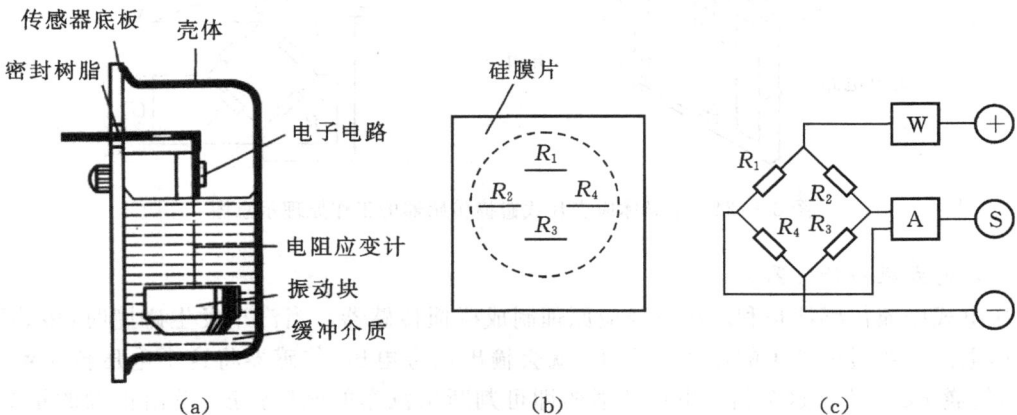

图 6-122 偏心锤式碰撞传感器的工作原理
(a)结构;(b)电阻应变片;(c)电路原理图

2)半导体应变片式碰撞传感器

半导体应变片式碰撞传感器通常安装在 ECU 内,又称为中央碰撞传感器,它的结构如图

6‐123 所示,主要是由一个半导体压力传感器、传感器滚轴、动态应变仪、电源电路、信号处理电路、保护电路和稳压电路以及端子插头等组成。半导体压力传感器由两边被悬臂架压住的半导体应变片构成。

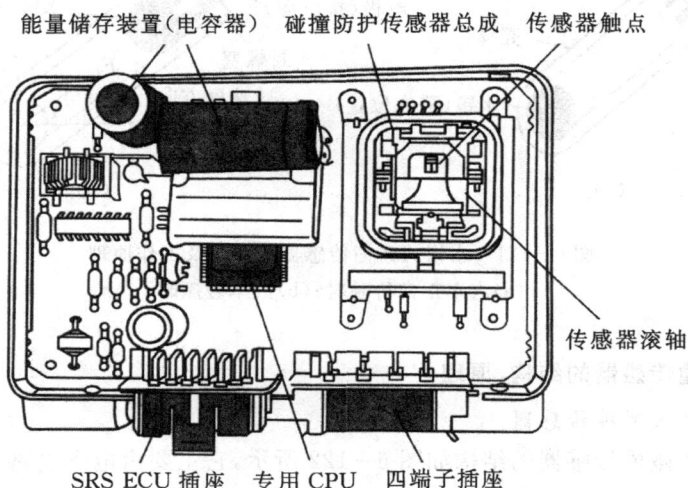

图 6‐123　半导体应变片式碰撞传感器在气囊 ECU 中的安装位置及结构

如图 6‐124 所示,半导体应变片式碰撞传感器的工作过程为:当汽车发生碰撞时,半导体应变片在悬臂架惯性力作用下发生弯曲应变,受压后的半导体应变片的电阻值产生变化,电阻值的变化引起动态应变仪的输出电压 U_S 变化。

汽车速度越大,碰撞后产生的减速度就越大,传感器的输出电压就越大。安全气囊根据这个电压,判断是否接通气囊点火电路。

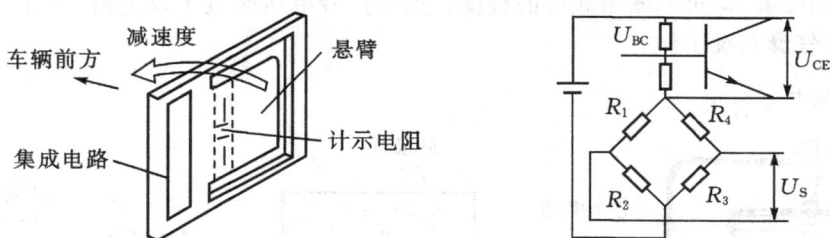

图 6‐124　半导体应变片式碰撞传感器的工作原理示意图

3)压电式碰撞传感器

压电式碰撞传感器是利用压电效应原理制成碰撞传感器。当汽车发生碰撞时,传感器内部的压电晶体在碰撞产生的压力作用下,就会输出信号电压,传感器将这个电压传送给气囊 ECU,气囊 ECU 依据这个信号电压的强弱即可判断出汽车的碰撞强度,发出正确的指令,指示气囊系统的正确工作。

6.2.2.3　碰撞传感器在汽车上的应用与检测

由于厂家不同,各种碰撞传感器在不同的车型上都有应用。例如,奥迪轿车使用过滚球式碰撞传感器;丰田轿车采用过偏心锤式碰撞传感器;丰田、本田、三菱汽车采用过滚轴式碰撞传感器;大众车型采用的是水银式碰撞传感器等。

虽然这些传感器的年代不同、形式也不相同,但其基本原理、检修方法都很接近,尤其是各种碰撞传感器的检修注意事项都是相同的。

碰撞传感器不同于其它传感器,检修时必须一丝不苟,否则可能因为操作不当,引爆气囊,造成维修、使用事故;或在维护保养气囊系统时操作有误,导致汽车碰撞时气囊打不开的严重事故。因此,一定要重视碰撞传感器的检修。

1. 注意事项

(1)非专业人员禁止维修气囊系统工作。

(2)气囊系统的故障征兆难以发现,故障码是最重要的来源,因此,维修拆卸前一定要先检查是否有故障码。

(3)气囊系统自身有备用电源,因此,一定要在蓄电池负极端子拆下 90 s 后再进行检修,防止误爆。

(4)不得用检测灯、电压表、欧姆表对气囊系统进行检测,绝对禁止检测点火器电阻的阻值。

(5)若气囊已经引爆,所有元件都要更新。

(6)气囊装置不允许打开修理,只允许更换。

(7)气囊元件的保存和使用温度不得超过 85 ℃。

(8)气囊系统有使用期限,到了期限,即使没爆过也必须更换。

2. 碰撞传感器的检测方法

检查前,应先拆下蓄电池搭铁线,90 s 后拔下气囊 ECU 的插头,再拔下碰撞传感器插头。

1)传感器检测

确认传感器类型,如果是机电式碰撞传感器,那么传感器两个端子之间的电阻应为∞,再检查一下端子的表面状况,看看是否有锈蚀;如果是电子式碰撞传感器,那么传感器两端子之间应该有一定的电阻值,例如丰田凌志车碰撞传感器这个阻值是 $755\sim855$ Ω,如不正常,应予更换。

2)连接传感器与气囊 ECU 之间线束的检测

用万用表检测碰撞传感器与气囊 ECU 连接线束的电阻值,正常这个电阻值应小于 1 Ω,否则更换线束。

6.7 气体浓度传感器的结构、原理与检测

近年来随着科技的进步,大规模工业化的形成,使人类社会进入了文明时代,但是,对能源的过度攫取也同时带来了很多负面的效应,其中有驳于人类生存的气体排放日益增多,如 H_2、CO、CO_2、碳氢化合物、氮氧化合物、氟利昂、瓦斯、天然气、液化石油气等等,这些气体有的易燃、易爆,有的有毒、有害,有的破坏自然环境……为了保护人类赖以生存的环境,防止不幸的事情发生,需要对这些气体的存在或减少这些气体的发生进行有效地监控。

气敏传感器就是能够感知环境中某种气体及其浓度的一种器件,它可以将气体的种类、浓

度的有关信息转换成电信号,人们根据这些信号信息,采取相应的处理措施。

6.7.1　气体的检测方式及其特点

由于气体的种类繁多,且性质不同,因而检测气体的方法也很多,但在诸多检测方式中以半导体气敏元件制成的传感器最为常用,尤其是用SnO_2制成的气敏传感器应用更为广泛。

各种检测气体的方式及其特点,如表6-11所示。

表6-11　气体的检测方式及其特点

检测方式	检测原理	检测对象	特点
半导体方式	若气体接触到半导体传感器,传感器的电阻值就会增大或减小	还原性气体、城市排放气体及丙烷气体等	灵敏度高、构造电路简单,但输出与气体浓度不成比例
接触燃烧方式	可燃性气体接触到氧会燃烧,使得作为气敏材料的铂金丝温度升高,电阻值增大	燃烧气体	输出与气体浓度成比例,灵敏度低
化学反应方式	化学溶剂与气体反应导致电流、颜色、导电率等参数变化	CO、H_2、CH_4、C_2H_5OH、SO_2等	气体选择性好,但不能重复使用
光干涉方式	利用光在不同气体中的折射率和在空气中折射率不同而产生的干涉现象	与空气折射率不同的气体	寿命长,但气体选择性差
热传导方式	利用热传导率不同,导致传感器元件温度差异来检测	与空气热传导率不同的气体	构造简单,但灵敏度低,气体选择性差
红外线吸收散射方式	利用红外线照射气体分子产生谐振而吸收或散射量来检测	CO、CO_2等	能定性测量,价格贵

6.7.2　典型气体浓度传感器的结构、原理

前面讲过SnO_2是诸多气敏检测之中优点最多的一种,下面就以SnO_2为例介绍气体浓度传感器的结构及其原理。

1.SnO_2气敏传感器的结构

SnO_2气敏传感器主要由三种类型:烧结型、薄膜型和厚膜型。其中,烧结型是目前工艺最成熟、应用最广泛。烧结型SnO_2气敏传感器是以多孔质陶瓷SnO_2为基材,添加不同物质,采用传统制陶方法进行烧结,烧结时埋入测流电极和加热丝,最后将电极和加热丝引线焊接在管座上制成的传感器。这种传感器主要用于检测还原性气体、可燃性气体和液体蒸气。

2. SnO₂ 气敏传感器的工作原理

SnO₂ 气敏传感器是表面控制型气敏元件,在晶体组成过程中,Sn 与 O₂ 往往偏离化学计量比。晶体中如果氧不足,将出现两种情况,一种是产生氧空位,另一种是产生锡间隙原子,但无论是哪一种情况,在禁带(在能带结构中能密度为零的能量区间称为禁带)靠近导电的地方都形成施主能级(一个能级被电子占据时呈中性,不被电子占据时带正电,则称为施主能级),这些施主能级上的电子很容易激发到导带(固体结构内自由运动的电子所具有的能量范围称为导带)而参与导电,烧结型 SnO₂ 气敏传感器的气敏部分就是这种 N 型半导体 SnO₂ 材料晶体形成的多孔质烧结体。这种结构的半导体,其晶粒接触面存在电子势垒,其接触部分电阻对元件电阻起支配作用,显然,这一电阻主要取决于势垒高度和接触面形状,也就是主要受表面状态和晶粒直径大小等影响。

氧吸附在半导体表面,吸附的氧分子在半导体表面获得电子,形成受主型表面能级,从而表面带负电。由于氧的吸附力很强,因此,SnO₂ 气敏传感器在空气中放置时,其表面总是会吸附氧,其吸附状态均带负电荷,这就对 N 型半导体来说形成电子势垒,电阻值上升。

当 SnO₂ 气敏传感器接触到还原性气体时,如 H₂、CO 等被测气体,就会同吸附的氧发生反应,减少了吸附氧密度,减低了势垒高度,从而降低了气敏元件的电阻值。

这样,我们可以通过气敏元件阻值的变化,监测出被检气体浓度的变化。

3. SnO₂ 气敏传感器的特点

(1)气敏元件阻值随被检测气体的浓度变化具有指数变化关系,因此适合于微量气体的检测。

(2)物理、化学稳定性好,与其它类型的气敏元件相比具有寿命长、稳定性好、耐腐蚀性强等优点。

(3)对气体检测是可逆的,而且吸附、脱附时间短,可连续、长时间使用。

(4)元件成本低、结构简单、可靠性高、力学性能好。

(5)可以把被检气体变化量直接转变成电信号,且信号处理电路简单。

6.7.3 气体浓度传感器在汽车上的应用与检测

6.7.3.1 汽车上气体浓度传感器的种类及作用

目前,在汽车上使用的气体浓度传感器主要有氧传感器、稀薄混合气传感器、宽域空燃比传感器、烟尘浓度传感器以及排烟传感器等。

1. 氧传感器

氧传感器安装在发动机的排气管上,其功用是检测排放气体中氧气的含量,并将检测结果转换为电信号传送给发动机 ECU。发动机 ECU 根据这个信号,计算出空燃比的浓稀,不断对喷油时间和喷油量进行修正,使混合气浓度始终保持在理想的范围之内,实现空燃比反馈控制。

2. 稀薄混合气传感器

稀薄混合气传感器应用于稀薄燃烧发动机的空燃比反馈控制系统中,它能在混合气极其稀薄的状态下,连续地检测出稀薄燃烧区空燃比,实现稀薄状态下的反馈控制。

3. 宽域空燃比传感器

宽域空燃比传感器相对普通氧传感器而言,它可以连续检测混合气从浓到稀整个范围的空燃比,可以更好地实现发动机空燃比的反馈控制。

4. 烟尘浓度传感器

烟尘浓度传感器用于空气净化系统中,该传感器通过检测烟尘浓度,控制汽车空气净化器的工作状态,达到净化车厢空气的目的。

5. 排烟传感器

排烟传感器应用于电子控制柴油机控制系统之中,它能检测柴油发动机排气中形成的烟碳或未燃烧颗粒,并将其反馈给柴油发动机 ECU,ECU 根据这一信息,调节空气与燃油的供给,使柴油机工作时柴油完全燃烧,减少排气中的黑烟。

6.7.3.2 汽车常用气体浓度传感器的结构、原理

由于稀薄燃烧发动机还处于研发阶段,因此在实际的车型中使用稀薄混合气传感器和宽域空燃比传感器还很少,因此下面只对现阶段应用广泛的氧传感器、烟尘浓度传感器和排烟传感器的结构、原理、检测方法加以阐述。

1. 氧传感器

在发动机燃油喷射系统中,目前采用的氧传感器主要有氧化锆(ZrO_2)和氧化钛(TiO_2)两种类型。在这两种氧传感器中,还分为加热式和非加热式。在汽车上一般都采用加热式的,并且从使用的数量上来看,以使用氧化锆型的氧传感器居多。

1) 氧化锆氧传感器

(1)氧化锆式氧传感器的结构。氧化锆式氧传感器的结构如图 6-125 所示,它的基本元件是专用陶瓷体,也称锆管,即氧化锆固体电解质制成的试管。锆管固定在带有安装螺丝的固定套中,锆管的内、外表面都喷涂有一层多孔性的铂膜作为电极,同时为了防止发动机的废气腐蚀薄膜,还在锆管的外表面喷涂有一层陶瓷粉末作为保护层。

氧传感器安装在汽车的排气管上,其外表面直接接触汽车排放的废气,内表面与大气相通。传感器的接线端有一个护套,其上设有用于锆管内腔与大气相通的透气孔。

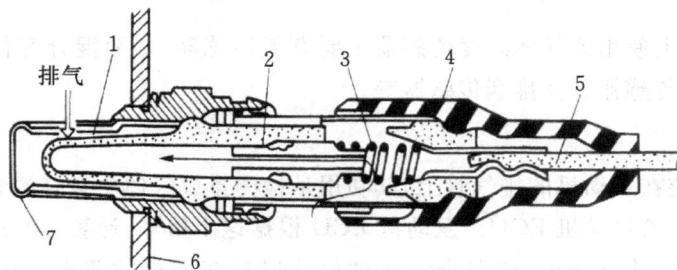

图 6-125　氧化锆式氧传感器的结构

1—锆管;2—电极;3—弹簧;4—线头支架;5—导线;6—排气管;7—导入排气管罩

（2）氧化锆氧传感器的工作原理。氧化锆氧传感器的工作原理如图 6-126 所示。锆管的陶瓷体是多孔的，允许氧渗入该固体的电解质内，当温度高于 300℃时，氧气发生电离。由于氧传感器工作时，锆管的内外侧的氧气含量不同，存在浓度差，因此，电离的氧离子就会从锆管的内侧（大气侧）向外侧（排气侧）扩散，在锆管的内外的铂电极之间就形成了电压差，含氧量高的一侧为高电位，即锆管的内侧是高电位。

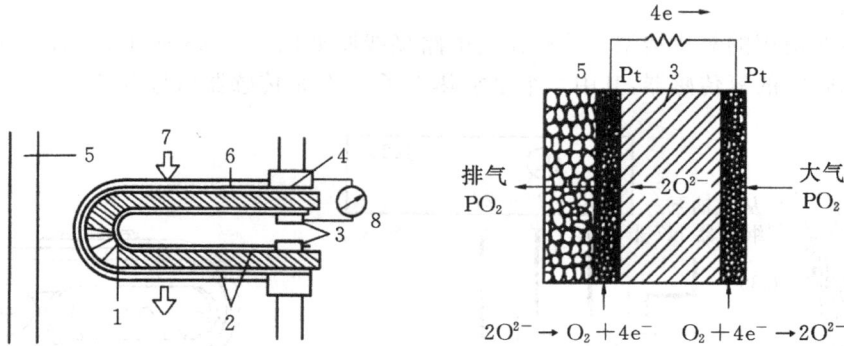

图 6-126　氧化锆氧传感器的工作原理
1—陶瓷体；2—锆管内外壁铂膜电极；3、4—电极接线柱；5—排气管壁；6—外壳；
7—废弃流动方向；8—电压输出表

当混合气稀时，由于排气中含氧量多，锆管内外两侧氧的浓度差小，铂电极间的电位差很低，产生很小的电压，即传感器的输出几乎为零的电压。

当混合气浓时，一方面排气中氧的含量变少，一方面未完全燃烧的 CO、HC、H_2 等成分在催化剂的作用下继续与氧反应，消耗废气中残余的氧，使得锆管的内外的氧的浓度差变得很大，产生较大的电压由传感器输出，其输出特性曲线如图 6-127 所示。

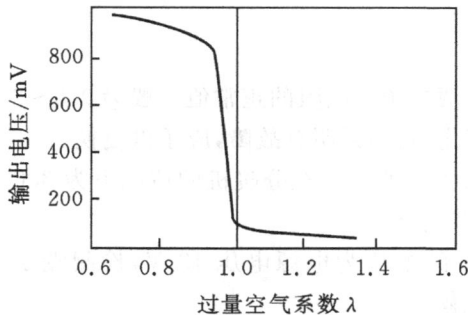

图 6-127　氧化锆式氧传感器的输出特性

从输出特性图得知，氧化锆式氧传感器工作时的输出电压有突变，这个电压突变的发生只在空燃比为 14.7：1，即过量空气系数为 1 的理论空燃比时产生的。

虽然我们希望发动机总是在理论的空燃比状态下工作，但实际上反馈控制只能在理论空燃比附近一个狭小的范围内波动，要始终保持混合气为理论空燃比是不可能的。

（3）氧化锆型氧传感器的应用与检测。使用氧化锆式氧传感器的车型很多，例如桑塔纳

2000GS₁、捷达 CL、AT、GTX、丰田凌志、本田雅阁、富康轿车、北京切诺基等车型都是采用的氧化锆型氧传感器。

氧化锆型氧传感器分为加热式和非加热式两种，区分的方法很简单，其中，加热式的有 4 个接线端子，非加热式的接线端子只有 2 个。

氧传感器的检测方法很多，下面以捷达轿车使用的氧化锆型氧传感器为例，介绍氧传感器的检测方法。

捷达轿车使用的氧化锆型氧传感器的电路接线图如图 6-128 所示，它有 4 个接线端子，说明它是加热式的氧传感器，其中 2 个是加热端子，2 个是传感器信号端子。

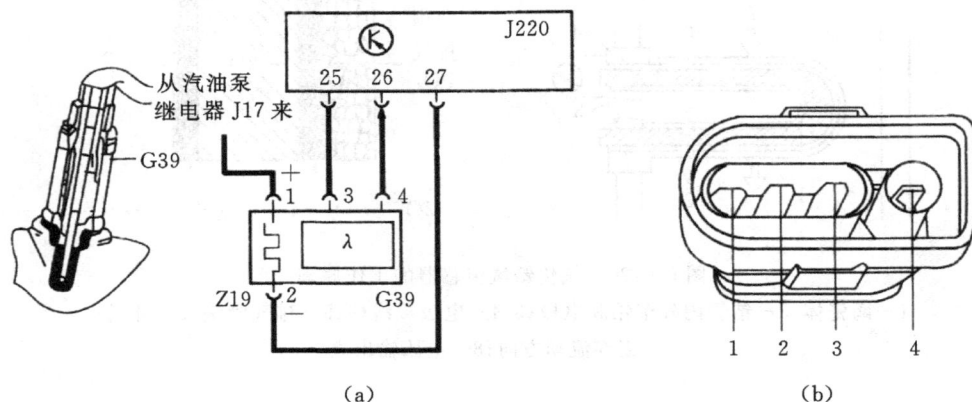

图 6-128 捷达车氧化锆型氧传感电路图与接线端子

判明端子的用途很简单。首先把加热端子和信号端子分开，因为这是两个不同的电路，从线束的颜色上就可以分开；或者是看标记，加热元件端子一般标有"＋、－"，传感器信号端子一般用"λ"标注。例如，捷达车的传感器端子 1、2 号是白色导线，为加热元件端子，3、4 号端子是灰色和黑色导线，为信号端子。

具体检测方法：

①电阻检测。加热元件两端子的电阻的正常值一般为 0.5～20 Ω，例如捷达车为 1～5 Ω，并且不随环境温度变化而变化；否则说明有故障，应予以更换。

信号电压两端子的电阻正常值是在充分暖机的情况下为 300 kΩ，在不暖机情况下为 ∞；否则说明有故障，应予以维修或更换。

②电压检测。加热元件的电压为电源电压 12 V，检测端子 1、2 之间的电压应不低于 11 V；否则说明有问题，需检修。

传感器信号电压：当节气门处于全开状态，供给发动机属于浓混合气时，应为 0.7～1.0 V；当拔下空气流量传感器至发动机之间的真空管，供给发动机属于稀混合气时，应为 0.1～0.3 V。否则说明氧传感器失效，应予更换。

③信号波形检测。用汽车专用示波器检测氧化锆型氧传感器的输出信号电压波形并与标准波形比对，分析、判断氧传感器的性能。

氧化锆型氧传感器的标准波形，如图 6-129 所示。

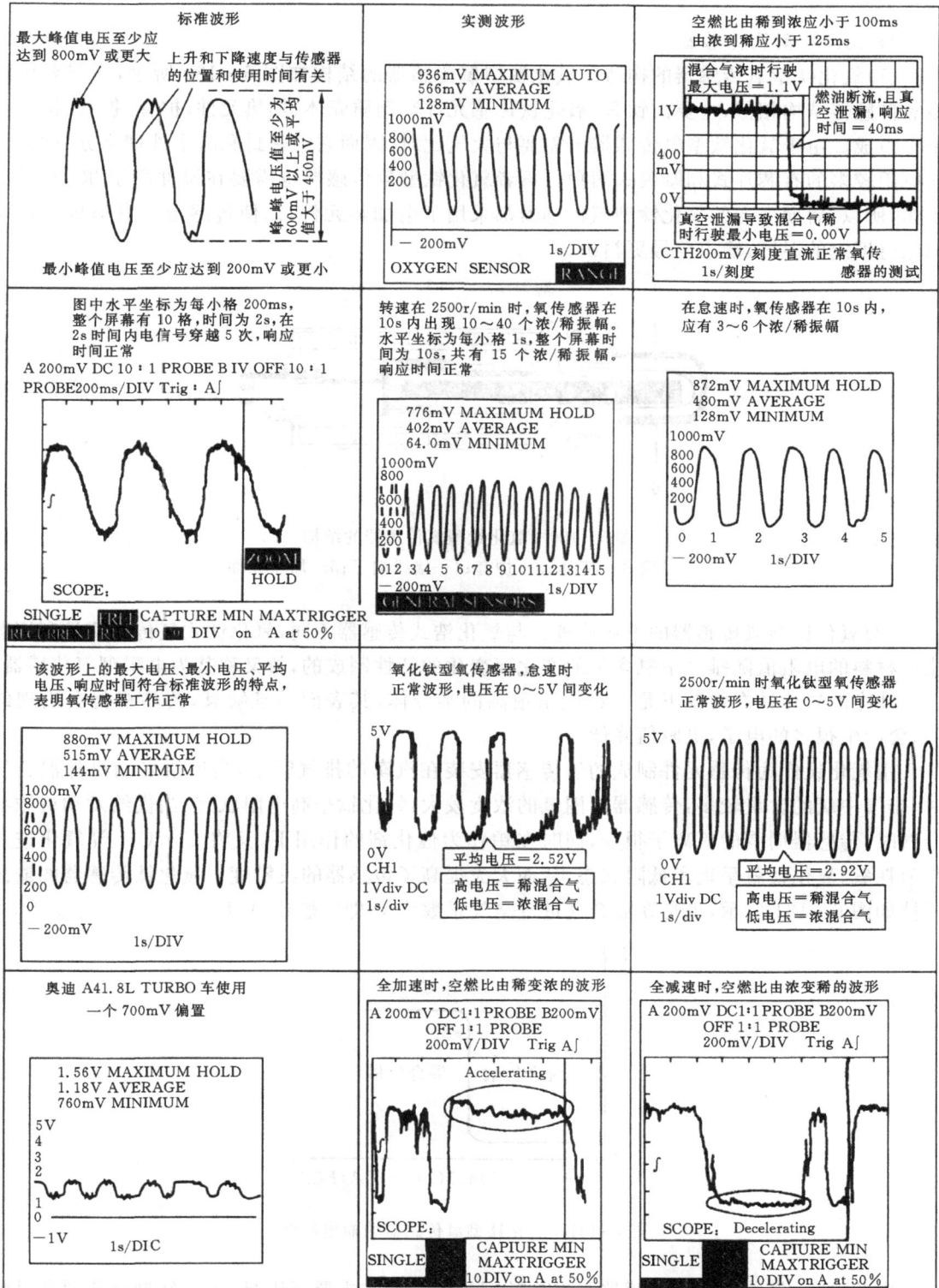

图 6-129　氧化锆、氧化钛型氧传感器标准波形及实测波形

2) 氧化钛型氧传感器

(1)氧化钛型氧传感器的构造。氧化钛型氧传感器的结构如图 6-130 所示,它与氧化锆型氧传感器结构相似,主要由钛管(氧化钛传感元件)、钢质壳体、加热元件、护套、护管、接线端子等组成。由于氧化钛型氧传感器不需要与大气比对,因而它的密封和防水处理十分方便,目前应用较多的有芯片式和厚膜式两种。再者氧化钛型氧传感器也需要在温度高于 300℃ 以上工作,所以,后期生产的氧化钛型氧传感器都采用了电加热元件,以使传感器在发动机工作期间保持恒定的温度,输出信号更精确。

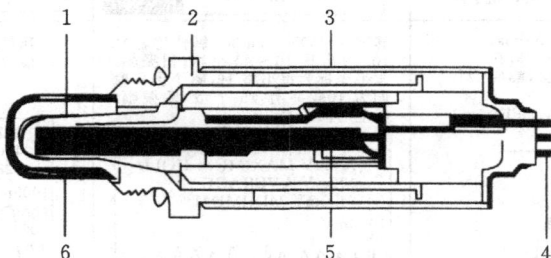

图 6-130　氧化钛型氧传感器的结构
1—钛管;2—壳体;3—护套;4—接线端子;5—加热元件

(2)氧化钛型氧传感器的工作原理。与氧化锆式传感器不同,氧化钛式氧传感器是利用氧化钛材料的电阻值随排气中氧含量的变化而变化的特性制成的,故又称其为电阻型氧传感器。

纯净的氧化钛在常温下是一种电阻很高的半导体,其表面一旦缺氧,其晶格就会出现缺陷,会产生很多的电子,电阻值降低。

用氧化钛作为传感元件制成的氧传感器安装在汽车的排气管中,当供给发动机稀混合气时,排气中氧的含量较多,传感器周围氧的浓度较大,氧化钛呈高电阻状态;当供给发动机浓混合气时,传感器周围的氧离子很少,同时在铂作为催化剂的作用下,又将 CO、CH 等氧化进一步消耗氧,氧化钛就呈现了低阻状态,从而大大提高了传感器的灵敏度。氧化钛传感器的输出特性如图 6-131 所示,也是在混合气过量空气系数为 1,即空燃比 $A/F=14.7$ 时产生突变。

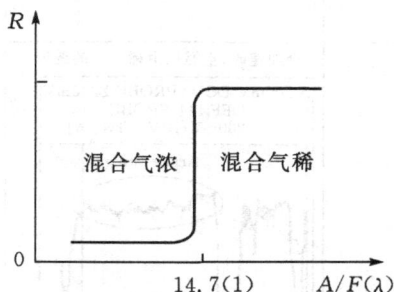

图 6-131　氧化钛型氧传感器的输出特性

由此可见,氧化钛型氧传感器与氧化锆型氧传感器的主要区别是:氧化锆型氧传感器是将排气中的氧含量转变为电压变化;而氧化钛型氧传感器是将排气中氧含量的变化转变为电阻的变化。

（3）氧化钛型氧传感器的检测方法。氧化钛型氧传感器的检测方法与氧化锆型氧传感器的检测方法基本相同，主要是：

①电阻检测。加热元件两端子的电阻的正常值一般为 $5\sim7$ Ω，并且不随环境温度变化而变化；否则说明有故障，应予以更换。

②电压检测。加热元件的电压为电源电压 12 V，检测加热元件端子之间的电压应不低于 11 V；否则说明有问题，需检修。

传感器信号电压：当节气门处于全开状态，供给发动机属于浓混合气时，应为 $0.6\sim1.0$ V；当拔下空气流量传感器至发动机之间的真空管，供给发动机属于稀混合气时，应为 $0.2\sim0.8$ V。否则说明氧传感器失效，应予更换。

③信号波形检测。用汽车专用示波器检测氧化钛型氧传感器的输出信号电压波形与标准波形比对，分析、判断氧传感器的性能。

氧化钛型氧传感器的标准波形如图 6-129 所示。

综上所述，氧传感器是发动机闭环控制系统一个主要的传感器，通过它的控制可以使发动机工作的空燃比更为理想，这样不仅使发动机的动力性好、燃料消耗性小，同时发动机的排放也更为环保。

但是，由于氧传感器自身的特点以及使用的要求，发动机在运转过程中，并不是在任何时刻或任何工况下，氧传感器及其反馈系统都起作用。例如，氧传感器只有在高温下才开始工作，产生信号电压，那么汽车在刚起动时，氧传感器就没有信号电压，因此在汽车 ECU 设计时就考虑到这一因素，当发动机低温工作时，是执行开环控制状态。

因此，当氧传感器出现故障，输出信号异常时，ECU 就会自动终止氧传感器的反馈作用，使发动机进入到开环工作状态。

为此，我们应该定期检查氧传感器的工作状态，避免氧传感器因为铅中毒（发动机废气中铅分子会吸附在传感器表面而使传感器失效的现象）或硅中毒（润滑油中的硅燃烧后产生的二氧化硅使传感器失效的现象）等情况而导致氧传感器反馈控制系统失去其工作现象的发生。

2. 烟尘浓度传感器

灰尘、吸烟等因素会造成车内空气污染，从而严重危害人体健康，为此，在一些汽车上安装了空气净化装置。烟尘浓度传感器是用于检测烟尘浓度、自动控制空气净化系统工作的装置。

1）烟尘浓度传感器的结构

烟尘浓度传感器的结构如图 6-132 所示，主要由发光元件 LED、光敏元件、信号处理电路和壳体组成。它安装在车厢的顶棚上，在壳盖上有许多可以使灰尘、烟雾自由进入的缝隙。

2）烟尘浓度传感器的工作原理

烟尘浓度传感器的工作原理如图 6-133 所示，在没有灰尘、烟雾进入到传感器时，LED 间歇发出的红外线光，照射不到光敏元件，电路不工作，空气净化系统也处于静止状态；当有烟雾进入到传感器，且烟雾浓度达到 $0.003/m^3$，即抽 $1\sim2$ 香烟时，进入到传感器的烟尘粒子会对 LED 发出的光进行漫射，就会使部分 LED 发出的红外线光照射到光敏元件上，使电子电路开始工作，输出信号电压，使空气净化系统开始启动工作，除去车厢内的烟雾。

为了防止外部光等干扰因素引起烟尘浓度传感器误动作，这种传感器控制电路采用脉冲振荡工作方式，这样即使有相同波长的红外线射入到传感器的光敏元件，因其脉冲周期不同，传感器也不能作出有烟雾的判断。

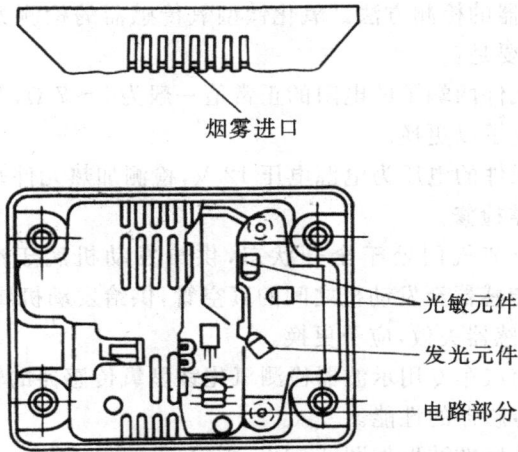

图 6-132　烟尘浓度传感器的结构

另外,控制电路中还包括定时、延时电路,若只有少量烟雾,空气净化系统电机只工作 2 min即可停止工作。

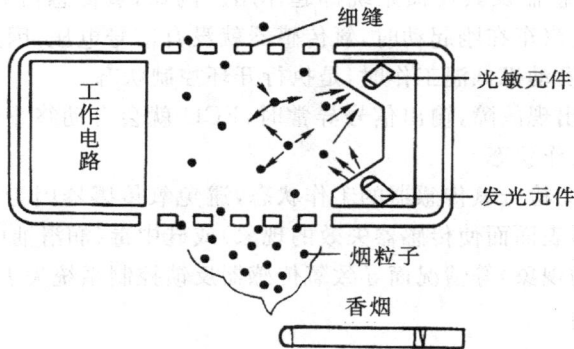

图 6-133　烟尘浓度传感器的工作原理

3. 排烟传感器

柴油和重油等重碳氢化合物的不完全燃烧会形成大量的炭烟,导致环境严重污染,因而,虽然柴油机排放的 CO 和 CH 化合物很少,但也应控制其空气与燃料的供给,以期减少其炭烟的排放。排烟传感器是柴油机电子控制系统中,用于连续检测柴油机排烟量的传感器,并提供一种能表示炭烟存在的输出信号,传递给柴油机 ECU。

1)排烟传感器的构造

排烟传感器的构造如图 6-134(a)所示,传感器形状类似于汽油机的火花塞,它主要由感应头、金属体、中间体、接线盒等组成。感应头由绝缘陶瓷体、贵金属电极和催化剂构成,安装在金属体中,通过中间体与接线盒相连,接线盒内的接线端子直接接入 12 V 或 24 V 直流电源。

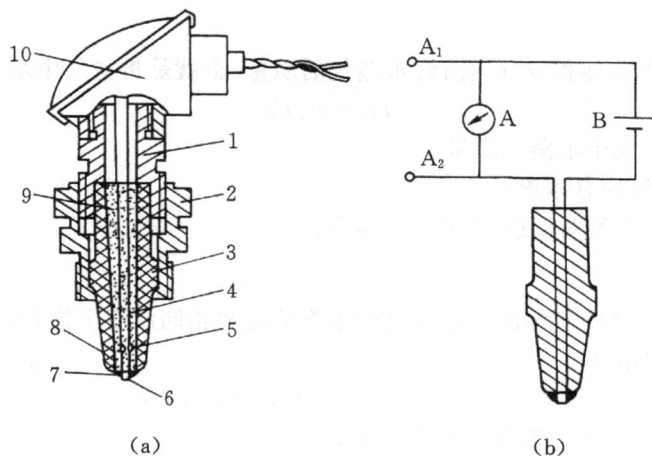

图 6-134　排烟传感器的结构及工作原理

（a）结构；（b）工作原理

1—中间体；2—金属体；3—传感器感应头本体；4—其它金属丝；5—焊点

6—缝隙；7—催化剂；8—铂丝；9—陶瓷粉末与粘合剂；10—接线盒

2）排烟传感器的工作原理

排烟传感器的工作原理如图 6-134（b）所示，当传感器接入电路中时，感应头电极之间的电阻值很大，电流表无电流或只有微小的电流显示，柴油机 ECU 也没有烟气信号输入；当感应头安装在排气管内，电极的缝隙间充满了炭烟，形成炭桥，电极之间的电阻值就发生了变化，炭烟多电阻小，电流表的读数就随炭烟的多少有了相应的变化。同理，柴油机电子控制系统的 ECU 也就获取了炭烟量的信号，根据这个信号 ECU 对供给系统进行调整。

由于感应头的电极端涂有强催化剂，加上炭烟中有足够的氧气存在，沉积在电极上的炭烟能迅速氧化，不会因为电极上的炭烟堆积而使测量失效，尤其是在排气温度较高的状态下，连续测量炭烟的结果是很精确的。

6.8　其它传感器的结构、原理与检测

随着人们对汽车自动控制要求的增多，再加上电子控制技术的发展，先进、高科技传感技术的发明，使得越来越多的传感器被应用到汽车领域上来。

6.8.1　湿度传感器

我们生活的环境中有水汽，大气中含有水汽的多少使用湿度来表示。

6.8.1.1　湿度的概念

湿度是表示空气中水蒸气含量的物理量，表示其量的程度常用绝对湿度、相对湿度及露点。

1. 绝对湿度

绝对湿度是指单位体积空气内所含水蒸气的质量,也就是指空气中水蒸气的密度。

$$H_a = m_V / V$$

式中:m_V——待测空气中水蒸气质量;

V——待测空气的总体积;

H_a——待测空气绝对湿度,其单位为 g/m^3。

2. 相对湿度

相对湿度是指空气中实际所含水蒸气的水汽分压和相同温度下饱和水汽压的比值的百分数。这是一个无量纲的量。

$$H_T = (p_W / p_N)_T \times 100\%$$

式中:H_T—温度为 T 时待测空气的相对湿度;

p_W—待测空气温度为 T 时的水汽压;

p_N—温度为 T 时,饱和水汽压。

在某个大气压下,各个温度下的饱和水汽压是固定的,我们可以在相应的资料中查到,因此,只要测得在某一温度下空气中水蒸气的分压,即可计算出在此温度下空气的相对湿度。为了测得空气中水汽压,引入另一个与湿度相关的重要物理量——露点温度,简称露点。

3. 露点

水的饱和水汽压是随空气温度的下降而逐渐减小的,因此,在同样的水汽分压下,空气的温度越低,则空气的水汽分压与在同一温度下水的饱和水汽压的差值就越小。当空气温度下降到某一温度时,空气的水汽分压将与同温度下水的饱和水汽压相等,此时空气中的水汽就有可能转化为液相而凝结成露珠,这一特定温度称为空气的露点或露点温度。

由此可见通过对空气露点的测定,就可测得空气的水汽分压。因为空气的水汽分压也就是该空气在露点温度时水的饱和水汽压。

6.8.1.2 湿度传感器在汽车上的应用

在汽车上应用的湿度传感器主要有热敏电阻式和结露式两种。

1. 热敏电阻式湿度传感器

热敏电阻式湿度传感器在汽车上主要用于汽车风窗玻璃的防霜和车内相对湿度的检测。

热敏电阻式湿度传感器的结构、原理以及工作特性曲线如图 6-135 所示,它主要由装有金属氧化物的系列陶瓷材料制成的多孔烧结体构成传感元件,传感器就是利用烧结体表面对水分的吸附作用来工作的。当烧结体吸附水分时,其阻值就会发生变化,根据这一变化就可以检测出车内湿度的变化。

从输出特性的曲线图可以看出,当湿度增加时,传感器的电阻值减少,相对湿度从 0% 变化到 100%,这个电阻值有数千倍的变化。同时,这种传感器的电阻值随温度的变化而变化,因而,利用这种方式测量湿度还必须给湿度传感器配以温度补偿热敏电阻,才能提高检测精度。

2. 结露传感器

结露传感器用于检测车窗是否结露,当检测到车窗结露时,控制使汽车空调以除霜方式工作,从而保持汽车有良好的视野。

　　结露传感器的结构及其输出特性如图 6-136 所示,它主要由电极、感湿膜、热敏电阻、铝基板等组成。

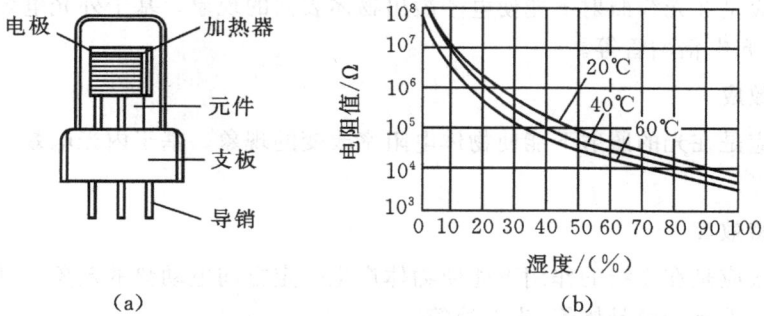

图 6-135　热敏电阻式湿度传感器的结构及输出特性
(a)结构;(b)输出特性

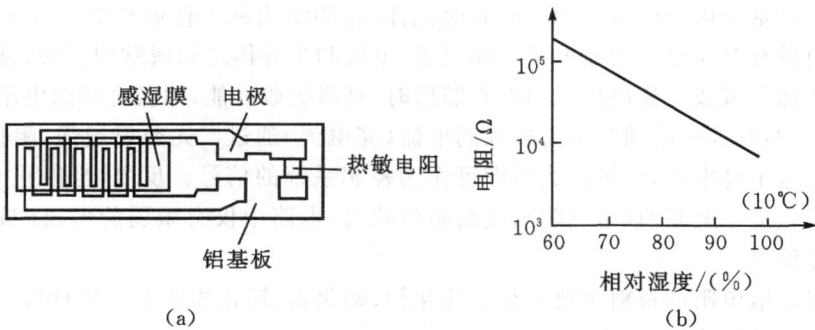

图 6-136　结露传感器的结构及工作原理
(a)结构;(b)输出特性

　　结露传感器的工作原理:主要是利用感湿膜(厚膜状陶瓷半导体)在接近结露状态的湿度区域时,其电阻值会急剧变化这一原理制成,也就是当车窗接近结露状态时,感湿膜电阻会急剧减小,空调 ECU 会获得一个电压突变信号,表明车窗要结露,迅速发出一个指令,调整空调的工作状态,避免车窗结露。

6.8.2　光量传感器

　　光是地球生物赖以生存的主要能量,光量传感器是一种将光能量转换为电信号的装置。

6.8.2.1　基本理论

　　光量传感器的工作原理基于光电效应。所谓光电效应,是指光照射在某物质上时,物质的电子吸收光子的能量后,而发生相应效应的现象,如导电率变化、释放电子、产生电动势等。释放的电子叫光子;能产生光电效应的材料叫光电材料;根据光电效应制造的原件叫光电元件或光敏元件。

依据光电效应现象的不同,将光电效应分为以下三种类型:

1. 外光电效应

外光电效应是在光线照射下能使电子溢出物体表面的现象。基于外光电效应制成的光电元件有光电管、光电倍增管等。

2. 内光电效应

内光电效应是在光的照射下能使物体电阻率改变的现象。基于内光电效应制成的光电元件有光敏电阻等。

3. 光生伏特效应

光生伏特效应是在光线的作用下能使物体产生一定方向电动势的现象。基于光生伏特效应制成的光电元件有光敏晶体管、光电池等。

6.8.2.2 典型光电元件的结构及原理

1. 光敏电阻

光敏电阻是基于内光电效应制成的光电元件,它的结构和工作原理如图 6-137 所示,主要由一块两边带有金属电极的光电半导体组成,电极和半导体之间成欧姆接触,使用时在其两个电极之间施加直流或交流电压。当有光照射时,材料吸收光能,两极之间的电阻(亮电阻)呈低阻态,从而在与其连接的回路中有较强的电流(亮电流)通过。光照射越强,阻值越小,亮电流越大。取出这个亮电流,经过放大后即可作为控制系统的信号。反之,当停止光的照射时,光敏电阻又将恢复原电阻值(暗电阻),呈高阻值状态,电路中仅有微弱的电流(暗电流)通过,提供不了信号信息。

用于制造光敏电阻的材料主要有金属硫化物、硒化物、锑化物等半导体材料。目前被大量使用的光敏电阻是硫化镉(CdS)。

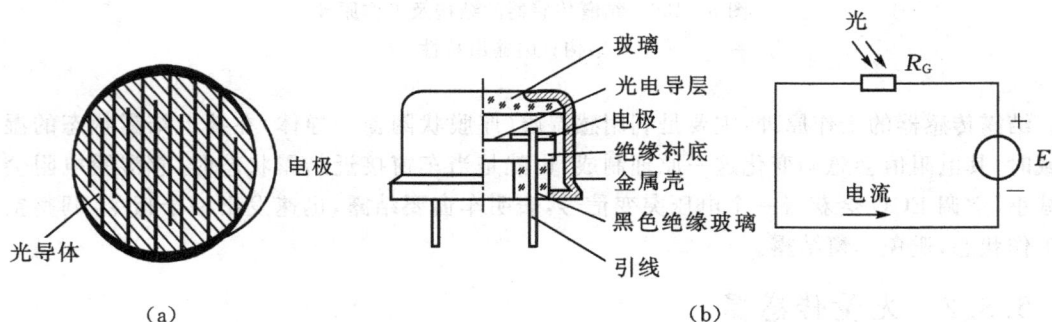

图 6-137 光敏电阻的结构及工作原理
(a)结构;(b)工作原理

2. 光敏二极管

光敏二极管是基于光生伏特效应原理制成的光敏元件,其结构与普通二极管相似,装在透明的玻璃壳中,其受光点在 PN 结附近,安装在管顶便于接受光的照射,工作时加反向电压。光敏二极管的结构、工作原理如图 6-138 所示。

在没有光照射时,光敏二极管的反向电阻很大,电流很小,这时的反向电流称为暗电流,此时光敏二极管处于截止状态。当有光照射时,在 PN 结附近产生光电子一空穴对,也即是通常说的光生载流子,这些光生载流子在 PN 结势垒电场的作用下,将光生电子拉向 N 区、光生空穴推向 P 区,从而形成了由 N 区指向 P 区的光电流,此时光敏二极管处于导通状态。当入射光的强度发生变化时,光生载流子的多少也相应发生变化,因而,通过光敏二极管的光电流也随之发生变化,光敏二极管就这样将光信号转变成了电信号。

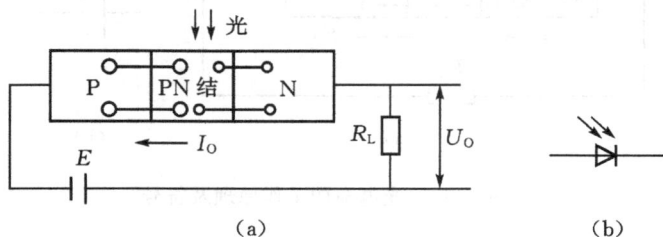

图 6-138　光敏二极管的工作原理与符号
(a)工作原理;(b)符号

3. 光敏三极管

光敏三极管由 3 层半导体元件组成,形成了两个 PN 结。它的外形与普通的三极管不同,通常只有两个电极引线,集电极和发射极引线。基极和发射极组成的发射结与光敏二极管一样,具有光敏特性。

光敏三极管的工作原理如图 6-139 所示,当光照射到发射结时,在发射结的附近产生电子一空穴对,通过 PN 结势垒电场的作用形成基极和发射极的光电子流,也就相当于产生基极电流,三极管导通,在外电场的作用下产生了集电极电流。和普通晶体管一样,集电极电流也可以获得电流增益,是光电流的 β 倍,所以光敏三极管比光敏二极管有着更高的灵敏度。

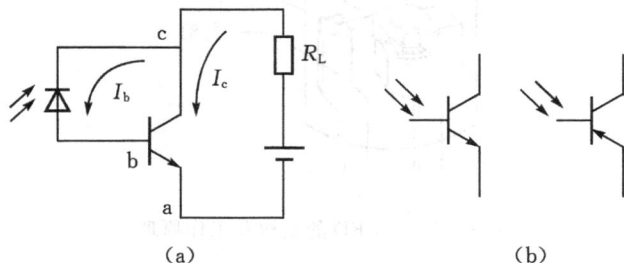

图 6-139　光敏三极管的工作原理及符号

4. 光电池

光电池是基于光生伏特效应的原理制成的。

光电池有很多种类,其中应用最多的是硅光电池、硒光电池、砷化钾光电池、锗光电池等。以硅光电池为例,光电池的原理如图 6-140 所示。硅电池是一块在 N 型硅片上用扩散的方法掺入一些 P 型杂质而形成的大面积 PN 结。当入射光照射在 P 型层时,由于 P 型层很薄,入射光穿透 P 型层直接照射到 PN 结上,此时若光子的能量大于半导体材料禁带宽度,则在 PN 结附近产生电子—空穴对,同时在 PN 结势垒电场的作用下,将光生电子推向 N 区、光生空穴推入 P 区,从而形成以 P 区为正、N 区为负的光生电动势,即光电池。若将其与外电路相连,则在负载上就会有电流通过。显然,光的强度不同,通过负载的电流也就不同。

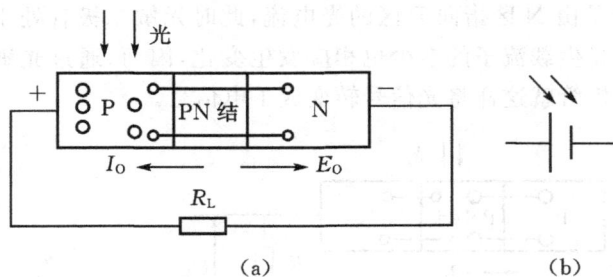

图 6-140　光电池的工作原理及符号

5. 发光二极管

发光二极管又表示为 LED,是英文 light emitting diode 的缩写,是一种固体的半导体器件,它可以直接把电转化为光。

LED 的结构如图 6-141 所示,由砷化镓(GaAs)、磷化镓(GaP)、磷砷化镓(GaAsP)等制成。LED 半导体晶片的一端附在一个支架上,一端是负极,另一端是正极,整个晶体被环氧树脂封装。半导体晶体由两部分组成,一部分是 P 型半导体,另一部分值 N 型半导体,它们之间就形成了 PN 结。

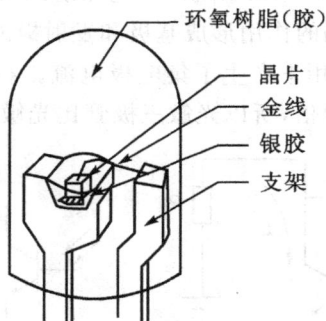

图 6-141　LED 的结构及工作原理

LED 的发光原理:当给 LED 正、负电极接通电源时,电流通过导线作用于半导体的 PN 结,电子占主导地位 N 区中,在电流的作用下,电子被推向空穴占主导地位的 P 区,在 P 区中电子跟空穴复合,然后就会以光子的形式发出能量,所有能量聚集在一起就成为可见光,这就是 LED 的发光原理。

光的颜色是由发出光的波长决定的,发出光的波长是由形成 PN 结的材料决定的。

LED 具有体积小、耗能低、寿命长、低热量、环保、坚固耐用等优点,因而被广泛使用。

6.8.2.3　光量传感器在汽车上的应用

目前在汽车上应用的光量传感器有日照强度传感器和光电式光量传感器。

1. 日照强度传感器

日照强度传感器应用于汽车自动空调控制系统,它一般安装在驾驶室仪表板上方容易接收阳光的地方。

1)日照传感器的结构、原理

日照传感器的结构、原理如图 6-142 所示,它主要由壳体、滤光片以及光敏二极管组成。当有日光照射时,光敏二极管将日照的变化转化为电流的变化,输送给空调 ECU,空调 ECU 根据此信号调整车内空调器吹出的风量与温度。

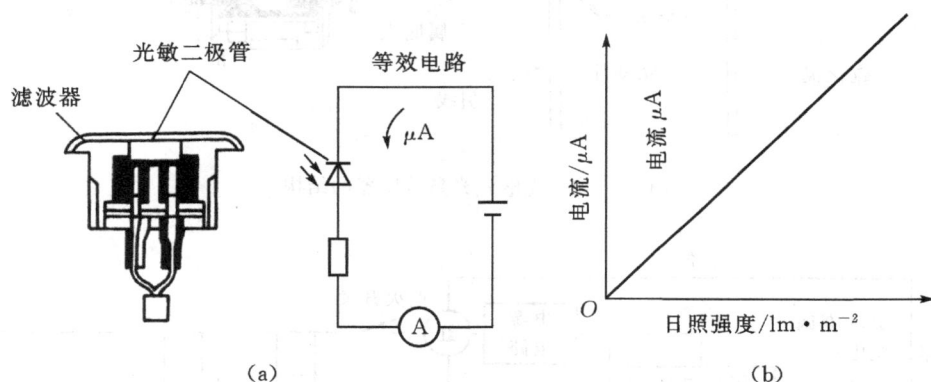

图 6-142　日照强度传感器的结构及特性曲线
(a)结构;(b)特性

2)日照传感器的检测法

拔下日照传感器的端子上的导线连接器,用万用表的 R 挡检测日照传感器两个端子的电阻值。当用布遮住传感器时,此电阻值应为∞;当有阳光或用灯光(白炽灯)照射传感器时,此电阻值应为 4 kΩ 左右,并且随灯光逐渐从传感器移开,光照由强变弱时,此电阻值也随之逐渐增加;否则说明传感器已损坏,应予以更换。

2. 光电式光量传感器

光电式光量传感器用于汽车各种灯具点亮和熄灭的自动控制系统。

1)光电式光量传感器结构、原理

光电式光量传感器是光敏电阻在光量传感器的典型应用,它的结构如图 6-143 所示,主要由陶瓷基片、壳体、硫化镉、滤波器、玻璃盖及电极组成。光电元件硫化镉为多晶体结构,为增大与电极的接触面积制成曲线形状。它的特性是:当周围光线较暗时,其阻值变大;当周围光线较亮时,其阻值变小。

2)光电式光量传感器应用举例

光电式光量传感器在汽车灯光控制系统中的应用如图 6-144 所示。灯光控制系统中的传感器安装在仪表板的上方,当把灯光控制开关转换到 AUTO 挡时,在有良好光照的白天,传感器的电阻值因光照变得很小,灯光控制装置中的前照灯、尾灯控制 IC 输出低电平,三极管

VT_1、VT_2 处于截止状态,前照灯和尾灯继电器中无电流通过,常开触点打开,前照灯、尾灯都处于熄灭状态;在晚上或极其严重的阴天、汽车进入隧道等情况下,灯光传感器因光照变弱,其电阻值变大,灯光控制装置中的前照灯、尾灯控制 IC 输出高电平,三极管 VT_1、VT_2 导通,前照灯和尾灯继电器中有电流通过,产生电磁力,常开触点闭合,前照灯、尾灯都被接通电路点亮。

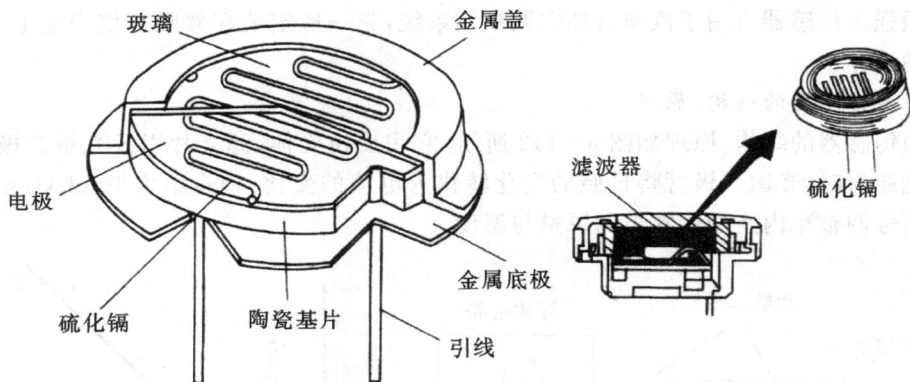

图 6-143 光电式光量传感器的结构

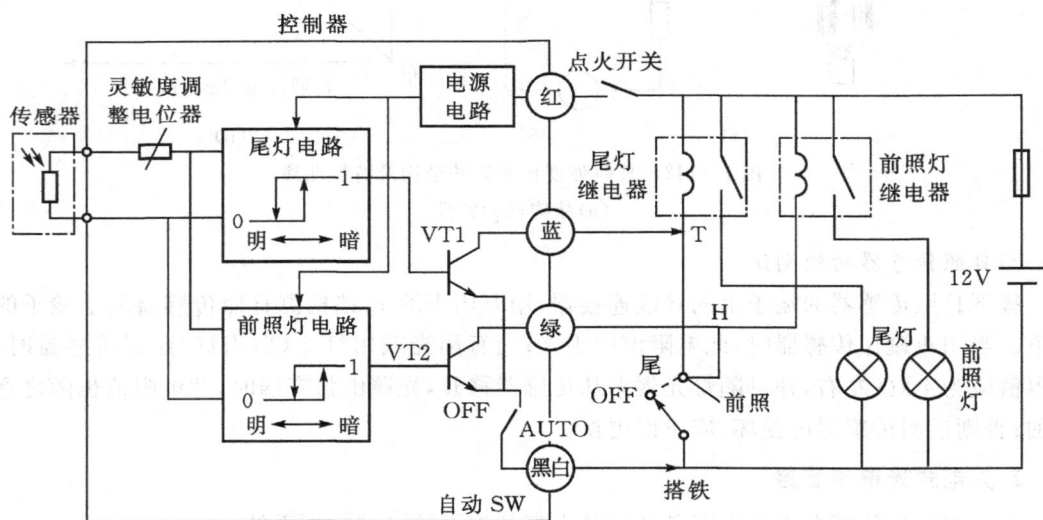

图 6-144 光电式光量传感器在汽车灯光控制系统中的应用

3)光电式光量传感器的检测法

与日照传感器的检测方法相同,拔下光电式光量传感器的端子上的插头,用万用表的 R 挡检测日照传感器两个端子的电阻值。当用布遮住传感器时,此电阻值应为∞;当有阳光或用灯光(白炽灯)照射传感器时,此电阻值应为 4 kΩ 左右;否则说明传感器已损坏,应予以更换。

6.8.3 雨滴传感器

汽车行驶时,经常会遇到雨天,而每次下雨的强度都不尽相同。雨滴传感器就是根据不同雨量,自动调节汽车雨刮器运行频率的装置。

雨滴传感器根据工作原理不同,可分为压电式雨滴传感器和光电式雨滴传感器两种。

6.8.3.1　压电式雨滴感传感器

压电式雨滴传感器的壳体要求密封良好,用不锈钢材料制成,安装在车身外部。

1. 构造

压电式雨滴传感器的结构如图 6-145 所示,它主要由振动板、压电元件、信号处理电路、阻尼橡胶、壳体等组成。振动板通过阻尼橡胶保持弹性,阻尼橡胶还可以屏蔽车身传给壳体的高频振动,避免了对振动板的振动工况产生干扰;信号处理电路由晶体管、IC 块、电阻、电容器等部件构成。

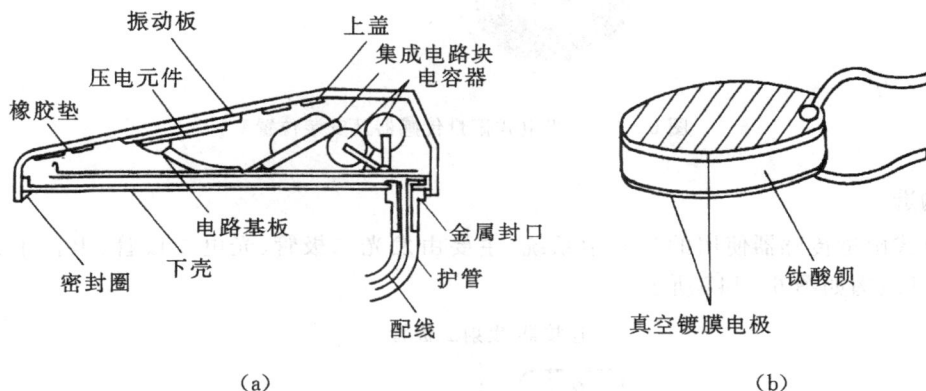

图 6-145　雨滴传感器的结构
(a)整体结构;(b)压电元件结构

2. 工作原理

下雨时,振动板接收雨滴冲击能量,按自身固有振动频率进行弯曲振动,并将振动传递给内侧的压电元件。压电元件是在烧结钛酸钡陶瓷片两侧加真空镀膜电极制成的,当振动板的振动能量传到压电元件,压电元件会出现机械变形,它两侧的电极就会产生电压。这样就把雨滴的能量转变为电压信号,并且电压信号的大小与雨滴的能量成正比,一般在 $0.5 \sim 300$ mV。这个信号电压经过信号处理电路的滤波、整形、放大后输出,送到刮水器控制系统。

3. 特点

理论上这种智能传感器解决了其它刮水间歇控制装置不能随雨量的变化及时调整刮水器刮水工作频率的问题,但在实际应用中,也不甚理想,因为车速、风速、降雨分布等有诸多不确定性。例如,雨滴很大但很分散,没能落在雨滴感知传感器上,刮水器没能及时工作;雨量很小,风速或者车速的作用,其中一个大雨滴落在了传感器上,导致刮水器快速工作,与实际需求不符;汽车会车,相邻车有水滴甩到雨滴传感器上,导致刮水器误动作等。

因此,这种压电式雨滴传感器没能得到大面积持续应用。

6.8.3.2　光电式雨量传感器

光电式雨量传感器是近几年开发出的新一代智能雨量感知装置,由雨量传感器和光强度传感器组合成一体,通常安装在车内后视镜的安装底座内,如图 6-146 所示。

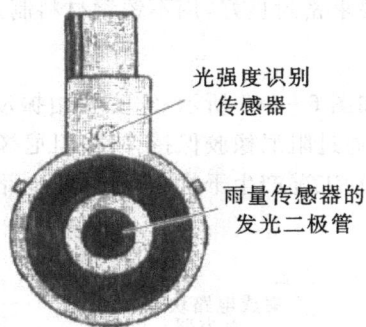

图 6-146　光电式雨量传感器及安装位置

1. 构造

光电式雨量传感器使用的是光学系统,主要由发光二极管、光电二极管、电控单元 ECU 等组成,其结构如图 6-147 所示。

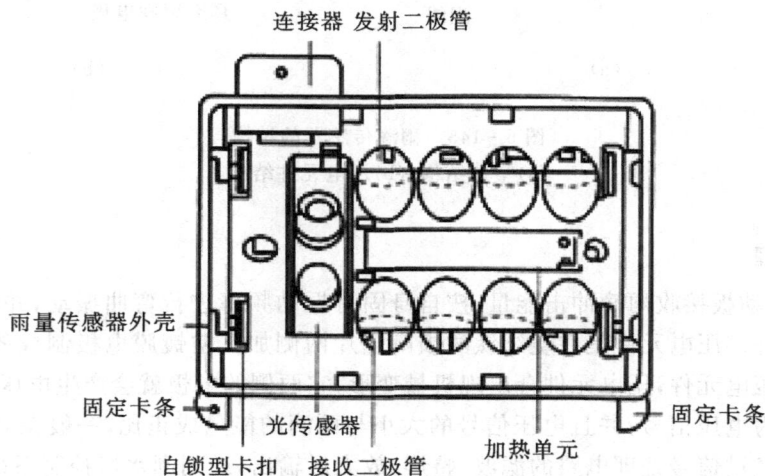

图 6-147　光电式雨量传感器的结构

2. 工作原理

当光线以小角度照射到折射率高和折射率低的材料之间的界面时,光束就会被全反射,如图 6-148(a)所示,如果此时风窗玻璃是干的,那么光线从发光二极管射出,被反射到感光元件感光二极管会有很多次。

如果风窗玻璃脏污或潮湿,发光二极管所发出的光线会朝不同的方向反射,致使感光二极管所获得的反射光线减少。玻璃越潮湿,反射回到感光二极管的光线越少,如图 6-148(b)所示。

　　当反射回到雨量传感器中感光二极管的光线总量小于预先设定值时,通过 K 总线传递给电控单元 ECU,ECU 通过计算,得出刮水片正确的工作频率,控制刮水器工作。

3. 特点

　　由于这种光电式雨量传感器感知的是风窗部分面积的潮湿和脏污情况,与实际的差别较小,控制刮水器工作状态与真实需求刮水器的工作非常接近,因此,得到了汽车用户的好评,正在被广泛推广应用之中。

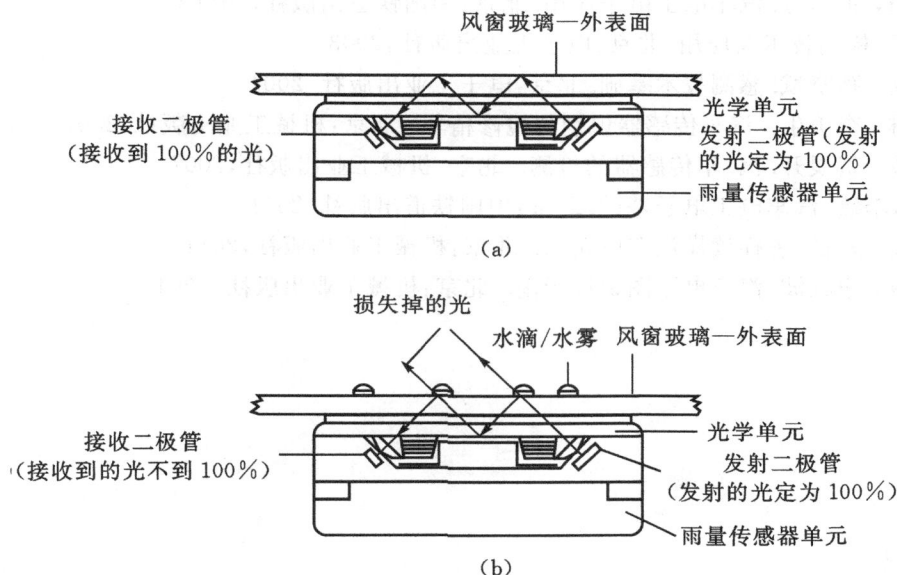

图 6－148　光电式雨量传感器的工作原理
(a)洁净、干燥的风窗玻璃;(b)脏污、潮湿的风窗玻璃

　　除上述传感器外,还有许多传感器在车上使用,例如方位传感器、NOx 传感器、汽车导航传感器、光纤传感器、超声波传感器等等,由于使用还没有完全普及,在这里就不一一列举了。

　　总之,随着人们对汽车自动控制程度要求的提高,还会有越来越多的传感器应用到汽车控制系统中来,并且伴随着科技的进步,技术的提升,也还会有性能更优越的传感器填充、替补现在所使用的传感器,因此,传感技术是一个让人奋发图强,永不休止的领域。

复习与思考

　　(1)叙述汽车热敏电阻温度传感器的原理、结构和检测方法。
　　(2)叙述汽车过程型和开关型压力传感器的原理、结构和检测方法。
　　(3)叙述汽车曲轴位置、节气门位置以及液位高度位置传感器的原理、结构和检测方法。
　　(3)叙述汽车发动机转速、车速以及轮速传感器的原理、结构和检测方法。
　　(5)叙述汽车热线式空气流量传感器的原理、结构和检测方法。
　　(6)叙述汽车常用浓度传感器的原理、结构和检测方法。
　　(7)叙述汽车常用光电传感器的原理、结构和检测方法。

参考文献

[1]王玉娟，王酉方.汽车电工电子应用.北京:中国铁道出版社,2011

[2]柳桂国.检测技术及应用.北京:电子工业出版社,2003

[3]孙传友 ,孙晓斌.感测技术基础.北京:电子工业出版社,2004

[4]吴文琳 ,李美生.汽车传感器识别与检修精华.北京:机械工业出版社,2007

[5]贺建波,贺展开.汽.车传感器的检测.北京:机械工业出版社,2007

[6]张军 ,李臻.汽车电工电子基础.北京:中国铁道出版社,2011

[7]刘建民 ,刘扬.怎样读懂汽车电路图.北京:机械工业出版社,2011

[8]周泳敏,朱红波.汽车电路图识读指南.北京:机械工业出版社,2004